《中国国际贸易单一窗口年鉴》编委会◎编著

中国国际贸易单一窗口年鉴 2021

中国海关出版社有限公司·北京

图书在版编目（CIP）数据

中国国际贸易单一窗口年鉴．2021/《中国国际贸易单一窗口年鉴》编委会编著．—北京：中国海关出版社有限公司，2023．2

ISBN 978-7-5175-0607-2

Ⅰ．①中… Ⅱ．①中… Ⅲ．①国际贸易—贸易管理—中国—2021—年鉴 Ⅳ．①F752-54

中国版本图书馆 CIP 数据核字（2022）第 232640 号

中国国际贸易单一窗口年鉴 2021

ZHONGGUO GUOJI MAOYI DANYI CHUANGKOU NIANJIAN 2021

作　　者：《中国国际贸易单一窗口年鉴》编委会
责任编辑：熊　芬
助理编辑：文珍妮
出版发行：中国海关出版社有限公司
社　　址：北京市朝阳区东四环南路甲 1 号　　邮政编码：100023
网　　址：www. hgcbs. com. cn
编 辑 部：01065194242-7533（电话）
发 行 部：01065194221/4238/4246/5127（电话）
社办书店：01065195616（电话）
https://weidian. com/?userid=319526934（网址）
印　　刷：北京铭成印刷有限公司　　经　　销：新华书店
开　　本：889mm×1194mm　1/16
印　　张：21　　字　　数：560 千字
版　　次：2023 年 2 月第 1 版
印　　次：2023 年 2 月第 1 次印刷
书　　号：ISBN　978-7-5175-0607-2
定　　价：300. 00 元

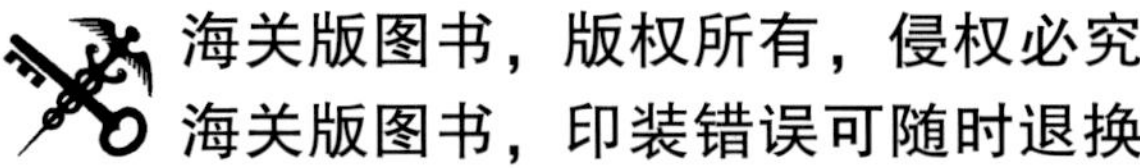

不忘初心 牢记使命

全面推进国际贸易“单一窗口”建设

中国将有效发挥自由贸易试验区、自由贸易港引领作用，出台跨境服务贸易负面清单，在数字经济、互联网等领域持续扩大开放，深入开展贸易和投资自由化便利化改革创新，推动建设更高水平开放型经济新体制。

——2020 年 11 月 4 日，国家主席习近平在第三届中国国际进口博览会开幕式上的讲话

要优化外资外贸环境，授权全国地级及以上城市开展外商投资企业注册登记，进出口环节监管证件原则上“单一窗口”一口受理。

——2020 年 7 月 8 日，国务院总理李克强在国务院常务会议上的要求

中国正在以实施外商投资法及其实施条例、《优化营商环境条例》等为契机，加快健全外商投资促进、保护和服务体系，从制度和机制入手，着力解决外资企业关切。

——2020 年 9 月 8 日，国务院副总理胡春华在在华外国商协会座谈会上强调

落实《优化营商环境条例》，推动跨境贸易便利化措施向各类口岸延伸。进一步推动规范和降低进出口环节费用，把减税降费政策落实到位。继续协调简化口岸验核的监管证件，压减进出口环节单证数量。创新思路和模式，继续压缩整体通关时间。加快“单一窗口”与港口、机场、铁路等对接，推动国际间互联互通。

——2020 年 1 月 16 日，海关总署署长倪岳峰在 2020 年全国海关工作会议上的要求

要拓展国际贸易“单一窗口”功能。充分发挥国务院口岸工作部际联席会议机制作用，进一步精简进出口环节监管证件和所附单证，推动通关便利化措施由海运口岸向空运、陆运口岸延伸，不断提高贸易和通关便利化水平。除涉密等特殊情况外，进出口环节涉及的监管证件原则上都应通过“单一窗口”一口受理，相关部门后台分别办理并实施监管，推动实现企业在线缴费、自主打印证件。加快跨境贸易大数据平台建设，发挥“单一窗口”数据汇集优势，支持国际贸易全链条相关产业发展；开展与境外“单一窗口”设施互联互通，持续推进与民航、港口、铁路、公路等行业机构对接，为企业提供全程“一站式”通关物流信息服务。

——2020 年 7 月 17 日，海关总署署长倪岳峰在全国海关稳外贸稳外资工作电视电话会议上的要求

不忘初心 牢记使命

全面推进国际贸易“单一窗口”建设

推动港口、口岸等场所作业单证无纸化，压缩单证流转时间，提升货物进出港效率。依托国际贸易“单一窗口”，开展监管、查验指令信息与港口信息双向交互试点，提高进出口货物提离速度。持续推进进出口“提前申报”，优化“两步申报”通关模式。梳理海运、通关环节审批管理事项和监管证件，对不合理或不能适应监管需要的，按规定予以取消或退出口岸验核。

——《国务院办公厅转发国家发展改革委 交通运输部关于进一步降低物流成本实施意见的通知》（国办发〔2020〕10号）

加快“单一窗口”功能由口岸通关执法向口岸物流、贸易服务等全链条拓展，实现港口、船代、理货等收费标准线上公开、在线查询。除涉密等特殊情况外，进出口环节涉及的监管证件原则上都应通过“单一窗口”一口受理，由相关部门在后台分别办理并实施监管，推动实现企业在线缴费、自主打印证件。

——《国务院办公厅关于进一步优化营商环境更好服务市场主体的实施意见》（国办发〔2020〕24号）

进一步简化通关作业流程，精简单证及证明材料。创新海关核查模式，推进“网上核查”改革。进一步完善国际贸易“单一窗口”功能，推进全流程作业无纸化。建立更加集约、高效、运行通畅的船舶便利通关查验新模式，加快推进“单一窗口”功能覆盖海运和贸易全链条。

——《国务院办公厅关于推进对外贸易创新发展的实施意见》（国办发〔2020〕40号）

进一步强化收费目录清单制度，对现有清单全面梳理规范、动态调整，做到清单与实际相符、清单外无收费。（相关省、自治区、直辖市人民政府负责；完成时限：持续推进）探索建立依托国际贸易“单一窗口”的全国性海运口岸收费及服务信息发布平台，集中公示各海运口岸各环节收费及服务信息，便于货主进行比较选择和社会监管。

——《发展改革委 财政部 交通运输部 商务部 国资委 海关总署 市场监管总局关于印发〈清理规范海运口岸收费行动方案〉的通知》（发改价格规〔2020〕1235号）

优化“单一窗口”出口退税申报功能。推行无纸化单证备案。进一步简化结关、收汇手续。商务、人民银行、海关、税务等部门强化协作配合，扩大数据共享范围，加大宣传辅导力度，帮助出口企业加快全环节各事项办理速度、压缩单证收集整理时间，提升出口退税整体效率。

——《税务总局 发展改革委 公安部 司法部 财政部 人力资源社会保障部 住房城乡建设部 商务部 人民银行 海关总署 医保局 档案局 密码局关于推进纳税缴费便利化改革优化税收营商环境若干措施的通知》（税总发〔2020〕48号）

众志成城 抗击疫情

国际贸易“单一窗口”标准版

1 第一时间上线社会团体快速注册通道，发布快速注册操作指引，专员协助红十字会等社会团体快速注册，打通抗疫物资快速申报绿色通道。在官网首页增加防疫物资通关指引、申报提示、实时查询等功能，提供7×24小时客户服务，保障抗疫物资快速通关。

2 联合试点金融机构开设信保融资绿色通道，通过“零接触”服务模式，帮助企业足不出户快速办理金融保险业务，促进金融普惠政策在外贸领域落地。多家金融机构还针对“单一窗口”用户推出提高贷款额度、降低贷款利率、减免手续费、延期还款等优惠政策。

3 会同农业农村部上线农药进出口登记管理放行通知单无纸化申请功能；会同生态环境部上线有毒化学品进出口环境管理放行通知单自主打印功能；会同税务总局落实出口退税便利化措施，升级出口退税功能；上线入境货物检验检疫证明电子打印、船舶转港数据复用等功能。进一步提升多项业务线上办理水平，为用户减少面对面接触，助力企业复工复产。

众志成城　抗击疫情

湖北

湖北单一窗口抗击新冠肺炎境外捐赠登记系统

本系统仅用于抗击新冠肺炎境外捐赠物资登记，不作其他任何途径使用。

捐赠登记

登记查询

信息管理

中国（湖北）国际贸易单一窗口
China (Hubei) International Trade Single Window
版权所有 湖北电子口岸 Copyright2020 All Rights Reserved 鄂ICP备11015663号-11
热线电话：027-95198 | 技术支持：上海美华系统有限公司

第一时间上线抗击新冠肺炎境外捐赠登记系统，打开了海外物资捐赠的线上生命通道。

中国（湖北）国际贸易单一窗口
http://www.hb-eport.gov.cn/

7*24h客服在线答疑

强化客服响应，联合海关、海事、边检等监管部门提供7×24小时不间断客户服务，多渠道全天候协助监管部门解答企业战“疫”过程中在系统使用、政策解读等方面的问题，为战“疫”物资的快速通关提供保障。

众志成城 抗击疫情

北京

上线海外物资捐赠系统，保障捐赠物资快速通关，并提供专项指引和咨询服务。

开通线上学堂，为企业提供“零接触”线上培训，帮助企业快速掌握“单一窗口”及国际贸易实务，助力企业复工复产。

众志成城 抗击疫情

上海

上线海外物资捐赠系统，为境外捐赠物资开辟网上办理通道，搭建海外爱心人士与海关、民政及各类慈善组织的信息桥梁。

开通中小外贸企业服务专窗，便利企业在疫情防控期间线上办理通关、物流、金融一揽子进出口业务。

江苏

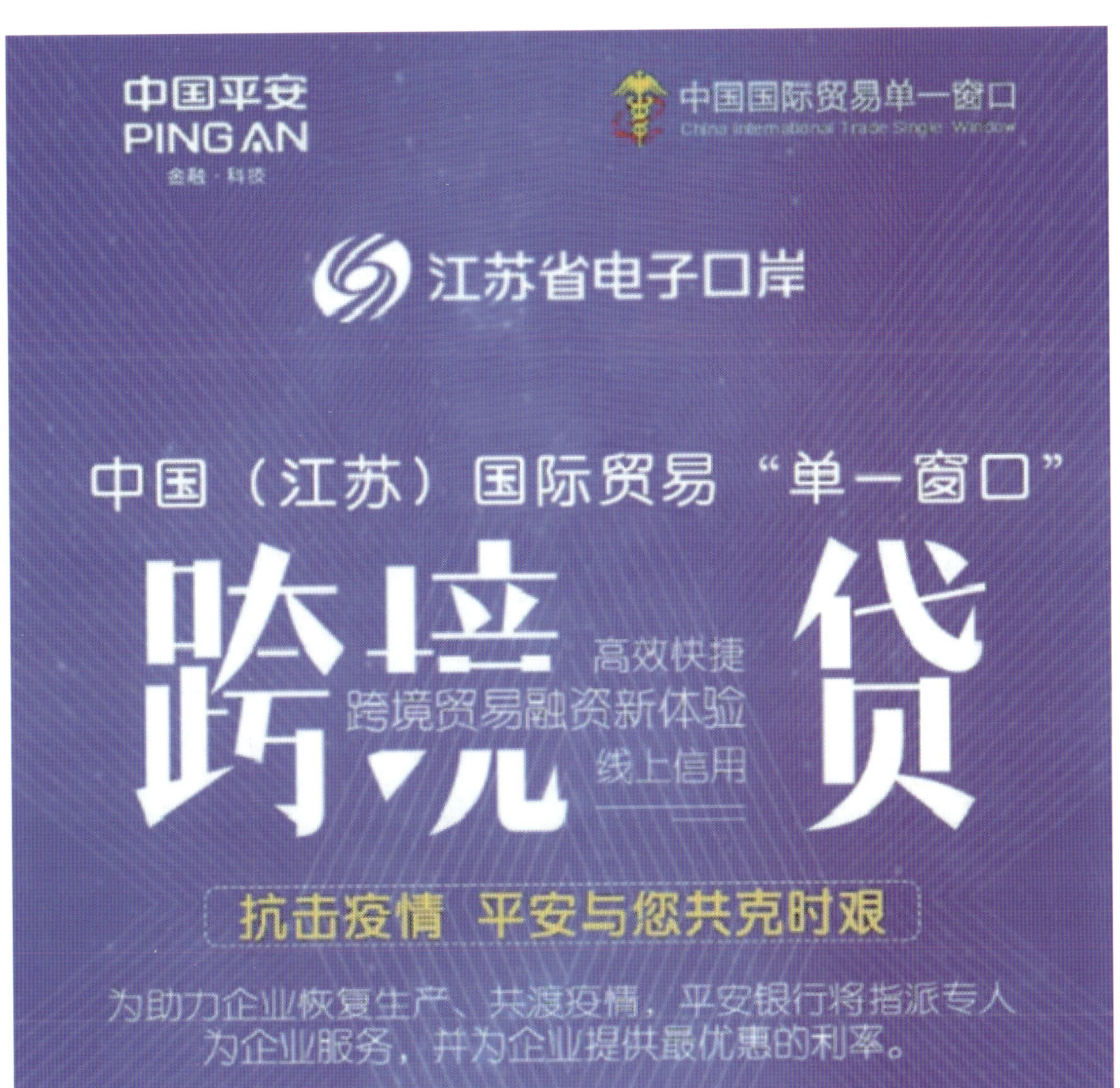

联合平安银行及平安产险特开设线上绿色通道，为进出口企业提供“跨境贷”等服务，助力企业复工复产。

众志成城 抗击疫情

福建

推出“助力企业复工复产 通关保障服务指引”服务，汇总进口防疫物资便捷申报、物资捐赠快速通关等指引信息，为外贸企业提供一站式政策直通车服务。

在首页开通中小外贸企业服务专窗，围绕抗疫期间进出口企业的业务开展需求，提供高效便捷的一站式服务，让企业足不出户即可办理，切实帮助企业抗击疫情，迅速复工复产，平稳健康发展。

众志成城 抗击疫情

浙江

上线抗击新冠肺炎防护物资境外捐赠登记系统，搭建爱心捐赠线上通道。

广东

开通广东中小微企业服务专窗，围绕抗疫期间进出口企业需求，有针对性地提供高效便捷的一站式线上服务。

众志成城 抗击疫情

广西

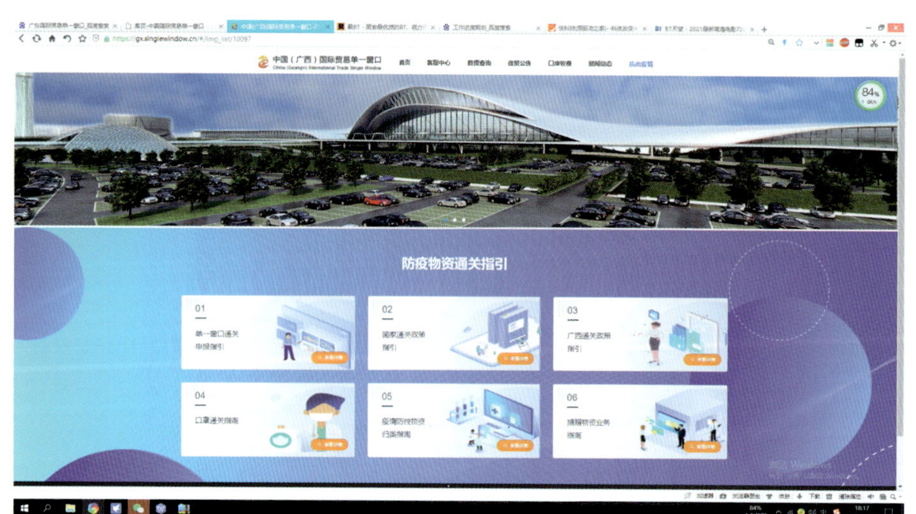

开通抗击疫情专栏，助力企业快速通关、复工复产。

重庆

会同重庆海关开设减免税及后续专项功能，促进进口防疫物资便利申报和减免税措施落地。

众志成城 抗击疫情

云南

发布红十字会等社会团体快速注册指引，开通快速注册通道。

四川

会同成都海关开设减免税及后续专项功能，促进进口防疫物资便利申报和减免税措施落地。联合平安产险四川分公司推出"总对分"形式的货运险在线投保功能，以"非接触"方式为外贸企业提供保理服务，努力保障企业外贸经营。

众志成城 抗击疫情

深圳

部署上线防疫惠企专栏，提供一系列防疫通关业务指引，以及各类惠企政策措施、办事指南等相关资讯，助力防疫物资快速申报通关、企业复工复产。

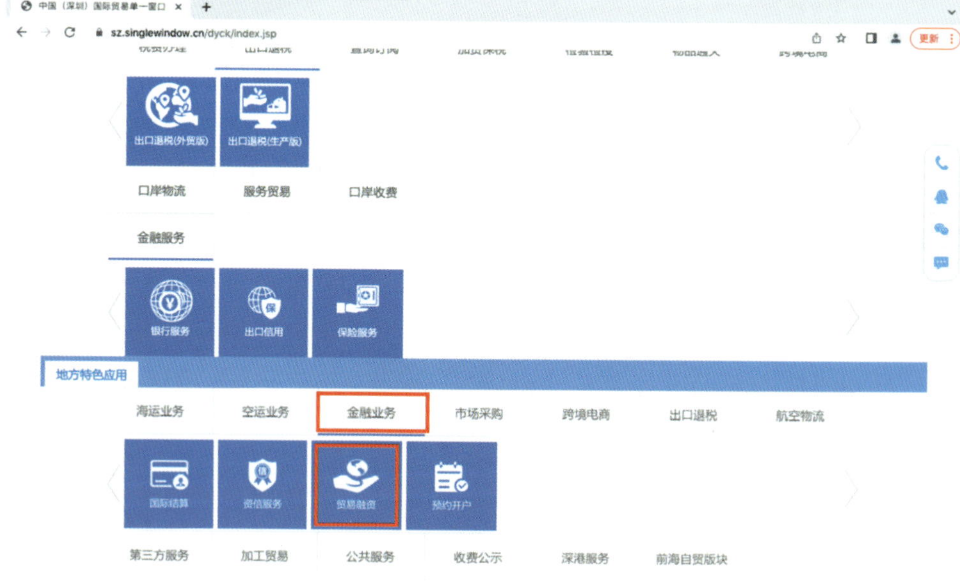

联合交通银行深圳分行推出信用贷产品“通关贷”，为复工阶段的进出口小微企业在购付汇、关税支付等国际贸易业务过程中存在的融资需求开辟绿色通道，切实减轻企业负担。

众志成城 抗击疫情

宁波

联合中行、建行、民生银行和中信保宁波分公司为广大外贸企业提供线上预约开户、跨境汇款、保函开立、税费支付、税费融资和减免手续费、降低贷款利率的优惠金融服务；发布海外风险提示，协助规避买方违约风险。

整理了浙江省内、宁波市及各县市区恢复生产经营的相关政策和措施，及时通过飘窗形式在官网首页发布，帮助企业第一时间了解复工复产有关政策。

厦门

首页 应用中心 公共查询 客户服务 防疫专栏

防疫专栏/Theme Column

请输入关键字 搜索

分类筛选： 全部 海关 国家部委 福建省 厦门市 厦门自贸片区

- 【厦门自贸片区】应对新冠肺炎疫情，厦门自贸片区出台17条措施支持企业共渡难关 2020-07-31
- 【厦门市】厦门市人民政府办公厅关于印发应对新型冠状病毒肺炎疫情支持港航企业发展实施方案的通知 2020-07-31
- 【厦门市】厦门市人民政府办公厅关于印发应对新型冠状病毒肺炎疫情支持物流企业发展实施方案的通知 2020-07-31
- 【海关】一文读懂海关出口医疗物资监管新政策 2020-07-31
- 【海关】最新《关于进一步加强防疫物资出口质量监管的公告》“单一窗口”填报指南 2020-07-31

增设防疫专栏，及时更新发布政策公告、申报指南、政策解读等，为企业提供资讯“一网通”服务。

互联互通 助力区域发展

2020 年 6 月 6 日，《长三角国际贸易“单一窗口”合作共建协议》作为长三角一体化发展重大合作事项，在 2020 年度长三角地区主要领导座谈会上签署。这标志着长三角国际贸易“单一窗口”合作进入了新的阶段，一市三省将坚持创新、协调、绿色、开放、共享的发展理念，深入贯彻实施长三角一体化发展战略和国家大数据发展战略，开展国际贸易“单一窗口”互联互通，逐步汇集长三角地区国际贸易链数据，形成数据共享便捷、平台覆盖广泛、功能丰富融合、机制保障有力的长三角国际贸易“单一窗口”合作共建模式。

互联互通 助力区域发展

2020 年 11 月 17 日，《国际贸易“单一窗口”西部陆海新通道平台建设合作协议》作为西部陆海新通道重点项目，在西部陆海新通道省际协商合作联席会议第一次会议上签署。根据协议，“13+1”省区市将以《关于国际贸易“单一窗口”建设的框架意见》为指导，坚持顶层设计、服务通道、共商共建的原则，结合各省区市“单一窗口”实际情况，打造国际贸易“单一窗口”西部陆海新通道平台，为西部陆海新通道提供高效便捷的通关和物流便利化服务，促进交通、物流、商贸、产业深度融合，服务区域经济高质量发展。

交通银行
BANK OF COMMUNICATIONS

中国舟山外轮代理有限公司是一家由宁波舟山港宁波远洋运输股份有限公司控股的国有企业。公司现有职工180多名，大专以上学历占80%以上，是舟山市专门提供报关、进口货物装卸、船舶修理、外轮供应等多种业务与服务的代理企业，为舟山的港口开放做出了重要贡献。公司于1998年通过了（BSI）ISO9001质量体系认证。近年来，公司先后获得质量诚信企业、AAA物流企业、全国交通运输文化建设优秀企业、全国青年安全生产示范岗、浙江省文明单位、浙江省守合同重信用企业AA级单位、浙江省纳税信用等级AAA级单位、浙江省示范数字档案室、舟山市口岸优质服务企业、舟山市创建劳动关系和谐企业、舟山市健康促进示范场所等20项市级以上荣誉。

公司在六横、大衢、嵊泗等岛屿设有办事处，全天候提供“准确、及时、文明、周到”的优质服务。在多年的发展历程中，公司一贯秉承“以诚为先，谋求共同发展；以人为本，追求完美服务”的经营理念，凭借真诚高效的服务和良好的信誉，成为连接世界各地船、货、港三方的桥梁和纽带。2021年公司代理各类船舶1388艘次，代理货运量4647万吨，稳居舟山口岸同行业前列。为客户提供“全天候、全方位、全过程”的服务是公司的承诺，“服务与需求同步”是公司的追求。

China Ocean Shipping Agency Zhoushan Co.,Ltd

Contents 目 录

标准版发展篇

地方发展篇

法规文件篇

中国国际贸易
单一窗口
年鉴

标准版[①]发展篇

BIAOZHUN BAN FAZHAN PIAN

2021

① 标准版为国际贸易“单一窗口”标准版的简称。

综　述

2020年，国家口岸管理办公室会同国际贸易“单一窗口”建设工作组成员单位、中国电子口岸数据中心及各地方口岸办，认真贯彻落实党中央、国务院有关决策部署，积极拓展“单一窗口”应用功能，持续推出更多便企利企服务，助力“六稳”“六保”，取得了新进展。

一、“单一窗口”基本功能建设得到深化，标准版应用水平全面提升

（一）标准版基本功能进一步完善

开发上线邮轮旅客信息申报、入境货物检验检疫证明、跨境电商B2B直接出口和出口海外仓、有毒化学品进出口环境管理放行通知单自主打印等一批功能，新增金伯利进程、TIR运输、出入境特殊物品卫生检疫、进境粮食/种苗检验检疫、出口食品生产备案、进口食品化妆品进出口商备案等11项便企服务，基本实现了口岸执法服务全覆盖，“单一窗口”普惠程度不断提高。

（二）及时推出疫情防控相关服务功能

新冠肺炎疫情发生以来，“单一窗口”及时推出防疫物资申报通关相关服务功能，新增口罩、防护服、呼吸机等防控物资细化申报提示，优化旅客舱单申报系统，实现免于到场查验申请、防疫物资申报提示等功能，发挥“全流程、一站式、全天候、零接触”等业务办理优势，全力保障企业便利通关。配合口岸疫情防控，上线推广口岸运行展示与分析系统，实现口岸运行数据采集上报、统计分析及可视化展示等功能，为疫情防控提供决策参考。

2020年，“单一窗口”基本功能由16大类598项扩大到18大类729项，累计注册用户由298万家增加到396万余家，日申报业务量由800万票增加到1200余万票，服务覆盖全国所有口岸和各类特殊区域，基本满足企业“一站式”业务办理需求，主要业务应用率保持100%，其他业务应用率全面提升。

二、口岸信息共享和业务协同增强，进一步促进贸易便利化和营商环境优化

（一）跨部门业务协同进一步加强

一是推进进出口环节监管证件通过“单一窗口”一口受理和自主打印，除保密需要等特殊情况外，进出口环节监管证件全部依托“单一窗口”实现联网核查，其中19种监管证件通过“单一

窗口”实现了一口受理。二是配合国家税务总局金税三期系统建设，同步开展“单一窗口”出口退税功能与金税三期系统对接改造及试点工作。三是会同交通运输部推进“单一窗口”船舶联合登临检查、危险货物申报等相关申报功能建设，推动国际航行船舶“无纸化”通关。四是会同中国国家铁路集团有限公司依托“单一窗口”向铁路部门推送铁路运输货物海关查验信息，加强国联运单、中欧班列识别标识、铁路作业状态和物流等信息共享与合作。五是会同中国民用航空局依托“单一窗口”建设航空物流公共信息平台，在厦门、深圳、广州等地开展标准和平台验证，推动不同主体之间标准融合、数据联通。

（二）多项通关便利化创新功能上线推广

“单一窗口”船舶转港申报数据复用、海关查验通知信息推送、报关单信息订阅推送、舱单运抵报告状态订阅推送等一批创新实用功能上线推广。船舶转港申报数据复用使船舶申报时间由原来的 1 小时减少到最短 5 分钟，录入数据项减少三分之二以上；报关单信息订阅推送由原来逐票查询核对变为批量自动订阅，有效减轻企业操作负担；开展查验通知、状态信息推送试点，快速衔接通关物流各环节，大大提高通关效率。此外，“单一窗口”通关物流全流程评估、全国口岸收费及服务信息发布等系统建成上线，加大与港口、机场、场站、码头等物流节点的对接力度和信息双向交互力度，促进相关物流单证电子化流转和线上办理、口岸收费信息线上公开，为企业提供通关物流全流程服务，营造公开透明、有序竞争的口岸营商环境。

三、“单一窗口”贸易服务功能持续拓展，“一站式”综合服务初现成效

（一）金融服务试点成效显著

依托“单一窗口”创新“外贸+金融”服务模式，推出跨境结算、融资贷款（跨境贷、出口贷、信保贷、退税贷、关税贷）、出口信用保险等多种创新服务，有效缓解了中小外贸企业融资难融资贵问题，提升企业国际化经营能力，支持企业抗击新冠肺炎疫情、渡过难关。截至 2020 年 12 月底，共有 12 家金融机构参与试点，服务进出口企业共计 18.2 万家，办理国际结算 159.6 亿美元、国际融资 261.5 亿元人民币；办理货运险保险金额 21.88 亿元人民币、关税险保险金额 58.75 亿元人民币；办理出口信用险保单 9.4 万张，推送出口风险信息 1402 条。

（二）综合服务水平进一步提升

推进跨境贸易大数据平台建设，开发上线企业跨境贸易档案子系统，启动跨境电商综合服务、口岸智能物流服务等功能建设；完善“单一窗口”市场采购贸易服务功能，支持贸易新业态发展；推出“掌上单一窗口”App，升级“单一窗口”门户网站；参与海南自由贸易港国际贸易“单一窗口”需求制定，支持国家重大发展战略；积极探索“单一窗口”支持长三角、粤港澳大湾区、西部陆海新通道、长江经济带等区域经济发展；深入开展“十四五”口岸信息化发展专项课题研究；加强“单一窗口”国际合作，完成中新（新加坡）“单一窗口”互联互通合作试点项目测试验证，推动与澳门特别行政区业务交流合作，参与世界海关组织（WCO）《经修订的京都公约》“单一窗口”提案工作。

四、安全运行保障能力进一步强化，服务质量持续提升

（一）安全运行相关制度更加健全

落实《国际贸易“单一窗口”运行管理办法》，制发“单一窗口”运维和服务请求两项管理规程，配套开发上线全国一体化运维服务管理平台，提高问题的流转、跟踪和解决效率，提升“单一窗口”一体化运维服务保障能力。落实数据安全管理办法，推进年度安全检查制度常态化，通过检查及时发现问题并要求整改落实。推进“单一窗口”周、月、季报制度实施，及时通报“单一窗口”运行服务情况。

（二）客户服务质量稳步提升

新冠肺炎疫情期间，通过95198热线电话、即时通信工具等多种形式，向用户提供7×24小时不间断咨询服务，及时解答企业涉及各类防疫物资进出口问题。持续开展企业使用在线调查，及时搜集、掌握企业使用“单一窗口”情况、需求与建议，不断提升“单一窗口”客户服务质量。2020年，“单一窗口”系统整体可用性达99.99%，95198热线电话接通率达96%以上。

大事记

2月1日

“单一窗口”防疫物资申报通关相关服务功能上线。新增口罩、防护服、呼吸机等防控物资细化申报提示，优化旅客舱单申报系统，开通免于到场查验申请、防疫物资申报提示等功能。

2月2日

公布《社会团体“单一窗口”快速注册指引》，便利红十字会等社会团体快速注册。

3月9日

“单一窗口”《农药进出口登记管理放行通知单》无纸化申请功能上线。

3月18日

“单一窗口”航空旅客舱单状态查询功能上线。

3月25日

“单一窗口”小微信保功能上线。精准提供政策提示信息，境外行业、商品信息和风险预警信息，便利小微企业快速获得地方财政信保补贴。

“单一窗口”贸易融资在线申请延期还款功能上线。

3月31日

《国际贸易“单一窗口”金融服务扩大试点对接管理规范》出台。

4月1日

“单一窗口”船舶转港数据复用功能上线试点应用。

4月10日

“单一窗口”报关单信息订阅推送功能上线。

4月13日

“单一窗口”舱单运抵报告状态订阅推送功能上线。

5月1日

“单一窗口”船舶转港数据复用功能在全国推广应用。

6月23日

农业银行、交通银行、邮政储蓄银行、进出口银行、太平洋保险等5家金融机构纳入“单一窗口”金融保险服务扩大试点。

6月24日

“单一窗口”金融服务系统一期试点工作总结会在北京召开。

6月30日

“单一窗口”口岸运行展示与分析系统上线。

7月1日

“单一窗口”跨境电商B2B直接出口和出口海外仓等功能上线，增列跨境电商B2B出口专门通关方式，助力跨境电商企业有效应对疫情影响，积极扩大出口。

7月15日

《国务院办公厅关于进一步优化营商环境更好服务市场主体的实施意见》（国办发〔2020〕24号）出台，要求拓展国际贸易“单一窗口”功能；加快“单一窗口”功能由口岸通关执法向口岸物流、贸易服务等全链条拓展，实现港口、船代、理货等收费标准线上公开、在线查询；除涉密等特殊情况外，进出口环节涉及的监管证件原则上都应通过“单一窗口”一口受理，由相关部门在后台分别办理并实施监管，推动实现企业在线缴费、自主打印证件。

8月1日

“单一窗口”《入境货物检验检疫证明》信息查询打印功能上线。

8月28日

“单一窗口”《有毒化学品进出口环境管理放行通知单》自主打印功能上线。

9月2日

“单一窗口”邮轮旅客信息申报系统上线。

10月15日

“单一窗口”全国航空物流公共信息平台启动建设。

11月2日

“单一窗口”运维服务管理平台在全国范围上线试运行，进一步提高“单一窗口”一体化运维服务保障能力，提升客户反映问题的流转、跟踪和解决效率。

“单一窗口”全国海运口岸收费及服务信息发布平台上线，实现港口、船代、理货等收费标准线上公开、在线查询等。

11月17日

“单一窗口”西部陆海新通道平台建设研讨会在重庆召开，西部陆海新通道“13+1”省（区、市）共同签署了《国际贸易“单一窗口”西部陆海新通道平台建设合作协议》。

11月19日

《国际贸易“单一窗口”运维管理规程》和《国际贸易“单一窗口”服务请求管理规程》出台。

12月15日

“单一窗口”TIR运输、金伯利进程、出入境特殊物品卫生检疫、进境粮食/种苗检验检疫、出口食品生产备案、进口食品化妆品进出口商备案等11项服务功能上线。

12月30日

“单一窗口”《古生物化石出境批件》申领功能上线。进出口环节监管证件中已有19种可通过“单一窗口”受理。

标准版功能推广应用情况

一、 2020 年各申报业务量统计

单位：票

应用类别	序号	应用项目	业务部门	2020 年				应用率
				一季度	二季度	三季度	四季度	
一、货物申报	1	货物申报	海关总署	14499187	17970605	20883096	20523190	100%
	2	其他		10169890	12661004	1723306	2099253	—
二、舱单申报	3	舱单（水运）	海关总署	48224287	53665303	63179056	62681919	100%
	4	舱单（空运）		12382654	15001162	15845372	17414173	100%
	5	舱单（公路）		4310525	5299195	4405548	2632491	100%
	6	舱单（铁路）		155428	287037	431838	396511	100%
三、运输工具	7	运输工具（水运）	海关总署	520386	607880	642686	676785	100%
			交通运输部	180502	226530	211476	208132	100%
			移民局	112404	123705	128399	122666	100%
	8	运输工具（空运）	海关总署	1027495	447231	369239	465497	100%
	9	运输工具（公路）	海关总署	85734	122978	125013	171205	100%
四、企业资质	10	企业资质办理	海关总署 商务部	227713	386483	316637	387439	—
五、原产地证	11	海关原产地证	海关总署	413701	532108	701828	1075584	97.49%
	12	贸促会原产地证	贸促会	9693	14336	29735	42990	3.09%

续表

应用类别	序号	应用项目	业务部门	2020年				应用率
				一季度	二季度	三季度	四季度	
六、许可证件	13	民用爆炸物品进口审批单	工信部	229	152	238	309	100%
	14	民用爆炸物品出口审批单	工信部	220	243	182	274	100%
	15	有毒化学品进出口环境管理放行通知单	生态环境部	0	0	0	4	100%
	16	农药进出口放行通知单	农业农村部	20867	40855	39097	42437	100%
	17	合法捕捞产品通关证明	农业农村部	1291	1349	1719	2038	100%
	18	自动进口（机电）	商务部	383	458	306	291	1.88%
	19	自动进口（非机电）	商务部	4340	4300	3645	4668	3.17%
	20	出口许可证	商务部	59	24	76	574	0.61%
	21	援外项目任务通知单	商务部	492	697	400	482	100%
	22	黄金及黄金制品进出口准许证	人民银行	112	160	226	197	100%
	23	银行调运人民币现钞进出境证明	人民银行	83	23	52	18	100%
	24	进口广播电影电视带（片）提取单	广电总局	1	2	117	58	100%
	25	音像制品（成品）进口批准单	新闻出版署	12	27	14	10	100%
	26	野生动植物允许进出口证明书	林草局（濒管办）	117	2776	3319	3941	100%
	27	《濒危野生动植物国际贸易公约》允许进出口证明	林草局（濒管办）	8969	9051	11112	10865	100%
	28	非《进出口野生动植物种商品目录》物种证明	林草局（濒管办）	2608	100	362	187	100%
	29	药品进出口准许证	药监局	36	93	74	173	
	30	进口药品通关单	药监局	7283	7763	8069	8177	100%
七、税费支付	31	税费支付	海关总署 人民银行	3955692	4528841	4852182	4869573	100%
八、出口退税	32	出口退税	税务总局	15382	22903	24632	26271	/
九、加贸保税	33	加工贸易	海关总署	4120048	5307240	6183953	6093776	/
十、物品通关	34	展览品	海关总署	237	196	165	640	100%
	35	快件		65310489	69389468	74457018	78001160	100%
	36	公自用物品申报		17003	10058	39761	34512	100%
十一、跨境电商	37	跨境电商	—	406690819	650653337	625737552	837603333	100%
合计				572476371	837325673	820357500	1035601803	
总计				3265761347				

说明：每日业务量的统计区间为前一日17时至当日17时；应用率 = 12月日均业务量 / 业务量基数；原产地证应用率采用12月最后一周数据。

二、 2020 年各地方原产地证（海关）业务应用率统计

序号	地区	应用率	序号	地区	应用率
1	北京	99.88%	18	湖北	99.59%
2	上海	98.70%	19	湖南	98.19%
3	天津	88.41%	20	广东	97.10%
4	重庆	96.97%	21	广西	92.75%
5	河北	99.96%	22	海南	100%
6	山西	100%	23	四川	90.99%
7	内蒙古	99.81%	24	贵州	100%
8	辽宁	99.59%	25	云南	98.32%
9	吉林	96.58%	26	西藏	100%
10	黑龙江	97.01%	27	陕西	95.93%
11	江苏	99.76%	28	甘肃	100%
12	浙江	99.48%	29	青海	100%
13	安徽	99.87%	30	宁夏	100%
14	福建	98.64%	31	新疆	100%
15	江西	100%	32	宁波	94.93%
16	山东	93.62%	33	厦门	97.80%
17	河南	93.93%	34	深圳	99.30%

说明：应用率 = 12 月最后一周“单一窗口”日均申报业务量 / 12 月最后一周全口径日均申报业务量。

三、 2020 年各地方业务量统计

（一）2020 年业务量分地区统计

单位：票

地区	货物申报（报关）	舱单申报	运输工具	企业资质	原产地证		税费支付	加贸保税	物品通关	跨境电商	合计
					海关	贸促会					
北京	1675236	7192730	184076	44527	18897	100	180813	548293	6106943	7398888	23350503
上海	22798257	115904148	863992	134142	274350	402	439662	1898220	144009641	61831423	348154237
天津	2362540	11241863	199969	36539	48829	6312	43912	802972	7666766	32302049	54711751
重庆	942774	1169251	32938	13903	19326	0	47317	438882	2239062	35711093	40614546
河北	155680	289788	123760	59070	70038	133	46513	257425	496	297661	1300564
山西	61861	13	1599	6417	13828	13	3866	122039	431	1267	211334
内蒙古	337555	1760060	89069	9998	17496	6	143617	50705	651264	103234	3163004
辽宁	1395187	5144584	209785	46278	57877	849	115794	418508	5471068	2817018	15676948

续表

地区	货物申报（报关）	舱单申报	运输工具	企业资质	原产地证		税费支付	加贸保税	物品通关	跨境电商	合计
					海关	贸促会					
吉林	84672	29184	2488	9532	7166	1	23120	102863	888	1510874	1770788
黑龙江	137623	202982	26928	10582	12804	6	102442	30498	308375	7582665	8414905
江苏	5949057	3515377	489578	116599	386204	571	1162405	1248176	1455738	16630779	30954484
浙江	1571335	2362231	346779	154895	329724	113364	165355	1090631	1983343	262581554	270699211
安徽	392369	70975	5772	31518	86209	148	51305	109323	885	2818345	3566849
福建	472872	1310016	147732	19511	39864	211	44849	232959	2986188	42476412	47730614
江西	187692	198625	8031	22238	36682	46	25865	195841	649	3478646	4154315
山东	5472449	27129845	496048	128697	341877	278	441697	2157288	23323623	53062795	112554597
河南	513727	2133767	68322	28307	54292	194	19860	562806	621088	280600327	284602690
湖北	501750	219535	19531	25021	25186	47	103881	401794	1363544	24203863	26864152
湖南	238246	189453	21098	26364	29406	486	62982	79975	1763454	89340840	91752304
广东	9036350	27358988	1382602	171947	718812	1792	659603	4350634	38038480	827148854	908868062
广西	604040	1796287	140463	31088	45097	0	1565	91434	8371	61364005	64082350
海南	51843	327050	36852	23209	8229	0	11583	48895	506222	1879878	2893761
四川	1116153	1136889	42785	26412	12580	59	58691	1469040	1226101	23857123	28945833
贵州	10403	840	352	4436	3402	0	3801	20903	52	33786	77975
云南	415366	1335882	281066	14269	43025	237	2697	16057	1240247	12925538	16274384
西藏	4978	6872	0	1604	9	0	1078	1	3	0	14545
陕西	423674	335981	23055	11291	8688	9	14238	212898	3694406	2189430	6913670
甘肃	4904	4189	605	3454	5416	0	3612	27038	87	114898	164203
青海	418	0	8	639	376	0	241	738	14	92	2526
宁夏	3018	5	98	3680	3906	30	566	3633	227078	4345	246359
新疆	301959	1111168	29072	13161	6770	4	57104	108602	18	49443014	51070872
宁波	5738141	49252163	144946	39516	143742	310	82195	1180623	4460665	146626496	207668797
厦门	2646480	13107532	182866	46654	73628	112	81416	492028	4371984	22217581	43220281
深圳	14291469	43683297	608838	149334	441369	4331	1469182	4907023	46159712	878866957	990581512
合计	79900078	319521570	6211103	1467466	3385104	130051	9037906	23678745	299886886	2951421730	3694640639

（二）2020 年业务量分地区统计（监管证件）

单位：票

地区	民用爆炸物（进口）	民用爆炸物（出口）	有毒化学品进出口	农药进出口	合法捕捞通关证明	自动进口（机电）	自动进口（非机电）	出口许可证	援外任务通知单	黄金及制品进出口	银行调运现钞进出境	进口广播电影电视节目	音像制成品进口	野生动植物	一般公约证书	非公约证书	药品进出口	进口药品通关单	合计
北京	195	235	0	2022	315	3	1	31	1335	266	0	136	63	583	1368	12	0	5038	11603
上海	0	0	0	17069	200	3	63	0	0	87	0	37	0	5436	12034	0	0	5259	40188
天津	0	19	0	1479	38	409	1951	0	19	39	0	0	0	328	107	0	103	1003	5495
重庆	1	1	0	340	0	0	0	0	14	21	0	0	0	36	6	0	0	397	816
河北	0	0	0	5422	0	0	0	0	25	0	0	0	0	103	25	0	0	444	6019
山西	0	154	0	27	0	0	0	1	38	2	0	0	0	0	0	0	4	47	273
内蒙古	0	41	0	241	0	0	391	1	0	0	4	0	0	4	28	0	0	28	738
辽宁	0	1	0	1059	1634	0	55	47	12	1	0	0	0	453	118	1	47	856	4284
吉林	0	0	0	7	1521	0	0	0	0	0	2	0	0	239	419	78	28	74	2368
黑龙江	0	0	0	47	149	0	420	2	0	0	3	0	0	185	12613	0	0	96	13515
江苏	418	1	0	47256	57	3	0	1	286	58	0	0	0	573	697	3	0	4879	54232
浙江	180	0	0	15409	254	0	0	3	0	25	0	0	0	614	809	0	37	1742	19073
安徽	0	0	0	3911	0	2	0	2	6	0	0	0	0	132	138	0	41	470	4702
福建	0	0	0	1816	64	0	0	0	0	2	0	0	0	443	902	0	0	34	3261
江西	0	0	0	958	0	15	151	0	16	2	0	0	0	27	20	0	0	232	1421
山东	35	62	0	32352	1242	3	2	1	188	100	0	0	0	500	222	81	118	586	35492
河南	0	69	0	382	0	0	76	0	1	1	0	0	0	15	29	0	0	115	688
湖北	0	0	0	1822	0	1	0	0	3	1	0	0	0	61	41	0	0	100	2029
湖南	1	6	0	1067	0	1	8	4	10	0	0	0	0	315	121	0	0	111	1644
广东	0	0	0	2219	38	34	4	46	10	33	59	0	0	973	4880	34	0	3748	12078
广西	0	0	0	257	0	0	0	0	0	0	0	0	0	104	503	2	0	659	1525
海南	0	0	0	21	0	0	1	0	0	0	0	0	0	182	185	0	0	809	1198
四川	0	2	0	3279	8	0	5	0	8	0	0	0	0	47	258	270	0	452	4329
贵州	0	103	0	11	0	0	0	0	6	0	0	0	0	0	16	0	0	9	145
云南	0	183	0	391	0	7	1683	0	41	6	20	0	0	138	477	197	0	1522	4665
西藏	0	0	0	0	0	0	0	0	0	0	0	0	0	0	0	20	0	101	121
陕西	98	5	0	296	0	0	0	0	32	8	0	0	0	471	40	5	0	477	1432
甘肃	0	0	0	2	0	0	0	6	18	0	0	0	0	74	51	0	0	1	152
青海	0	0	0	0	0	0	0	0	0	0	0	0	0	0	48	63	0	1	112

续表

地区	民用爆炸物（进口）	民用爆炸物（出口）	有毒化学品进出口	农药进出口	合法捕捞通关证明	自动进口（机电）	自动进口（非机电）	出口许可证	援外任务通知单	黄金及制品进出口	银行调运现钞进出境	进口广播电影电视节目	音像制成品进口	野生动植物	一般公约证书	非公约证书	药品进出口	进口药品通关单	合计
宁夏	0	0	0	951	0	0	0	0	0	0	0	0	0	0	0	0	0	5	956
新疆	0	0	0	0	0	0	31	0	0	0	35	0	0	55	40	0	0	190	351
宁波	0	5	0	7931	54	0	65	0	0	4	0	0	0	210	489	0	3	35	8796
厦门	0	0	0	654	549	0	1	0	0	3	22	0	0	110	353	0	0	36	1728
深圳	0	0	0	7173	274	895	12060	5	3	14	31	0	0	232	2954	0	0	1281	24922
合计	928	887	0	155871	6397	1376	16968	150	2071	673	176	173	63	12643	30211	766	381	30837	270351

（三）2020 年业务量分地区统计（出口退税）

地区	外贸版				生产版			
	申报退税（笔）	退税金额（万元）	涉及报关单（张）	企业数（家）	申报退税（笔）	退税金额（万元）	涉及报关单（张）	企业数（家）
北京	32304	1003440. 502132	152406	2748	6191	706091. 728	123454	972
上海	240	2125. 911022	747	100	48	2356. 6177	570	19
天津	59	1619. 839849	148	22	0	0	0	0
重庆	24	111. 291308	60	13	7	2426. 38978	302	4
河北	787	23826. 164917	5389	252	702	14909. 8191	6404	208
山西	2	6. 6093	2	2	0	0	0	0
内蒙古	8	94. 259344	25	7	0	0	0	0
辽宁	8	94. 259344	25	7	0	0	0	0
吉林	5	10. 056664	5	4	0	0	0	0
黑龙江	2	15. 797449	2	1	0	0	0	0
江苏	—	—	—	—	—	—	—	—
浙江	44	234. 815226	90	29	5	22. 509767	10	2
安徽	41	257. 18547	86	14	1	57. 895135	26	1
福建	13	463. 028618	51	7	29	419. 803449	145	14
江西	5915	231444. 73046	48852	823	18	71. 496214	45	1
山东	325	6806. 89954	1867	87	51	2912. 29152	852	17
河南	43	1760. 11811	101	23	28	1522. 6117	199	12
湖北	149	2556. 784805	322	69	140	9458. 14279	1283	42
湖南	82	4287. 089792	1872	27	4	12. 948803	6	1

续表

地区	外贸版				生产版			
	申报退税（笔）	退税金额（万元）	涉及报关单（张）	企业数（家）	申报退税（笔）	退税金额（万元）	涉及报关单（张）	企业数（家）
广东	370	6607.037082	1898	87	57	2459.25155	544	19
广西	81	589.557574	229	29	17	68.317398	104	5
海南	193	2871.948957	695	28	45	8500.95072	955	10
四川	66	406.243537	161	14	59	29367.5316	7725	11
贵州	43	667.331841	277	5	9	279.0538	90	3
云南	35	877.305418	153	14	1	1.886787	11	1
西藏	1	4.931201	3	1	0	0	0	0
陕西	692	25565.010639	7393	39	22	225.973751	77	5
甘肃	17	177.381979	54	5	4	34.139274	17	3
青海	45	1815.418172	227	11	31	841.972415	129	3
宁夏	16	141.210417	31	4	1	18.697603	6	1
新疆	0	0	0	0	0	0	0	0
宁波	21	1723.867764	103	10	14	67.823381	20	2
厦门	187	6687.510893	1920	45	12	172.078545	257	4
深圳	637	15534.528028	5257	224	60	8492.86725	2654	19
大连	3	4.817586	5	3	0	0	0	0
青岛	55	437.248921	197	22	2	690.026047	44	2
合计	42505	1343170	230628	4769	7558	791483	145929	1381

中国国际贸易
单一窗口
年鉴

地方发展篇

DIFANG FAZHAN PIAN

2021

北京市

一、 综述

2020年，为落实党中央、国务院关于优化营商环境促进跨境贸易便利化有关决策部署，北京市口岸办加强与相关单位联系配合，深入外贸企业调研，聚力“六稳”“六保”工作，加强组织领导，完善运维保障机制，着力推进中国（北京）国际贸易单一窗口（以下简称北京“单一窗口”）的各项工作，取得明显成效。

二、 运行情况

（一）运行数据

截至2020年年底，北京“单一窗口”累计注册企业20288家，较2019年增加4400家。全年货物申报1675236票；舱单申报7192730票；运输工具申报184076票；企业资质办理44527票；原产地证申领18997票；税费支付180813笔；加贸保税548293票；物品通关6106943票；跨境电商7398888票；监管证件11603票；出口退税38495笔。大兴国际机场空港电子货运平台累计完成车辆备案1318次，交货预约797次，提货预约342次，货运卡口放行车辆898次，报关放行2626票。

（二）运行维护

2020年，北京“单一窗口”严格按照系统操作及维护安全要求，完成52次系统巡检并形成报告，进行69次应用版本更新。一是完成政务云机房系统安全防护升级工作，保障“单一窗口”平台三级测评顺利完成。二是按照海关网络安全渗透测试漏洞安全防护要求，完成系统安全防护升级工作。三是完成北京“单一窗口”域名解析迁移工作。

（三）宣传推广

1. 聚焦疫情，创新发展，保障企业有序复工复产

一是全面加强“单一窗口”客户服务，“一站式”快速、高效解决企业疑难问题。2020年，95198受理热线65145个，010-86398038受理热线33149个；建立企业微信服务群11个，涉及人

数 3356 人。二是创新服务模式。为配合疫情防控工作，减少人员聚集，北京“单一窗口”全面推行虚拟上门服务，通过 QQ 远程接入访问功能，远程解决企业疑难问题。按照疫情防控进展与要求，推出企业预约现场服务的专项保障措施。2020 年，共为企业提供虚拟上门服务 230 次，受到服务对象一致好评。三是创新培训形式。新冠肺炎疫情发生以来，北京“单一窗口”推出线上直播培训，通过直播培训、小窗微视频与小窗学堂知识库等，全面加强与外贸企业对话，深入了解企业困难与需求。2020 年，直播培训 109 场，近 40000 人次观看；播出小窗微视频 22 期，浏览量近 7000 次；小窗知识库积累 1549 条，送达受众 7000 多人。

2. 精准帮扶，深入开展企业专项咨询服务

落实市委、市政府关于建立重点企业“服务包”制度的相关要求，全力帮助企业解决困难，推动北京市外贸经济加快复苏。2020 年 7 月，随着疫情防控态势逐渐趋稳向好，北京“单一窗口”组织专家团队，针对国际商贸领域重点服务企业积极开展帮扶工作，通过举办专项培训及沙龙活动等，调研企业需求，指导企业使用北京“单一窗口”进行业务办理，提升企业通关效率。

3. 扩大宣传，进一步推进媒体融合，放大宣传效应

2020 年，北京“单一窗口”在北京市政务服务中心、首都机场海关制卡中心、中关村海关制卡中心以及北京海关甜水园办公区制卡中心等地累计摆放宣传品近千件，对外贸企业进行全面宣传。邀请新华社、《北京晚报》《北京日报》《北京青年报》等 10 余家媒体单位参与“单一窗口”各类推广活动，通过传统媒体与新媒体融合的方式，及时、快速发布“单一窗口”资讯，门户网站发布资讯 530 篇，公众号发布推文 280 篇。

三、 特色应用

（一）应对疫情，新功能助力防疫物资快速通关

疫情期间，为保障海外捐赠疫情防控物资便捷、高效通关，北京“单一窗口”发挥外贸服务整合作用，上线海外物资捐赠平台，协助宋庆龄基金会等 7 家社会团体完成“单一窗口”注册登记，保障捐赠物资快速通关。成立专项工作小组，联合物流与报关企业，组织各方针对捐赠物资免费清关、物流与仓储。开通防疫物资通关专项服务，就一般贸易通关、捐赠免税通关、个人携带物资通关等 3 种模式提供通关指引；对防护口罩、防护服等 16 种防疫物资的通关归类、通关文件、系统操作、跟踪查询、现场放行等 5 类问题进行专项服务。

（二）上线区块链平台，扎实推进京津冀协同发展

会同北京海关、天津海关、北京市税务局、首都机场、大兴机场、天津港集团等单位，依托北京“单一窗口”，于 2020 年 3 月完成空港区块链和京津冀海运区块链建设，作为首批上线运行的区块链应用在全市示范推介，入选《北京市政务服务领域区块链应用创新蓝皮书》，为区块链技术在跨境贸易方面示范应用打下坚实基础。

截至 2020 年年底，北京“单一窗口”区块链平台已完成北京商务局节点、北京海关节点、天

津港节点建设，完成北京海关通关数据、天津海关通关数据、首都机场物流数据、大兴机场物流数据、天津港物流数据等数据上链，实现货物全流程追溯和时效统计，以及外贸业务跟踪与查询“一链全通”。

（三）上线微信小程序，扩大移动服务覆盖面

2020年，北京“单一窗口”微信小程序上线，帮助企业快捷办理北京“单一窗口”相关业务。微信小程序功能包括资讯服务、物流服务、区块链查询服务3个栏目，资讯服务主要包括新闻动态、通知公告、政策法规、疫情通报、办事指南、收费公示等，实现资讯服务主动推送；物流服务提供大兴机场车辆备案、提交货预约、交货确认、查验预约等相关服务功能；区块链查询服务实现了北京“单一窗口”区块链平台移动端服务功能。

四、大事记

2月6日

北京“单一窗口”海外物资捐赠系统上线。

2月26日

北京“单一窗口”推出“战疫”系列公益直播。

2月29日

北京“单一窗口”推出系列区块链应用服务，首批10项空港进出口贸易区块链应用正式上线。

8月4日

北京市商务局副局长吴向阳主持召开区块链建设调度会，部署北京“单一窗口”区块链技术发展建设工作。

8月14日

海关总署副署长王令浚到大兴国际机场视察北京“单一窗口”空港电子货运平台。

9月6日

北京“单一窗口”上线跨境电商综试区线上综合服务平台。

五、政策文件

关于深入优化京津口岸营商环境进一步促进跨境贸易便利化若干措施的公告

京津联合公告第6号

为贯彻党中央、国务院优化营商环境决策部署，推进落实《优化营商环境条例》，持续优化京津口岸营商环境，结合实际，京津两地联合推出第六批促进跨境贸易便利化具体改革创新措施。现公告如下：

一、进一步简化单证办理

（一）精简报关随附单证。自 2020 年 2 月 1 日起，进口申报环节企业无需向海关提交装箱清单，出口申报环节企业无需向海关提交装箱清单、发票。

（二）取消或简化办理进出口许可证证明。不再要求企业提供营业执照复印件、对外经营者登记表复印件、外商投资企业批准或备案回执证书复印件、身份证复印件等材料，由政府内部联网核查。

（三）全面推广进出口许可证电子化。在取消 118 个进口许可证和全面实现进口许可证申领和通关作业无纸化基础上，自 2020 年 1 月 1 日起对属于限制出口管理的货物实行出口许可证申领和通关作业无纸化，实现网上申报、网上办理、联网核查。

（四）推行滞报金缴纳凭证电子化。自 2020 年 1 月 17 日起，进口货物收货人缴纳进口货物滞报金后可通过国际贸易“单一窗口”标准版、“互联网+海关”自行打印版式《中央非税收入统一票据》。

（五）推进口岸物流类单证无纸化。建设天津港集装箱设备交接单无纸化平台，4 月底前实现船代、堆场以及用箱人之间集装箱设备交接单电子信息传输。推动提货单无纸化，引导国际班轮公司（船公司）试行电子提单和国际贸易相关方接受电子提单。

二、深化通关申报模式改革

（六）进一步推广进出口“提前申报”。完善“提前申报”容错机制，开通互联网“关企合作平台”，企业可线上办理“提前申报”报关差错复核业务，提高办事效率，提高“提前申报”比例。

（七）全面推广“两步申报”改革。自 2020 年 1 月 1 日起，一般信用等级以上（含）的境内进口收货人或代理人可通过国际贸易“单一窗口”或“互联网+海关”一体化网上办事平台，对实际进境的货物采用“两步申报”，也可通过“掌上海关”App 开展非涉证、非涉检、非涉税货物的概要申报。有需求的企业可采用国际贸易“单一窗口”导入功能开展“两步申报”。

（八）建立两步申报容错机制。对“两步申报”修改进口日期，以及由于装运、配载等原因造成货物变更运输工具的，不予记录报关差错。

属于不予记录报关差错情形的，报关单位可以自相关报关差错记录之日起 15 个工作日内，通过“关企合作平台”向海关申请复核。对申请内容符合上述不予记录报关差错情形的，海关企业管理部门复核后予以更正，不需要报关单位再到现场提交纸本申请和相关说明材料。审核时间由原来的 15 个工作日减少为 3 个工作日，复核更正的报关差错记录不作为海关认定企业信用状况的记录。

（九）对于免办 3C 认证证明的部分进口汽车零部件产品，实行申报时“先声明、后验证”，可凭收货人《免予办理强制性产品认证自我声明》，按《免予办理强制性产品认证进口汽车零部件申报指南》办理申报手续，允许货物提离口岸至目的地后实施 3C 免办证明核查。

三、进一步优化监管方式

（十）合理优化查验指令设置，优化随机抽批和查验整体比例。对企业有紧急需要的，可依照相关法律法规优先实施查验和检疫处理，合理提高查验作业效率。

（十一）在京津两地口岸大力推广机检集中审像作业模式，扩大智能审图作业覆盖范围。

（十二）鼓励企业主动披露涉税违规行为。对于主动报告存在违规情况的企业，经海关确认属于企业主动披露处置范围内的，可从轻、减轻或不予行政处罚；货物放行后，纳税义务人通过自查发现少缴、漏缴税款，主动披露并补缴的，海关可依法减免税款滞纳金。

（十三）扩大高级认证企业便利化措施。扩大高级认证企业免担保范围，降低对高级认证企业的布控率和查验率，实施高认企业专属协调员制度等，切实对企业在跨境贸易便利上给予精准支持。

（十四）推广检验监管便利化措施，对仅实施商品检验的进口汽车零部件产品，企业可直接提离至目的地，由目的地海关实施现场检验和抽样检测工作；在企业有紧急需要时，可优先依据相关法律法规实施检验。

对涉及3C认证的所有进口汽车零部件产品，海关在检验时将采信认证认可部门认可的认证机构出具的认证证书，原则上不再实施抽样送检。

四、提升港口作业服务水平

（十五）加强天津港口基础设施建设。实施北疆港区C段智能化集装箱码头项目建设，更新集装箱岸桥、场桥，进一步提升码头承载能力。完成北疆港区东突堤和东疆港区太平洋码头区域内封闭式查验场地建设，提供码头人工查验配套保障。充分发挥关港协同机制，依托在码头新建成的海关查验场区，推进顺势查验、嵌入式查验，降低时间成本。

（十六）加快天津港建设智能化集装箱码头。以无人集卡作为水平运输工具，通过高精地图和5G网络实现全面感知、泛在互联、车路协同，建设智能化集装箱码头。全面推广智能理货、无人驾驶电动集卡的规模化应用，加快运营管理智能化。

（十七）鼓励国际班轮公司（船公司）、船代公司在船舶抵港前放单，鼓励进口企业提前办理换单押箱手续。鼓励船公司提供出口舱位网上直销；鼓励出口企业积极采用网上直销模式订舱。

（十八）推广天津港进口“提前申报+船边直提”模式，鼓励企业应用，全力保障进口货物“船边直提”作业时效。

五、推广应用国际贸易“单一窗口”

（十九）自2019年12月16日起，进出口货物申报、舱单申报和运输工具申报业务统一通过国际贸易“单一窗口”办理，其他申报通道仅作为应急保障使用。

（二十）加快推进中国（北京）国际贸易“单一窗口”功能延伸覆盖至保税区、自贸区、京津两地口岸，拓展跨境贸易保险、空运快件等应用领域，增强综合服务功能，为市场主体提供全程“一站式”通关物流信息服务。

（二十一）推动京津两地国际贸易“单一窗口”、监管信息、航班（船期）信息、港口物流、船代、货代等不同主体之间的合作对接和信息对碰，推进国际贸易与运输领域的信息共享、业务协同和资源整合，推动口岸“通关+物流”一体化服务联动，方便企业查询，增强进出口企业预期。

六、持续推进口岸提效降费

（二十二）优化阳光价格结构，实施天津港阳光价格 3.0 版，打造“一站式阳光价格+阳光服务+阳光效率”的“三阳服务”模式，综合提升港口作业效率和服务水平。

（二十三）加强宣传推广，扩大天津港阳光价格影响力和加盟店数量，鼓励支持北京货代企业加盟天津港“一站式阳光服务”，扩大阳光价格覆盖率。

（二十四）持续规范口岸收费。强化口岸收费目录清单管理，落实口岸收费目录清单公示制度，依法查处强制收费、垄断收费、只收费不服务、乱收费等行为，推动货代、报关等行业协会公布基本收费目录，明示基本服务收费价格，落实降费措施，切实降低边境合规成本。

北京市商务局（北京市政府口岸办）
天津市商务局（天津市政府口岸办）
中华人民共和国北京海关
中华人民共和国天津海关
2020 年 2 月 10 日

关于深化京津口岸营商环境改革进一步促进跨境贸易便利化若干措施的公告

京津联合公告第 7 号

为贯彻党中央、国务院优化营商环境决策部署，推进落实《优化营商环境条例》，对标国际，结合实际，推出第七批优化京津口岸跨境贸易营商环境改革措施。现公告如下：

一、深化通关申报监管改革

1. 扩大出口提前申报覆盖率。企业在货物备齐、集装箱装箱完毕并取得预配舱单电子数据后，可在货物运抵海关监管作业场所前 3 日内向海关办理申报手续；货物运抵海关监管作业场所后，海关办理货物查验、放行手续。

2. 进一步完善“出口直装”。在天津港试行出口集装箱货物“提前申报+抵港直装+顺势查验”模式，融合监管查验环节与港口物流操作环节，在被查货物运抵码头后顺势完成查验。

3. 进一步推进口岸环节监管单证无纸化。依托国际贸易“单一窗口”扩大监管证件网上办理种类。按照海关总署统一部署，开展检验检疫单证电子化改革，推进实施检验检疫证书电子化，企业可查询和打印相关证书信息。

4. 开展“灵活查验”方式试点。在集中查验的基础上，根据货物性状和企业合理诉求，对于特殊运输要求的出入境货物，采取预约查验、延时查验、下厂查验、入库查验等多种查验措施相结合的方式，减少货物搬倒和企业查验等待时间，提高监管查验时效。

5. 实施免于到场协助海关查验。疫情防控期间，收发货人在收到海关货物查验通知后，可选择不到场协助海关实施查验，委托存放货物的海关监管作业场所经营人、运输工具负责人等到场协助查验或通过电子邮件告知海关无法到场，海关在收发货人不到场的情况下实施查验，推动出入境货物快速验放。

6. 公布报关企业整体通关时间。在海关、商务、国际贸易“单一窗口”、报关协会网站，每季度公布一次进口报关业务量前 100 名企业的整体通关时间，鼓励企业提前申报，缩短口岸通关物流时间。

二、进一步优化港口“三阳服务”环境

7. 优化提升阳光服务时效。天津港口推出作业效率考核、服务时效承诺、码头区内查验等举措，公布和推广“阳光价格+阳光服务+阳光效率”，进一步增强企业预期。

8. 细化公布港口作业时限标准 2. 0 版。优化提升作业时限标准，着力压缩作业时限，新增作业时限标准项，进一步压紧作业环节。

9. 继续规范熏蒸、消毒等检疫处理环节收费行为。通过市场引导、价格监督检查和行业规范等方式，引导口岸经营服务单位进一步降低相关服务收费，提升服务水平。

三、加快实现口岸物流和操作电子化

10. 推进电子化放箱试点。依托天津港集装箱设备交接单电子化平台，对接各船公司电子箱管系统，简化放箱环节手续，试行电子化放箱和提供“7×24 小时”放箱服务。

11. 进一步推行港口操作业务无纸化。积极开发测试进口集装箱提货单电子化平台，完善功能和服务，推进天津港提货单无纸化功能上线，更好地发挥系统互联、数据互通、信息共享的效用，提高客户使用体验。

四、发挥“单一窗口”等多平台聚合效用

12. 推进“京津冀通关便利化”区块链场景应用，促进京津冀三地海关通关、口岸物流数据上链共享。利用区块链技术，实现通关、物流等时效查询，优化作业流程，提高运作效率。

13. 推广国际贸易“单一窗口”中“汽车零部件自动辅助申报系统”，简化汽车零部件类商品海关申报操作。企业申报时，只需录入零部件编号，即可自动返填所有申报要素，实现菜单式申报。

14. 推进北京国际贸易“单一窗口”与天津市港口统一收费管理服务平台链接，实现北京企业通过北京国际贸易“单一窗口”平台异地申请退还天津港口建设费地方留成部分，完成天津港口缴费和结算的“一站式服务、一次性办理、一体化管理”。

15. 推进天津港口集疏港智慧平台建设，推动北京货运企业及其车辆对接天津港集疏港智慧平台，提升港口货运资源匹配效率，加快港区货物流通疏解，压缩货物在港停留时间。

五、建立公众监督评价机制

16. 公布港口“接诉即办”客服专线。在现有货物进出港预约机制基础上，公布港口统一的客户服务电话，解决港区码头、闸口、堆场等进出口货物流通全过程所遇到的问题，实现港区物流畅通。

17. 建立社会监督员制度。邀请熟悉进出口政策、办理进出口业务、从事跨境贸易研究的人士担任社会监督员，对进出口全流程、全方位、全员进行监督，收集和发现问题，提出合理化建议，为优化口岸营商环境发挥建设性作用。

18. 建立通关大众点评机制。在北京国际贸易“单一窗口”开辟专窗，设立“我对跨境贸易有话说”专栏、发布调查问卷，吸引社会公众参与，反映口岸经营监管中存在的问题，提出改进建议，对口岸监管和经营服务单位进行评价。

北京市商务局（北京市政府口岸办）
天津市商务局（天津市政府口岸办）
中华人民共和国北京海关
中华人民共和国天津海关
2020 年 4 月 3 日

天津市

一、综述

2020年，天津市口岸办认真落实天津市委、市政府相关要求，不断提高中国（天津）国际贸易单一窗口（以下简称天津“单一窗口”）建设水平。积极推广标准版功能，不断拓展地方特色功能。推进天津“单一窗口”海关查验指令推送试点工作，实现了“海关与港口物流环节对查验指令等相关信息系统交互、完成系统上线运行”的总体目标，企业可实时查询货物在港状态，快速衔接通关和物流操作，提高进口货物提离速度。

二、运行情况

（一）运行数据

截至2020年年底，天津“单一窗口”注册用户15658家。全年货物申报2362540票；舱单申报11241863票；运输工具申报199969票；企业资质办理36539票；原产地证申领48829票；税费支付43912笔；加贸保税802972票；物品通关7666766票；跨境电商32302049票；监管证件5495票；出口退税59笔。

（二）运行维护

2020年，天津“单一窗口”通过客服电话、微信群、QQ群等多种服务方式，为“单一窗口”客户提供7×24小时在线咨询服务，为企业提供相关政策解答、业务咨询、操作指导、疑难解答等“一对一”服务。其中，95198电话客服受理企业咨询14696次。

为提高天津“单一窗口”网站安全防护能力，采购第三方安全监测服务，根据相关规定完成年度三级等级保护测评，实时监测网站运行，确保天津“单一窗口”安全稳定运行。为保障平台安全运行，建设灾备机房，实现数据灾备。针对重大节日、重要节点制订平台安全应急保障工作方案，高峰节点重点监控，确保平台运行稳定。

积极做好天津跨境电商平台运维保障，配合企业开展压力及功能测试，成功保障“3·8”“6·18”“双11”等跨境电商大促期间的大单量运行。服务跨境电商B2C保税出口和B2B出口业务模式等新业务模式试点运行，“一对一”服务出口企业做好系统对接和应用服务。

（三）宣传推广

为配合新冠肺炎疫情防控要求，天津“单一窗口”推行“零接触”服务，采取“线上+线下”方式宣传推广功能应用。线上采用视频形式向全市进出口企业宣讲；在疫情防控允许的条件下，组织线下宣讲培训，与企业面对面交流，并组织技术人员深入企业现场教学，帮助企业解决难点问题。

三、特色应用

（一）边检行政许可功能

完成边检行政许可申报平台功能升级改造，新增“黑名单”管理、船舶动态管理、证书管理等功能，满足了监管模式变化需求，实现了部分行政许可事项在网上快捷申报。企业通过天津“单一窗口”将相关材料提交边检部门审批，边检部门将审核受理结果通过“单一窗口”反馈企业，降低了办事成本，提高了申报效率。

（二）通关物流全程评估系统

为落实国家口岸管理办公室通关物流全程评估系统试点工作要求，天津“单一窗口”采集进出口通关物流节点数据，对接标准版，实现数据上传、统计和监控等功能，为口岸相关管理部门掌握通关物流环节耗时情况、优化口岸作业流程提供数据支撑和分析工具。

四、大事记

3 月 4 日

天津市被确定为“单一窗口”海关查验通知信息推送扩大试点市。

5 月 26 日

天津跨境电子商务综合服务平台 B2C 保税出口首票申报成功。

7 月 1 日

天津跨境电子商务综合服务平台 B2B 出口首单申报成功。

11 月 11 日

天津“单一窗口”地方特色功能板块正式上线运行关税保证保险功能。

11 月 30 日

天津市被确定为“单一窗口”出口退税功能更新升级扩大试点市。

河北省

一、综述

2020 年，为贯彻落实党中央、国务院关于国际贸易“单一窗口”建设的决策部署，营造稳定公平透明、可预期的营商环境，中国（河北）国际贸易单一窗口（以下简称河北“单一窗口”）上下合力，积极探索，先行先试，以满足企业需求为突破口，加快提升通关便利化水平，持续促进外贸稳中提质，不断推动全方位对外开放。

二、运行情况

（一）运行数据

截至 2020 年年底，河北“单一窗口”注册用户 20900 家，较 2019 年增加 1900 家。全年货物申报 155680 票；舱单申报 289788 票；运输工具申报 123760 票；企业资质办理 59070 票；原产地证申领 70171 票；税费支付 46513 笔；加贸保税 257425 票；物品通关 496 票；跨境电商 297661 票；监管证件 6019 票；出口退税 1489 笔。

（二）运行维护

一是通过 95198 客户服务热线、客户服务群为企业提供 7×24 小时服务保障，解决企业咨询问题 2 万余个，客户满意率达到 99%。二是启用河北“单一窗口”运维服务管理平台，组织演示培训，进行分级测试，加快服务请求处理速度。三是制订河北“单一窗口”系统运行应急预案，确保在发现系统故障、宕机等问题时做到二级故障 24 小时内解决、三级故障 8 小时内解决。四是制定河北“单一窗口”监控维护制度和机房管理制度，每日进行 1 次机房全面巡检、数据备份和漏洞扫描工作，定期修改系统用户密码，全力保障平台系统稳定、安全运行。五是新冠肺炎疫情期间，第一时间成立运营保障小组，主动问询企业疫情困境，为抗击疫情提供高效的服务支持，全力保障河北“单一窗口”安全稳定运行。

（三）宣传推广

1. 实地走访。以企业需求为出发点，坚持推行“门到门、户到户”精准服务，完善平台功能，拓展业务范围。2020 年实地走访企业 52 家，收集平台问题及建议 87 条。

2. 宣传培训。创新联合培训方式，线下不断丰富培训内容，针对外贸企业反映强烈的痛点难点问题，组织开展 18 场培训会，涉及 1200 家外贸企业，覆盖石家庄、唐山曹妃甸、保定白沟等重点地区。线上开设培训中心板块，涵盖 80%“单一窗口”功能应用，累计下载观看量达 2.50 万余次，以线上培训与线下自学相结合的方式，推进河北“单一窗口”系统功能的全面应用。

3. 资讯发布。围绕河北省最新外贸信息，丰富资讯内容，更新办事指南。共发布贸易商情、投资要闻等资讯 1500 余条、微资讯 168 条，平台累计点击量达 259.17 万次，切实帮助外贸企业开阔眼界，助力发展。

三、 特色应用

（一）中国（河北）跨境电子商务公共服务平台

积极响应外贸企业需求，优化升级中国（河北）跨境电子商务公共服务平台系统功能，完成与河北省所有跨境监管场所的对接，协助企业跨境电商业务落地河北。

（二）数据接入公开平台

自主研发数据接入公开平台，通过河北“单一窗口”客户端一点接入、一次性提交，满足相关监管部门标准化单证和电子信息要求，降低外贸企业申报的成本和出错率。

四、 大事记

5 月 18 日

河北“单一窗口”关税保证保险系统上线运行。

6 月 28 日

河北“单一窗口”地方特色应用数据接入公开平台上线。

11 月 11 日

河北“单一窗口”运维服务管理平台正式上线运行。

12 月 7 日

河北“单一窗口”完成出口退税首单申报。

山西省

一、 综述

2020年，山西省认真贯彻落实党中央、国务院有关决策部署，在省委、省政府的正确领导下，省口岸办联合各相关部门，在企业对接、业务拓展、政策宣讲、服务深化等方面持续发力，中国（山西）国际贸易单一窗口（以下简称山西“单一窗口”）建设工作不断取得新进展。

二、 运行情况

（一）运行数据

2020年全年，山西“单一窗口”货物申报61861票；舱单申报13票；运输工具申报1599票；企业资质办理6417票；原产地证申领13841票；税费支付3866笔；加贸保税122039票；物品通关431票；跨境电商1267票；监管证件273票；出口退税2笔。

（二）运行维护

1. 疫情期间全力保障业务正常开展。依托山西“单一窗口”，推出电子口岸换卡、新增操作员、证书更新、证书解锁等“全业务网上办”应用服务，让企业“零跑腿”，避免了人群密集场所潜在的防控危险。在疫情紧张时期，共帮助71家企业通过网上申报模式，办理电子口岸身份认证业务。

2. 客户服务质量稳步提升。通过热线电话、微信群等多种形式，向企业提供7×24小时不间断咨询服务，及时解答企业涉及的各类防疫物资进出口问题。日常及时搜集、掌握企业使用情况、需求与建议；完善客服知识库，强化质量监督，逐步提升热线接听质量；围绕重点项目做好客户服务工作，稳步提升服务效率。全年接听企业咨询电话4000余个，通过微信群和热线电话解决企业各类问题800余个，通过微信公众号发布相关文件和政策18篇。

内蒙古自治区

一、综述

2020年，内蒙古口岸办围绕《国家口岸管理办公室关于国际贸易“单一窗口”建设的框架意见》和《中国（内蒙古）国际贸易“单一窗口”建设实施方案》要求，加强标准版推广应用，完成中国（内蒙古）国际贸易单一窗口（以下简称内蒙古“单一窗口”）一期建设项目评估验收准备工作，重点完成了云视频系统的升级联网测试以及平台安全检查。

二、运行情况

（一）运行数据

2020年全年，内蒙古“单一窗口”货物申报324531票；舱单申报1799088票；运输工具申报82037票；企业资质办理8475票；原产地证书申领17651票；税费支付156321票；加贸保税47838票；物品通关557856票；跨境电商86979票；监管证件738票；出口退税10笔。

（二）运行维护

1. 开展云视频系统的升级联网测试

为充分发挥内蒙古“单一窗口”云视频系统作用，将华为视频会议系统、互联网终端（包括移动终端、电脑客户端）等多类信号数据集成在云视频系统中，实现了对全区各口岸视频资源的统一管理和应用。通过互联网终端远程参会、移动办会，进一步扩展视频应用场景，在视频会议过程中能够实时调取各口岸视频监控画面及移动终端采集的现场画面，为口岸相关管理部门能够及时判断现场情况、做出高效的指挥调度提供了重要的决策依据。

2. 完成联通线路带宽调整

联通线路建设包括口岸、联检部门专线19条和部分口岸内部局域网干线11条，系统运行中发现各口岸原分配的线路带宽与实际需求存在不匹配的情况。为更好发挥资源效应，在保证整个线路带宽不降的前提下，对部分口岸线路带宽进行了必要调整，各口岸线路均可满足工作需要。

3. 理顺运维管理秩序

积极推动平台信息化系统运维工作，2020 年 7 月落实运维资金 250 万元。

4. 完成平台安全检查

组织开展平台安全检查，进一步提升平台运行安全管理能力和水平。认真抓好安全自查工作，先后开展 5 批次网络安全自查检查，整体效果良好。认真落实国家网络安全等级保护年度测评工作，完成了已建 13 个应用系统的等级保护测评工作，整体达到三级良好水平，积极推动完成电子口岸平台安全设备升级任务，有力确保平台安全、稳定、高效运行。

三、大事记

1 月 21 日
完成内蒙古“单一窗口”一期建设项目网络等级保护测评，达到国家网络安全管理要求。

辽宁省

一、综述

辽宁省委、省政府高度重视中国（辽宁）国际贸易单一窗口（以下简称辽宁“单一窗口”）建设推广工作。2020 年出台的《中共辽宁省委、辽宁省人民政府关于推进贸易高质量发展的实施意见》（辽委发〔2020〕10 号）以及召开的辽宁省稳外贸工作暨口岸工作领导小组会议，均对辽宁“单一窗口”建设和服务促进外贸高质量发展提出明确要求。辽宁省口岸办多次召开专题会议，就数据安全管理、金融服务功能、平台技术对接、线上培训推广等问题进行研究部署。截至 2020 年年底，辽宁“单一窗口”在货物申报、运输工具申报、舱单申报、税费支付、加工贸易、减免税、船舶吨税等核心功能业务覆盖率始终保持 100%；平行进口车、危险货物申报系统、查验预约、海运中转、危险货物联网核查、涉税保函、归类智能导航等地方特色功能全面覆盖。“两步申报”、海关原产地证等功能业务应用覆盖率大幅提升。

（一）进一步拓展功能建设

2020 年，辽宁“单一窗口”依据标准版上线进度，完成标准版和地方特色 20 个业务领域 89 项功能的对接和开发建设，其中涵盖涉税保函等 14 项地方特色功能。启动了通关时效系统、海关检验检疫证书系统、海关进出口商品规范申报企业专属库、大连口岸拖轮服务公共信息平台、数据统计系统、进出口商品智慧申报导航服务等地方特色应用项目的开发建设。

（二）推出抗击疫情特色功能，助力企业复工复产

一是在辽宁“单一窗口”增设抗疫功能应用，上线“抗击新冠肺炎疫情境外捐赠说明指南和出口防疫物资注意事项”模块。该模块内容涵盖新冠肺炎疫情相关的各类政策公告、通关便利措施以及企业复产复工支持政策等。

二是联合海关推出“云签发”服务，实现进出口防疫物资通关“零延时”“零接触”，快速衔接通关和物流操作，提高进口货物提离速度。

三是增设“全球撮合家”功能。通过辽宁“单一窗口”为境内外企业提供“一站式”的综合信息公益发布和精准匹配服务，帮助外贸企业保市场、保订单。截至 2020 年年底，已有 548 家外贸企业在“全球撮合家”板块注册，并发布机电、农副产品及医疗设备等商品信息 500 余条。

四是积极与银行和保险等机构对接，为企业提供全面、便捷的综合性金融服务，在线投保服

务，以及数据查询和健康认证服务。

（三）积极推动标准版新功能试点应用

积极筹划，在大连口岸筛选试点企业，通过与中国电子口岸多次联合调研、现场指导等措施，如期完成标准版出口退税（金三版）功能首批试点任务。

二、运行情况

（一）运行数据

截至2020年年底，辽宁“单一窗口”及其延伸的物流平台共有注册用户数量1.53家。全年货物申报1395187票；舱单申报5144584票；运输工具申报209785票；企业资质办理46278票；原产地证申领58726票；税费支付115794笔；加贸保税418508票；物品通关5471068票；跨境电商2817018票；监管证件4284票；出口退税8笔。

地方特色功能应用平行进口车1802票；国际邮轮申报1912票；危险货物申报140125万票；海运中转121327万票；危险货物联网核查167451万票；涉税保函金额8.56亿元；归类导航数据169万条。

（二）运行维护

1. 加强运维保障和数据安全管理。根据辽宁省通关（电子口岸建设）工作领导小组办公室相关文件要求，规范了服务接入和服务标准，建立了省市两级统一运维保障体系，实现对外服务、发布、变更、故障处理的高效协同。为做好辽宁“单一窗口”数据安全管理，成立了专职工作组，细化管理制度、深化技术督查、建立健全信息安全管理体系，强化信息系统运维管理工作，确保系统长期、稳定、高效运行。2020年，结合海关业务数据安全专项行动方案，深入查找安全漏洞和风险隐患，规范安全管理和数据泄露问题，多措并举加强平台设施安全防护。

2. 通过等级保护三级测评。2020年12月，辽宁“单一窗口”达到等级保护三级标准，全面完成等级保护定级、备案、测评，系统安全性进一步提高。

3. 完善客户服务机制。建立了由省市口岸管理部门及各查验单位组成的多重沟通协调机制，以增强企业获得感为出发点，充分发挥辽宁“单一窗口”服务作用，并在自贸大厅设置服务窗口，精准对接企业需求，现场解答企业问题。全年客服热线接通率100%，累计接听热线电话共15545个，线上互动14413例。

（三）宣传推广

1. 拓展宣传推广渠道。充分发挥门户网站和微信公众号等新媒体的作用，进行线上宣传推广。在自贸大厅播放宣传片、设置宣传展架、发放宣传手册等，进一步拓展宣传的广度和深度。

2. 制作宣传片、宣传展架及宣传册。根据辽宁“单一窗口”功能应用情况，编制设计应用指南系列宣传册及展架，总计5版展架方案及14个业务功能简述，确保企业随用随取，及时便捷地获取应用指导。

3. 开展专题培训。一是同步标准版新功能上线进度，积极探索辽宁“单一窗口”应用推广新路径。面对新冠肺炎疫情的严峻形势，组织标准版船舶转港复用功能和报关单、舱单运抵状态信息订阅推送功能全省线上培训会，累计 135 家企业 186 人参加在线直播课堂培训。二是研究推广金融服务功能。联合建设银行、中国信保、平安银行壹账通等单位，适时组织企业开展“单一窗口”金融服务专场线上培训，累计 86 家企业 128 人参加学习。

三、 特色应用

（一）进出口商品智慧申报导航系统

为支持辽宁自贸区发展，2020 年 12 月，辽宁“单一窗口”进出口商品智慧申报导航系统上线。系统以企业需求为导向，深化关企合作，提升申报效率。

1. 主要做法

（1）提供智慧申报导航服务。依托辽宁“单一窗口”，开发专门用于海关纳税申报的“多条件搜索引擎”功能，以海关历史数据、海关税则、注释、归类决定、规范申报目录等已结关数据、权威数据为支撑，精准、高效地为自贸区企业纳税申报提供智能导航服务。

（2）实施导航数据动态维护。建立导航数据库动态维护机制，根据海关总署《中华人民共和国进出口税则》转换、《税则注释》修改转换、本国子目注释调整情况对导航数据进行动态调整，并与海关进出口申报数据保持同步，确保导航服务处于最新可用状态。

2. 创新点

进出口商品智慧申报导航系统的实施使复杂的纳税申报工作高度简化，提高了涉税要素申报的准确性、统一性、时效性，有效避免因误操作导致的申报差错、减少纳税等争议，极大缩短通关时间，提高通关效率，节省清关环节成本。

3. 实践成效

进出口商品智慧申报导航服务功能被国务院确定为自贸试验区第六批改革试点成果，自 2020 年起面向全国复制推广。同时，标准版也将该功能模块纳入货物申报系统，于 2020 年 12 月正式在全国上线。

（二）出口货物检验检疫云签发系统

2020 年年初，面对严峻的新冠肺炎疫情，结合大连海关业务需求，探索实时“零接触”证书签发新模式。3 月 2 日，出口货物检验检疫云签发系统率先在辽宁自贸试验区大连片区上线应用。

1. 主要做法

企业在辽宁“单一窗口”申请报关时，可选择证书模板录入基本信息，海关根据外方要求和双边协定对证书信息审核后直接签发，优化证书申领程序。截至 2020 年年底，出口货物检验检疫云签发系统已维护出口证书国家 20 余个，包括粮食、食品、水产品等 10 余种出口货物检验检疫证书信息。同时还可根据输入贸易国家和地区对证书的相关要求，及时调整证书模板信息，确保为出口企业提供及时有效参考。

2. 创新点

实现进出口防疫物资通关“零延时”“零接触”，快速衔接通关和物流操作，提高进口货物提离速度。

3. 实践成效

该系统上线以来，大幅提高通关效率，平均每个证书的出具时间由原来的1天缩短为8~10分钟。同时大幅降低企业成本，以大连片区为例，每年出口企业需出具出口检验检疫证书近3万份，通过该系统申报后，每年可为大连片区出口企业节省约1500万元的费用。

四、大事记

3月2日

辽宁“单一窗口”出口货物检验检疫云签发系统在辽宁自贸试验区大连片区上线应用。

3月17日

辽宁“单一窗口”便民服务板块辽事通功能更新上线。

3月24日

为防控新冠肺炎疫情，助力复工复产，在辽宁“单一窗口”发布复工复产相关政策包。

4月22日

辽宁省副省长陈绿平出席辽宁省稳外贸工作暨口岸工作领导小组会议，对辽宁“单一窗口”工作做重要部署。

5月18日

辽宁“单一窗口”上线“全球撮合家”服务功能，助力企业开拓国际市场。

6月20日

辽宁省委、省政府印发《关于推进贸易高质量发展的实施意见》（辽委发〔2020〕10号），要求进一步深化辽宁“单一窗口”建设工作。

7月2日

辽宁省委、省政府组织召开推进贸易高质量发展新闻发布会，公布辽宁“单一窗口”建设成果及下一步建设要求。

8月21日

辽宁“单一窗口”公示辽宁省海运集装箱、空运普货通关流程与作业时限标准化工作情况。

10月22日

辽宁“单一窗口”出口退税（金三版）功能首单申报成功。

吉林省

一、综述

2020年，吉林省积极落实党中央、国务院相关部署，不断拓展应用功能，加强宣传培训，提高运维保障能力，提升客户服务水平，推动中国（吉林）国际贸易单一窗口（以下简称吉林“单一窗口”）发展取得新成效，助力改善营商环境，促进贸易便利化。

二、运行情况

（一）运行数据

2020年全年，吉林“单一窗口”货物申报84672票；舱单申报29184票；运输工具申报2488票；企业资质办理9532票；原产地证申领7167票；税费支付23120笔；加贸保税102863票；物品通关888票；跨境电商1510874票；监管证件2368票；出口退税5笔。

（二）运行维护

1. 客户服务机制

组建客服团队，提供QQ群、微信群、95198客服热线等多种沟通方式，为“单一窗口”用户提供在线技术支持。

2. 系统日常维护管理

组建技术运维团队，对网络设备、服务器操作系统、数据库、中间件、存储等IT基础设施实行7×24小时运维保障，提供对IT环境的性能监控及分析、故障监控、故障分析及定位、网络配置文件、资源巡检的管理。建立备用光纤网络，保障系统安全稳定运行。建立系统评估体系，根据业务需求变更、硬件环境升级等完成系统升级和完善工作，不断改善和提高系统性能。

三、特色应用

（一）物流协同平台

吉林“单一窗口”加强与民航、铁路、港口等相关行业机构合作对接，结合吉林省口岸实际，以“单一窗口”通关信息为基础，充分发挥“单一窗口”跨境贸易数据汇聚的优势，打通物流信息节点，建立铁路、空运、公路物流协同平台，拓展本地口岸政务服务、口岸物流服务、口岸数据服务和口岸特色应用。

主要做法如下：

1. 铁路口岸物流协同平台主要实现单证的一次申报，以及各联检单位之间的信息互换、监管互认、执法互助。主要设置铁路作业申报、物流管理、备案信息、口岸业务、拆箱业务、拼箱业务、布控管理、审核管理、统计查询等功能。

2. 空运物流协同平台主要实现贸易环节中各参与主体如收发货人、航空公司、地面代理、运输车队、报关行等相关角色的单证传递，联检单位作业执行状态的及时共享，并对货物的进出库及库存情况进行实时统计。主要设置国际货站进/出口、入/出库、报关业务核放单、运单业务核放单、特殊业务核放单、车辆备案、布控管理、审核管理、统计查询等功能。

3. 公路口岸物流协同平台主要实现货物的一次申报，各监管单位的联合执法，贸易环节参与主体如收发货人、代理、运输车队、报关行等相关角色的单证传递、作业执行状态的及时共享。主要设置报关业务核放单、运单业务核放单、特殊业务核放单、车辆备案、布控管理、审核管理、统计查询等功能。

（二）大数据决策分析系统

大数据决策分析系统以“单一窗口”大数据为基础，以口岸物流数据为依托，通过分析、采集、校验、清理转化对公共可开放的口岸数据，满足外贸企业了解进出口贸易现状及趋势的需求，便于管理单位及时做出决策、调配资源，提供口岸行业指导指数体系，提供评价、优化、拓展各类服务的数据支持。一方面，与政府其他机构大数据系统互联共享，为吉林省建设成内陆开放高地的发展战略提供监测、预测、决策依据；另一方面，加快促进贸易服务行业的丰富与模式创新，最终建设形成国际贸易互联网专题大数据。

（三）口岸全景数据展示系统

口岸全景数据展示系统是依托“单一窗口”落地的实时业务数据展示系统，通过收集、展示口岸业务数据，建立一个实时、便利、全面的展示窗口，便于口岸管理相关部门及时有效地掌握最新的口岸通关作业数据。目前，系统可实时展示当日最新的货物申报量和货值，累计的货物申报量和货值，排名前十的货物、国家和企业，吉林省内各关区贸易额、边检旅游人数、备案车辆数量等。

四、 大事记

10 月 27 日

铁路口岸预约通关及指令推送模块完成测试。

11 月 20 日

航空口岸货运无纸化模块完成测试。

黑龙江省

一、 综述

2020年，黑龙江省扎实做好标准版的推广应用工作，建立健全运维保障机制，统筹推动中国（黑龙江）国际贸易单一窗口（以下简称黑龙江“单一窗口”）平台建设，完善协作配合机制，不断促进贸易便利化水平提高。

二、 运行情况

（一）运行数据

2020年全年，黑龙江“单一窗口”货物申报137623票；舱单申报202982票；运输工具申报26928票；企业资质办理10582票；原产地证申领12810票；税费支付102442笔；加贸保税30498票；物品通关308375票；跨境电商7582665票；监管证件13515票；出口退税2笔。

（二）运行维护

建立远程服务机制，通过热线电话、微信群和QQ群（包括QQ远程协助）等方式为企业解答“单一窗口”平台使用中遇到的问题。总结常见问题及解决办法，汇总整理并及时更新常见操作问题知识库，线上推送给各企业学习参考。截至2020年年底，运维团队累计为企业解答各类问题4798个，企业满意度较高。

（三）宣传推广

采取线上线下相结合的方式进行培训与推广。疫情严重期间，组织企业线上学习，以实际操作视角对具体操作流程进行详细讲解；疫情平稳期间，主动走进企业调研走访、收集问题、解决问题。

三、 大事记

7月22日

黑龙江“单一窗口”首笔“信保贷”业务落地。

四、政策文件

黑龙江省人民政府关于落实自由贸易试验区第六批改革试点经验复制推广工作的通知

黑政函〔2020〕77号

各市（地）人民政府（行署），省政府各有关直属单位：

为贯彻落实《国务院关于做好自由贸易试验区第六批改革试点经验复制推广工作的通知》（国函〔2020〕96号）精神，加快推进我省自由贸易试验区（以下简称自贸试验区）改革试点经验复制推广工作，结合我省实际，现将有关事项通知如下：

一、复制推广的重要意义

建设自贸试验区是党中央、国务院在新时代推进改革开放的一项战略举措，在我国改革开放进程中具有里程碑意义。按照党中央、国务院决策部署，自贸试验区所在省市和有关部门结合各自功能定位和特色特点，形成了自贸试验区第六批改革试点经验。这些经验在我省复制推广，对深化投资管理改革、提升贸易便利化、加强事中事后监管，加快对外开放，进一步优化营商环境，增强我省创新力和竞争力具有重要意义。

二、工作要求

（一）加强组织领导。各市（地）、各有关部门要以习近平新时代中国特色社会主义思想为指导，全面贯彻党的十九大和十九届二中、三中、四中全会精神，深刻认识复制推广自贸试验区改革试点经验的重大意义，将复制推广工作作为贯彻新发展理念、推动黑龙江高质量发展、建设现代化经济体系的重要举措，进一步优化营商环境，激发市场活力，增强经济创新力和竞争力。

（二）切实做好组织实施。各有关部门要按照上下对口原则，承接复制推广任务，明确复制推广的目标、任务、完成时限和推进措施。需报上级主管部门批准的事项要按程序报批。各部门要加强沟通协调，主动接受国家对复制推广工作的指导。各有关部门要切实起到带头作用，积极协调配合相关部门完成承担的工作任务。

（三）加强推进落实措施。各市（地）、各有关部门要及时将负责第六批改革试点经验复制推广工作的主管领导、部门和联系人报省商务厅（联系人：刘铁，联系电话：0451-82657440，电子邮箱：hljzmq123456@ 163. com），每季度报送改革事项进展情况，每半年报送复制推广总结和成果。

附件：自由贸易试验区第六批改革试点经验复制推广工作任务分工表

黑龙江省人民政府

2020年10月13日

（此件公开发布）

附件

自由贸易试验区第六批改革试点经验复制推广工作任务分工表

序号	改革事项	主要内容	国家负责单位	推广范围	我省承接任务及负责单位
1	出版物发行业务许可与网络发行备案联办制度	将出版物发行业务许可及从事网络发行备案申办流程由“串联”改为“并联”，企业一表填报申请、登记信息，一次性提交办理要件，并可在线补充报送信息。实行“宽进严管”、“靶向追踪”等事中事后协同监管机制，强化部门审批和监管信息共享。	中央宣传部	全国	省委宣传部
2	“委托公证+政府询价+异地处置”财产执行云处置模式	执行案件申请人可在异地委托财产所在地公证机关对财产实况进行取证后提交指定政府部门，由该部门委托第三方评估机构根据有关财产的公证文书及视频资料直接进行批量式书面审查评估，并向法院出具价格认定书，将此作为网上拍卖的底价依据。待网上拍卖成功后，通过人民法院执行指挥管理平台，委托异地法院完成财产的解封、解押、过户等交付手续。	最高人民法院	全国	省法院
3	领事业务“一网通办”	全面整合领事业务信息系统，将 APEC 商务旅行卡、外国人来华邀请和领事认证三个业务系统整合至一个平台，并与外交部业务系统跨层级共享信息，实现全流程互联网不见面审批。	外交部	全国	省外办、省商务厅
4	绿色船舶修理企业规范管理	鼓励相关行业组织促进船舶修理企业绿色发展，在生产基本条件、质量管理、资源综合利用、安全生产、职业健康、环境保护、监督管理等方面明确统一标准，引导企业规范发展，加强行业自律。	工业和信息化部、交通运输部	全国	省工信厅、省交通运输厅、黑龙江海事局
5	电力工程审批绿色通道	建立完善电力工程并联审批制度规范，实行公安（交警）、自然资源、市政、绿化等相关部门“一站式”联合审批，快速受理审批 10 千伏及以下电力管线的规划、挖掘、占路等行政许可，统一送达许可证书。	公安部、自然资源部、住房城乡建设部、国家林草局	全国	省公安厅、省自然资源厅、省住建厅、省林草局
6	多领域实施包容免罚清单模式	对市场主体符合首次违法、非主观故意并及时纠正、违法行为轻微、没有造成危害后果的行政违法行为，制定并发布多个领域的包容免罚清单，明确免除罚款的行政处罚。在规定期限内，动态调整免罚清单。对未在规定期限内整改或整改不到位的市场主体，行政监管部门可以依据行政处罚法等予以处罚。	司法部	全国	省司法厅
7	直接采认台湾地区部分技能人员职业资格	持有台湾地区“劳动力发展署技能检定中心”核发的中餐烹调、西餐烹调、美容、女子美发等职业甲、乙、丙级技术士证书，可直接采认为大陆相对应的职业资格。	人力资源社会保障部、中央台办	全国	省人社厅、省委台办

续表1

序号	改革事项	主要内容	国家负责单位	推广范围	我省承接任务及负责单位
8	航空维修产业职称评审	由航空维修企业对申报人的工作实绩和相关信息进行前置评价和审核把关，作为后续职称评审工作的重要参考依据。结合航空维修产业特点，建立专门评委会，对参评人员进行综合评审，开辟航空维修企业职工参与职称评审快捷通道。	人力资源社会保障部	全国	省人社厅
9	以三维地籍为核心的土地立体化管理模式	建立三维地籍管理系统，将三维地籍管理理念和技术方法纳入土地管理、开发建设和运营管理全过程，在土地立体化管理制度、政策、技术标准、信息平台、数据库等方面进行探索，以三维方式设定立体建设用地使用权。	自然资源部	全国	省自然资源厅
10	不动产登记业务便民模式	实行不动产登记“一证一码”，手机扫描不动产权证二维码可查询证书附图、限制状态等信息。个人用户可使用手机应用程序等，实现名下不动产登记信息查询、办理进度查询、费用缴纳等。	自然资源部	全国	省自然资源厅
11	建设项目水、电、气、暖现场一次联办模式	改革建设项目水、电、气、暖服务申报模式，由向相关市政公用基础设施单位“多家申报”，改为向政务服务中心“一家申报”。在项目现场实施受理、核查、反馈“一站式”联合办理，提供“一对一”精准服务。精简申报材料，明确时限节点，梳理办理流程，压缩办理时限。	住房城乡建设部	自贸试验区	省住建厅、省电力公司（按规定复制推广）
12	船员远程计算机终端考试	按照统一规范要求，在船员考试业务量较多或偏远地区建立远程考场，供船员通过计算机终端参加远程理论考试。船员可根据需求预约远程考试，自主选择证书领取方式（自取或邮寄）。	交通运输部	全国	黑龙江海事局
13	空铁联运一单制货物运输模式	推动航空运输企业和铁路运输企业作为合作承运人与货运客户签订“空铁联运单”，共同负责全程运输，分别承担相应运程责任。承运人收揽货物后，通过铁路或航空将货物运至中转站，进行“班机+班列”的衔接转运，完成下一运程。	交通运输部、中国民航局、中国国家铁路集团有限公司	成都铁路局局管范围内	省交通运输厅、民航黑龙江监管局、中国铁路哈尔滨局集团有限公司（学习借鉴）
14	“融资租赁+汽车出口”业务创新	支持以融资租赁方式开展汽车出口业务，在商务部汽车出口许可证申请系统中增设相应贸易方式选项，并按照企业实际需求采用合适的许可证签发方式，便利企业回款。	商务部、银保监会	全国	省商务厅、省地方金融监管局
15	二手车出口业务新模式	建立二手车出口服务和监管信息化平台，实现车辆全流程信息来源可溯、去向可查、责任可究。优化通关流程和物流流程，鼓励企业提前申报。将出口许可证管理由“一车一证”改为“一批一证”，推进通关便利化。	商务部、公安部、海关总署	二手车出口业务试点地区	省商务厅、省公安厅、哈尔滨海关（学习借鉴）

续表2

序号	改革事项	主要内容	国家负责单位	推广范围	我省承接任务及负责单位
16	保理公司接入央行企业征信系统	对成立时间超过一年、经地方金融监督管理局推荐、通过中国人民银行派出机构审查的商业保理法人企业，以专线直接接入和互联网平台方式接入央行企业征信系统。	人民银行、银保监会	全国	人民银行哈尔滨中心支行、省地方金融监管局
17	分布式共享模式实现“银政互通”	通过规范数据接口实现银行与相关政府部门专线联通，拓展基于银政信息实时共享的服务项目，实现抵押登记、抵押注销等业务的高效办理。	人民银行、自然资源部、银保监会	全国	人民银行哈尔滨中心支行、省自然资源厅、省地方金融监管局、黑龙江银保监局
18	绿色债务融资工具创新	在银行间市场交易商协会和地方金融监督管理局的合作框架下，地方金融监督管理局、主承销商及发债主体建立专业指导、整体联动的长效工作机制。建立主承销商长效沟通机制，推动金融机构加大债券承销工作力度，重点服务绿色债券发行。加强已发债券事后监督管理，联合金融机构加强债券市场风险监测，防控信用风险，维护市场稳定。加强绿色债券存续期管理，规范募集资金使用，确保投向节能环保、污染防治、资源节约与循环利用等专项领域。	人民银行	全国	人民银行哈尔滨中心支行、省地方金融监管局
19	飞机行业内加工贸易保税货物便捷调拨监管模式	推行便捷监管模式，允许飞机行业对未经加工的保税料件以“余料结转”的方式在集团内不同企业、不同加工贸易手（账）册间自行调拨。实施“电子底账+企业自核”监管模式，根据飞机行业特点，强化企业申报责任，在海关评估企业诚信守法程度后实施企业自核自管和“主料工作法”。	海关总署、商务部	全国	哈尔滨海关、省商务厅
20	跨境电商零售进口退货中心仓模式	在海关特殊监管区域内设置跨境电商零售进口退货中心仓，将区外的分拣、退货流程转移至区内，实行退货中心仓场所硬件设施监管，海关对电商企业相关设施实地验核后准予备案，划定跨境电商退货车辆出入区指定路线。实行退货包裹出入区监管，实施卡口管理、物流监控管理、仓内卸货管理、复运出区管理。实行合格包裹上架监管，加强单证审核和查验管理。	海关总署、商务部	全国	哈尔滨海关、省商务厅
21	海关公证电子送达系统	对不能当场作出行政处罚决定的海关案件，指引当事人快速完成电子送达地址信息采集。结案后，海关可通过海关公证电子送达平台或其他电子送达方式，将《处罚告知单》与《处罚决定书》等法律文书送达当事人，并全程电子存证。	海关总署、司法部	全国	哈尔滨海关、省司法厅

续表3

序号	改革事项	主要内容	国家负责单位	推广范围	我省承接任务及负责单位
22	出入境人员综合服务“一站式”平台	强化海关、移民、外事、科技等涉外部门协同，优化流程，为出入境人员证件办理、业务预约、在线申报等提供“一站式”综合服务平台。全面推进“一网通办”，提供邀请外国人来华、出入境体检、外国人工作证办理、居留证件查询、随行子女入学等政务办理功能，并为来华境外人员及中国公民提供疫苗预约和订制旅游等服务，实现政务、综合服务“一口通办”。	海关总署、国家移民局、外交部、科技部、国务院港澳办	全国	哈尔滨海关、省公安厅、省外办、省科技厅
23	进出口商品智慧申报导航服务	使用大数据、人工智能领域新技术手段，建立智能申报导航数据库集群，在“单一窗口”申报端为企业纳税申报提供全面即时准确的个性化智能导航服务。导航服务过程中不涉及企业具体申报信息，确保数据使用安全。	海关总署	全国	哈尔滨海关、省商务厅
24	冰鲜水产品两段准入监管模式	对海关一般信用及以上的冰鲜水产品进口企业实施“附条件提离”，企业出具书面承诺，海关抽样后口岸放行，利用检测绿色通道实施“合格入市”，企业无需等待检测结果即可向销售商配送，但不得上市销售。检测结果异常，主动召回；检测合格，立即上市。海关定期开展监控计划和食品安全管理核查，企业定期提交配送销售管理证明资料，海关抽查“附条件提离”落实情况，强化入市前风险监管。	海关总署	全国	哈尔滨海关
25	货物贸易“一保多用”管理模式	整合进口货物风险类、税款类担保的管理流程和模式，构建以企业为单元的海关担保信息化管理模式，实现企业一份担保文本在不同业务领域、不同业务现场、不同担保事项间通用，担保额度自动核扣、返还以及担保风险智能防控，进一步降低企业资金成本，提升海关担保业务管理效能。	海关总署	全国	哈尔滨海关
26	保税航煤出口质量流量计计量新模式	保税航煤出口计量方式由岸罐计重变更为质量流量计计量。将成品航煤通过专用管道输入机场出口监管罐后，再转至保税罐，实现出口检验工作与保税货物重量鉴定合二为一。	海关总署	保税监管场所	哈尔滨海关（按规定复制推广）
27	增值税小规模纳税人智能辅助申报服务	通过电子税务局向企业推送预申报数据，智能辅助增值税小规模纳税人便捷申报。	税务总局	全国	省税务局
28	证照“一口受理、并联办理”审批服务模式	将企业设立联合审批涉及的市场监管、税务、公安、社保等多个部门的受理窗口整合为一个窗口，变“多头受理”为“一口受理”。企业按一份清单要求交齐材料即可申请营业执照和相关许可，实现“最多跑一次”。	市场监管总局	全国	省市场监管局

续表4

序号	改革事项	主要内容	国家负责单位	推广范围	我省承接任务及负责单位
29	企业“套餐式”注销服务模式	地方根据权限范围确定企业联合注销营业执照和许可证的清单，在国家企业信用信息公示系统等企业信息公示平台设置“套餐式”注销服务专区，实行“一窗受理、内部流转、并联审批”，企业经营范围涉及前置审批事项、终止有关业务需经批准的，可多项同步注销。	市场监管总局	全国	省市场监管局
30	商事主体信用修复制度	企业自被列入严重违法失信企业名单之日满3年，未再发生相关情形的，可通过国家企业信用信息公示系统发布其信用修复公告，公告期30日。登记机关将信用修复情况作为商事主体从严重违法失信企业名单移出的重要条件。	市场监管总局	全国	省市场监管局
31	股权转让登记远程确认服务	服务对象可依托企业登记信息远程核实系统，经人脸识别技术核准，并通过视频进行基本信息查询及意思表示确认后，依法办理股权转让登记。	市场监管总局	自贸试验区	省市场监管局（按规定复制推广）
32	融资租赁公司风险防控大数据平台	对申请设立融资租赁公司的，利用大数据平台信息与所提交材料进行比对，识别评估风险，将异常情况转至相关部门认定、处理。对已设立的融资租赁公司，通过平台定期对接监管、公检法及互联网等信息，进行风险动态评估监测。将通过平台对比、分析形成的需重点关注企业名单，及时与相关部门共享，以采取针对性措施。	银保监会	全国	省地方金融监管局、黑龙江银保监局
33	边检行政许可网上办理	设立边检行政许可网上办理窗口，实现上下外国船舶许可、搭靠外轮许可的在线申请、审批、签发。个人和企业用户可通过互联网客户端等渠道，申请办理人员登轮、船舶搭靠等边检许可证件。	国家移民局	全国	省公安厅
34	野生动植物进出口行政许可审批事项改革	将国家林草局实施的野生动植物行政许可审批事项、国家濒危物种进出口管理办公室实施的允许进出口证明书行政许可事项委托自贸试验区所在地的省级林草主管部门和国家濒管办办事处办理，优化审批流程，压缩审批时限。	国家林草局	自贸试验区	省林草局（按规定复制推广）
35	大型机场运行协调新机制	建立以机场运管委为组织机构、联合运控中心为运行载体、机场协同决策（A—CDM）系统为平台支撑的协同运行体系，实现从管理框架向管理体系的转变，提升大型机场整体运行协调能力。	中国民航局	全国	民航黑龙江监管局
36	医疗器械注册人委托生产模式	医疗器械注册人除自行生产产品外，可委托具备相应生产条件的企业生产产品。	国家药监局	全国	省药品监管局
37	知识产权证券化	依托上海、深圳证券交易所构建知识产权证券化交易体系。根据知识产权数量、公司资产规模、利润水平、行业领先度等因素选取标的企业。对基础资产现金流的质量、稳定性、权属状况严格把关，试行将知识产权相关债权资产实现真实出售。	国家知识产权局、证监会、银保监会、国家版权局	全国	省知识产权局、黑龙江证监局、黑龙江银保监局、省委宣传部

上海市

一、 综述

2020 年，中国（上海）国际贸易单一窗口（以下简称上海“单一窗口”）在推广标准版的基础上，对标国际先进水平，不断加强地方特色功能建设，先后推出人员旅客、出口退税、金融收付汇、跨境贸易保险、跨境贸易融资、通关+物流、自贸专区、进博会专区等地方特色功能服务，部分功能应用已复制推广到全国。

二、 运行情况

（一）运行数据

2020 年全年，上海“单一窗口”货物申报 22798257 票；舱单申报 115904148 票；运输工具申报 863992 票；企业资质办理 134142 票；原产地证申领 274752 票；税费支付 439662 笔；加贸保税 1898220 票；物品通关 144009641 票；跨境电商 61831423 票；监管证件 40188 票；出口退税 288 笔。

（二）运行维护

一是按照《上海国际贸易“单一窗口”运维服务规范》要求，按人力配置计划形成运维保障团队，承担功能完善、热线服务、企业服务、系统运维、现场服务、综合保障等运维保障任务。二是设立客服团队服务机制，响应并反馈用户需求。逐步优化电话专线、邮件、微信群等线上工具的使用，并按计划推进门户网站、微信公众号等平台在线服务工具的开发，积极拓宽服务渠道，实现服务形式多样化、服务标准品质化。三是服务保障进博会。聚焦展会保障、主场宣传、窗口服务三个重点，成立进博会专项工作保障工作小组，为参展商、交易商、指定物流商提供现场政策咨询、技术保障、宣传推介等服务；派驻专业技术骨干人员，提供 6×10 小时现场展台保障服务，同时安排 7×24 小时全程运维值守，助力进博会圆满成功举办。

（三）宣传推广

为统一标准、优化服务、扩大宣传，上海“单一窗口”于 2020 年 5 月开通微信公众号（服务号）。通过微信公众号发布上海“单一窗口”最新动态，让用户及时了解“单一窗口”各项服务功能，全年共发文 177 篇。

三、 特色应用

2020 年，上海“单一窗口”按照市委、市政府重点工作安排，继续对标国际先进水平，推进上海“单一窗口”的智慧化、区域化和国际化建设，深化上海“单一窗口”地方特色功能，助力疫情防控和复工复产工作。

（一）上线抗击疫情海外物资捐赠系统

新冠肺炎疫情发生以来，为满足海外捐赠实际需求，在市商务委（口岸办）的指导下，上海“单一窗口”主动对接上海海关、市民政局、市红十字会、市慈善基金会等相关部门，于 2020 年 2 月 3 日上线上海“单一窗口”海外物资捐赠系统。该系统整合优化了现有的捐赠受理和海关免税业务办理流程，为境外捐赠物资开辟网上办理通道，年内共办理捐赠业务物资 198. 9135 万件（个），金额 1336. 3 万元。

（二）开设中小外贸企业服务专窗

为积极落实《上海市全力防控疫情支持服务企业平稳健康发展的若干政策措施》有关要求，上海“单一窗口”开通中小外贸企业服务专窗，便利企业在疫情防控期间“零接触”办理通关、物流、金融等进出口业务。同时推出 6 项免费服务举措，为受疫情影响的进出口企业提供优惠金融解决方案，帮助广大中小企业共渡难关，支持外贸平稳健康发展。年内通过上海“单一窗口”新签小微企业保单 2620 张，12 家企业到期后完成续转。

（三）优化上海邮轮口岸通关码管理模式

为配合国家疫情防控和海关总署健康申报规定的要求，将通关码由一维码升级为二维码，实现出入境人员在进出境健康申明填写环节个人信息和航次信息的快速准确填报，满足邮轮通关“短时间、大客流、快通关”的需求。同时推进邮轮口岸通关模式创新，利用通关码做好出入境人员分类管理，实现监管有效、通关便捷。

（四）与“一网通办”深度融合对接

积极与市大数据中心沟通，推进上海“单一窗口”与“一网通办”平台深度融合，实现用户贯通、界面统一、平台对接和功能融合，完成数据编目和归集共享，做好数据安全管理工作，配合做好“一网通办”总门户、“随申办”移动端升级改版相关工作。

（五）配合做好优化跨境贸易营商环境工作

根据上海口岸 2020 年优化跨境贸易营商环境工作要求，完成上海“单一窗口”与“上港理享”平台对接，企业可直接查询港口、船代、理货、查验等相关付费记录。实现码头收费办理、港建费退费办理等功能，在“单一窗口”对外公布上海口岸费用评估报告，继续推进口岸相关市场收费“一站式”查询办理，积极推进实现“单一窗口”港建费收费办理功能。

四、大事记

1 月 15 日

“沪渝直达快线”合作备忘录暨国际贸易“单一窗口”合作备忘录在上海签署。上海市副市长许昆林，重庆市委常委、常务副市长吴存荣出席签约仪式。

6 月 6 日

2020 年度长三角地区主要领导座谈会在上海召开，长三角国际贸易“单一窗口”合作共建项目签约。上海市商务委党组书记、主任华源，江苏省商务厅党组书记、厅长赵建军，浙江省人民政府副秘书长高屹，安徽省商务厅党组书记、厅长张箭出席仪式并共同签字。

8 月 24 日—25 日

国家口岸管理办公室副主任王可赴上海开展“十四五”口岸发展规划信息化及“单一窗口”建设专题调研。

11 月 22 日

上海“单一窗口”智能跨境贸易保险平台成果发布暨平台合作备忘录签约仪式在上海举行。上海市人大常委会副主任、上海市对外友协会长沙海林，日本驻沪总领事（大使级）矶俣秋男，中国日本友好协会常务副会长（前驻日大使）程永华出席并致辞。

五、政策文件

上海市人民政府关于印发上海市全力防控疫情支持服务企业平稳健康发展若干政策措施的通知

沪府规〔2020〕3 号

各区人民政府，市政府各委、办、局：

现将《上海市全力防控疫情支持服务企业平稳健康发展的若干政策措施》印发给你们，请认真按照执行。

上海市人民政府

2020 年 2 月 7 日

上海市全力防控疫情支持服务企业平稳健康发展的若干政策措施

为深入贯彻落实习近平总书记关于坚决打赢疫情防控阻击战的重要指示精神，全面落实党中央、国务院各项决策部署，市委、市政府始终把市民的生命安全和身体健康放在第一位，把疫情防控作为当前头等大事和最重要工作。在全力以赴做好疫情防控各项工作的同时，统筹抓好改革发展稳定各项工作，全力支持企业抗击疫情，切实减轻企业负担，加大财税金融支持力度，实施援企稳岗政策，着力优化企业服务，切实做好新形势下的“六稳”工作，同舟共济、共渡难关，现提出以下若干政策措施。

一、全力支持企业抗击疫情

（一）加大对防疫重点企业财税支持力度。按照国家政策规定，疫情防控重点物资生产企业扩大产能新购置设备，允许在所得税税前一次性扣除，全额退还增值税增量留抵税额。对纳税人运输疫情防控重点物资和提供公共交通运输服务、生活服务，以及为居民提供必需生活物资快递收派服务取得的收入，免征增值税。对相关防疫药品和医疗器械免收注册费。免征民航公司应缴纳的民航发展基金。对政府应急征用的企业生产指定的重点防疫物资，因生产成本高于实际售价而产生的政策性亏损，由市级财政给予全额补贴。企业已签订外销合同的外销重点防疫物资因政府征用转为内销的，企业不承担由此增加的税收负担。对疫情防控阻击战中勇于承担社会责任的企业和个人予以嘉奖。（责任部门：市财政局、市税务局、市经济信息化委、市商务委、市人力资源社会保障局、市药品监管局）

（二）加强对防疫重点企业专项金融信贷支持。鼓励开发性、政策性、国有大型商业银行的在沪分行和地方法人银行积极使用人民银行专项再贷款政策，对重点医疗防控物资和生活必需品生产、运输和销售的重点企业包括小微企业，提供优惠利率贷款，由财政再给予一半的贴息，确保企业贷款利率低于1.6%。支持在沪金融机构通过发行金融债券、特定用途债券等，将所筹资金用于疫情防控相关领域。（责任部门、单位：市地方金融监管局、人民银行上海总部、上海银保监局、市发展改革委、市经济信息化委、市商务委、市财政局）

（三）拓宽疫情防控相关企业直接融资渠道。充分发挥在沪金融市场作用，为疫情防控相关企业加强服务，支持其发行上市、再融资、并购重组，发行债券、资产支持证券等。支持鼓励与疫情防控相关的科技创新企业在上海证券交易所科创板上市。鼓励创业投资、股权投资机构引导社会资本投向相关医疗设备、疫苗药品研发生产类企业。（责任部门、单位：市地方金融监管局、人民银行上海总部、上海证监局、市发展改革委、市经济信息化委、市科委）

（四）强化保险保障作用。针对急缺医疗物资、疫情防控用品企业的进口诉求，鼓励中国信保上海分公司积极开展进口预付款保险。对受疫情影响受损的出险理赔客户，做到应赔尽赔快赔。鼓励保险机构为支援湖北及参与疫情防治的本市医务人员和防疫工作者，免费提供意外伤害及定期寿险保障。支持将意外险、疾病险等保险责任范围扩展至新型冠状病毒感染肺炎等。（责任部门、单位：上海银保监局、市地方金融监管局、市卫生健康委、市商务委）

（五）支持重点防疫物资供销企业扩产增能、增加进口。对政府应急征用的企业给予技术改造补贴，对被征用企业为生产防疫物资实施的应急技术改造项目，经认定后给予项目总投入50%~80%的财政补贴。对应急征用企业生产政府指定的特定防疫物资所形成生产能力的投入，最高可给予全额支持。疫情防控工作结束后，对企业因政府征用或指定生产而产生的剩余物资，企业继续销售确实难以消化的，按照规定通过政府储备和包销予以解决；对进口医用物资经统筹调配后仍有剩余的，按照规定程序纳入市级物资储备；对指定采购品种和数量的进口民用防控物资，企业继续销售后确实难以消化的，按照规定程序研究纳入市级储备商品。（责任部门：市经济信息化委、市商务委、市粮食物资储备局、市财政局）

（六）对进口防疫物资实行税收优惠。按照国家政策规定，对捐赠用于疫情防控的进口物资免征进口关税和进口环节增值税、消费税，对市卫生健康主管部门组织进口的直接用于防控疫情物资免征关税，对已征收的应免税款予以退还。（责任部门、单位：市财政局、市税务局、上海海

关、市民政局、市卫生健康委、市商务委）

（七）建立进口防疫物资快速通关绿色通道。开通进口防疫物资受理专窗和绿色通道，主要进口口岸实现 7＊24 小时全时通关。综合运用两步申报、提前申报等作业模式，对确需查验的防疫物资优先安排查验，随到随验，快速验放。对免税进口防疫物资可先登记放行，后补相关证明。（责任部门、单位：上海海关、市商务委）

（八）支持疫情防控创新产品研制攻关。组织实施本市新型冠状病毒诊断与治疗创新品种研发及产业化专项，通过战略性新兴产业专项资金、产业转型升级专项资金、科技创新计划专项资金等渠道给予支持，推动疫情防控创新产品快速形成有效产能并投入应用。（责任部门：市发展改革委、市经济信息化委、市科委、市卫生健康委、市药品监管局、市财政局）

二、切实为各类企业减轻负担

（九）减免企业房屋租金。中小企业承租本市国有企业的经营性房产（包括各类开发区和产业园区、创业基地及科技企业孵化器等）从事生产经营活动的，先免收 2 月、3 月两个月租金；对间接承租的企业，应确保租金减免落到实处，使实际经营的中小企业最终受益。鼓励国有企业在协商情况下通过减免缓交等方式尽可能多让利给中小企业，相关减收影响在经营业绩考核中予以认可。鼓励大型商务楼宇、商场、园区等各类市场运营主体为实体经营的承租户减免租金。主动为租户减免房产或土地租金的企业，缴纳房产税、城镇土地使用税确有困难的，可申请减免相应的房产税、城镇土地使用税。（责任部门、单位：市国资委、市商务委、市经济信息化委、市科委、市税务局）

（十）延期申报纳税。疫情防控期间，因受疫情影响，纳税人在法定期限内办理申报有困难的，可依法申请进一步延期。对因疫情影响导致按期缴纳税款有困难的，符合延期缴纳税款条件的，依法准予延期缴纳税款，最长期限不超过 3 个月。对因疫情影响未能按期申报、缴纳税款的纳税人，经主管税务机关确认后，可免除相应的滞纳金和税务行政处罚。（责任部门：市税务局）

（十一）对相关企业和个人给予税收优惠。疫情防控期间，对于房产或土地被政府应急征用的企业，缴纳房产税、城镇土地使用税确有困难的，可申请减免相应的房产税、城镇土地使用税。按照国家政策规定，对受疫情影响较大的困难行业企业 2020 年度发生的亏损，最长结转年限由 5 年延长至 8 年。鼓励社会力量积极为疫情防控捐赠现金和物资，并可按照规定在所得税税前全额扣除，相关捐赠货物免征增值税、消费税和附加税费。对参加疫情防治工作的医务人员和防疫工作者，按照政府规定的标准取得的补助和奖金，以及单位发给个人的疫情防护用品，免征个人所得税。（责任部门：市财政局、市税务局）

（十二）免除定期定额个体工商户税收负担。疫情防控期间，按照定期定额纳税的个体工商户依法免于缴纳定额税款。（责任部门：市税务局）

（十三）暂时退还旅游服务质量保证金和补贴文化事业建设费。按照国家政策规定，自 2020 年 2 月 5 日起，对经营规范、信誉良好的旅行社，暂时退还旅游服务质量保证金 80%，至 2022 年 2 月 5 日前返还。对生活服务业中的文化事业建设费缴费人，视其受疫情影响程度和实际缴纳费额的情况给予一定的财政补贴。（责任部门：市文化旅游局、市财政局）

三、加大金融助企纾困力度

（十四）多途径为企业提供资金支持。鼓励浦发银行、上海银行、上海农商银行加大对抗击疫情和受疫情影响较大行业及中小微企业的信贷投放，疫情防控期间相关贷款利率参照同期贷款市场报价利率（LPR）至少减25个基点，鼓励其他在沪金融机构参照执行。建立金融服务绿色通道，便利重点防疫物资生产供应等相关企业。鼓励金融机构利用银税互动、上海市大数据普惠金融应用等平台，通过绩效考核调整、提高不良容忍度等措施，加大对中小企业的信用贷款支持。（责任部门、单位：人民银行上海总部、上海银保监局、市地方金融监管局、市经济信息化委、市商务委、市大数据中心）

（十五）加大对流动资金困难企业的支持力度。加大对旅游、住宿餐饮、批发零售、交通运输、物流仓储、文化娱乐、会展等受疫情影响较大行业信贷支持，通过变更还款安排、延长还款期限、无还本续贷等方式，对到期还款困难企业予以支持，不抽贷、不断贷、不压贷。加快建立线上续贷机制。如因疫情影响导致贷款逾期，可合理调整有关贷款分类评级标准。（责任部门、单位：上海银保监局、市地方金融监管局、市经济信息化委、市商务委、市财政局）

（十六）加强融资担保支持。进一步发挥本市政策性融资担保基金作用，确保2020年新增政策性融资担保贷款比上年度增加30亿元以上。对防疫物资重点保障企业和受疫情影响较大的中小微企业，政策性融资担保基金继续加大融资担保支持力度。对新申请中小微企业贷款的融资担保费率降至0.5%/年，再担保费率减半收取，对创业担保贷款继续免收担保费。（责任部门：市财政局、市地方金融监管局）

四、着力做好援企稳岗工作

（十七）继续实施失业保险稳岗返还政策。2020年本市将继续对不裁员、少减员、符合条件的用人单位，返还单位及其职工上年度实际缴纳失业保险费总额的50%。（责任部门：市人力资源社会保障局、市财政局）

（十八）推迟调整社保缴费基数的时间。从2020年起，将本市职工社会保险缴费年度（含职工医保年度）的起止日期调整为当年7月1日至次年6月30日，推迟3个月（2019年职工社会保险缴费年度顺延至2020年7月1日）。（责任部门：市人力资源社会保障局）

（十九）可延长社会保险缴费期。因受疫情影响，对本市社会保险参保单位、灵活就业人员和城乡居民未能按时办理参保登记、缴纳社会保险费等业务的，允许其在疫情结束后补办。参保单位逾期缴纳社会保险费的，在向本市社保经办机构报备后，不收取滞纳金，不影响参保职工个人权益记录，相关补缴手续可在疫情解除后3个月内完成。（责任部门：市人力资源社会保障局）

（二十）实施培训费补贴政策。对受疫情影响的本市各类企业，对在停工期间组织职工（含在企业工作的劳务派遣人员）参加各类线上职业培训的，纳入各区地方教育附加专项资金补贴企业职工培训范围，按照实际培训费用享受95%的补贴。平台企业（电商企业）以及新业态企业可参照执行。（责任部门：市人力资源社会保障局、市财政局）

（二十一）适当下调职工医保费率。根据医保基金收支状况，在确保参保人员医疗保险待遇水平不降低、保证医疗保险制度平稳运行的前提下，2020年暂将职工医疗保险单位缴费费率下调0.5%。（责任部门：市医疗保障局、市人力资源社会保障局、市财政局）

（二十二）实施灵活用工政策。因受疫情影响导致生产经营困难的企业，可通过调整薪酬、轮岗轮休、弹性工时、综合调剂使用年度内休息日等方式稳定工作岗位，具体方式由企业与员工协商确定。（责任部门：市人力资源社会保障局）

五、有序促进企业复工复产

（二十三）做好企业复工复产服务保障工作。督促和帮助复工复产企业落实防疫安全措施。聚焦各类企业复工和生产经营所需，加强口罩、体温计、消毒液等防疫物资供应。依托长三角区域合作机制，发挥好行业协会、产业联盟等专业机构作用，通过原材料供应、物流运输等多种方式加强企业对接，切实帮助企业复产复工。（责任部门、单位：市经济信息化委、市商务委、市发展改革委、有关区政府和开发园区）

（二十四）加强企业用工保障力度。在企业自我管理防控疫情准备和风险评估基础上，引导企业优先安排疫情平稳地区员工回流就业。促进就业供需对接，搭建企业用工对接服务平台，依托微信、网络、视频等渠道开展各类线上招聘活动，畅通企业间对接通道，帮助企业缓解招工难矛盾。（责任部门：市人力资源社会保障局）

（二十五）培育支持新技术新模式新业态企业发展。加快培育网络购物、在线教育、在线办公、在线服务、数字娱乐、数字生活、智能配送等新业态新模式，大力发展网络诊疗、原创新药、医疗用品、医疗器械等健康产业，支持一批高成长创新型中小企业。加大科技创新券对科技型中小企业支持力度，2020 年，受理的科技创新券使用额度上限由 30 万元提高至 50 万元。支持电信运营企业为受疫情影响严重的中小企业免费提供 6 个月以上的云视频会议等云上办公服务。（责任部门：市经济信息化委、市发展改革委、市科委、市商务委、市财政局）

六、优化为企服务营商环境

（二十六）优化企业服务机制。积极发挥政务服务“一网通办”的便企服务作用，强化市民主页和企业专属网页功能，扩大“随申办”超级应用服务覆盖面，依托市“企业服务云”打通政策服务“最后一公里”，加快推进一批不见面审批事项落地。在国际贸易“单一窗口”平台开通中小外贸企业服务专窗，便利企业疫情防控期间不见面办理通关、物流、金融等一揽子进出口业务。进一步发挥市服务企业联席会议作用，及时回应和解决企业在生产、经营、投融资中的堵点和痛点问题。（责任部门：市政府办公厅、市发展改革委、市经济信息化委、市商务委）

（二十七）完善企业信用修复机制。积极协助受疫情影响出现失信行为的企业开展信用修复工作，对受疫情影响暂时失去收入来源的企业，可依调整后的还款安排，报送信用记录。对因参与防疫工作而导致的企业延迟交货、延期还贷、合同逾期等失信行为，不将其列入失信名单。对受疫情影响无法如期履行或不能履行国际贸易合同的企业，支持上海市贸促会出具不可抗力事实性证明。（责任部门、单位：市发展改革委、人民银行上海总部、上海银保监局、市商务委、市贸促会）

（二十八）加强法律服务保障。建立应急公共法律服务机制，优先采用线上、预约等方式办理公证、法律援助等法律服务事项。就不可抗力免责等防疫中的有关法律问题，及时向有需求的企事业提供指导建议。对于企业受疫情影响造成的合同履行、劳资关系等纠纷，及时组织律师、公证员、调解员等专业法律服务人员提供咨询、指引、调解服务。（责任部门：市司法局）

国家有其他服务企业平稳健康发展相关支持政策措施的，上海遵照执行。市政府各相关部门负责制定发布本政策措施的实施细则；各区政府可结合实际，出台具体实施办法。本政策措施执行期自印发之日起施行，有效期至新型冠状病毒感染的肺炎疫情结束后再顺延 3 个月（具体政策措施已明确执行期限的，从其规定）。

市商务委关于印发《关于本市贯彻落实国务院办公厅〈关于进一步做好稳外贸稳外资工作的意见〉的政策指引》的通知

沪商贸发〔2020〕271号

各区商务主管部门，各相关企业：

为贯彻落实国务院办公厅《关于进一步做好稳外贸稳外资工作的意见》（国办发〔2020〕28号），市商务委在征求本市各有关部门和单位意见基础上，制订了《关于本市贯彻落实国务院办公厅〈关于进一步做好稳外贸稳外资工作的意见〉的政策指引》。经市政府同意，现印发给你们，请认真贯彻执行。

上海市商务委员会
2020年10月22日

关于本市贯彻落实国务院办公厅《关于进一步做好稳外贸稳外资工作的意见》的政策指引

为深入贯彻习近平总书记关于稳住外贸外资基本盘的重要指示批示精神，落实国务院办公厅《关于进一步做好稳外贸稳外资工作的意见》（国办发〔2020〕28号），进一步加强稳外贸稳外资工作，稳住外贸主体，稳住产业链供应链，现制订政策指引如下：

一、中国出口信用保险公司在风险可控前提下，积极保障出运前订单被取消的风险（中国信保上海分公司）

申请主体：已投保中国信保短期出口信用保险，具备一定风控能力且有相关需求的企业，可以申请出运前出口信用保险。对于下列企业群体投保出口前保险给予优先支持，可结合企业需求量身定制出口前产品，加大出口前买方限额支持力度：一是已投保企业，尤其是客户级别在AA级以上（含）、投保超过三年，且累计赔付率不高于80%的企业；二是风控水平良好的骨干外贸企业；三是劳动密集型出口企业；四是市商务委促进本市外贸转型升级创新发展“四个一百”专项行动名单企业。对于风控能力强、历史坏账率低、与主要买方合作历史长的新投保企业，可给予已承保企业同等支持政策并适用相关保险产品。

申请程序：企业可通过中国信保上海分公司各营业部直接提交申请。新保户需提供投保单，老保户增加出运前出口信用保险，需提交批单申请。

二、2020年年底前，中国出口信用保险公司根据外贸企业申请，可合理变更短期险支付期限或延长付款宽限期、报损期限等（中国信保上海分公司）

申请主体：已投保中国信保短期出口信用保险且有相关需求的企业。针对风控水平较好的骨干外贸企业，优先满足其需求。

申请程序：企业可通过中国信保上海分公司各营业部提交申请。对于提出申请的企业，中国信保上海分公司将核查相关业务风险，根据其业务风险情况及企业风控水平加以研判，视情安排其变更支付期限、延长付款宽限期、延期报损或立即报损等。在贸易真实性无疑点前提下，重点核实贸易背景及债权金额，并可适当放宽理赔条件，合理判定保险责任。

三、扩大“信保+担保”的融资模式［中国信保上海分公司、市商务委、市财政局（市中小微企业政策性融资担保基金管理中心）］

申请主体：已投保中国信保短期出口信用保险且有融资需求的企业。

操作流程：投保中国信保短期出口信用保险的中小外贸企业，可以通过中国信保上海分公司各营业部或上海国际贸易“单一窗口”申请办理“保易融”业务，中国信保上海分公司、相关商业银行、市中小微企业政策性融资担保基金管理中心（以下简称“市融资担保中心”）将主动对接外贸企业办理融资业务。经市融资担保中心审核通过，将为融资贷款本金提供最高 85% 担保，商业银行在“信保+担保”条件下，合理确定贷款额度和利率。鼓励上海银行和上海农商行等本地法人银行，用好央行再贷款、信用贷政策，进一步降低外贸企业贷款成本。

四、充分发挥地方政策性融资担保基金作用［市财政局（市融资担保中心）、市商务委、上海银保监局、市金融工作局］

申请主体：有融资担保需求的中小微外贸企业。

操作流程：市融资担保中心合作银行对中小微外贸企业贷款申请进行尽职调查，符合授信条件且经审批达成贷款意向后，按照要求向市融资担保中心报送有关材料。经审核通过，市融资担保中心将为融资贷款本金提供最高 85% 担保，合作银行根据市融资担保中心书面意见连同《保证合同》等资料发放贷款。对合作银行推荐的借款企业，在材料齐全的情况下，市融资担保中心应在 10 个工作日内完成审查。

市融资担保中心合作银行：上海农商银行、上海银行、中国银行、浦发银行、交通银行、工商银行、建设银行、兴业银行、农业银行、民生银行、北京银行、邮储银行、光大银行、江苏银行、闵行上银村镇银行、招商银行、浙江民泰银行、宁波银行、松江民生村镇银行、平安银行、华夏银行、宁波通商银行、汇丰银行、杭州银行、南京银行、富邦华一银行、嘉定民生村镇银行、温州银行、中信银行、松江富明村镇银行、崇明沪农商村镇银行、奉贤浦发村镇银行、浙江泰隆银行

五、进一步扩大对中小微外贸企业出口信贷投放

（一）进出口银行加大对重点领域中小微外贸企业政策性金融支持（中国进出口银行上海分行、市商务委）

中小外贸企业出口卖方信贷业务申请主体：对于出口以下三类产品且每一类产品年出口额不低于 500 万美元的企业，进出口银行上海分行可提供政策性金融支持：一是纺织、服装、轻工类低技术含量和一般机电产品；二是工艺生产设备、运输设备、科研及医疗设备等成套和高技术含量产品；三是船舶、浮动工具及海洋工程装备类船舶产品。

操作流程：符合条件的中小外贸企业可直接联系进出口银行上海分行，进出口银行上海分行将客观全面评估企业经营状况、项目可行性和发展前景、潜在风险等要素，在合规和风险可控前

提下，给予政策性优惠利率贷款。

小微外贸企业银行转贷款业务申请主体：对于年进出口额较低的小微外贸企业，进出口银行上海分行将与转贷行（商业银行）合作，由转贷行向其发放小微企业贷款。转贷款资金发放的小微企业贷款平均利率低于上海地区同类贷款平均利率或转贷行对小微企业贷款的平均利率。

操作流程：小微外贸企业可直接联系进出口银行上海分行，由进出口银行上海分行与转贷行联系，经转贷行审核企业相关材料后，为其办理小微企业贷款。

（二）人民银行上海分行指导当地银行机构积极对接需要支持的中小微外贸企业，银行机构按照市场化原则向企业提供融资支持（人民银行上海分行、市商务委、市经济信息化委）

申请主体：本市稳企业保就业金融重点支持名单企业。重点支持主营业务较为稳定、过往信用记录良好、有经营意愿和发展前景、受疫情冲击和外部环境影响、出现流动性紧张、有融资需求的本地注册企业。

操作流程：有需求企业向各区人民政府，或市经济信息化委、市商务委、市教委、市科委、市民政局、市住房城乡建设管理委、市交通委、市文化旅游局、市工商联等单位申报，并登陆“市企业服务云”（www. ssme. sh. gov. cn）平台首页飘窗，在线填报《上海市稳企业保就业金融重点支持企业信息表》。经信息比对和审核后，相关企业纳入金融重点支持范畴，人民银行上海分行指导当地银行机构对接名单内企业，商业银行按照市场化原则向企业提供融资支持。

六、充分利用财政资金，支持跨境电商平台、跨境物流发展和“海外仓”建设（市商务委、市财政局）

申请主体：跨境电商平台、物流和“海外仓”企业

支持方式：在中央外经贸发展专项资金中，明确对搭建跨境电商进出口平台，建设“海外仓”，建设跨境电商统计监测、信息共享、智能物流、金融服务、电商诚信、风险防控、市场开拓和营销体系等公共服务体系给予支持。

操作流程：市商务委每年组织中央外经贸发展专项资金申报工作，企业可向各区商务主管部门、市跨境电商公共服务平台、市跨境电商行业协会等单位咨询申报时间、申报要求、申报流程等。

七、加大外贸综合服务企业支持

（一）落实外贸综合服务企业代办退税管理办法（市税务局、市商务委）

申报主体：符合商务部等部门规定的外贸综合服务企业定义，并已向主管税务机关备案且已建立较为完善的代办退税内部风险管控制度的外贸综合服务企业。

申报条件：外贸综合服务企业出口货物后，应在货物报关出口之日次月起至次年 4 月 30 日前的各增值税纳税申报期内收齐有关凭证，向主管税务机关申请办理代办退税申报。

申请材料：

1. 《外贸综合服务企业代办退税申报表》；

2. 出口货物退（免）税正式申报电子数据；

3. 申报时需提供收汇资料的企业应提供《出口货物收汇申报表》或《出口货物不能收汇申报表》。

4. 下列原始凭证：

（1）代办退税专用发票（抵扣联）；

（2）申报时需提供收汇资料的企业应提供银行结汇水单等出口收汇凭证（按跨境贸易人民币结算的需提供人民币收款凭证原件和盖有企业公章的复印件），或出口货物不能收汇的原因及证明材料；

（3）税务机关要求提供的其他资料。

受理机构：外贸综合服务企业所在地主管税务机关

办理时限：管理类别为一类的出口企业在5个工作日内办结退（免）税手续。管理类别为二类的出口企业在10个工作日内办结退（免）税手续。管理类别为三类的出口企业在15个工作日内办结退（免）税手续。管理类别为四类的出口企业在20个工作日内办结退（免）税手续。对需要排除相关疑点及其他按规定暂缓退税的业务不受办结手续时限的限制。

（二）加大对外贸综合服务企业信用培育力度（上海海关、市商务委）

申报主体：外贸综合服务企业

申报条件：符合《海关认证企业标准》（海关总署公告2018年第177号和2019年229号）的有关要求。

受理机构：各直属、隶属海关负责企业管理工作部门

申请材料：企业向注册地海关提交适用认证企业管理书面申请，提交填写完整、规范的《适用认证企业管理申请书》。

办理时限：海关应当自收到《适用认证企业管理申请书》之日起90日内对企业信用状况是否符合《海关认证企业标准》作出决定。特殊情形下，海关认证时限可以延长30日。

八、完善产业转移对接机制（市商务委、市经济信息化委）

申请主体：本市注册企业

操作流程：企业可直接联系产业转移促进中心（商务部上海基地）。产业转移促进中心（商务部上海基地）提供以下服务：在投资前期征集企业所感兴趣区域产业及商务成本情况，安排意向区域商务代表上门对接，策划企业赴意向发展区域商务考察，组织各地相关政府部门与企业进行市场、人力资源、科技服务、金融服务、投资服务座谈交流，为企业在促进中心已合作区域开展技术合作、收购、并购、代工生产、采购、项目融资等市场拓展活动提供需求展示与对接服务，并及时推送政策信息，发布政策解读和培训通知。

九、加大对劳动密集型企业支持力度

（一）稳岗返还（市人力资源社会保障局）

申报主体：本市企业、民办非企业、社会团体等用人单位（机关、事业单位除外）具备下列条件的，可申请享受稳岗返还：

1. 生产经营活动符合国家及本市产业结构调整政策和环保政策；

2. 依法参加本市失业保险并足额缴纳失业保险费12个月以上；

3. 年度未裁员或裁员率符合下列要求：

一是2019年底参加失业保险职工30人（含）以下的企业，裁员率不高于20%；

二是中小微企业裁员率不高于2019年度全国城镇调查失业率控制目标（5.5%）；

三是上述企业以外的其他用人单位，裁员率不高于本市2019年度城镇登记失业率（3.6%）。

本市用人单位因生产经营遇到暂时性困难未能按时足额缴纳失业保险费，但符合上述其他条件的，在补缴欠费后，也可在本年内申请享受稳岗返还。

补贴标准：稳岗返还标准为用人单位及其职工上年度实际缴纳失业保险费总额的50%。

操作流程：有“网上自助”和“现场办理”两种申请方式：

1. 有“法人一证通”的申请单位，可登录上海市人力资源社会保障网网上办事企业自助经办平台（网址 https：//zzjb.rsj.sh.gov.cn/zzjbdl/jsp/login.jsp）自助申请。

2. 无“法人一证通”的申请单位，可申请取得“法人一证通”后办理，也可携带《企业法人营业执照》（或《民办非企业单位登记证书》《社会团体法人登记证书》）等原件和复印件，至单位社会保险缴费所在区就业促进中心现场办理。

（二）减税降费（市税务局、市财政局、市经济信息化委、上海海事局、市商务委）

申报主体：纺织品、服装、家具、鞋靴、塑料制品、箱包、玩具、石材、农产品、消费电子类产品等劳动密集型产品出口企业。

具体举措：自2020年3月1日至12月31日，本市的增值税小规模纳税人，适用3%征收率的应税销售收入，减按1%征收率征收增值税。适用3%预征率的预缴增值税项目，减按1%预征率预缴增值税。免征进出口货物港口建设费，政策实施期限延长至2020年底。降低工商业电价5%政策延长至2020年年底。

操作流程：企业在办理税务、电费业务时，税务、电力部门自动按照减税降费政策收取税费和电费。在2020年年底前，上海海事局免征进出口货物港口建设费。

（三）出口信保（中国信保上海分公司、市商务委、上海银保监局）

申报主体：纺织品、服装、家具、鞋靴、塑料制品、箱包、玩具、石材、农产品、消费电子类产品等劳动密集型产品出口企业。

具体举措：扩大出口信用保险的政策覆盖面，对有需求的订单、有潜力的企业做到应保尽保。对劳动密集型企业，在风险可控的前提下，适当放宽出运前承保条件，提高限额满足率，加快理赔时效，帮助保订单、拓市场、强风控。

操作流程：劳动密集型产品出口企业可直接联系中国信保上海分公司各营业部办理出口信保业务。

（四）出口信贷（中国进出口银行上海分行、市商务委）

中国进出口银行上海分行对本市劳动密集型企业出口劳动密集型产品，在产品出口的采购、生产、运输、销售等环节所需资金提供本、外币贷款。

申请材料：借款申请书、借款人近3年产品出口情况及当年出口计划、借款人及担保人等有关方相关材料，以及要求提供的其他文件、证明材料。

操作流程：劳动密集型产品出口企业可直接联系进出口银行上海分行办理出口信贷业务。

十、梳理大型骨干外贸企业作为重点服务对象（市商务委、上海海关、市税务局、外汇管理局上海分局、中国信保上海分公司、中国进出口银行上海分行）

服务对象：上年度出口2亿美元、进口4亿美元以上重点外贸企业支持政策：上年度出口 2 亿美元、进口 4 亿美元以上外贸企业自动列入促进本市外贸转型升级创新发展“四个一百”专项行动重点支持企业名单，市商务委、上海海关、市税务局、外汇管理局上海分局、中国信保上海分公司、中国进出口银行上海分行将其列为重点服务对象，在通关、出口退税、收结汇、出口信保、信贷等方面给予政策支持。

办理程序：市商务委已将促进本市外贸转型升级创新发展“四个一百”专项行动重点支持企业名单发送给海关、税务、外汇、信保、进出口银行等单位，相关企业可自动享受相关扶持政策。

十一、拓展对外贸易线上渠道

（一）发挥好国内商协会、驻外机构、海外中资企业协会作用，积极对接国外商协会，帮助出口企业对接更多海外买家（市商务委、市政府外办）

申报主体：在本市注册外贸进出口企业

具体举措：市商务委与跨境出口电商平台联合举办“出海优品 e 路同行”系列活动，市商务委向平台提供有意愿通过跨境电商方式开拓国际市场企业名单，平台逐一联系名单内企业，并提供流量扶持、线下系列沙龙、“一对一”业务辅导等帮扶政策。

申请流程：外贸企业可联系各区商务主管部门报名参加“出海优品 e 路同行”系列活动。

十二、进一步提升通关便利化水平

（一）推广进口货物“两步申报”通关模式（上海海关）

在“两步申报”通关模式下，第一步，企业概要申报后经海关同意即可提离货物；第二步，企业在规定时间内完成完整申报。

操作流程：对应税货物，企业需提前向注册地直属海关关税职能部门提交税收担保备案申请。担保额度可根据企业税款缴纳情况循环使用。第一步概要申报：企业向海关申报进口货物是否属于禁限管制、是否依法需要检验或检疫（是否属法检目录内商品及法律法规规定需检验或检疫的商品）、是否需要缴纳税款。不属于禁限管制且不属于依法需检验或检疫的，申报 9 个项目，并确认涉及物流的 2 个项目，应税的须选择符合要求的担保备案编号；属于禁限管制的需增加申报 2 个项目；依法需检验或检疫的需增加申报 5 个项目。第二步完整申报：企业自运输工具申报进境之日起 14 日内完成完整申报、办理缴纳税款等其他通关手续。税款缴库后，企业担保额度自动恢复。如概要申报时选择不需要缴纳税款，完整申报时经确认为需要缴纳税款的，企业应当按照进出口货物报关单撤销的相关规定办理。加工贸易和海关特殊监管区域内企业以及保税监管场所的货物申报在使用金关二期系统开展“两步申报”时，第一步概要申报环节不使用保税核注清单，第二步完整申报环节报关单按原有模式，由保税核注清单生成。报关单申报项目填制要求按照《海关总署关于修订〈中华人民共和国海关进出口货物报关单填制规范〉的公告》（海关总署公告 2019 年第 18 号）执行。启动“两步申报”试点同时保留现有申报模式，企业可自行选择上述两种模式之一进行申报。

（二）开展“不陪同查验”和“委托监管场所经营人陪同查验”两种陪同查验方式（上海海关）

2020 年 2 月 11 日，上海海关发布《关于优化陪同查验制度的公告》，在海、空运口岸进出口货物查验现场开展优化陪同查验制度改革，收发货人可免于到场陪同查验。

操作流程：进出口收发货人或其代理人（以下简称“收发货人”）在收到海关货物查验通知后，可以选择“不陪同查验”或“委托监管场所经营人陪同查验”方式。选择上述两种方式的，收发货人均无须到场协助海关实施货物查验。选择上述两种新增陪同查验方式的，收发货人在监管场所经营人受理平台进行查验计划网上预约时，勾选对应的方式选项，并提供联系人及联系方式，确认查验计划。在查验计划预约受理平台系统功能尚未完善前，或系统发生故障时，收发货人可通过电子邮件、电话、传真、12360热线等方式告知海关陪同查验方式。收发货人选择“不陪同查验”方式的，海关按照径行开验的要求实施查验。收发货人选择“委托监管场所经营人陪同查验”方式的，海关查验时，由监管场所经营人按照海关要求搬移货物、开拆和重封货物的包装、协助完成查验。查验结束后，监管场所经营人在查验记录单上签字确认。监管场所经营人不得额外收取陪同查验费用。查验实施前或实施过程中，如需要收发货人提供相关材料的，查验人员与联系人说明要求，收发货人可通过电子邮件等方式发送相关材料的扫描件（盖章）。海关可凭收发货人提供的扫描件，办理货物的验放手续。

十三、给予重点外资企业金融支持

（一）外资企业同等适用再贷款专项额度支持（人民银行上海分行、市金融工作局）

申请主体：小微企业或单户授信在3000万元人民币以下的外资企业

贷款银行：本市14家村镇银行，以及上海银行、上海农商银行、华瑞银行。

（二）外资企业同等适用再贴现专项额度支持（人民银行上海分行、市金融工作局）

申请主体：小微企业或者授信额度在3000万元人民币以下的外资企业

办理银行：本市内资银行。

（三）进出口银行5700亿元新增贷款规模可用于积极支持符合条件的重点外资企业（中国进出口银行上海分行、市商务委）

产品类型：吸收境外投资贷款、出口卖方信贷、进口信贷、促进境内对外开放贷款等。

申请主体：具有独立法人资格的外资企业

贷款银行：中国进出口银行上海分行。

十四、加大重点外资项目支持服务力度（市商务委、市市场监督管理局、市经济信息化委）

服务对象：投资额在1亿美元以上的投产、在建和前期外资项目。

工作方式：市商务委会同各区商务委（经委、投促办）及园区外资部门建立重点外资项目服务专班制度，按照分级负责的原则，及时了解掌握项目进展过程中遇到的困难和问题，主动协调相关部门帮助解决用地、用能、行政审批、金融支持等方面的问题，提供点对点、一对一的服务。

十五、举办外商投资高技术领域培训及相关政策宣讲（市商务委、市科委）

面向主体：外资科技类企业。

活动内容：通过外资研发中心季度交流活动平台，组织开展上海科技创新政策交流活动，解读外资企业申请高新技术企业认定及其他相关科技政策，吸引更多外资投向高新技术领域。

联系单位：市科技交流中心、市科技创业中心、市外商投资促进中心。

以上政策随时间推移可能有变化，如有变更，以各单位最新通知为准。

上海市关于推进贸易高质量发展的实施意见

为深入贯彻落实《中共中央、国务院关于推进贸易高质量发展的指导意见》，为上海建设成为国内大循环的中心节点和国内国际双循环的战略链接提供重要支撑，到 2022 年，实现贸易结构更加优化、贸易功能更加完善、贸易效益显著提升、贸易实力进一步增强，货物贸易和服务贸易规模保持全国城市首位，贸易营商环境达到世界海运经济体前列水平，世界最大贸易口岸城市地位更加稳固，现就上海市推进贸易高质量发展提出如下实施意见。

一、强化产业、金融、航运和科技支撑，夯实贸易基础

（一）提升产业升级与贸易发展的联动效应。发挥新型基础设施建设的支撑作用和进口的促进作用，持续推进产业创新、工业强基、设计引领和技术改造焕新等重大专项。落实三大产业“上海方案”，聚焦集成电路、人工智能、生物医药创新突破，尽快形成出口能力。壮大新能源汽车、智能制造装备、高端医疗器械、船舶和海洋工程装备等战略性新兴产业，打造自主出口主导产业。加快汽车、钢铁、化工等重点产业的改造升级，提升出口优势。

（二）放大金融支持贸易发展的效能。支持金融机构为外贸企业提供跨境人民币贸易融资和再融资。进一步升级银税服务平台，为诚信纳税的贸易企业提供无抵押纯信用贷款。鼓励政策性银行联合商业银行开展转贷款业务，确保小微企业贷款利率保持在合理水平。扩大出口信用保险覆盖面，提高风险容忍度，缩减定损核赔时间。推广“信保+担保”，对符合条件的中小外贸企业，由上海中小微企业政策性融资担保基金及其他政策性融资担保机构予以担保支持。

（三）建设高能级全球航运枢纽。加快小洋山北侧综合开发，推进铁路进外高桥港区，扩大河海直达和江海直达运输规模。研究在对等原则下，允许外籍国际航行船舶开展以洋山港为国际中转港的外贸集装箱沿海捎带业务。持续提升航空网络通达性，加强航空货运运力。支持开展航运融资、航运保险、航运结算、航材租赁、船舶交易和航运仲裁等高端航运服务，探索发展航运指数衍生品业务。完善邮轮运行保障体系，打造邮轮物资配送中心。

（四）突出科技创新的引领作用。加强原始创新和集成创新，吸引跨国公司设立研发中心。加快张江科学城等创新特色载体建设，集聚建设一批世界级创新平台。支持符合条件的企业申请高新技术企业和技术先进型服务企业认定。以支撑产业链创新和重大产品研发为目标，建设转化功能型平台，加强关键技术标准研制和技术标准体系建设。

二、培育综合竞争新优势，提升贸易能级

（五）集聚和培育一批高能级贸易主体。完善总部经济支持政策，支持打造全球供应链管理中心，力争每年新增跨国公司地区总部超过 40 家。培育一批具有国际竞争力的本土跨国公司。设立上海中小企业海外中心，实施“专精特新”中小企业培育工程。

（六）引导企业优化国际市场布局。加强对区域全面经济伙伴关系协定等的研究，助力企业扩大与协定国的贸易规模。鼓励企业完善营销和服务保障支撑体系。支持企业建立多层次国际营销服务网络，实施“抱团出海”行动计划。支持企业通过参加海外展览开拓市场。引入一批贸易

促进机构和进口商品国别（地区）馆。

（七）支持加工贸易创新发展。鼓励加工贸易企业对现有设施、工艺条件及生产服务等进行技术改造，提升传统优势产业的竞争力。支持加工贸易企业进入关键零部件和系统集成制造领域。推动加工贸易企业向产业链上下游延伸，拓展生产性服务业。

（八）提振产品质量和品牌影响力。开展重点领域产品质量攻关活动，支持企业参加国际质量认证，实施政府质量奖励制度，鼓励贸易企业加强质量管理和申报。提升品牌产品出口规模，培育一批出口品牌。支持企业境外注册商标，加大自主品牌推介力度。推进内外销产品“同线同标同质”，鼓励出口企业与国内商贸流通企业对接，拓展国内市场。

三、坚持均衡协调可持续，转变贸易发展方式

（九）推进进口商品集散地建设。扩大关键装备、零部件和技术专利进口，对纳入《鼓励进口技术和产品目录》产品予以贴息支持。做精外高桥国家进口贸易促进创新示范区专业贸易平台。提升上海钻石交易所和中国（上海）宝玉石交易中心国际影响力。打造联动长三角、服务全国、辐射亚太的进口商品集散地。

（十）深化服务贸易创新发展试点工作。推动跨境运输、资金流动、自然人移动、信息流通等领域制度创新，加快建立与国际通行规则相接轨的政策和标准体系。完善市区两级协同、长三角地区联动、境内外互动的发展促进机制。完善技术贸易促进措施，探索技术进出口管理机制。鼓励和支持创建国家文化出口基地。鼓励建设中医药海外中心、国际合作基地和服务出口基地。

（十一）推动贸易与双向投资互动。支持跨国企业通过跨国并购、联合投资等方式，优化资源、品牌和营销渠道，构建畅通的国际物流运输体系、资金结算支付体系和海外服务网络。鼓励行业龙头企业新增或增资重点工贸一体制造业项目。支持有实力的企业承接“一带一路”沿线国家和地区互联互通和基础设施重大工程项目。

（十二）推进贸易与环境协调发展。提升飞机发动机等维修业务规模和水平，推动临港再制造产业示范基地建设。支持综合保税区内企业开展符合要求的全球维修业务。在确保风险可控的前提下，支持在海关特殊监管区外开展高技术、高附加值、符合环保要求的保税维修业务。

四、发展新型贸易业态，培育新的贸易动能

（十三）提升离岸和转口贸易规模。支持企业利用自由贸易账户开展离岸贸易，银行可按照国际通行规则为符合条件的企业提供跨境金融服务便利。支持银行为真实合法离岸贸易提供便利的外汇结算服务。大力发展国际贸易分拨业务。

（十四）促进跨境电子商务集约高效发展。深化国家级跨境电子商务综合试验区建设，增设一批市级示范园区。提升跨境电子商务公共服务平台服务能级，鼓励开展市场化经营项目。简化进口备案要求，研究在上海国际邮件互换局设立跨境电子商务出口海关监管作业场地。简化小微跨境电子商务企业货物贸易外汇收支手续，符合条件的企业可免于办理“贸易外汇收支企业名录”登记。支持银行为跨境电子商务企业提供跨境人民币结算服务。

（十五）加快发展外贸综合服务业务。对通过外贸综合服务企业出口的各类生产企业实施分类分级管理，确保及时足额退税。允许外贸综合服务企业自主决定是否开立出口收入待核查账户，对于企业未开立出口收入待核查账户的，银行按照规定审核后的货物贸易收入可直接进入经常项

目外汇账户或结汇。

（十六）打造数字贸易国际枢纽港。加快构建与数字贸易发展相适应的基础设施和制度环境。推动建设国际互联网数据专用通道。在虹桥商务区打造全球数字贸易港。在自贸试验区临港新片区试点开展数据跨境流动安全评估，探索建立数据跨境流动分类监管模式。建设一批数字服务出口基地。完善数字贸易交易促进平台服务功能，实现与海关跨境贸易大数据平台联通。

（十七）推动服务外包转型升级。加快承接服务外包能力建设，发展服务外包新模式。加快发展一批拥有自主知识产权的服务产品，推动服务外包与高端制造融合发展。开展生物医药研发便利研究，推进集成电路设计和检测保税监管试点。提升研发、设计和会计、法律等专业服务领域竞争力。

（十八）建设百亿级和千亿级大宗商品市场。聚焦金属、能源、化工、矿石等领域，打造若干面向国际的大宗商品现货交易平台。推动大宗商品人民币计价结算。支持上海期货交易所标准仓单交易平台以公司化模式运作，开展标准仓单、非标仓单、保税仓单与场外衍生品交易，推动大宗保税商品转让登记规范化。拓展现货衍生品及价格指数业务。探索通过自由贸易账户为大宗商品现货离岸交易和保税交割提供与国际规则相一致的跨境金融服务。推动在自贸试验区临港新片区设立国际油气交易平台。

五、统筹两个市场、用好两种资源，做强贸易平台

（十九）发挥自贸试验区及临港新片区制度创新试验田作用。在自贸试验区海关特殊监管区域探索通过电子账册、信用监管、风险监控等集成化制度安排，完善海关综合监管模式。提升自贸试验区及临港新片区融资租赁行业发展质量。支持依托自由贸易账户，为数字贸易等新型国际贸易业态提供高效便利金融服务。支持自贸试验区及临港新片区发展新型国际贸易。在不导致税基侵蚀和利润转移前提下，在自贸试验区临港新片区探索试点自由贸易账户的税收政策安排。支持在自贸试验区临港新片区开展国际航行船舶保税油供应业务。推进洋山特殊综合保税区后续封关验收。对境外进入洋山特殊综合保税区物理围网区域内的货物、物理围网区域内企业之间的货物交易和服务，争取实行特殊税收政策。扩大浦东国际机场航空中转集拼规模。推行更加便利的船舶登记制度。

（二十）推动长三角贸易协同发展。发挥长三角高端装备创新协同基地功能，建设高端装备创新协同体系。深化长三角海关高质量一体化改革，优化货物转运流程，推广集团保税监管模式。构建长三角风险评估协同机制，完善进出口商品质量安全风险预警与快速反应监管体系。设立长三角产业安全监测工作站。

（二十一）深化长江经济带贸易跨区域合作。对接沿江省市，完善大通关合作机制，加强监管互认、执法互助、信息互换。积极推进海关特殊监管区域整合优化，推动沿江各海关特殊监管区域间货物便捷流转。推进海铁联运和江海联运建设，建立健全长江港口江海联运体系。整合沿江港航资源，建设长江集装箱江海联运综合服务平台。

（二十二）推进“一带一路”贸易畅通合作。深化与“一带一路”沿线国家和地区的贸易合作，扩大机电产品和高新技术产品出口以及优质农产品、制成品和服务进口规模。鼓励在“一带一路”沿线国家和地区设立企业海外代表处。发挥各类“走出去”平台作用，营造“走出去”生态圈。

（二十三）持续放大中国国际进口博览会溢出带动效应。优化外商投资促进机制，拓展上海外商投资促进服务平台功能。完善保税展示展销监管制度，支持虹桥进口商品保税展示交易中心和绿地全球商品贸易港保税展示展销业务发展。深化常年展示交易平台建设，做实展示、撮合、交易等服务。推动中国国际进口博览会汇兑和贸易收支便利化，扩大资金池业务参与主体。

（二十四）打造虹桥国际贸易中心新平台。培育壮大一批贸易集成商，引入一批商品直销平台、国别商品交易中心、专业贸易平台和跨境电商平台。打造国际组织和贸易促进机构集聚高地。推动设立国家进口贸易促进创新示范区。支持新虹桥国际医学中心建设医疗服务贸易平台。建设长三角电子商务中心。进一步推动全市进口交易服务平台集聚。

（二十五）建设具有全球影响力的国际会展之都。提升会展业国际化水平，吸引国际知名办展主体落户上海。进一步扩大国际性展览规模，入选世界百强商业性展览的数量保持全球前列。进一步宣传贯彻《上海市会展业条例》，完善会展业议事协调机制。扩大与国际行业组织合作，支持会展项目取得国际认证。支持会展企业提升数字化营销能力。

（二十六）深化各类外贸集聚区建设。优化国家外贸转型升级基地公共服务配套体系。深化国家进口贸易促进创新示范区建设，发挥促进进口、服务产业、提升消费的示范引领作用。探索允许综合保税区内企业进口专业设备开展软件测试。推动外高桥保税物流园区升级为综合保税区。

六、深化制度创新，营造法治化国际化便利化贸易环境

（二十七）健全贸易生态服务体系。构建国际化商事争议解决平台，完善多元商事纠纷解决机制。聚集一批国内外顶尖的专业咨询机构，强化人才和智力支撑。发挥行业组织、贸易促进机构和进出口公平贸易工作站作用。

（二十八）提升口岸开放和服务水平。争取浦东国际机场成为整车空运进口口岸。优化国际航行船舶进出口岸联合审批，落实国际航行船舶联合登临检查机制。开展上海港出口直装、进口直提作业模式试点。推进集装箱放箱、封志发放电子化、集约化。

（二十九）优化跨境贸易营商环境。全面推广进口货物“两步申报”通关模式，外高桥港区全面实施出口货物“提前申报、运抵验放”模式。继续发挥“疑难报关单专窗”作用，解答疑难单证问题。进一步压缩出口退税办理时间。

（三十）完善国际贸易“单一窗口”功能。深化中国（上海）国际贸易“单一窗口”与政务服务“一网通办”平台对接，丰富地方特色功能。聚焦进口医疗器械等行业，归集贸易全链条信息数据，便利金融机构开展贸易背景审核。拓展区块链应用试点，便利中国国际进口博览会保税展示交易监管服务。开展长三角国际贸易“单一窗口”合作共建，整合收费查询和办理功能，加强数据共享。

（三十一）打造国际贸易知识产权保护高地。推进知识产权地方立法，制定面向 2035 年的上海知识产权战略纲要，提高知识产权密集型商品出口比例。深化国家知识产权运营公共服务平台国际运营（上海）试点平台建设。加强知识产权风险预警和海外维权援助，深化知识产权仲裁调解。优化知识产权资助政策，引导企业加强商标和专利布局。强化进出口环节知识产权保护。

（三十二）推进贸易信用体系建设。完善部门信息共享机制，实施失信联合惩戒。对外贸企业在外汇结汇、税收缴交等环节出现的非主观故意又可整改的行为，按照规定不纳入出口货物贸易人民币结算重点监管企业名单。优化企业报关“容错机制”，对企业主动披露的非主观原因造成

的申报差错和违规行为，实施快速处置，依法从轻、减轻或者免予处罚。

七、加强组织实施，健全保障体系

（三十三）加强党的领导。加强党对推进贸易高质量发展工作的全面领导，把贸易高质量发展纳入上海国际贸易中心建设目标，上海市推进上海国际贸易中心建设领导小组（以下简称领导小组）办公室要发挥统筹协调作用，领导小组各成员单位和各有关单位要按照职责分工，密切配合，履行职责。

（三十四）完善法治保障。推动《上海市推进国际贸易中心建设条例》修订列入年度立法计划，做好《上海市外商投资条例》的宣传解读与推进实施工作。加强贸易政策合规工作。提升政策透明度，主动公开和发布涉企政策。

（三十五）加大政策支持力度。在符合世界贸易组织规则前提下，进一步优化财政资金使用结构、支持方式和使用效益，鼓励各区出台配套支持政策。推动金融机构、保险机构和股权投资机构等社会资金加大对外贸中小企业的支持力度。

（三十六）提升贸易风险防范和化解能力。强化对外贸易运行监测，完善外贸进出口调查监测系统。加强产业损害预警，提升产业国际竞争力。优化经贸摩擦案件应对，支持企业依法提起贸易救济调查，扩大贸易调整援助试点范围。

江苏省

一、综述

2020年，江苏省商务厅按照江苏省委、省政府和国家口岸管理办公室相关要求，紧紧围绕监管和服务需求，全力保障中国（江苏）国际贸易单一窗口（以下简称江苏“单一窗口”）安全稳定运行，持续推广标准版全面应用，深入推进长三角“单一窗口”合作共建，积极拓展“电子口岸+”“数据+”建设。

（一）加强疫情防控，助力复工复产

2020年年初，新冠肺炎疫情突发。江苏省电子口岸坚持“两手抓、两手硬”，在严格落实疫情防控措施的同时，重点工作不停滞，充分发挥省级电子口岸平台大数据作用和“一站式”“零接触”服务优势，通过完善金融服务平台、保障物资申报通道畅通、完善江苏省铁路客运数据分析系统数据展示、开发上线全省港口口岸中国籍船员换班申报审批系统等多种途径，为稳外贸保驾护航。

（二）完成年度目标，完善重点功能

2020年，江苏“单一窗口”货物申报、运输工具（水运、空运）、舱单（水运、空运）等主要业务覆盖率均稳定在100%，实现标准版7大类14项新上线应用功能落地推广，并根据国家口岸管理办公室和口岸管理相关部门要求，进一步深化完善江苏“单一窗口”重点功能。

（三）融入国家战略，推进合作共建

2020年，按照长三角国际贸易“单一窗口”合作共建协议，江苏省电子口岸迅速组建技术团队，开展企业调研，完成技术对接，上线长三角国际贸易“单一窗口”服务专区，积极融入长三角区域一体化发展国家战略。

（四）推进“电子口岸+”建设，打造江苏特色

2020年，江苏省电子口岸紧扣“强富美高”新江苏发展目标，树立“电子口岸+”建设理念，围绕江苏外贸发展，开发上线数个地方特色服务系统，持续提升综合服务能力，推进有江苏特色的电子口岸建设。

二、运行情况

（一）运行数据

截至2020年年底，江苏“单一窗口”注册用户2.06万家，较2019年增加4412家。全年货物申报5949057票；舱单申报3515377票；运输工具申报489578票；企业资质办理116599票；原产地证申领386775票；税费支付1162405笔；加贸保税1248176票；物品通关1455738票；跨境电商16630779票；监管证件54232票；出口退税230笔。

（二）运行维护

2020年，江苏省电子口岸认真贯彻落实《国家口岸管理办公室关于开展2020年度国际贸易“单一窗口”安全检查的通知》、海关总署及江苏省商务厅数据安全检查的相关通知要求，制订专项工作方案，认真组织，明确责任，全面排查，对检查中发现的问题同步开展安全整改及防护加固工作，强化数据安全管理。开展门户网站及江苏“单一窗口”系统等级保护2.0三级测评，完成平台全面渗透及相应整改，严格细化各边界安全策略，协助各监管部门完成“护网2020”网络攻防演习。

江苏省电子口岸对接江苏省交通运输厅和各银行信息化部门，相继实现与农业银行江苏省分行、交通银行江苏省分行、江苏银行、南京银行和招商银行南京分行的专线网络联通，并与江苏省交通运输厅数据交换网实现网络联通，为金融项目上线和交通系统数据交换打下基础。

截至2020年年底，江苏省电子口岸数据中心存储数据量累计7.48TB，日均处理报文13万条，网络日均吞吐量180GB，实时网络在线会话数3000条，平台可用率达到99.9%，为平台各系统的稳定运行提供强有力的基础支撑。

三、特色应用

（一）长三角国际贸易“单一窗口”服务专区

为贯彻落实长三角区域一体化发展国家战略，不断优化口岸营商环境促进贸易便利化，根据2020年6月上海市、浙江省、江苏省、安徽省共同签署的《长三角国际贸易“单一窗口”合作共建协议》，江苏省电子口岸迅速组建技术团队，按照工作方案规定的任务分解要求，开展企业调研、明确需求功能、完成技术对接。经多方积极努力，长三角国际贸易“单一窗口”服务专区于2020年11月30日在江苏“单一窗口”正式上线试运行。该服务专区为企业提供长三角区域的实时公告、资讯、新闻展示，实现物流动态、放行查询、新舱单查询、运抵查询、装载状态查询、理货报告查询等功能。

（二）“电子口岸+金融”

在突如其来的疫情背景下，江苏省电子口岸加快与金融企业的数据对接，相继实现与农业银行、交通银行、江苏银行和南京银行的数据对接。2020年，共有34家企业通过金融服务系统与银行签约，完成收付款业务总金额 63.8 万美元。

全新的“苏贸贷”平台二期正式上线运行。金融服务模块建设不断推进，帮助金融企业提高普惠金融的覆盖面，加快中小微企业的资金流转，为疫情防控、复工复产和“六稳”“六保”做出贡献。2020 年，“苏贸贷”平台共完成对 1333 家企业授信，放款总额 59.2 亿元。

（三）“电子口岸+口岸服务”

江苏省电子口岸配合南京海关关税处开展紧密服务，建成商品识别码分类系统数据库、规范申报要素自动审核系统、中国编码中心对接系统。2020 年，南京海关关税处与中国编码中心对接系统共发送 16.51 万条验证数据，共接收 10.16 万条验证返回记录。

四、大事记

3 月 31 日

江苏“单一窗口”上线金融服务系统交通银行模块功能。

4 月 10 日

江苏“单一窗口”上线“苏贸贷”平台二期。

6 月 17 日

江苏省商务厅厅长赵建军调研江苏“单一窗口”工作。

6 月 22 日

江苏“单一窗口”上线金融服务系统南京银行模块功能。

7 月 8 日—10 日

江苏省商务厅调研组赴张家港、太仓调研长三角国际贸易“单一窗口”合作共建。

7 月 15 日

江苏“单一窗口”上线中国籍船员换班申报审批系统。

7 月 21 日

江苏省副省长惠建林调研江苏“单一窗口”工作。

9 月 24 日

江苏省商务厅与上海市商务委员会调研组在江苏省召开推进长三角国际贸易“单一窗口”合作共建座谈会。

9 月 27 日

江苏“单一窗口”上线中欧跨境贸易清关平台。

11 月 23 日

江苏“单一窗口”完成原产地证申领系统海关模块用户切换至标准版工作。

11 月 30 日

江苏“单一窗口”上线长三角国际贸易“单一窗口”服务专区。

浙江省

一、综述

2020年，浙江省在标准版的基础上，不断优化中国（浙江）国际贸易“单一窗口”（以下简称浙江“单一窗口”）特色功能建设，推出跨境电商线上综合服务、自贸区公共信息服务、市场采购贸易联网信息服务等地方特色功能，成为外贸企业享受“放管服”改革红利的重要平台，对优化浙江省营商环境、缩短口岸通关时间、提升跨境贸易便利化水平、助力浙江外向型经济发展发挥了重要作用。

二、运行情况

（一）运行数据

截至2020年年底，浙江“单一窗口”注册用户31.5万家（含宁波），较2019年增加4.8万家。全年货物申报1571335票；舱单申报2362231票；运输工具申报346779票；企业资质办理154895票；原产地证申领443088票；税费支付165355笔；加贸保税1090631票；物品通关1983343票；跨境电商262581554票；监管证件19073票；出口退税49票。

（二）运行维护

2020年，浙江“单一窗口”接听热线电话5.14万个；维护企业微信群42个，为企业答疑5.73万次。持续增加运维保障投入，确保系统全年7×24小时高效稳定运行，成功支持和保障“双11”及“6·18”等企业重大活动，用户满意度连续6年超90%。

浙江“单一窗口”严格落实《国际贸易“单一窗口”数据安全管理办法》，定期组织自查，连续3年通过网络安全等级保护三级测评，通过公安部“护网行动”和省公安厅网络安全攻防演练等相关测试。根据《国家口岸管理办公室关于开展2020年度国际贸易“单一窗口”安全检查的通知》要求，开展安全自查，并对运营实体开展安全教育培训及应急演练，截至2020年年底，相关数据使用未发现重大安全隐患，系统运行安全稳定。

（三）宣传推广

累计组织“线上+线下”业务培训26场，覆盖全省企业1382家。

三、 特色应用

2020年，浙江省积极克服新冠肺炎疫情影响，完善本地特色应用，取得较好成效。浙江“单一窗口”完成与口岸监管服务、企业申报反馈、系统应用支撑相关的9个子系统、56个子功能建设，以及23个系统改造迁移工作，完成浙江数字“单一窗口”项目2020年度建设任务。在助力疫情防控、支持自贸区建设、支持跨境贸易新业态、促进中欧班列发展、推进长三角合作等方面取得了突出进展。

一是助力疫情防控，坚决守好疫情防控口岸大门。发挥“全流程、一站式、全天候、零接触”优势，全年服务2.1万余艘（次）国际船舶、145万票货物便利化通关，大幅降低人员接触染疫风险；联合杭州海关上线防疫物资捐赠功能，畅通防疫物资捐赠通道；配合省市场监督管理局上线“浙冷链”系统，完善冷链食品溯源体系。对接12家合作银行，服务企业复工复产，疫情期间为3000余家外贸企业提供助贷信息服务，累计投放贷款超过4亿元。

二是升级中国（浙江）自由贸易试验区（以下简称浙江自贸区）公共信息服务平台，支持浙江自贸区建设。根据浙江自贸区扩区规划，优化升级浙江自贸区公共信息服务平台，打造服务国家战略的浙江样板。浙江自贸区保税燃油加注功能实现业务全程网上办理。2020年，舟山通过平台申报保税燃油472.4万吨，同比增长15.14%。2020年6月，舟山船舶供退物料通关服务平台完成竣工验收，自贸区国际海事服务基地的油料、食品、船舶备件等物料供应和油污水处置等主要通关业务均实现全程无纸化。

三是运营维护中国（杭州）跨境电子商务综合试验区（以下简称杭州综试区）线上综合服务平台，培育跨境电商增长新动能。构建支撑综试区建设的“六体系两平台”信息化服务保障体系，打通跨境电商“关、汇、税、商、物、融”之间的信息壁垒，对接国际贸易“单一窗口”，促进跨境电商自由化、便利化、规范化发展。2020年，杭州综试区B2C进口业务累计申报4311.31万单，金额95.71亿元；跨境B2C出口业务累计申报4608.29万单、同比增长29.68%，金额3.80亿美元、同比增长181.21%。以“六体系两平台”为核心的跨境电商“杭州经验”已推广应用到全国多个综试区。

四是运营维护义乌市场采购贸易联网信息平台，服务义乌国际贸易综合改革试点工作。义乌市场采购贸易联网信息平台通过“电子围网”明确国家政策适用范围，承接市场采购新型贸易方式落地，推动义乌国际贸易综合改革试点工作落地。截至2020年年底，义乌市场采购贸易联网信息平台已备案商户6.67万家，组货记录346万条，备案外贸公司2388家，累计为2143.96亿美元的出口商品实现增值税免税，自助结汇512.43亿美元。市场采购贸易联网信息平台已经应用至浙江省内温州、嘉兴、台州、绍兴、湖州等地。2020年，浙江省市场采购贸易总出口额超过410亿美元，居全国第一。

五是建设运维“义新欧”中欧班列业务系统，推动浙江“单一窗口”与铁路运输相关系统互联互通。“义新欧”中欧班列综合服务平台按照“系统共建、数据共享、业务共通”的建设思路，打造“五大功能、三项支撑、一个大库”。“五大功能”即企业便捷申报、场站智能作业、口岸协同监管、辅助政府决策、企业综合服务功能，“三项支撑”即身份认证、数据交换和大数据分析基础支撑服务，“一个大库”即“义新欧”中欧班列业务库。2020年，通过加强与口岸监管部门、铁路部门及重点企业的联动，打通铁路场站、天盟公司、铁路等“义新欧”班列运行主体，实现

7类数据共享交换，数据共享交接量累计达15.82万条，提升了班列运行主体间的协同效率。

六是开展长三角区域“单一窗口”合作，服务长三角高质量一体化发展战略。“单一窗口”合作共建被列入长三角一体化发展重大合作事项，2020年6月6日，上海、江苏、浙江、安徽口岸主管部门领导在湖州举行的2020年度长三角主要领导座谈会上进行了集中签约，标志着长三角国际贸易“单一窗口”合作共建进入了新的阶段。截至2020年年底，一市三省口岸主管部门已就落实合作共建协议开展务实合作，形成了长三角国际贸易“单一窗口”功能专区建设方案，并启动了实质性对接和建设，力争形成数据共享便捷、平台覆盖广泛、功能丰富融合、机制保障有力的合作共建模式。

四、大事记

1月31日

浙江“单一窗口”上线防疫物资捐赠功能，助力防疫物资捐赠。

5月9日

在嘉兴乍浦码头和舟山甬舟码头完成海关查验通知推送功能试点工作。

6月6日

长三角国际贸易“单一窗口”合作共建协议签署。

6月24日

为浙江省冷链食品提供疫情防控数据支持，助力实现冷链食品全链条溯源管控。

6月29日

支持跨境电商通关服务平台服务范围延伸至绍兴综试区、温州综试区。

7月1日

浙江“单一窗口”落地跨境电商B2B出口“9710”“9810”新政策。

7月22日

浙江义乌市税务局、义乌一达通通过浙江“单一窗口”完成实时舱单数据替代纸质提单退税申报试点工作。

8月25日—26日

国家口岸管理办公室来浙江开展“十四五”口岸发展规划信息化及“单一窗口”标准版建设专题调研。

10月13日

浙江“单一窗口”通过2020年度浙江电子口岸信息平台政务项目建设和运行管理考核。

10月29日

数字“单一窗口”项目2020年度阶段性工作通过验收。

11月20日

台州、湖州和绍兴三个市场采购贸易试点通过“单一窗口”实现网上申报，建设成果通过国家七部委验收，全省市场采购贸易试点总量达6个。

12月11日

完成“义新欧”班列铁路运输试点建设，实现铁路、场站、报关行、班列运营主体间的信息系统联动。

12 月 10 日

启动舟山数字口岸综合服务平台建设，整合船供与保税燃油加注业务，进一步服务企业通关便利化。

五、 政策文件

浙江省发展改革委等 9 部门关于印发《浙江省实施优化营商环境“10+N”便利化行动方案（2.0 版）》的通知

浙发改体改〔2020〕276 号

省级有关单位，各市、县（市、区）发展改革、能源、口岸、自然资源、住房城乡建设、市场监管主管部门，国家税务总局浙江省各市、县（市、区）税务局，本省各中级人民法院及基层人民法院，各市中心支行及县支行：

《浙江省实施优化营商环境“10+N”便利化行动方案（2.0 版）》已经省经济体制改革专项小组审议通过，现印发给你们，请认真贯彻落实。

附件：1. 浙江省实施优化营商环境“10+N”便利化行动方案（2.0 版）
　　　2. 省级有关单位名单（略）

浙江省发展和改革委员会
浙江省口岸工作领导小组办公室
（浙江省人民政府办公厅代章）
浙江省自然资源厅
浙江省住房和城乡建设厅
国家税务总局浙江省税务局
浙江省市场监督管理局
浙江省能源局
浙江省高级人民法院
中国人民银行杭州中心支行
2020 年 8 月 11 日

附件 1

浙江省实施优化营商环境“10+N”便利化行动方案（2.0 版）

为全面贯彻落实习近平总书记关于浙江“努力成为新时代全面展示中国特色社会主义制度优越性的重要窗口”讲话精神，着力提升营商环境“10+N”便利化水平，不断激发我省市场主体活力，特制定本行动方案。

一、总体要求

以习近平新时代中国特色社会主义思想为指导，全面贯彻党的十九大和十九届二中、三中、四中全会精神，坚持深化改革促进营商环境水平提升。参照世行营商环境评价方法论，借鉴国内外最佳实践案例，遵循“整体智治、唯实惟先”的现代政府理念，以进一步深化“最多跑一次”改革为牵引，以市场主体感受为第一感受，以“一件事”为抓手，大力实施一批突破性的改革举措，进一步提升营商环境“10+N”指标便利化水平，努力把浙江打造成为最优营商环境省。

二、改革任务

（一）提升“开办企业”便利度

1. 改革目标

在全面实现“开办企业”一日办结的基础上，以“一件事”为抓手，将安装税控设备或发放UKEY、企业和员工社保登记、办理公积金新纳入“开办企业”流程，到2020年底前，“开办企业”全流程办理手续不超过3个、办理时间不超过3天。新设立企业同步免费发放电子印章、电子营业执照。（省市场监管局、省公安厅、省人力社保厅、浙江省税务局、人行杭州中心支行、省建设厅）

2. 改革举措

压减手续。实现企业登记、印章刻制、申领发票和税控设备、员工参保登记、住房公积金企业缴存登记可在“一网通办”平台“一表填报”申请办理，材料齐全情况下“一个窗口”一次领取。实现线下“一窗一表”申请，证照等“同窗发放”或24小时寄达。整合企业开办全程网上办、商事登记证照联办、企业注销“一网服务”3大平台，实现企业在设立登记完成后仍可随时通过企业开办“一网通”平台办理员工参保登记、住房公积金企业缴存登记等企业开办服务事项，具备“随时办”能力，进一步优化“开办企业”服务。（省市场监管局、省公安厅、省人力社保厅、浙江省税务局、人行杭州中心支行、省建设厅）

压减时间。全面实现名称自主申报，推进试点住所申报承诺+送达地址承诺制，探索建立市场监管部门与网格管理部门信息共享机制，统一地址编码，实现地址自动校核，防范虚拟地址注册。全面实行企业章程、合伙协议等形式审查。（省市场监管局）

压减成本。鼓励市县实现新设立企业免费获取首套印章（企业公章、财务章、发票章3枚，合同章视各地情况），鼓励市县免费发放税务UKEY。（省财政厅、省市场监管局、浙江省税务局）

压减材料。2020年8月底前试点地区实现开办企业同步免费发放电子营业执照和电子印章，12月底前全省同步发放。推广电子营业执照、电子印章应用，电子营业执照作为企业在网上办理企业登记、印章刻制、涉税服务、社保登记、公积金办理、银行开户等业务的合法有效身份证明和电子签名手段。（省市场监管局、省公安厅、浙江省税务局、省人力社保厅、省建设厅、省大数据局、人行杭州中心支行）

便利企业填报企业年报。深化企业年报数据共享，税务部门、人社部门、住建部门将企业税

务、公积金、社保等数据共享至市场监管部门，减少企业重复填报内容。（省市场监管局、浙江省税务局、省人力社保厅、省建设厅）

（二）提升“办理建筑许可”便利度

1. 改革目标

以提升办理建筑许可“一件事”全流程（项目立项备案、工程规划许可、施工许可、竣工验收，及期间相关中介服务）便利化水平为抓手，到2020年底前一般企业投资项目从赋码到竣工验收全过程审批实现“最多80天”，试点地区低风险小型项目办理手续不超过16个、办理时间不超过20个工作日。（省建设厅、省发展改革委）

2. 改革举措

压减手续。深化施工图审查改革，2020年8月底前出台全面深化施工图审查改革的实施意见，缩小事前审查范围，实行事前审查、事后审查、无需审查分类管理。以“多规合一”为基础，全面推广规划用地“多审合一、多证合一”改革。深入推进“竣工测验合一”改革，优化验收内容和要求。（省建设厅、省发展改革委、省自然资源厅、省财政厅、省交通运输厅、省人防办、省气象局）

压减时间。对标世行营商环境评价标准，在杭州、舟山开展小型仓储工业项目、改造项目“清单制+告知承诺制”试点。在杭州市、宁波市、衢州市、义乌市开展低风险小型项目全过程审批“最多20个工作日”试点。（省发展改革委、省建设厅）

深化投资项目在线审批监管平台应用。依托投资项目在线审批监管平台3.0（工程建设项目审批管理系统2.0，以下简称投资在线平台3.0），实行收件、审批、出件三统一。2020年12月底前，实现“4个100%”：投资项目事项100%通过投资在线平台3.0网上申报、100%通过投资在线平台3.0网上审批、100%通过投资在线平台3.0出具批文（包括电子印章、电子证照和电子归档）、100%全流程项目审批覆盖省市县三级部门。（省发展改革委、省建设厅、省自然资源厅、省财政厅、省交通运输厅、省人防办、省能源局、省气象局、省电力公司）

加强数据共享和业务协同。全面推动市政公用基础设施接入服务事项网上办理，由各行业主管部门或单位开发形成全省电力报装系统、全省水气报装系统、省测绘地理信息综合监管服务平台、不动产登记系统，并与投资在线平台3.0对接实现数据共享、一网通办、联合审批。依托投资在线平台3.0开发承诺制项目办理模块。（省发展改革委、省建设厅、省自然资源厅、省能源局、省电力公司）

（三）提升“获得电力”便利度

1. 改革目标

以提升获得电力“一件事”全流程（企业接入申请、方案设计、合同签订、外线工程施工、装表接电）便利化水平为抓手，低压接入办理手续不超过2个、办理时间不超过15天、办理材料不超过2件。10KV普通高压用户接入办理手续不超过3个、办理用电业务时间不超过35天、办

理材料不超过 2 件。根据国家部署，建立企业中断供电惩罚机制。(省能源局、省电力公司)

2. 改革举措

压减手续。大力推广“浙里办”和“网上国网”App 应用，创新多元化、个性化、智能化的用电服务；中小企业客户现场查勘时同步完成供电方案答复；推进不动产和电水气联动过户“一件事”线上联办。(省能源局、省电力公司、省自然资源厅、省建设厅)

压减时间。依托投资在线平台 3.0，全面实行占掘路（不含高速公路、普通国道）审批容缺受理制和承诺备案制。（省能源局、省电力公司、省建设厅、省交通运输厅、省公安厅、省水利厅、省自然资源厅)

压减成本。加快探索用电报装零上门、零投资、零审批的“三零”服务模式，杭州市、宁波市 160 千瓦及以下、其他设区市 100 千瓦及以下率先实行“三零”服务。（省能源局、省电力公司)

提升供电可靠性。根据国家部署，建立中断供电惩罚机制，研究供电可靠性指标管制机制。(省能源局、省电力公司)

（四）提升“获得用水用气”便利度

1. 改革目标

以提升获得用水用气“一件事”全流程（企业接入申请、现场踏勘、管线设计、管线施工、签订合同、装表通水（气））便利化水平为抓手，到 2020 年底前，获得用水用气办理手续均不超过 2 个、办理时间不超过 3 天（不包含外线工程规划及施工许可等行政审批、用户内部施工及气密性试验等时长）、办理材料不超过 1 件。除此之外，管线设计、施工时间合计不超过 2 天。未实行审批改备案、容缺受理制的市县，占掘路审批时间不超过 10 天。(省建设厅)

2. 改革举措

压减手续。进一步优化浙江政务服务网、“浙里办”App 报装申请渠道，优化数据共享模块，实现“一证通办”“一网通办”，办理进度可自主查询。(省发展改革委、省建设厅、省自然资源厅、省公安厅、省交通运输厅、省大数据局)

压减时间。一是依外线工程复杂度，探索用水用气报装占掘路（不含高速公路、普通国道）审批事项（绿化、物料堆放、交通、河道等）容缺受理制和承诺备案制。(省建设厅、省公安厅、省自然资源厅、省水利厅) 二是提高企业需求信息推送效率。依托投资在线平台 3.0，优化企业用水用气需求填报设置，确保信息高效推送。(省发展改革委、省建设厅)

优化服务。出台《浙江省用水和用气报装接入服务导则》，以市场化理念，为用户提供红线内工程安装、配套器具、用户上门安检一站式服务清单。(省建设厅)

（五）提升“不动产登记”便利度

1. 改革目标

以提升企业不动产登记“一件事”全流程（企业间完成工业用途不动产转移登记、税费缴纳）便利化水平为抓手，到2020年底前，办理手续不超过2个、办理时间不超过3天（抵押登记2天），提交材料不超过3件。（省自然资源厅）

2. 改革举措

压减手续。集成涉企转移登记环节，企业间存量非住宅房屋买卖，双方可持自行签订的不动产转让合同及其他相关证明材料，申请办理税收缴纳和不动产转移登记。（省自然资源厅、浙江省税务局）在服务大厅设置企业不动产登记专窗，实现企业“一窗申请”“一表填报”“同窗缴费（税）”“同窗领证”（或邮寄送达）；在优先受理企业业务前提下，与个人业务共享窗口资源。（省自然资源厅）

压减时间。探索借助电子营业执照等电子证照（件）、人脸识别、在线支付等先进技术，实现网上24小时申请，网上查询、网上申请、网上审核、网上缴税等全流程不见面办理。（省自然资源厅、省大数据局、浙江省税务局、省公安厅、省财政厅、省市场监管局）优化涉企税费缴纳方式，建立和完善“房地产交易纳税价格评估系统”，对企业间不动产转移登记，涉及的土地房屋已纳入评估系统的，予以即时办理。（浙江省税务局、省自然资源厅）不动产登记同步生成不动产电子证书（证明），研究形成电子证书（证明）应用场景清单。（省自然资源厅）

提升土地管理质量指数。各地根据实际，逐步推进不动产登记自然状况、抵押查封限制、地籍图和宗地图公开查询等服务，并实现网上查询、现场自助机查询和窗口查询等多种便利化查询方式。推进不动产权籍调查与“多测合一”成果共享，开展不动产单元号“一码管地”创新试点。分别设立登记、测绘投诉机制，向社会公开不动产登记尽职调查查询渠道。规范不动产权籍调查工作。建立法院土地审判信息公开、第三方投诉等工作机制。（省自然资源厅、省法院）

（六）提升“获得信贷”便利度

1. 改革目标

完善浙江省企业信用信息服务平台和省金融综合服务平台，整合涉企征信、政策、金融资源，为金融机构提供查询服务。争取将杭州纳入动产担保统一登记试点和金融开放政策试点，接轨国际一流水准，打造全国征信服务集聚高地。2020年底前，建立国有担保机构担保费率市场化机制，费率降至1%以下，信用贷款余额增速不低于4%。（人行杭州中心支行、浙江银保监局、省市场监管局）

2. 改革举措

完善平台建设。进一步完善浙江省企业信用信息服务平台和省金融综合服务平台，推动政府信息在金融领域应用。（人行杭州中心支行、浙江银保监局、省发展改革委）

扩大企业信贷覆盖面。研究构建全省企业首贷户统计体系。开展“首贷户拓展”专项行动，加强首贷户培育，提供“无贷户——首贷户——伙伴客户”递进式金融服务，提升首贷户比例，推动信贷工作实现从“增量扩面”到“扩面增量”转变，年内实现小微企业首贷率、续贷率走在全国前列，制造业中长期贷款增速不低于各项贷款平均增速。（人行杭州中心支行、浙江银保监局）

持续提升企业贷款便利度。指导金融机构建立小微企业授权、授信和尽职免责“三张清单”，推动下放审批权限，提高审批效率，推行贷款申请限时答复制，进一步减环节、减时间、减材料。（人行杭州中心支行）

提高征信机构覆盖面。加大力度培育和发展市场化征信机构，推动政府公共信用信息向市场化征信机构开放，加强金融科技在征信领域的应用。（人行杭州中心支行、省大数据局）

（七）提升“跨境贸易”便利度

1. 改革目标

到 2020 年底前，全省进出口业务全面实现“单一窗口”办理。创新通关模式，海港、空港口岸实现提前申报、两步申报业务全覆盖。提升物流运转、单证流转无纸化水平，压缩通关时间。单个集装箱进出口环节常规收费压减至 300 美元以内，普及关税保证保险。（省口岸工作领导小组办公室、杭州海关、宁波海关）

2. 改革举措

推动全省数字口岸一体化。探索“单一窗口”运营实体改革和信息平台融合，加强“单一窗口”数据协同和“通关+物流”服务联动。推动跨境贸易相关业务全部通过中国（浙江）国际贸易“单一窗口”办理，为绍兴、湖州、嘉兴、台州、衢州、丽水、义乌等地跨境电子商务综合服务平台、市场采购联网平台、特殊区域信息化系统等建设提供服务支撑，支持跨境电商新业态发展。（省口岸工作领导小组办公室、省商务厅、杭州海关、宁波海关、省海港集团，各相关设区市人民政府）

创新通关模式。海港、空港口岸实现提前申报、两步申报业务全覆盖。根据港口条件和企业需求，支持符合条件的企业开展进口货物“两段准入”“船边直提”和出口货物“抵港直装”等通关模式创新试点。（杭州海关、宁波海关、省海港集团）

压减物流时间。一是进一步扩大无纸化应用场景。实现口岸作业场卸货、仓储理货、物流运输、集装箱设备交接、支付等各环节单证电子化无纸化，外贸集装箱货物装卸、在途、转运信息可查可视化，并开展海关查验信息推送试点。二是推动各类系统互联互通。2020 年底宁波舟山港实现集装箱设备交接单无纸化系统、场站管理系统、卡口管理系统各自内部无纸化，系统数据交互无纸化自动化，明确全省推广试点方案计划，与国际船运公司深入对接，探索建立更多无纸化应用场景。（省口岸工作领导小组办公室、杭州海关、宁波海关、省海港集团）

压减通关费用。进一步推动口岸降费、规范收费，强化口岸收费目录清单管理，明确收费标准，落实降费措施，依法查处乱收费行为。积极推广减免税无纸化申报，便利企业自主办理减免税手续。推进多元化税收担保改革，全省普及关税保证保险。（省交通运输厅、省口岸工作领导小组办公室、省市场监管局、杭州海关、宁波海关、省海港集团）

（八）提升“执行合同”便利度

1. 改革目标

研究出台举措，有效发挥庭前会议对提高庭审效率的作用。全面推行繁简分流办案模式，完善随机分案制度。优化诉前保全机制、数据共享机制，提高财产查控强制执行效率。完善商事仲裁司法审查规则。提高电子诉讼服务当事人应用率，到2020年底，当事人通过浙江法院网、移动微法院、浙江智慧法院App等进行网上立案、参加网上庭审、接收电子法律文书的案件占同期民商事、行政及执行案件的比例不低于70%。（省法院）

2. 改革举措

压减时间。研究出台全省案件延长审限、扣除审限、延期开庭审批统一标准。探索庭前会议对进一步提升商事案件庭审效率的作用，提高一审案件审前调解、二审民商事案件审前调解比例。完善未决案件案龄、结案率、单一案件进度等定期公开及检查机制。全面推行案件繁简分流、简案快办，进一步简化小额案件程序。完善随机分案为主、人工分案为辅的分案制度，明确人工分案的案件类型。优化诉前保全机制，提升商事纠纷诉前保全效率。（省法院）

压减成本。应用全国法院询价评估系统，降低执行成本。完善鉴定机构委托鉴定、执业规范、收费管理。研究涉合同买卖简要案件诉讼费用减少缓免政策，强化律师收费监督检查。加大网络司法拍卖力度，进一步降低执行环节的费用成本。（省法院、省司法厅、省市场监管局、省发展改革委）

实现“全流程”无纸化办案。完成无纸化办案平台“三中台、十中心”建设内容，形成“线上线下、内网外网、有线无线协调一致、互联互通”的司法运行模式。出台举措，有效引导诉讼参与人通过法院信息平台提交诉讼材料，扩大电子文书送达范围，提高送达效率。完成法院案款系统与法院开户银行系统对接，实现诉讼费用在线缴纳，优化流程、提高退还效率。（省法院、人行杭州中心支行、浙江银保监局）

加强数字化应用。依托省公共数据平台、省法院网络查控平台、机关“最多跑一次”协同办公平台，实现户籍人口、营业执照、权籍测绘、司法判决、公证书、婚姻登记等信息共享，提高财产查控强制执行效率。（省法院、省公安厅、省司法厅、省市场监管局、省自然资源厅、人行杭州中心支行、浙江银保监局、省大数据局）

提升商事仲裁解纷作用。完善商事仲裁司法审查规则，重点完善仲裁司法审查裁判指引、仲裁协议效力认定、仲裁保全、撤销申请等机制。（省法院、省司法厅）

（九）提升“纳税”便利度

1. 改革目标

纳税次数压减至6次，全年纳税时间控制在120小时内，纳税人综合网上办税率达到85%以上。（浙江省税务局）

2. 改革举措

压减手续。实现城镇土地使用税、房产税合并申报。（浙江省税务局）

压减时间。简化增值税、企业所得税季度预缴申报，依托系统实现发票数据、财务数据自动带入申报表对应栏目，免于企业填写。梳理小规模纳税人办税流程，在申报环节，自动减半征收印花税、城镇土地使用税、房产税、城市维护建设税。（浙江省税务局）

加强电子应用。持续完善电子税务局功能，实现纳税人依申请办理事项全流程电子化。建设电子发票公共服务平台，全面推广使用增值税电子发票；优化增值税发票开票软件功能，实现纳税人网上解锁税控开票设备；深化应用浙江税务征纳沟通平台，实行税收优惠政策“名单式”服务。(浙江省税务局)

(十) 提升“办理破产”便利度

1. 改革目标

试点上线破产管理信息系统（模块），探索预重整提高重整率，创新破产转化机制，探索建立破产财税政策援助机制。2020年年底前，全省设立10个左右破产人民法庭。(省法院)

2. 改革举措

上线破产管理信息系统（模块）。试点上线破产管理信息系统（模块），实现对破产案件专业管理、数据自动统计，做好经验复制推广。(省法院)

探索预重整工作。探索建立重整识别、预重整快速审理方案，优化破产工作协调机制，拓宽府院联动信息共享渠道，借助多种政策工具，遵循市场化原则，提升重整率。(省法院)

创新破产转化机制。探索出台“立转破”“审转破”方案，纵深推进“执转破”改革。(省法院)

增设破产人民法庭。推动在破产案件受理数量较多、破产审判工作开展较好地区建立破产人民法庭。(省法院、省财政厅、省委编办)

探索个人破产制度。在温州、台州、丽水地区开展具有个人破产制度功能的个人债务集中清理试点。(省法院)

探索建立破产财税政策援助机制。推动有条件县（市、区）设立破产专项资金、建立无产可破案件援助资金制度，落实城镇土地使用税减免等财税支持政策，解决资不抵债、无产可破企业破产启动难问题，加快市场出清。探索优化破产案件债权申报、发票领用、税务注销等涉税业务便捷操作程序。(省法院、省财政厅、人行杭州中心支行、浙江省税务局)

提升破产管理人服务能力。加强破产管理人绩效考核，研究出台管理人名录淘汰制、升降级制。探索债务人数据向管理人开放机制，推进不动产、车辆、设备、特殊动产、知识产权、股权等登记系统向管理人开放，协助管理人清收查控资产。(省法院、省财政厅、人行杭州中心支行)

(十一) 提升“企业注销”便利度

1. 改革目标

以提升企业注销“一件事”全流程（非国有独资企业完成发布债权人公告、核查社保费欠缴、社保登记注销、税务注销、营业执照注销）便利化水平为抓手，到2020年底前，探索出台企业“证照并销”“注销预检”“破注联办”3项机制，办理手续不超过2个、办理材料不超过5件，符合条件的即办。(省市场监管局、省公安厅、省人力社保厅、浙江省税务局、人行杭州中心支行、省建设厅)

2. 改革举措

探索出台“证照并销”机制。率先实现食品流通等许可事项与注销登记合并办理，进一步研究出台与营业执照合并注销的许可事项清单，配套完善企业出清机制和企业档案处置机制。(省市场监管局、浙江省税务局、省人力社保厅)

探索出台“注销预检”机制。与税务等部门做好数据对接，企业提交申请后即完成注销预检，有效减少注销公告期间及公告结束后有关部门议驳回情况，提升简易注销成功率。(省市场监管局、浙江省税务局、省人力社保厅)

探索出台“破销联办”机制。实现企业破产与注销联办，经人民法院宣告破产的企业，破产管理人持终结破产程序裁定书申请注销。材料齐全符合法定条件的，市场监管部门按简易注销程序办理，且无需经过公告程序；通过平台申请的，市场监管部门将采集的企业基本信息、注销原因、经办人信息等推送至税务、人力社保、海关等部门，税务部门即时出具清税文书；人社部门对没有社保欠费的企业同步进行社保登记注销；海关接收进出口货物收发货人破产信息，在确认其办结有关手续后依法注销备案登记。(省市场监管局、省法院、浙江省税务局、省人力社保厅、杭州海关、宁波海关、人行杭州中心支行)

深化部门数据共享。进一步推动企业注销平台与税务、人力社保、海关、人民银行等部门业务系统数据共享，率先实现将清税证明传送到商事登记系统。(省市场监管局、浙江省税务局、省人力社保厅、杭州海关、宁波海关、人行杭州中心支行)

(十二) 提升“知识产权保护”便利度

1. 改革目标

全面实现商标注册、质押登记受理设区市全覆盖。出台全省专利优先审查行业目录，探索在国家高新区设立科技支行，完善知识产权质押融资风险补偿机制。年内全省培育并申报制造业产业集群商标20件，培育并申报地理标志30件，马德里商标国际注册不少于450件，新增商标质押登记额达到70亿元；实现PCT国际专利申请量达2100件以上。(省市场监管局、省检察院、省公安厅、人行杭州中心支行、浙江银保监局)

2. 改革举措

加强知识产权服务机构建设。加强中国(浙江)知识产权保护中心、浙江知识产权交易中心建设，加快建设国家级知识产权保护中心、快速维权中心。推进杭州、宁波、台州知识产权运营服务体系建设。(省市场监管局、杭州市人民政府、宁波市人民政府、台州市人民政府)

优化商标注册与质押融资服务。加强产业集群品牌培育与质押融资服务。深入推进产业集群品牌建设，以集体商标、证明商标注册保护为切入点，加大制造业产业集群商标与地理标志培育力度。下沉知识产权质押融资服务窗口，实现各市商标权质押登记一窗受理全覆盖。(省市场监管局)

优化专利申请与质押融资服务。出台并实施全省专利优先审查行业目录，推动优先权向重点行业、重点企业和高价值专利倾斜，支持扩大PCT国际专利申请布局。探索在国家高新区设立科

技支行，完善知识产权质押融资风险补偿机制。（省市场监管局、人行杭州中心支行、浙江银保监局、省财政厅）

探索推进知识产权证券化机制。主动与国家有关部门对接，争取设立具有知识产权金融功能的知识产权与科技成果交易机构，探索知识产权证券化试点。（省市场监管局、省地方金融监管局）

完善知识产权纠纷多元化解与侵权惩戒机制。完善知识产权仲裁调解工作机制。（省市场监管局、省司法厅）强化检察、审判、司法行政、行政执法单位协同，探索知识产权领域（专利、商标、版权）行政执法、刑事检察、司法审判数据共享机制。（省市场监管局、省检察院、省司法厅、省法院、省公安厅）

（十三）提升“证照分离”改革便利度

1. 改革目标

按照“全覆盖、零许可、数字化、强监管”要求，518 项涉企经营许可事项中直接取消审批 13 项、审批改备案 8 项、实行告知承诺 109 项、优化审批服务 388 项，成为全国首个实现告知承诺事项破百项省份。（省市场监管局）

2. 改革举措

加大证照分离改革力度。对广告发布登记、电影发行单位设立审批、房地产开发企业资质核定、游艺娱乐场所设立审批等 48 个事项的改革方式由优化审批服务调整为实行告知承诺，使我省告知承诺事项数破百。（省市场监管局、省级相关部门）

扩大告知承诺事项实施范围。对人力资源服务许可、从事拍卖业务许可、会计师事务所分支机构设立审批等 13 个已在浙江自贸试验区实施的告知承诺事项扩面至全省实施，同步出台相关配套制度。（省市场监管局、省级相关部门）

进一步优化审批权限审批流程。围绕打造“最简审批、最优服务”目标，对 49 个事项实行更进一步优化服务。其中，对医疗机构配制制剂许可等 17 个事项审批权限下放至市或县级对应许可部门。对食品添加剂生产许可、河道管理范围内有关活动许可等 36 个事项在原有基础上进一步压减办理时限、材料和审批要件。（省市场监管局、省级相关部门）

进一步加强事中事后监管。按照“谁审批、谁监管，谁主管、谁监管”的原则，进一步厘清监管事项、监管对象、监管内容，制定工作指引，纳入年度事中事后监管计划任务。强化信用风险分级分类监管，突出重点领域监管，加大双随机抽查比例和频次。（省市场监管局、省级相关部门）

进一步加大涉企经营许可数据共享。加快相关系统改造，实现许可部门及时接收企业登记数据，及时推送办理结果数据至省公共数据平台。加快做好“证照分离”涉企经营许可数据与“互联网+监管”平台的对接，实现“证照分离”改革事项统一监管。（省大数据局、省市场监管局、省级相关部门）

动态管理涉企经营许可事项清单。统一编制我省“证照分离”改革全覆盖试点事项变动清单（2020 年版），进一步明确责任部门、事项名称、设定依据、审批层级、实施区域、改革举措和监

管措施。（省市场监管局、省级相关部门）

三、加强数字化支撑保障

实现线上服务一键通达。降低企业办事搜寻成本，依托政务服务 2.0 系统建设，优化浙江政务服务网页面布局，围绕“10+N”便利化行动方案指标，将线上企业服务入口统一集成。（省大数据局、省级相关部门）

全面融合线上线下业务。实现线上、线下办理一套业务标准、一个办理平台，数据同源、服务同源、功能互补、无缝衔接。推进政务服务线上线下融合，实现“10+N”指标就近办、网上办。（省级相关部门、省大数据局）

探索推进一企（人）一档建设。以企业全生命周期“一件事”理念，研究出台档案归集负面清单、统一推进一企（人）一档建设，归集企业自开办以来的各类电子证照（印章、材料）、信用及其他信息资料，为今后实现“申请零材料、填报零字段、审批零人工、领证零上门、存档零纸件”打下基础。（省大数据局、省级相关部门）

深化电子证照归集。完善省电子证照库建设，建立电子证照共享及异议处理机制。按照“因需归集、应归尽归”原则，重点归集国家已明确工程标准的电子证照。实现政务服务事项办事材料与电子证照自动关联引用。探索以区块链等新一代信息技术为基础，率先围绕“10+N”便利化行动方案指标，实现市场主体各类证照材料、信用信息更新情况联动，跨部门便捷查询自动调用。（省大数据局、省级相关部门）

推动电子证照普及。建立统一的各类电子证照不认可、歧视性壁垒举报投诉调解机制。在政务领域，政府采购、公共资源交易、社保、公积金、税务等市场领域，率先鼓励电子营业执照、电子印章、电子发票、电子档案等电子凭证应用，加强电子印章、电子档案在政府内部管理中的应用。（省市场监管局、省大数据局、浙江省税务局、省档案局、省级相关部门）

安徽省

一、综述

2020年，中国（安徽）国际贸易单一窗口（以下简称安徽“单一窗口”）不断向便利化、智能化、国际化方向发展，按照国家口岸管理办公室工作部署和安排，积极推广标准版各项功能应用，加大宣传和培训力度，强化平台安全运维管理，完善运行管理相关制度，积极为企业提供便利、快捷、高效的通关服务。

二、运行情况

（一）运行数据

2020年全年，安徽“单一窗口”货物申报392369票；舱单申报70975票；运输工具申报5772票；企业资质办理31518票；原产地证申领86357票；税费支付51305笔；加贸保税109323票；物品通关885票；跨境电商2818345票；监管证件4702票；出口退税42笔。

（二）运行维护

优化运维机制，保障系统稳定运行。完成安徽“单一窗口”网络数据安全自查工作，形成安全技术与安全管理两大防御体系，在物理、网络、主机、应用、数据备份及恢复等方面采取有效的安全防范措施。完成安徽“单一窗口”漏洞扫描并修复。

（三）宣传推广

加大培训宣传力度，积极引导企业应用安徽“单一窗口”办理业务。安徽省口岸办会同海关、中国信用保险、建设银行等相关业务单位在省内组织标准版试点推广和功能应用培训，全省1000多家外贸企业、货代报关公司等单位3000多人参加培训，同时对常见使用问题进行集中归类，通过微信群、QQ群等及时向企业反馈。

优化客服团队配置。建立微信群、QQ群、客户热线电话等多渠道客服体系。截至2020年年底，安徽“单一窗口”共有3个QQ运维群、2个客服电话（95198客服电话、企业固话）、1个试点微信群。2020年，QQ群在线回复28634条，接听电话7073次，在线远程协助企业652次，标准版试点微信群反馈系统故障问题120个。

三、大事记

2月7日

安徽“单一窗口”开通疫情期间服务专窗，便利企业在疫情防控期间办理进出口业务。

4月6日

安徽“单一窗口”举办业务功能推广线上培训会。

6月6日

长三角国际贸易“单一窗口”合作共建作为长三角一体化发展战略商务领域合作项目，在2020年度长三角地区主要领导座谈会签约仪式上顺利签约。

8月17日

安徽“单一窗口”赴河南调研学习交流跨境电商业务。

9月30日

安徽省政府办公厅印发《安徽省进一步优化营商环境更好服务市场主体工作方案》，要求推进“单一窗口”功能由口岸通关执法向口岸物流、贸易服务等全链条拓展。

11月10日

上海市商务委在合肥市调研长三角国际贸易“单一窗口”合作共建工作。

12月11日

安徽“单一窗口”运维服务管理平台试运行。

12月30日

安徽“单一窗口”上线推广口岸收费及信息发布系统。

四、政策文件

安徽省人民政府办公厅关于印发安徽省进一步优化营商环境更好服务市场主体工作方案的通知

皖政办〔2020〕13号

各市、县人民政府，省政府各部门、各直属机构：

经省政府同意，现将《安徽省进一步优化营商环境更好服务市场主体工作方案》印发给你们，请结合实际认真贯彻执行。

安徽省人民政府办公厅

2020年9月30日

安徽省进一步优化营商环境更好服务市场主体工作方案

为贯彻落实《国务院办公厅关于进一步优化营商环境更好服务市场主体的实施意见》（国办发〔2020〕24号）精神，坚持把做实做强做优实体经济作为主攻方向，聚焦市场主体关切，破解企业生产经营中的堵点痛点，落实“六稳”“六保”要求，持续深化“放管服”改革，优化营商环境，更大激发市场活力，增强发展内生动力，在加快建设美好安徽上取得新的更大进展，制定以下工作方案。

一、持续提升投资建设便利度

（一）优化再造投资项目前期审批流程

1. 从办成项目前期“一件事”出发，健全部门协同工作机制，把项目可行性研究、用地预审、选址、环境影响评价、安全评价、水土保持评价、压覆重要矿产资源评估等有关审批事项所需申报材料整合为一套综合性申报材料，实行项目单位编报一套材料，各相关审批部门统一受理、同步评估、同步审批、统一反馈，加快项目落地。优化省投资项目在线审批监管平台审批流程，实现批复文件等在线打印。2021 年 6 月底前完成。（省发展改革委牵头，省自然资源厅、省生态环境厅、省住房城乡建设厅、省水利厅、省应急厅、省数据资源局等按职责分工负责）

2. 推进规划用地“多审合一”“多证合一”，合并规划选址和用地预审，将建设项目选址意见书、建设项目用地预审意见合并，统一核发建设项目用地预审与选址意见书。2020 年 12 月底前完成。（省自然资源厅负责）

3. 已设立的开发区需要开展压覆矿产资源评估工作的，在 2020 年 10 月底完成评估工作。新设立及范围调整的特定开发区域，应在批准前完成调查评估。（省自然资源厅、省发展改革委牵头，各市政府等按职责分工负责）

（二）进一步提升工程建设项目审批效率

4. 优化城镇老旧小区改造施工许可和竣工验收阶段审批流程，2020 年 10 月底前，将此类项目全过程审批时限压缩至 40 个工作日以内。推广“正负清单制+告知承诺制”，建立健全政府发布清单、企业作出承诺、发放相关证书制度体系，在确保安全的前提下，对社会投资的小型低风险新建、改扩建项目，发布统一的企业开工条件，企业取得用地、满足开工条件后作出相关承诺，直接发放相关证书，项目即可开工。（省住房城乡建设厅牵头，各市政府、省发展改革委、省自然资源厅、省数据资源局等按职责分工负责）

5. 2020 年 12 月底前，依托“皖事通办”平台，推进工程建设项目审批管理系统与各部门审批系统互联互通，实现工程建设项目审批涉及的行政许可、备案等政务服务事项线上办理，实现项目信息、审批结果实时共享。房屋建筑和市政基础设施工程项目全面实行施工许可电子证照。（省住房城乡建设厅、省数据资源局牵头，省发展改革委、省自然资源厅、省人防办、省气象局等按职责分工负责）

6. 2020 年 10 月底前，全面梳理各市已制定的“一张表单”和各阶段审批事项，建立全省统一的“一张表单”；12 月底前公开工程建设项目审批涉及行政许可、备案、评估评审、中介服务、市政公用服务的办理标准和费用。（省住房城乡建设厅牵头，省自然资源厅、省数据资源局等按职责分工负责）

（三）深入推进“多规合一”

7. 积极推进省级以及市县国土空间规划编制工作，梳理统一全省房屋建筑和城市基础设施等工程建设项目“多测合一”技术标准和规则。2020年12月底前，在用地、规划、施工、不动产登记等各阶段，实现对同一标的物只测一次、同一测绘事项由一家测绘单位承担、同一测绘成果只提交一次的目标，全流程实现测绘成果共享互认，避免重复测绘。（省自然资源厅牵头，各市政府、省住房城乡建设厅、省人防办等按职责分工负责）

二、进一步简化企业生产经营审批和条件

（四）进一步降低市场准入门槛

8. 配合国家有关部委完成2020年度《市场准入负面清单》修订工作，进一步缩减清单事项、减少管理措施。（省发展改革委、省商务厅按职责分工负责）

9. 实施社会力量办学负面清单制度，按照非禁即准原则，放宽办学市场准入。（省教育厅负责）

10. 建立《营业性涉外涉港澳台演出在批准时间内增加演出地备案事项清单》，优化审批环节、压缩审批时限、精简办事材料，实现跨地区巡回演出在线审批。（省文化和旅游厅负责）

11. 对医疗机构准入简化审批程序、降低准入门槛，鼓励社会力量以多种形式投资医疗服务业，优先支持社会力量在设区市举办独立设置的医疗机构，对社会办医区域总量和空间布局不作规划限制。对中医诊所设置登记实施备案管理。（省卫生健康委负责）

（五）精简优化工业产品生产流通等环节管理措施

12. 深化产品准入改革，做好国家审批权限下放承接工作，开发上线网上审批系统，编制实施清单和服务指南。取消对二手车经销企业登记注册地设置的不合理规定，严禁违法设定限制或禁止登记注册区域，严禁要求申请人提供不必要证明文件。（省市场监管局、各市政府按职责分工负责）

13. 选择在具备条件二手车交易市场设立机动车登记服务工作站，整合二手车交易和转移登记流程，简化手续，推行“一站式”办理服务。（省公安厅负责）

14. 依托互联网等技术手段，逐步提升汽车维修电子健康档案系统与汽车维修企业对接覆盖面，2020年12月底前实现覆盖全省一类维修企业80%以上。（省交通运输厅负责）

15. 持续推动保险数据与公安交管信息数据资源共享，推进电子化保单等便利化措施。（安徽银保监局牵头，省公安厅、省数据资源局等按职责分工负责）

（六）降低小微企业等经营成本

16. 推行企业分支机构登记全程网上办理，将登记注册材料从5份压减至2份，实行“一日办结”。允许“一照多址”登记，简化企业设立分支机构的登记手续。进一步扩大开展食品经营许可告知承诺制试点区域。严厉打击互联网平台企业滥用市场支配地位收取不公平高价服务费行为。强化价格监督检查，对重点领域、重点环节涉企收费实施重点监管。（省市场监管局牵头，省发展改革委、省民政厅、安徽银保监局等按职责分工负责）

17. 在工程建设、政府采购等领域，加快推行以保险、保函等替代现金形式保证金工作。加快推进实施工程担保制度，支持银行业金融机构、工程担保公司、保险机构作为工程担保保证人

开展工程担保业务，2020 年 12 月底前，建筑业企业采用银行保函、工程担保公司保函、工程保证保险等替代现金形式投标保证金、履约保证金、工程质量保证金、农民工工资保证金的比例不低于 40%；2020 年 12 月底前，采购人、代理机构应当允许供应商自主选择以支票、汇票、本票、保险、保函等非现金形式缴纳或提交保证金。（省住房城乡建设厅、省财政厅牵头，各市政府、省交通运输厅、省水利厅、安徽银保监局等按职责分工负责）

18. 加快建设省中小微企业综合金融服务平台，着力纾解中小微企业资金困难和问题，扩大线上融资规模，2020 年撮合融资 1000 亿元以上；支持企业以应收账款、仓单和存货质押等方式融资，全年实现民营中小微企业应收账款融资 500 亿元以上。（省地方金融监管局、人行合肥中心支行按职责分工负责）

三、优化外贸外资企业经营环境

（七）进一步提高进出口通关效率

19. 在关区全面推广“两步申报”改革，2020 年 12 月底前货物海关通关时间比 2017 年全面压缩 50%以上。收发货人在收到海关货物查验通知后，可选择委托存放货物海关监管作业场所经营人、运输工具负责人等到场，或通过电子邮件、电子平台等方式告知海关，由海关在收发货人不到场情况下实施查验。（合肥海关负责）

20. 推动建立“信息互换、监管互认、执法互助”的船舶联合登临检查工作常态化机制，减少船舶在港期间接受检查频次。（省交通运输厅负责）

（八）拓展国际贸易“单一窗口”功能

21. 推进“单一窗口”功能由口岸通关执法向口岸物流、贸易服务等全链条拓展，覆盖企业资质、税费支付、加贸保税、银行金融、信用保险等，“单一窗口”主要申报业务应用率 100%。实现港口、船代、报关代理、理货等收费标准线上公开、在线查询。除涉密等特殊情况外，进出口环节涉及的监管证件通过“单一窗口”一口受理，由相关部门在后台分别办理并实施监管，推动实现企业在线缴费、自主打印证件。（省商务厅牵头，省交通运输厅、合肥海关、省税务局、人行合肥中心支行等按职责分工负责）

（九）进一步减少外资外贸企业投资经营限制

22. 搭建外贸产品出口转内销平台，支持有意愿的外贸企业，遴选适销对路的出口产品，在商业综合体、商超等商贸流通企业和步行街等商业街区内，设立外贸产品转内销专区或开设专柜、专卖店，拓宽出口转内销商品线下销售渠道，鼓励零售终端提供免场地费等优惠服务。推动外贸企业与国内大型电商平台及电商企业合作，以自营或代运营方式开展线上销售，促进产销对接，鼓励电商平台提供零佣金、快速入驻审批、流量扶持和保证金减免等优惠措施。（省商务厅、各市政府按职责分工负责）

23. 实现设区市以上城市外资企业注册登记授权全覆盖，支持具备条件的县（市、区）申报外资企业注册登记授权。全面推行外资企业属地登记管辖，稳步推进外资企业标准化、规范化、智能化注册登记。规范外商投资企业申请和审查程序，对负面清单以外的领域，按内外资一致原则进行登记注册。对依据出口目的国标准生产且相关标准技术指标达到我国强制性标准要求的出口产品，允许企业作出相关书面承诺通过自我符合性声明方式进行销售。对涉及出口转内销企业提交的强制性产品认证（CCC 认证）免办申请，予以优先办理，由 5 个工作日缩短为 3 个工作日。免费向外贸企业提供标准信息查询。（省市场监管局负责）

四、进一步降低就业创业门槛

（十）优化部分行业从业条件

24. 按国家统一部署和要求，推动取消除道路危险货物运输以外的道路货物运输驾驶员从业资格考试，并将相关考试培训内容纳入相应等级机动车驾驶证培训，驾驶员凭培训结业证书和机动车驾驶证申领道路货物运输驾驶员从业资格证。（省交通运输厅负责）

25. 简化兽医执业资格考试申报手续，实施资格考试报名条件个人承诺制，以诚信承诺书替代相关学历和从业证明等报名材料。加快推进劳动者入职体检结果互认，减轻求职者负担。（省人力资源社会保障厅牵头，各市政府、省农业农村厅、省卫生健康委等按职责分工负责）

（十一）促进人才流动和灵活就业

26. 加快推进专业技术人员信息化服务管理系统建设，积极推进省际间职称互认，建立专技人才数据互通、互享、互认机制。对开展“共享用工”等用工余缺调剂稳定职工队伍的企业，给予就业补助资金补贴。简化失业保险申领程序。（省人力资源社会保障厅、各市政府按职责分工负责）

27. 支持各地进一步拓宽“地摊经济”场所和时间，实施审慎包容监管。全面推行个体工商户简易登记和“智能审批”。对销售农副产品、日常生活用品或者个人利用自身技能从事依法无须取得许可的便民劳务活动等符合法定条件、从事群众基本生活保障的零售业个体经营者，依法予以豁免登记。（省住房城乡建设厅、省市场监管局、各市政府按职责分工负责）

（十二）完善对新业态的包容审慎监管

28. 按照“谁制定、谁清理”的原则，加快评估已出台的新业态准入和监管政策，坚决清理各类不合理管理措施。按照“法无禁止即可为”的原则，重点围绕在线新零售、智能制造、服务型制造、互联网医疗、智慧物流等领域，鼓励相关市场主体先行先试。遵照国家统一智能网联汽车自动驾驶功能测试标准，加快建设智能网联汽车道路测试示范线，落实封闭场地有关服务项目、收费标准、通知书申领及期限、异地换发手续、测试结果全国通用互认等规定。支持充换电设施建设，支持基于快换技术的车电分离商业模式快速发展。按照国家降低导航电子地图制作测绘资质申请条件要求，压减资质延续和信息变更的办理时间。（省经济和信息化厅、省发展改革委、省商务厅、省卫生健康委、省公安厅、省自然资源厅、省交通运输厅、各市政府按职责分工负责）

29. 全面提升“互联网+监管”效能，将网约车经营监管纳入部门联合抽查清单，减少对新业态企业检查频次；梳理交通运输行政检查事项，编制综合执法事项清单。2020 年 12 月底前完成。（省交通运输厅负责）

30. 在保证医疗安全和质量前提下，积极支持各类医疗机构及社会力量建设互联网医院，进

一步放宽互联网诊疗范围。（省卫生健康委负责）

31. 落实国家“互联网+”医疗服务的医保支付政策，对纳入定点协议管理的“互联网+”医疗机构提供的互联网医疗服务，按规定纳入医保报销范围。落实线上实名制就医，建立在线处方审核制度、医疗服务行为监管机制。（省医保局牵头，省卫生健康委配合）

32. 实行创新第二类医疗器械和重大项目优先审评审批，推进医疗器械注册人制度实施。2020 年 12 月底前，创新医疗器械行政审批时限比承诺时限缩减 20%，注册检验时限比规定要求缩减 30%。（省药监局负责）

（十三）增加新业态应用场景等供给

33. 加快发展智慧医疗、智慧教育、智慧养老、智慧文化、智慧广电，积极推进新技术、新产品示范应用。（省发展改革委、省卫生健康委、省教育厅、省民政厅、省文化和旅游厅、省广电局等按职责分工负责）

34. 积极推动省内有条件的园区、企业等在区域内开展智能网联汽车示范应用。探索智能网联汽车新业态应用场景，推动有条件的企业通过对厂区车辆智能化改造，实现在厂区内的智能网联汽车示范应用。推动开展园区、道路等智能网联汽车示范应用。推动智能网联汽车 5G 示范线运行和场景应用，加快推进智能网联汽车封闭测试场建设，积极创建 5G 智能网联汽车示范区。加强与沪苏浙省市联动，共同创建长三角区域国家级智能网联汽车先导区。（省经济和信息化厅、省发展改革委、省公安厅、省交通运输厅、有关市政府按职责分工负责）

35. 支持传统市政设施数字化改造和智慧化升级，构建互联感知、智能高效、创新引领、安全可靠的新型市政设施建设体系。（省住房城乡建设厅、各市政府按职责分工负责）

36. 充分利用省路政管理综合信息平台，加强路域环境、路政执法和路政巡查等相关数据运用。（省交通运输厅负责）

37. 协调推进全民健康信息平台建设，逐步实现医疗服务与健康管理信息数据在各级各类医疗卫生机构及管理部门联通共享和业务协同。（省卫生健康委负责）

38. 加快“皖事通办”平台建设，构建企业群众统一办事平台，实现 7×24 小时不打烊、“随时办”。围绕教育、医疗健康、养老、社区、家政、旅游、体育等领域，2020 年 10 月底前在“皖事通办”平台上线 500 项社会服务。开展数据归集汇聚攻坚行动，2020 年 10 月底前完成 100%政务数据归集，2020 年 12 月底前完成 60%经济数据和社会数据归集。（省数据资源局、省政府办公厅牵头，省有关单位、各市政府按职责分工负责）

五、提升涉企服务质量和效率

（十四）推进企业开办经营便利化

39. 优化提升企业开办“一日办结”平台，打通部门间信息共享通道。进一步放宽企业名称登记条件，提升企业名称自主申报系统核名智能化水平，完善企业名称纠纷快速处置机制。加大电子营业执照在企业开办、不动产登记等政务服务环境下应用，拓展在招投标、银行开户、电子商务等商务活动场景下应用。全面落实市场主体“申报承诺+清单管理”登记。推动电子印章应用。（省市场监管局牵头，省公安厅、省人力资源社会保障厅、省住房城乡建设厅、人行合肥中心

支行、省税务局、省数据资源局、各市政府等按职责分工负责）

40. 依托“皖事通办”平台，在税务、人力资源社会保障、公积金、商业银行等服务领域加快电子营业执照、电子印章应用，推进企业开办类事项“一网通办、全程网办”，推动更多涉企事项“跨省通办”。（省市场监管局、省数据资源局、安徽银保监局牵头，省税务局、省人力资源社会保障厅、省管局、省地方金融监管局、人行合肥中心支行、各市政府等按职责分工负责）

（十五）持续提升纳税服务水平

41. 简化增值税税收优惠申报程序，原则上申报享受代替备案审批，在申报过程中选择对应优惠减免代码即可享受优惠。2020 年 12 月底前，实现增值税专用发票电子化，96%涉税服务事项实现网上办理。改变税控设备“先买后抵”领用方式，免费向新开办企业发放增值税电子发票公共服务平台身份认证及信息加密设备（税务 Ukey）。（省税务局负责）

（十六）进一步提高商标注册服务水平

42. 大力提升商标注册服务能力，深入推广商标注册电子申请，提升自助申报比例。（省市场监管局负责）

（十七）优化动产担保融资服务

43. 大力支持产融合作，推动全产业链金融服务，鼓励发展订单、仓单、存货、应收账款融资等供应链金融产品，助力企业复工复产。（人行合肥中心支行负责）

44. 2020 年政府性融资担保、再担保机构平均担保费率降至 1%以下。（省财政厅、人行合肥中心支行、安徽银保监局、省地方金融监管局、省信用担保集团等按职责分工负责）

六、完善优化营商环境长效机制

（十八）建立健全政策评估制度

45. 以政策效果评估为重点，探索建立对重大政策开展事前、事后评估的长效机制，加快推进政策评估工作制度化、规范化，使政策更加科学精准、健全完善、务实管用、可持续有质量。（省政府办公厅牵头，省直各有关部门按职责分工负责）

46. 按照“谁制定、谁清理”的原则，对已出台的招标投标有关规定进行全面清理。持续对出台 3 年以上的文件实施后评估，及时废止或修订与上位法相抵触的文件或条文，建立规范性文件清理长效机制，不定期开展清理和评估工作。（省发展改革委牵头，省司法厅、省住房城乡建设厅、省交通运输厅、省水利厅等按职责分工负责）

47. 组织第三方机构按年度对“四送一服”双千工程、营商环境满意度开展评估和调查。（省发展研究中心负责）

（十九）建立常态化政企沟通联系机制

48. 进一步拓展省“四送一服”双千工程综合服务平台服务领域和深度，优化科创资源对接、政策查询落实、反映和办理问题、反馈办理情况等功能，拓宽企业反映问题渠道，持续提升平台

使用效率。（省政府办公厅负责）

49. 建设省中小企业公共服务示范平台，进一步完善创业创新、人才培训、信息化服务等各类服务功能，为中小企业提供“找得着、用得起”的普惠服务。（省经济和信息化厅负责）

50. 加快推进政务服务热线整合，进一步规范政务服务热线受理、转办、督办、反馈、评价流程，建立“智能+人工”服务机制，及时回应企业群众诉求。（省政府办公厅牵头，各市政府、省数据资源局等有关部门按职责分工负责）

（二十）抓好惠企政策兑现

51. 梳理公布惠企政策清单，根据企业所属行业、规模等主动精准推送政策，各地出台惠企措施要公布相关负责人及联系方式，实行政策兑现“落实到人”。（各市政府负责）

52. 开展2020年度“三重一创”建设若干政策及新能源汽车、现代医疗医药、生物基新材料、人工智能等专项新兴产业政策申报、评审工作，按程序下达资金计划。开展2020年度制造业融资财政贴息专项，加大战略性新兴产业和先进制造业项目建设支持力度。2020年12月底前完成。（省发展改革委牵头，省财政厅配合）

53. 修订完善《安徽省省级服务业集聚区及示范园区认定考核管理办法》。开展省服务业发展引导资金项目申报、评审工作，按程序分解下达资金计划。（省发展改革委牵头，省财政厅配合）

54. 动态调整涉企收费清单，2020年12月底前完成省市县三级涉企收费清单动态调整工作。（省发展改革委牵头，省经济和信息化厅、省财政厅等按职责分工负责）

55. 优化失业保险费返还经办服务流程，免除企业书面确认程序，实施全程网办。对中小微企业实施“免申即享”，免除企业申报程序，返还资金按失业保险缴费渠道直接拨付企业。依托安徽职业培训信息管理系统，推广企业职业培训补贴“免申即享”。（省人力资源社会保障厅负责）

56. 梳理完善更新惠企政策及网上办事服务事项，推进金融、运输、人才、民生、市场等服务上线政务服务网“小微企业和个体工商户服务专栏”，做到政策易于知晓、服务一站办理。（省数据资源局牵头，安徽银保监局、人行合肥中心支行、省地方金融监管局、省交通运输厅、省人力资源社会保障厅、省财政厅、省市场监管局等按职责分工负责）

57. 深入实施“四送一服”双千工程，将续建、新开工、储备9209个省重点项目纳入综合服务平台协调调度并动态调整。组织各有关市将2020年因汛情受灾企业纳入联系包保企业名单重点帮扶。对重点联系包保企业“一企一策”实施“特惠性”帮扶，对中小微企业和个体工商户注重“普惠性”支持，帮助企业解决产业链供应链断供、租金税费、用工社保等方面实际困难。（省政府办公厅牵头，各地、各有关部门按职责分工负责）

各地、各有关部门要认真贯彻落实本方案提出的各项任务和要求，对标国际一流标准，持续深化“放管服”改革，发挥好改革的突破和先导作用，依靠改革破除发展瓶颈、汇集发展优势、增强发展动力、改善营商环境。要进一步夯实创新基础，加快融入长三角一体化发展，特别是要对标国际国内先进，围绕服务市场主体加大创新探索力度，努力推出更多务实管用的改革举措。各项工作任务落实情况录入省政府五大系统集中调度，各单位认真梳理汇总工作开展情况，于2020年12月10日前报省政府办公厅。

福建省

一、 综述

2020年，福建省委、省政府连续3年将中国（福建）国际贸易单一窗口（以下简称福建“单一窗口”）工作列入省政府工作报告。截至2020年年底，福建“单一窗口”已联通40多个单位，上线14大类120多项服务功能，直接或间接服务省内企业6万多家，惠及生产、贸易、仓储、物流、电商、金融等各类企业，实现跨境贸易单证更加精简、流程更加简化、通关更加顺畅、费用更加节省、监管更加高效，成为福建省企业进出口环节的主要申报平台，在优化口岸营商环境、促进贸易便利化方面发挥了重要作用。

二、 运行情况

（一）运行数据

2020年全年，福建“单一窗口”货物申报472872票；舱单申报1310016票；运输工具申报147732票；企业资质办理19511票；原产地证申领40075票；税费支付44849笔；加贸保税232959票；物品通关2986188票；跨境电商42476412票；监管证件3261票；出口退税42笔。

（二）运行维护

1. 建章立制有保障

根据国家有关规定和标准，结合福建“单一窗口”实际情况，制定《福建“单一窗口”管理办法（暂行）》《运行管理实施细则（暂行）》《数据安全管理细则（暂行）》《安全运维考核方案（暂行）》等规章制度，保障安全规范操作。

2. 强化安全运行监控， 深化网络安全管理

安全工作小组采取7×24小时实时监控系统运行情况和人工定期巡检相结合的方式，通过流量监控分析以及日常巡检、季度巡检等保障服务器及业务系统安全。

3. 优化客户服务机制

专门设立 96114 客服热线，7×24 小时响应企业需求，并与 95198 客服热线无缝对接，同时设有 QQ 群、微信群、传真、邮件等沟通方式，多维度、及时高效地为企业提供优质的咨询服务。

4. 精细数据治理

梳理福建“单一窗口”数据资产，对资产的安全状态进行审计评估；进一步完善数据管理规程，督促各相关单位和个人签订安全保密协议；参照安全等级保护的标准建立数据安全管理考核指标体系，明确数据安全管理的边界和范围，有针对性地开展数据安全审计。

（三）宣传推广

线上线下融合开展宣传推广培训。通过福建“单一窗口”门户网站、官方微博和微信公众号等，多渠道加强宣传，提高企业认知，扩大社会影响。2020 年，编辑发布信息总量达 1887 篇，其中网站发布 151 篇，微信图文共发布 46 期 327 篇，微博共发布 1409 条。同时微信公众号粉丝量由原来的 8514 个上涨至 14493 个，同比增长超 1. 7 倍；微博粉丝量由原来的 9622 个上涨至 14580 个，同比增长超 1. 5 倍。在新冠肺炎疫情初期及时推出防疫物资申报指南和防疫物资通关保障服务指引，并在首页开通中小外贸企业服务专窗，围绕疫情期间进出口企业的业务开展需求，提供高效便捷的一站式服务，切实帮助企业抗击疫情，迅速复工复产；开通网上直播云课堂，开展“助力万企成长”线上培训，同时在漳州、南平、龙岩等地开展线下推广工作，助推企业复工复产，累计近千家企业参训。

三、 特色应用

福建“单一窗口”4. 0 版

2020 年以来，针对新冠肺炎疫情影响，根据党中央、国务院和省委、省政府有关部署和要求，为推进服务创新，进一步为稳外贸、促发展赋能，福建省商务厅（口岸办）迅速启动福建“单一窗口”提档升级，上线福建“单一窗口”4. 0 版，突出提供全链条一体化服务，应用大数据、人工智能和区块链等新一代技术，全面汇聚融合进出口业务流、货物流、信息流、资金流，实现关、港、贸、税、银一体化全链条运作，使贸易更加简单、智能，贸易数据共享更加透明、互信，推进了通关、税务及金融服务等领域的管理创新。

1. 主要做法

通关服务方面。上线智能报关申报系统，使用机器人进行一键智能精准制单，订单直接生成报关单。

港口服务方面。接入青州、江阴码头作业数据，增加船舶班轮订舱和船期发布功能，引入无车承运业务模式，可为企业提供散货及集装箱运输过程的车货匹配服务，货主可直接在平台上发布订单信息，司机通过平台接收自动订单和调度派车，企业可及时掌握货物全流程信息，实现港口信息共享和物流服务升级。

贸易服务方面。建成福建“单一窗口”区块链公共服务平台，有效整合商品通关、仓储、金融、物流等环节信息，利用区块链技术分布式、安全域、真实性的特点，构建多方参与、多方互信、不可篡改的跨境贸易信息共享环境，解决国际贸易全链条之间数据汇聚难度大的问题，形成全程数据透明的跨境商品可信数据证明。

税务服务方面。上线税务备案系统，实现企业线上办理，全程无纸化操作。企业可在线开立税务电子备案表，通过福建“单一窗口”向银行提交付汇申请。

金融服务方面。上线福建“单一窗口”融资系统。银行通过惠数通平台，可获取企业进出口情况等真实数据，可利用大数据模型智能测算出企业的授信额度，为银行等金融机构提供精准直观的企业生产经营信息指标参考。

2. 取得的成效

一是压缩了审批流程和时间。通过税务备案系统办理的业务，付汇银行可通过福建“单一窗口”实时查看税务备案信息从而进行验核签注，无须每笔付汇时在纸质单证上签字，业务办理时间从之前的2~3天压缩至15分钟以内。外汇管理部门可在线指导、监管，分析备案和付汇信息。通过福建“单一窗口”融资系统办理的业务，申请材料简化、审批流程优化、审批时间大幅压缩，针对小微企业，最快当天完成在线授信。

二是实现跨境电商全流程可溯。上线福建“单一窗口”区块链公共服务平台，国内段通关数据、物流数据、航运数据、电商平台三单数据及海外段物流仓储等信息上链，形成全程数据可溯、数据互证的跨境电商可信数据证明，提升海关在跨境电商监管方面的效率，构建跨境电商全链条可溯的贸易环境。台湾华冈集团依托福建“单一窗口”平台，打通国内段通关、物流、航运数据与海外段物流通道，实现进口商品从墨尔本至台北至平潭，再运抵收货人城市的境内外全流程数据透明、公开。

三是形成了精准金融服务机制。福建“单一窗口”区块链公共服务平台，完整串联了金融机构、企业、税务、海关等进出口链条，并依托大数据分析系统（惠数通）的数据分析能力，通过贸易类数据为企业融资背书，全面反映企业真实生产经营情况，智能测算企业的授信额度，解决以往中小企业无法提供足够的数据、企业的商业信用难以监管、中小民营企业不被信任、银行以传统抵押担保为测算依据、银行收集验证分析数据难等问题，实现业务全流程线上办理，减少企业“跑腿”次数，提高业务办理效率，第一时间满足企业复工复产的资金需求，提供便捷高效的融资渠道。截至2020年年底，福建“单一窗口”融资系统业务已覆盖全省14家金融机构，累计为105家外贸企业授信15亿元，发放贷款14.1亿元。

四是助推企业管理升级。智能申报是现代化技术手段在口岸通关业务的现实应用，是福建“单一窗口”建设的先进成果，符合当前科技发展趋势，符合企业愿景需求。企业通过智能申报，业务精准到位，流程大幅简化，工作量大幅减少，效率大幅提高。应用智能申报系统，将成为企业在通关环节实现管理升级换代的有效手段。

五是助推地方治理通关堵点。长期以来，企业报关作业不规范、申报出错率居高不下的问题，是制约通关时效提升的顽固堵点。推广应用智能申报系统很好地解决了这一问题，将原来繁杂的报关准备过程“一键解决”，企业人工报关准备的8个环节优化为1个环节，报关准备时间从通常的24小时最短可缩短至5分钟，申报数据准确率可达100%，每单费用降低100元以上，不仅帮助企业提升了工作效率，而且为地方商务、口岸部门和海关提供了破解通关堵点、推进提效降费、优化口岸营商环境的有效手段。

四、大事记

1 月 10 日

福建“单一窗口”上线区块链公共服务平台，实现跨境商品源头可溯。

1 月 10 日

福建省出台首批“丝路海运”扶持政策，提出加强“单一窗口”3.0 版建设。

1 月 20 日

福建“单一窗口”上线行业研究报告功能，提升企业风险防范、商务谈判以及拓展国际市场能力。

2 月 5 日

线上召开福建“单一窗口”全力保障疫情防控物资通关会，助力防疫物资快速通关。

2 月 24 日

福建省农业银行通过福建“单一窗口”大数据应用分析综合服务系统（“惠数通”），成功为企业发放全省首笔贸易融资，金额 14.3 万美元。

2 月 28 日

福建省商务厅（口岸办）会同建设银行福建省分行在“单一窗口”开辟防疫应急绿色通道，将“一站式”金融服务推广到全省。

3 月 6 日

福建省副省长郭宁宁出席福建省商务厅与太平洋财险福建分公司签署战略合作协议，提出在加强福建“单一窗口”服务、展会保险服务、“走出去”企业保险服务等 6 个方面开展合作，加大力度帮助外贸、外资、商贸等企业统筹做好疫情防控和复工复产工作。

4 月 8 日

福建“单一窗口”完成船舶转港数据复用功能业务。

4 月 10 日

成功办理福建“单一窗口”跨境电商综试区“9610”首票业务。

4 月 22 日

福建“单一窗口”智能通关平台在平潭上线试运行。

5 月 7 日

福建“单一窗口”融资系统上线。

5 月 18 日

福建“单一窗口”与交通银行福建省分行展开积极合作，完成首笔跨境汇款业务。

5 月 22 日

福建“单一窗口”4.0 版上线，福建省副省长郭宁宁、省商务发展服务小组各成员单位负责同志到场见证。

7 月 27 日

福建“单一窗口”区块链公共服务平台获评福建自贸试验区第 16 批 36 项创新举措之一，并被评为全国首创。

7 月 30 日

福建“单一窗口”4.0 版入选省发改委（省营商办）16 个典型经验做法，向全省推广。

8 月 19 日

福建省商务厅副厅长黄娜恩主持召开福建“单一窗口”工作座谈会，研究福建“单一窗口”建设发展相关事项。

9 月 1 日

福州综试区跨境电商 B2B 出口首票通过福建“单一窗口”跨境电商综合服务系统申报顺利通关。

10 月 16 日

福建“单一窗口”4.0 版作为典型经验做法入编国家发改委《中国营商环境报告 2020》。

12 月 18 日

福建“单一窗口”上线“融资系统（福建农商银行 农村信用社）”模块，将 4.0 版融资系统与“福商小微贷”进行业务对接和功能融合，重点打造“小微融资”全链条一站式金融服务。

五、 政策文件

福建省应对新型冠状病毒感染肺炎疫情工作领导小组商务发展服务小组关于印发应对当前新冠肺炎疫情做好“两稳一促”工作政策措施的通知

省商务发展服务小组各成员单位：

为全面贯彻落实党中央、国务院关于加强新冠肺炎疫情防控工作的决策部署和省委、省政府工作要求，充分发挥商务职能服务疫情防控大局，保障全省外经贸、商贸企业复工生产，全力稳外贸、稳外资、促消费，把疫情影响降到最低，经省领导同意，现提出如下政策措施，请抓好贯彻落实。

一、推进企业有序复工复产

（一）支持具备条件的各地商贸企业尽快复工营业，在政策扶持、城市配送、卫生防疫、员工复工等方面给予支持和保障协调。各地对重点跟踪帮扶的商贸企业，积极协调落实减免租金、贷款贴息、贷款延期、用水用电补贴等政策。对涉及提供蔬菜、粮油、肉蛋奶等的重点民生保供商贸企业，给予出具资质证明、员工出行证明等便利，加强服务保障。对重点民生保供商贸企业员工疫情防护物资耗费给予适当补助。

（二）支持各地做好外贸企业复工服务保障，通过减免房租、贷款贴息和延期、水电补贴、降低保费、调减税收定额等措施，加大援企稳岗支持力度，鼓励企业在做好防控的前提下开展复工复产，保障进出口合同顺利履约，稳定订单业务。对于可能的延期交货情况，动员企业与主要客户做好沟通交流，引导企业尽力争取，稳定在手订单。

（三）支持各地外资企业、台港澳投资企业安全有序复工复产，协助做好各项准备工作，严格落实防控措施。摸排外资企业、台港澳投资企业复工复产情况、防疫需求和关切等，重点掌握外资企业等外籍人员在闽情况，协助解决其生活、医疗等方面的实际困难。聚焦疫情对各类企业的不同影响，分类施策，协助企业采购必要防护物资。分类制定重点外资项目开工复工时间表，加强对新开工、复工项目涉及用地、用工、水电等要素的协调。

（四）组织开发区落实区内企业复工复产服务保障工作，督促和帮助区内企业落实防疫安全措施。各开发区管委会要建立挂钩联系服务机制，重点帮助协调保障区内重点企业所需原材料和物资供应。搭建企业用工对接服务平台，引导企业优先安排疫情平稳地区员工回流就业，帮助企业缓解招工难矛盾。

二、加大国际市场开拓力度

（五）积极推动泉州复制推广石狮市场采购模式，扩大龙岩紫金铜加工、宁德铜材料行业等新增长点产能，推动鞋服、食品、纺织等传统优势行业稳定发展，带动扩大进出口规模，省级财政结合重点项目 2020 年首季度贡献情况，给予正向激励奖励。相关市县商务主管部门要在政策、资金、融资等方面予以重点倾斜。

（六）针对疫情期间不能正常参加境外展会并已发生展位费用的外贸企业，参照原有境外展会扶持措施，对省级“百展”名录内的展会，由省级财政给予相应补贴。支持各地商务主管部门结合本地实际，对未列入省级“百展”的境外展会比照予以适当补助。

（七）支持疫情防控物资进口，对由省商务厅统一组织进口相关疫情防控物资的企业，给予一定奖励。

（八）对利用自营或第三方跨境电商平台开展进出口业务，2020 年首季度纳入海关统计交易额同比增长超过 300 万元的企业，按交易额的 2%给予不超过 100 万元奖励。

三、推动优化金融服务

（九）鼓励银行机构对受疫情影响出现暂时性困难的外贸企业加大信贷支持力度，适当降低综合融资成本。推动银行机构运用无还本续贷、应急转贷等措施稳定外贸企业授信，对其到期贷款予以展期或续贷。对受疫情影响、授信到期还款确有困难的中小型外贸企业，鼓励银行机构通过适当降低利率、减免逾期利息、调整还款期限等方式帮助解决。省商务厅联合省财政厅开展对银行业金融机构支持外贸企业融资的考核奖励。

（十）推动银行机构对与疫情防控相关的重点外贸企业，设立信贷融资、支付结算、外汇兑换、跨境人民币业务等绿色通道，切实简化业务流程，压缩授信审批时间，优化全流程金融服务。

（十一）推动银行机构对疫情防控物资进口付汇主体非“贸易外汇收支企业名录”内的境内机构，凭支付指令先予办理购付汇手续、事后报备所在地外汇管理局。

（十二）省商务厅联合福建进出口银行安排 350 亿元用于支持外贸企业发展，具体办法另行制定。同时，首批设立 10 亿元人民币防疫物资境外采购专项贷款，贷款期限最长不超过 1 年，贷款利率不超过 3. 33%，原则上采取免担保的形式解决全省防疫物资境外采购企业资金需求。

（十三）推动福建信保对进口防疫物资的企业投保的进口预付款保险费率予以适当优惠，省级财政对该保费予以全额补助；对重点外贸企业提供出运前保险服务，解决其出运前买方违约的风险。

四、加快口岸通关提质增效

（十四）优化国际贸易单一窗口服务，对接1233供应链、金服云、外贸综合服务、物流服务等第三方平台提供申报通道和大数据，提升外贸全流程一体化运作水平；在单一窗口设立专栏，便利企业“一站式”了解疫情防控物资通关等政策和流程。各地口岸设立疫情防控物资和复工生产物资进口通关绿色通道，实施随到随验，快速审核验放，物资即到即提，快速办理减免税手续，推行单证手续容缺办理。

（十五）推动海关对进口粮食、肉类、水产品以及企业生产原料等实施优先查验、优先检测。对已经获得第三方认证或者检测报告的生活必需消费品，可应进口商要求，凭进口商质量安全声明，简化检测项目。

（十六）对受疫情影响的加工贸易保税企业手（账）册核销超过有效期的，支持海关给予办理延期手续。深加工结转、内销征税等申报业务超过规定时限的，不按违规处理。对涉及疫情防控物资的生产经营企业暂停稽（核）查程序，支持企业“边防疫边复工”。企业转产口罩、防护服等防疫物资的，允许转产所需的保税进口料件先用后报。

五、加强外资企业服务和招商引资

（十七）支持各地加强投资要素保障，鼓励外资企业加快到资，确保企业投资按计划进行。对2020年上半年外方实际到资金额达300万美元以上的外商投资企业，按照1.5%比例给予不超过1000万元奖励。

（十八）组织各地积极开展网络招商、委托招商、以商招商，多形式多渠道引进外资。通过福建省投资促进网、福建商务微信公众号、网上投洽会等平台，筛选一批有吸引力、有发展潜力的项目上网发布，宣传招商政策，与客商进行网络对接、视频洽谈、在线签约。对2020年推动重大外资项目落地且外方有实际到资的，每个项目给予招商部门不低于30万元奖励。

（十九）全面实施《外商投资法》及实施条例和《国务院关于进一步做好利用外资工作的意见》（国发〔2019〕23号）等法规政策，加快清规进程，加强宣传解读，加大培训力度，指导外资企业用好用足财政、金融、税收、社保、就业及政府采购等各类政策。

六、促进居民消费平稳增长

（二十）安排流通业发展专项资金用于支持现代流通体系建设，支持培育新增限下转限上企业，推动便利店品牌化连锁化发展和老字号企业保护发展。

（二十一）省级生猪活体储备计划由每年度三批次、每批次2万头调整为每年度三批次、每批次3万头，补贴标准按照《福建省级生猪储备管理办法》执行。

（二十二）支持家政服务企业为家政员办理商业保险，省商务厅按照60元/年·人的标准对企业予以补助。鼓励实行员工制，对员工制家政员100人以上的家政服务企业进行分档次奖励，对长期受雇于某一员工制家政企业的优秀家政员进行奖励。

（二十三）对2020年首季度利用电子商务第三方平台、自营平台实现实物商品网络销售额超过3000万元或农产品网络销售额超过1000万元的企业，按销售额的1.5%给予不超过50万元奖励。

（二十四）联合福建信保支持企业实施出口货物转内销，对外贸企业在疫情期间投保的国内贸易信用险保险费率予以适当优惠，省级财政对该保费给予 25%的补助。

福建省应对新型冠状病毒感染肺炎疫情
工作领导小组商务发展服务小组
2020 年 2 月 19 日

江西省

一、 综述

2020年，江西省商务厅（口岸办）认真贯彻党中央、国务院和江西省委、省政府有关要求，积极做好疫情防控工作和标准版推广工作。在中国（江西）国际贸易单一窗口（以下简称江西“单一窗口”）开辟疫情服务专区并成立服务小组，及时推送党中央、国务院和江西省委、省政府应对疫情政策措施，编制进口防疫物资在江西“单一窗口”货物申报和减免税申报指南、社会团体在江西“单一窗口”快速注册操作指南，在特殊时期助力企业快速通关。同时，江西“单一窗口”地方特色功能建设也取得明显进步。

二、 运行情况

（一）运行数据

2020年全年，江西“单一窗口”货物申报187692票；舱单申报198625票；运输工具申报8031票；企业资质办理22238票；原产地证申领36728票；税费支付25865笔；加贸保税195841票；物品通关649票；跨境电商3478646票；监管证件1421票；出口退税5933笔。

（二）运行维护

1. 上线应用“单一窗口” 运维服务管理平台

为进一步提高一体化运维服务保障能力，加快客户反映问题的流转、跟踪和解决，根据国家有关法律法规，按照规范使用运维服务管理平台，做好服务请求记录，工单生成、流转、跟踪和处理，故障信息上报，话务情况、在线服务情况统计等工作。

2. 进一步完善客户服务机制

开通全省统一的95198服务热线和微信群，积极响应企业需求，及时为企业解答通关流程、系统操作等问题，在线为企业解决申报中遇到的问题和困难。

（三）宣传推广

1. 做好面对面服务

2020 年，江西“单一窗口”通过音频、视频等远程方式，保障系统使用过程中出现的问题快速响应、及时解决。累计帮助企业电话解决问题 1531 例，在线解决问题 3109 例（含企业操作性问题）。

2. 开展业务培训

2020 年，江西“单一窗口”完善分级培训机制，通过省市（政企）联动、线上线下结合、重点企业上门指导等方式为外贸企业提供服务，全年累计开展培训 4 场（次），培训企业 730 余家、人员 960 余人。

2020 年标准版宣讲会参训人员统计表

时间	地点	培训对象	培训企业数（家）	培训人员数（人）
5 月 26 日	鹰潭	企业	30	33
5 月 26 日	抚州	企业	48	53
5 月 26 日	景德镇	企业	18	23
5 月 26 日	上饶	企业	44	57
5 月 26 日	南昌	企业	129	239
5 月 26 日	新余	企业	29	30
5 月 27 日	九江	企业	35	44
5 月 27 日	赣州	企业	30	40
5 月 27 日	吉安	企业	82	103
5 月 27 日	萍乡	企业	120	123
5 月 27 日	宜春	企业	165	215
总计			730	960

三、特色应用

2020 年，江西“单一窗口”先后开发了海外物资捐赠系统、防疫物资出口供需对接平台等项目，研发上线了全省口岸进出口货运统计分析系统、“单一窗口”情况统计分析系统、大屏展示分析系统，建设基于区块链的跨境电商商品溯源系统、赣深组合港业务小程序，不断拓展服务范围，提升贸易便利化水平。

（一）水运口岸设备交接单电子化项目

1. 应用目标

水运口岸设备交接单电子化项目（以下简称 EIR 项目）是积极推进口岸作业无纸化及探索建立符合江西省实际的设备交接单电子化项目的基础工程。EIR 项目以降低企业成本为核心，确保信息传递的时效性和准确性，简化单证保管程序，实时跟踪集装箱动态，有效解决与港口企业、船舶代理企业、货物代理企业、拖车运输企业的数据交换和共享问题，将 EIR 项目业务节点流程紧密结合起来，实现设备交接单办理网络化、数字化、无纸化。

2. 主要内容

（1）EIR 平台各节点企业端。包括 EIR 船舶代理、EIR 贷物代理、EIR 港口和 EIR 拖车等 4 个子系统，船舶代理、货物代理、拖车运输、港口企业通过 EIR 平台采用清除、简化、整合、自动化等流程优化法，使 EIR 操作流程从有纸化向电子化转变。

（2）数据交换系统。实现各个业务系统之间数据的自动传递和转换，需要完成各业务系统间的数据采集、格式转换、数据传输以及传输监控等功能。

3. 取得成效

传统的纸质集装箱设备交接单，放箱指令传递最少需要 4 小时，而设备交接单无纸化后，集装箱车辆到达码头卡口时自动识别进场。从船公司放箱开始至集装箱卡车提空箱出场结束，全程无纸化，用时 59 分钟，其中放箱指令传递仅用时 5 分钟。较纸质模式效率提高 98%，日均为企业节约物流成本 4500 元左右。

（二）江西省跨境电商线上综合服务平台

1. 应用目标

为进一步推进跨境电商工作，促进新形势下跨境电商产业的发展，在省商务厅的领导和南昌海关等各部门的支持下，由江西商务信息和电子口岸中心牵头负责跨境电商线上综合服务平台建设。目标是建设完成以“线上集成+跨境贸易+综合服务”为主要特点，以“物流通关渠道+跨境电商综合服务监管信息系统+金融增值服务”为核心竞争力，“关、税、汇、商、物流、金融”一体化，线上综合服务监管和线下“综合园区”相结合，实现线上综合服务平台与商务、海关、税务、市场监管、邮政管理、外汇管理等政府部门进行数据交换和互联互通，在实现政府管理部门之间信息互换、监管互认、执法互助的同时，为跨境电商企业提供物流、邮政快递、金融等供应链服务，力争为南昌、赣州、九江跨境电商综合试验区（及后续批准的跨境电商综合试验区）建设提供完善的投资贸易便利、监管服务高效的线上综合服务监管平台，助力江西特色的跨境电商新业态新模式发展。

2. 主要内容

（1）“一门户”：主要包括平台门户网站和移动端。门户网站作为申报类、办事类、查询类的统一入口，同时也提公共信息查询服务。建立一个可以让江西外贸企业、物流企业、加贸企业与南昌海关（含检验检疫）等监管执法部门及市场监管、税务、商务等管理部门进行互动交流，并且能够实时发布信息的门户网站。为跨境电商企业和个人提供“一站式”金融、物流、邮政快递等供应链综合服务。

（2）“一通道”：通道建设是对接海关总署的必要技术条件，包括二级、三级节点通道建设。三级节点通道设在省政务云平台，满足跨境电商企业的接入需求，符合海关总署数据接入标准技术规范，能接收对接企业业务系统发送的、符合海关总署跨境电商报文格式规范的进出口各业务单证数据；二级节点通道设在南昌海关，作为三级节点通道与海关总署的交换节点，能接收海关总署跨境统一版系统返回的各业务类型回执、审单回执等，根据数据转发路由规则发送各接入企业。

（3）“三支撑”：统一认证支撑、数据交换支撑、大数据支撑。以“三支撑”为基础，通过大数据、云计算、深度学习、自然语言处理等技术，建立起完善的“三体系”。

（4）“三体系”：海关辅助监管体系、税务辅助监管体系、外汇辅助监管体系。通过构建针对海关、税务、外汇的辅助监管体系，可以让相关部门的人员更好、更方便地监管跨境业务的开展。

（5）“四服务”：进口通关服务、出口通关服务、国际快件智能服务、跨境电商代理申报服务。通过建设对应跨境业务类型服务，满足跨境业务开展需要。

3. 取得成效

该平台于 2020 年 9 月开通运行，平台建设模式得到兄弟省市的肯定并学习借鉴，和全国同类平台相比，该项目建设经费至少节省 50%。平台的运行支撑了江西省跨境电商的高速发展，2020 年江西省跨境电商进出口 26.3 亿元，增长 323.7 倍。

四、大事记

2 月 5 日

江西“单一窗口”开辟疫情服务专区并成立服务小组，助力企业快速通关。

2 月 17 日

江西“单一窗口”上线海外物资捐赠系统，为海外捐赠物资开辟网上快速办理通道。

4 月 1 日

江西“单一窗口”上线标准版报关单、舱单运抵报告状态订阅推送功能。

4 月 9 日

江西“单一窗口”上线防疫物资出口供需对接平台。

4 月 10 日

江西“单一窗口”上线保通、保运、保供物流信息平台数据分析大屏展示系统。

5 月 1 日

江西“单一窗口”上线标准版国际航行船舶转港数据利用功能。

5 月 21 日

江西“单一窗口”跨境电商线上综合服务平台上线“1210”（出口）业务功能。

8 月 14 日

江西“单一窗口”跨境电商线上综合服务平台上线“9610”（出口）业务功能。

12 月 18 日

江西“单一窗口”跨境电商线上综合服务平台上线地区、电商、物流统计分析功能。

12 月 30 日

江西“单一窗口”跨境电商线上综合服务平台上线税务辅助监管及外汇辅助监管功能。

山东省

一、综述

为深入贯彻落实党中央、国务院决策部署，山东省委、省政府高度重视中国（山东）国际贸易单一窗口（以下简称山东“单一窗口”）建设和推广工作，2020 年共出台 6 项政策文件支持和推动山东“单一窗口”发展。2020 年，面对复杂的国际形势和严峻的疫情挑战，山东“单一窗口”坚持以统筹推进疫情防控和经济社会发展为着力点，逐步向“互联网+物流”“互联网+外贸+金融”等领域探索，在做好运维保障的同时，持续创新应用，采取多项战“疫”举措，取得了一系列显著成绩，推动山东省进出口贸易联动增长，助力山东省打造一流口岸营商环境。

（一）持续优化山东“单一窗口”

2020 年，山东“单一窗口”上线标准版应用 11 大类 21 个子系统，地方特色应用上线 3 大类 5 个子系统，截至 2020 年年底，累计上线 18 大类标准版服务功能、10 大类地方特色应用功能，为企业提供服务事项达 729 项，业务涵盖通关服务、金融服务、物流服务、税费服务、证书服务、资质服务等跨境贸易全流程服务，货物、舱单、运输工具等主要功能覆盖率稳定保持在 100%，惠及生产、贸易、仓储、物流、电商、金融等各类企业，基本满足国际贸易“一站式”作业要求。

（二）积极承担国家及标准版试点任务

1. 服务运维管理平台试点

2020 年 7 月 2 日，国家口岸管理办公室发布通知，标准版运维管理平台上线试运行，山东为第一批试点地区。为配合做好标准版运维管理平台试点工作，山东“单一窗口”积极组织学习，掌握平台操作，收集、反映平台使用的问题及建议并及时反馈。该平台的上线运行，进一步优化运维服务流程，减少沟通时间成本，进一步压缩问题处理时长，极大避免企业提交问题后发生遗漏跟踪的情况，切实帮助企业提高通关效率。自 2020 年 7 月试运行以来，山东“单一窗口”运维服务平台共有 9 个座席，提出平台问题及建议 3 项，创建工单 454 个，其中服务请求工单 433 个、故障工单 21 个，均得到妥善处理。

2. 服务跨境电商 B2B 出口监管试点

为加快跨境电商新业态发展，2020 年 8 月，海关总署决定进一步扩大跨境电商 B2B 出口监管试点范围，自2020年9月1日起，在原有试点海关基础上，增加青岛、济南等12个直属海关开展跨境电商B2B出口监管试点。为落实跨境电商B2B出口监管新政策，实现企业、海关以及相关管理部门之间数据交换与信息共享，满足企业开展进口B2B、出口B2B、进口B2C直购、进口B2C保税等业务需求，山东“单一窗口”提前启动试点准备工作，协助企业完成系统对接、备案等准备工作，确保跨境电商“9710”“9810”试点如期启动。2020年，企业通过山东“单一窗口”办理跨境电商业务申报85.9亿元，较2019年增加35.1亿元，同比增长70%，其中进口13.6亿元、出口72.3亿元；累计申报金额达157.9亿元，其中进口36.1亿元、出口121.8亿元。

3. 服务市场采购贸易试点

为加快培育贸易新业态、新模式，促进外贸创新发展，2020年9月30日，海关总署发布公告将市场采购贸易方式试点范围扩大至山东青岛即墨国际商贸城、烟台三站批发交易市场等17家市场，为进一步支持市场采购贸易方式，确保业务顺利、平稳开展，山东“单一窗口”积极完善平台功能，打通“单一窗口”和市场采购贸易联网信息平台用户体系，实现货物申报系统与联网信息平台无缝对接，极大地提升了通关效率，促进外贸创新发展。2020年，共380家贸易公司通过山东“单一窗口”完成市场采购贸易通关，出口业务量达68876票，出口额达50.12亿美元。

4. 服务出口退税试点

2020年9月，按照国家口岸管理办公室与国家税务总局工作安排，标准版出口退税系统与国家税务总局金税三期系统对接，并更新了申报功能，青岛市成为新版退税系统试点城市。山东“单一窗口”积极参与系统对接测试研讨，落实出口退税功能更新试点工作要求，于2020年11月30日顺利完成标准版出口退税（金三版）和税务总局金税三期系统切换对接，为山东省稳外贸稳外资发挥积极作用。2020年，山东“单一窗口”共办理申报退税351笔，退税金额9199.5万元；累计办理申报退税368笔，退税金额9357.9万元。

5. 服务通关物流全程评估系统试点

为贯彻落实国务院及有关部门关于优化营商环境促进跨境贸易便利化等相关文件精神，2019年7月国家口岸管理办公室印发《关于进一步做好“通关物流全程评估系统”试点工作的通知》，将山东纳入试点地区。山东“单一窗口”积极配合数据传输和系统对接等试点工作，于2020年11月20日上线通关物流全程评估系统，多维度对进出口通关物流全流程和各环节耗时情况进行分析，为口岸相关管理部门和企业掌握通关物流环节耗时情况、口岸作业流程改造、口岸通关改革取得成效提供数据支撑。

（三）防控疫情稳外贸

为认真贯彻习近平新时代中国特色社会主义思想和党的十九大精神，深入落实习近平总书记对山东工作的重要指示要求，山东“单一窗口”统筹推进新冠肺炎疫情防控和经济社会发展工作，按照省委、省政府决策部署，深入落实疫情防控措施，制定系统保障应急预案与紧急信息沟通机制，加强运维服务，确保山东“单一窗口”全天候不间断、高效率运行，为疫情防控发挥积极作用。

1. 推出社会团体注册绿色通道

积极落实疫情防控措施，制定系统保障应急预案与紧急信息沟通机制，加强运维服务，确保系统全天候不间断、高效率运行。在国内防疫物资紧缺之时，及时推出社会团体注册绿色通道，社会团体可快速向海关提交临时注册登记单位申请，确保捐赠防疫物资“零延时”通关，缓解国内防疫物资紧缺。

2. 服务医疗物资出口

严格执行重要医疗物资出口周报告制度，2020 年 3 月 1 日至 12 月底，通过山东“单一窗口”共验放出口主要疫情防控物资价值 37.9 亿美元，其中医用口罩约 16.1 亿美元、手套约 10.8 亿美元、面罩约 6.2 亿美元、医用防护服约 3.3 亿美元、其他防疫物资约 1.5 亿美元。

3. 发挥口岸物流协同平台作用

疫情期间，山东“单一窗口”充分发挥口岸物流平台“不见面”“零跑腿”的优势，广泛动员进口企业、货运代理、车队通过口岸物流协同平台线上办理换单、押箱、还箱等业务，业务办理由原来至少跑三次变成最多跑一次，办理进口提箱手续的时间由原来的 2 个工作日缩短为 0.5 个工作日，整体清关时效提升 80%；同时，积极推广“口岸一站通”App，使口岸物流协同服务实现可移动终端化办理。2020 年，共 1672 家货运代理和物流公司通过口岸物流协同平台办理业务。

4. 线上投保助力企业发展

联合中国信保集团山东分公司在全省推广“单一窗口”线上投保模式，以“非接触”方式为企业线上办理投保申请、索赔申请、询保申请、风险信息查询等业务，企业只需花两分钟就能完成线上投保。既符合防疫隔离要求，又提高了工作效率，企业足不出户就能享受信保的专业服务。2020 年，通过山东“单一窗口”进行线上投保确认的小微企业达到 15506 家，生效保额超 100 亿美元，投保企业数居全国首位。

二、 运行情况

（一）运行数据

2020 年全年，山东“单一窗口”货物申报 5472449 票；舱单申报 27129845 票；运输工具申报 496048 票；企业资质办理 128697 票；原产地证申领 342155 票；税费支付 441697 笔；加贸保税 2157288 票；物品通关 23323623 票；跨境电商 53062795 票；监管证件 35492 票；出口退税 376 笔。

1. 2020 年山东省各地市企业注册情况

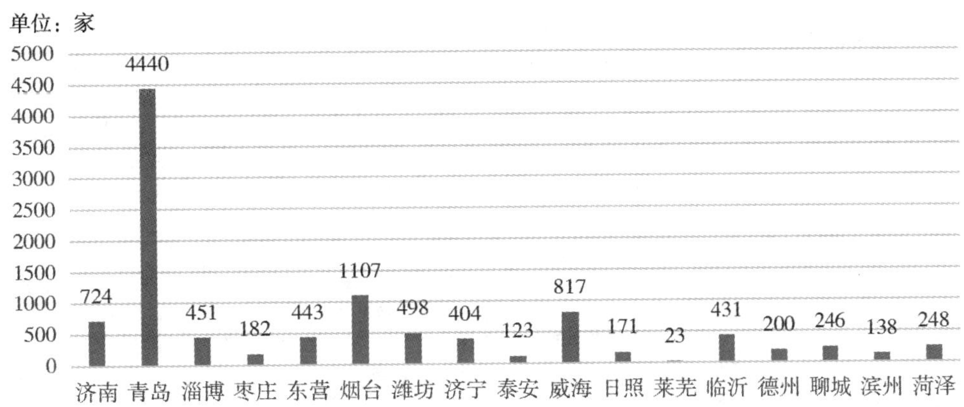

图 1　2020 年山东省各地市企业注册数量

2. 2020 年山东“单一窗口” 服务企业情况

2020 年，山东“单一窗口”服务企业 42694 家，累计服务外贸企业超 18 万家，其中外省企业占比近 40%，除港澳台区域外，实现全国其他省份全覆盖，企业类型涉及进出口全产业链。

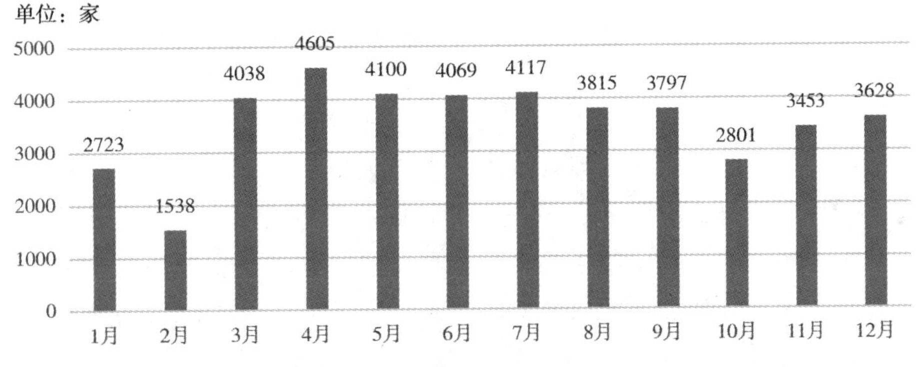

图 2　2020 年 1—12 月山东“单一窗口”服务企业数量

3. 地方特色应用口岸物流协同平台运行情况

2020 年，企业通过口岸物流协同平台办理换单、押箱等业务达 145. 9 万票，其中电子提货单 251292 票、设备交接单 1207716 票。据青岛港统计，口岸物流业务线上办理占比达 90%以上。

月份	电子提货单（票）	电子设备交接单（票）
1 月	2031	7012
2 月	15911	72962
3 月	21718	96610
4 月	20266	89292
5 月	19381	87969
6 月	22020	105861

续表

月份	电子提货单（票）	电子设备交接单（票）
7 月	23767	114069
8 月	22556	111881
9 月	26654	134842
10 月	22863	113023
11 月	25688	127585
12 月	28437	146610
合计	251292	1207716

（二）运行维护

1. 值守巡检

安排专人 7×24 小时值守巡检，全面监控、实时跟踪、安全运维。遇到系统故障，第一时间与中国电子口岸数据中心、国家口岸管理办公室等单位联络，反应处理时间不超过 0.5 小时，多方面排查故障原因，及时反馈故障责任方，沟通解决方法，并在业务群内发布通知公告，及时提醒企业寻求其他途径完成通关作业。2020 年，共巡检 251 次，解决系统故障 139 次。

2. 服务客户诉求

设立运维 95198 呼叫中心，建立业务系统 QQ 群，规范服务标准，向贸易和运输相关方提供 7×24 小时热线咨询和故障即时解决服务，周末及节假日安排专人值班，保证用户随时提问、随时答疑。2020 年，95198 呼叫中心通话数 35799 个，通话率达 93%，客户满意度 99%以上，未发生客户投诉现象。按照系统分类建立系统服务 QQ 群 29 个，群内企业成员 2.6 万余人，为企业解决问题 222918 个，为企业提供全天候、方便快捷的网上“大通关”服务。

3. 系统更新升级

认真落实系统升级运维任务，系统全年平均每周 4~5 次升级，升级前均通过网站、微信平台发布公告通知企业。发现系统缺陷及时研究梳理，并汇总企业反馈问题。涉及标准版系统问题及时上报国家项目组，并跟进测试系统完善情况。2020 年，提交国家项目组缺陷类、优化类、需求类问题共计 51 项。

4. 系统安全保障

建立信息安全应急响应机制，保障与口岸有关部门信息共享与数据交换，提升网络数据安全管理、态势感知和风险防范能力，确保业务数据安全可靠。按照国家有关要求，开展海关业务数据安全自查，从人员、账号、系统、出口四方面严格排查安全隐患。经过全方位、多角度自查，未发现系统及数据存在安全隐患问题。

（三）宣传推广

为进一步提高企业对山东“单一窗口”系统应用的积极性和主动性，及时了解企业应用状况，山东“单一窗口”联合有关部门开展多场次培训、调研活动，深入企业“面对面”解决系统操作过程中遇到的问题，充分利用传统主流媒体和网络新媒体加强宣传报道，多途径、多形式扩大宣传工作的覆盖面和影响力，推动山东“单一窗口”工作创新发展，取得实效。

1. 培训宣讲

2020 年，山东“单一窗口”联合青岛海关、济南海关及各市口岸办等单位，围绕“单一窗口”应用、口岸收费公示、出口退税等主题举办 16 场培训会，参会企业 896 家，参会人次达 1553 人次。

2020 年山东“单一窗口”培训会统计表

时间	地点	培训主题	培训人数（人）	培训企业数（家）
5 月 28 日	青岛市	口岸物流协同平台	45	25
8 月 14 日	青岛市	口岸收费公示	56	30
8 月 16 日	青岛市西海岸新区	口岸收费公示	150	100
8 月 28 日	青岛市李沧区	口岸收费公示	60	50
9 月 1 日	青岛市胶州	口岸收费公示	75	70
9 月 10 日	青岛市城阳区	口岸收费公示	80	75
9 月 11 日	青岛市市南区	口岸收费公示	90	80
9 月 11 日	青岛市市北区	口岸收费公示	105	85
9 月 15 日	青岛市崂山区	口岸收费公示	60	50
9 月 15 日	青岛市	口岸物流协同平台（拼箱）	70	60
10 月 21 日	潍坊市	金融服务	70	50
11 月 24 日	菏泽市	单一窗口	90	80
11 月 27 日	济宁市	金融服务	37	28
12 月 2 日	德州市	小微投保统保平台	60	34
12 月 22 日	济南市	小微投保统保平台（16 地市视频会议）	340	43
12 月 23 日	济南市	单一窗口及小微投保统保平台（15 地市视频会议）	165	36
合计（16 场次）			1553	896

2. 新闻报道

2020 年，山东“单一窗口”充分利用省内重点新闻和外宣网站、报刊、微信公众号等平台加强宣传推介。截至 2020 年年底，山东电子口岸网站发布文章 5309 篇，点击量达 66 万余次；微信公众号分享文章 2556 篇。

2020 年山东“单一窗口”部分外宣统计表

日期	新闻标题	发布媒体
2 月 5 日	山东电子口岸整体清关时效提升 80%！在全国率先实现海运提货单、设备交接单同步电子化流转	大众日报客户端
2 月 19 日	科技战“疫”山东电子口岸主动出击保通关畅通	大众网
4 月 15 日	山东国际贸易“单一窗口”为稳外贸保驾护航	大众日报客户端
4 月 16 日	山东国际贸易“单一窗口”护航稳外贸	大众日报
7 月 16 日	90%业务线上办理，山东“单一窗口”助力稳外贸	大众日报客户端

3. 座谈调研

（1）外贸金融服务平台调研交流。为解决小微企业融资难题，山东“单一窗口”首创“单一窗口+银行+担保”合作机制，实现“互联网+外贸+金融”的深度融合。为深入了解企业需求，与招商银行、浙商银行、齐鲁银行、平安银行、青岛银行、济宁银行等多家银行机构召开 30 余次调研座谈会，切实掌握企业与银行之间信贷模式，以真实贸易背景为前提，以财政担保资金为保障，降低银行信贷风险，拓宽企业融资渠道，为外贸企业提供全线上、低利率、快速简捷的融资支持。

（2）小微信保统保平台调研交流。为全面落实《山东省小微外贸企业出口信用保险统保平台建设管理暂行办法》的相关规定，提高省小微外贸企业出口信用保险统保平台线上服务便利化水平，4 月 28 日，在济南联合山东省商务厅开展“单一窗口”信保业务调研会，中国信保山东分公司、平安财险山东分公司、太平洋财险山东分公司、人保财险山东分公司、大地保险等 5 家保险机构参会交流。

（3）口岸物流协同平台拼箱业务调研。为进一步深化落实优化口岸营商环境各项措施，加速提升口岸企业电子化作业水平，山东“单一窗口”启动海运进口拼柜分拨提货单电子化工作，以企业需求和贸易便利化需要为目标，深入企业调查研究，广泛听取企业的意见建议，与企业面对面探讨实际业务流程及需求，共同研究研判问题。5 月 28 日，在青岛联合青岛市口岸办召开进口分拨提货单电子化调研会，青岛港、黄岛润海仓库和具备分拨资质的 7 家分拨企业参会交流。

三、特色应用

2020 年，山东“单一窗口”全面贯彻落实国家和山东省有关工作部署，科学研判形势，聚焦企业需求，主动靠前服务，在运维好各项通关执法服务功能的同时，将平台功能向通关物流、金融保险等领域拓展延伸，创新业务模式，结合省内实际和企业需求开发建设地方特色应用，不断优化系统功能，逐步满足企业“一站式”作业要求。2020 年，山东“单一窗口”新增口岸收费公示系统、小微信保统保平台、海关查验信息查询系统、通关物流全程评估系统、外贸金融服务平台、口岸物流协同平台（拼箱）等地方特色应用。

（一）口岸收费公示系统

在口岸收费环节，一直存在着口岸经营单位数量众多、情况不一，明码标价的格式、内容样式繁多等问题，是优化口岸营商环境必须打通的堵点痛点。为进一步规范山东省口岸环节收费行为，贯彻落实国家和省政府有关降低物流成本、优化口岸营商环境的工作部署，在山东省口岸办和有关监管部门指导下，2020 年 8 月 5 日，山东“单一窗口”正式上线口岸收费公示系统。

1. 主要做法

口岸收费公示。个人、企业和监管部门可通过山东“单一窗口”网站查询、对比、监管口岸收费信息公示情况。

口岸收费信息维护。口岸经营服务企业可通过山东“单一窗口”口岸收费信息维护系统收费主体维护和收费清单管理的新增、Excel 导入、查询、修改、删除等功能实时发布更新企业口岸收费信息。

2. 创新点

发布、公示“一站式”服务。口岸收费公示系统集口岸各环节收费公示及服务信息发布于一体，既满足口岸经营服务企业自行维护、自行发布的便利化需求，又满足社会和监管部门查询、对比、监管的需要。

3. 实践成效

口岸收费公示系统的上线，增强了口岸服务收费的公开透明度。口岸收费公示系统不仅能够及时准确地公布口岸环节收费信息，而且能够帮助用户更加直观、及时地了解口岸收费状况，进一步营造规范有序、公平竞争、服务高效的口岸营商环境。截至 2020 年年底，已有 352 家企事业单位收费信息在山东“单一窗口”面向社会公示。

（二）小微信保统保平台

为更好助力山东省外贸企业发展，2019 年 3 月，山东省出台《山东省小微外贸企业出口信用保险统保平台建设管理暂行办法》，由省财政全额支持，免费为年出口额在 300 万美元以下的小微外贸企业办理出口信用保险。负责该项政策的承保机构包括中国信保、平安保险、大地保险、中国人保、太平洋保险，共计 5 家。山东“单一窗口”积极对接政府要求和企业需求，于 2020 年 8 月 28 日上线小微信保统保平台，为小微企业开拓国际市场提供收汇风险保障。

1. 主要做法

依托山东“单一窗口”建设小微信保投保系统，实现与 5 家保险机构系统对接，提供小微企业线上办理签约、投保、索赔、询保申请、风险信息查询等服务，同时满足商务厅查重、统计分析等功能，为财政资金补贴发放工作提供重要支撑。

第一，对企业而言，系统进一步扶持小微企业出口，促进贸易便利化，在最短时间、最大范围内帮助小微企业解决国际贸易后顾之忧，方便小微企业获得更加便利的投保服务和更加精准的风险信息服务，提升外贸企业风险管理能力。

第二，对政府主管部门而言，可以通过系统动态了解小微出口企业实际出口情况，实时监督相关支持政策执行情况，满足政府部门数据稽核、统计分析需求，使监管既严谨又便利，更好地将政策红利落地，进一步扶持小微企业出口，助力山东外贸发展。

2. 创新点

小微信保统保平台是在标准版出口信用功能的基础上，进一步拓展信保服务，依托平台数据权威性和数据集聚效应，推动“互联网+外贸+银行+保险”的深度融合，实现了与政府、银行、保险公司等的深入对接，满足当前山东省所有小微企业投保需求和商务厅查重、统计等需要。

3. 实践成效

传统模式下，投保的各个环节均需要在线下通过人工操作完成，费心费力费时，效率低下，同时还存在重复投保的现象，增加了财政资金被非法使用的可能，迫切需要一种高效率、更便捷、易监管的模式。小微信保统保平台的上线，实现了一键式操作、全程无纸化投保，改变了需提供签字盖章的投保单、营业执照等纸质材料的传统模式。同时可满足政府主管部门查重、统计分析等需要，为财政资金补贴发放工作提供重要支撑。线上投保平台带来的效能变革和精准优势正呼之欲出。

（三）海关查验信息查询系统

2020 年 3 月，为进一步提升口岸通关效率、优化口岸营商环境，根据《国家口岸管理办公室关于海关查验通知信息推送扩大试点工作的通知》（国岸函〔2020〕14 号），确定在山东等 7 个省（直辖市）开展海关查验通知信息推送国家试点工作。山东省口岸办印发《关于印发海关查验通知信息推送扩大试点工作方案的通知》（鲁口通字〔2020〕3 号），山东“单一窗口”于 2020 年 6 月上线运行海关查验信息查询系统。

1. 主要做法

通过山东“单一窗口”、海关、码头三方平台的对接，实现通过“单一窗口”向进出口企业、港口、码头、口岸作业场站推送海关查验通知信息功能，同时将口岸作业场站查验货物调箱到位信息发送给海关，提高查验准备工作效率，海关查验结果也将通过“单一窗口”反馈给进出口企业、港口、码头、口岸作业场站。

2. 实践成效

海关查验信息查询系统的上线，实现了查验各作业环节信息共享和业务联动；加快了码头、口岸作业场站运作效率和业务衔接，压缩了货物查验准备工作时间，提升了口岸整体通关效率。

（四）通关物流全程评估系统

为贯彻落实国务院及有关部门关于优化营商环境促进跨境贸易便利化等相关文件精神，2019 年 7 月国家口岸管理办公室印发《关于进一步做好“通关物流全程评估系统”试点工作的通知》，要求扩大试点范围，将山东纳入试点地区。为切实组织做好试点工作，保证通关物流全程评估系统的顺利建设，2019 年 11 月，山东省口岸办印发《关于协调港口传输数据对接国家通关物流全程评估系统的通知》，由山东省港口集团协调各港口完成与山东电子口岸传输通道的搭建以及报文传输工作。2020 年 11 月 20 日，山东“单一窗口”上线通关物流全程评估系统。

1. 主要做法

山东“单一窗口”充分发挥口岸信息汇聚优势，通过与山东省内各港口/码头及中国电子口岸数据中心进行系统对接，形成汇集覆盖进出口通关物流全流程数据，并对进出口通关物流全流程和各环节耗时情况进行数据匹配和数据分析，便于主管部门随时掌握口岸通关效率和运行状态，为压缩通关时间、提升通关便利化提供更有效的统计分析和决策支持。

2. 实践成效

通过通关物流全程评估系统，可以形成一个涵盖进出口企业、报关代理、船舶代理、码头、运输企业等与进出口贸易相关的企业以及海关、海事、港务、口岸办等口岸管理单位及其他政府部门的状态大数据，为口岸管理部门及相关政府部门提供全方位的统计分析服务。

口岸管理部门通过通关物流全程评估系统可以监控各个地区进出口通关平均耗时情况，便于对通关效率进行宏观分析；可以监控各个地区在主要环节的平均耗时排名，清晰地掌握各个地区的通关效率，为压缩通关时间提供有效的数据支撑。通过对通关物流环节的大数据智能分析，精准定位耗时长、效率低的通关环节，为压缩通关时间、提高通关效率提供更有效的决策支持。

（五）外贸金融服务平台

为积极贯彻《国务院办公厅关于进一步做好稳外贸稳外资工作的意见》（国办发〔2020〕28 号）相关要求，落实“六稳”“六保”工作，解决外贸出口企业融资难、融资贵的难题，稳外贸促出口，拓展山东“单一窗口”业务范围，共同支持山东省对外贸易稳步发展，2020 年 9 月，山东“单一窗口”上线外贸金融服务平台。

1. 主要做法

目前，山东“单一窗口”平台注册用户超 3 万家，并保持增长态势，日均业务量达 50 万单以上，已汇聚了一定规模的企业通关数据和监管单位执法数据。依托“单一窗口”数据权威性和数据集聚效应，建设山东省外贸金融服务平台，提供企业在线信用测评、企业授信、贷款申请、放贷、还款、统计、查重、核查贸易背景真实性等服务，更加科学高效地实现风险管理，切实落地运行有关金融政策，服务全省外贸企业。

2. 实践成效

打造外贸金融服务平台，创新“单一窗口+银行+担保”模式，实现“互联网+外贸+金融”的深度融合，以真实贸易背景为前提，以财政担保资金为保障，降低并分担银行信贷风险，拓宽企业融资渠道、增加企业授信额度，为外贸企业提供全线上、低利率、快速简捷的融资支持。

（六）口岸物流协同平台（拼箱）

在统筹推进常态化疫情防控和经济社会发展的新形势下，充分发挥山东“单一窗口”线上“一站式”大数据平台作用和“零接触”服务优势，加强宣传引导和服务引领，广泛动员进口企业、货运代理、车队通过口岸物流协同平台线上办理换单、押箱、还箱等业务。目前，口岸物流协同平台已在青岛海运口岸全面推广，青岛港进口集装箱整箱线上换单押箱业务覆盖率达 90%，为推出拼箱换单功能奠定了基础。2020 年 8 月 6 日，平台成功实现进口分拨提货单电子化流转，进一步丰富了平台业务功能，满足了不同企业、不同业务类型的电子化需求，进一步优化口岸营商环境，促进跨境贸易便利化。

1. 主要做法

（1）深入企业调研，把握需求。为进一步深化落实优化口岸营商环境各项措施，加速提升口岸企业电子化作业水平，山东电子口岸启动海运进口分拨提货单电子化工作，以企业需求和贸易便利化需要为目标，深入企业调查研究，广泛听取企业的意见建议，召开船代及具备分拨资质的企业座谈会，与企业面对面探讨实际业务流程及需求，共同研究研判问题、克服困难，协同各方完善平台功能，加快实现进口分拨提货单电子化流转，助力山东口岸通关物流便利化水平再上新台阶。

（2）改变传统模式，线上办理。传统模式下，海运进口拼箱换单提货环节为线下操作，涉及角色多、环节多，首先由拼箱公司前往分拨公司获取纸质进口分拨提货单，再由换单公司携带正本提单前往拼箱公司换取纸质提货单，再将纸质提货单邮寄给车队，最后车队持提货单到青港物流分拨库业务窗口办理提货手续，单据传递费时费力。随着信息化程度的提高，纸质单证模式已成为影响口岸物流效率和成本的重要因素。山东口岸物流协同平台通过与青港物流分拨库以及具备进口分拨资质的 7 家分拨公司进行系统对接，实现海运进口拼箱货物提货单电子化流转，推动口岸通关提效降费。

2. 实践效果

（1）助力山东口岸通关物流便利化。传统的线下操作模式，物流环节复杂，信息化程度低，线下换单需安排专人“跑单”，费时费力，传递模式严重滞后于港口吞吐量增长和信息化发展水平，严重影响通关物流效率。海运进口分拨提货单电子化流转将进一步简化通关流程，提升通关效率，降低通关费用，是山东口岸物流协同平台的有效补充。该项功能的上线运行是山东口岸通关物流继实现海运整箱进口提货单电子化、设备交接单电子化之后的又一重大举措。

（2）助力口岸企业提效降费。传统模式下，海运进口拼箱换单、提货环节纸质单证交接涉及面广，单证交接一般要经历货代公司、拼箱公司、分拨公司、车队、集卡司机、仓库等环节，从单证签发到转交至集卡司机至少需要一天时间，严重影响通关效率。从费用上看，单证印制、打单、寄送均需相关费用，如纸质单证遗失或内容修改，还需缴纳补单费和改单费。通过口岸物流协同平台，进口企业或货代公司线上申请换单，拼箱公司线上受理换单，受理后生成电子进口分拨提货单和提货二维码，业务数据转至线上流转，数据传输更安全，操作更便捷，业务办理由至少跑三次变为最多跑一次，既节省了时间成本和人力成本，又提升了通关效率，整体通关时效提升 80%，有效促进山东省口岸物流企业降本增效。

四、 大事记

4 月 15 日

山东“单一窗口”货物申报（报关）累计突破 1000 万票。

8 月 4 日

山东“单一窗口”上线地方特色应用口岸收费公示系统。

8 月 6 日

山东“单一窗口”地方特色应用口岸物流协同平台上线进口拼箱线上换单功能。

8 月 12 日

河北省电子口岸调研山东“单一窗口”工作。

8 月 21 日

山东“单一窗口”上线地方特色应用小微信保统保平台。

9 月

青岛市被确定为出口退税（金三版）功能试点城市。

9 月 17 日

山东“单一窗口”上线地方特色应用查验信息查询系统。

9 月 20 日

山东“单一窗口”上线地方特色应用通关物流全程评估系统。

9 月 29 日

山东“单一窗口”上线地方特色应用外贸金融服务平台（试运行版）。

10 月 22 日

国家口岸管理办公室副主任党英杰调研山东“单一窗口”工作。

11 月 30 日

山东“单一窗口”上线出口退税（金三版）系统。

五、 政策文件

山东省人民政府办公厅关于印发山东省进一步促进外贸稳定增长政策措施的通知

鲁政办字〔2020〕12 号

各市人民政府，各县（市、区）人民政府，省政府各部门、各直属机构：

《山东省进一步促进外贸稳定增长政策措施》已经省政府同意，现印发给你们，请认真贯彻执行。

山东省人民政府办公厅

2020 年 1 月 24 日

（此件公开发布）

山东省进一步促进外贸稳定增长政策措施

为认真贯彻落实国务院“稳外贸”政策措施，有效应对中美经贸摩擦，推动全省外贸稳中提质，根据省委、省政府推动“六稳”工作的系列决策部署，特制定以下政策措施。

一、支持企业开拓多元化国际市场

深耕日韩欧盟市场，大力开拓“一带一路”市场，力保美国市场。确定我省出口潜力较大的重点市场，实行“一国一策”，支持企业开展经贸促进活动、建设国际营销服务网络等。（省商务厅、省财政厅、中国信保山东分公司）

二、支持企业有效应对国际贸易摩擦

在全国范围内吸纳有实践经验的律师事务所、研究机构等中介组织，建立全省应对贸易摩擦法律服务团，开展应对国际贸易摩擦系列政策解读、业务培训、案件辅导，针对相关行业、企业搭建法律服务平台。帮助受中美互相加征关税双重影响的企业申请关税排除，完善国际贸易摩擦预警工作机制，把对美依存度50%以上的企业作为重点进行跟踪调度。（省商务厅、省财政厅、青岛海关、济南海关）

三、加强对外贸企业的运行监测和分析

建立完善省市县三级预警响应、协调应对工作机制，加强1700家外贸企业运行动态监测，逐步扩大样本企业数量，对不同性质、不同行业重点骨干企业订单情况、经营困难、政策诉求等进行动态跟踪监测。探索建立商务、海关、税务、金融、口岸、信保等信息共享机制，及时发现问题、研判走势、建立预案。（省商务厅、省大数据局、省地方金融监管局、省口岸办、省税务局、青岛海关、济南海关、人民银行济南分行、山东银保监局、中国信保山东分公司）

四、扩大服务贸易规模

落实技术先进型服务企业所得税减免政策。拓展离岸服务外包贴息范围至23个重点领域。创建国家中医药、数字服务出口基地。对融资租赁、金融租赁企业试行增值税、消费税出口退税政策。支持符合条件的外资医疗机构纳入基本医疗保险定点医药机构协议管理。在中日韩合作框架下，建立我省与日韩服务贸易合作机制。（省商务厅、省发展改革委、省科技厅、省财政厅、省卫生健康委、省医保局、省税务局、青岛海关、济南海关，有关市政府）

五、积极扩大进口

扩大十强产业相关先进技术设备、关键零部件进口，增加紧缺能源资源及日用消费品进口；鼓励企业积极拓展多元化进口渠道。积极争取原油进口配额，稳定扩大原油进口。发挥海关查验作业指定监管场地作用，扩大肉类、冰鲜水产品等一般消费品进口，打造东北亚水产品加工及贸易中心。支持有条件的地区创建国家进口贸易促进创新示范区。支持有条件的市建设汽车整车进口口岸，适时增加汽车平行进口试点企业数量。（省商务厅、省发展改革委、省工业和信息化厅、省财政厅、青岛海关、济南海关，有关市政府）

六、大力发展跨境电商

推动青岛、威海、济南、烟台国家级跨境电商综试区建设。落实好综试区零售出口企业税收政策，对符合规定条件的，实行增值税和消费税无票免税，按照4%确定应税所得率，并享受小微企业所得税优惠政策和免税收入优惠政策。推动潍坊、日照、临沂等市开展跨境电商“1210”保税进口业务。将跨境电商企业纳入海关信用管理，实施差异化的通关措施。推动省内有实力的大型物流企业依托国家和省级境外经贸合作园区，在主要出口市场建设公共海外仓。（省商务厅、省财政厅、省税务局、青岛海关、济南海关，有关市政府）

七、促进市场采购贸易加快发展

用好“采购地申报、口岸验放、一体化通关”政策，支持国家级市场采购贸易试点临沂工程物资市场加大外贸主体引进培育力度，加强市场采购贸易信息互联互通，扩大市场采购贸易规模。推动有条件的内外贸结合市场争取列入国家新一批市场采购贸易试点。（省商务厅、青岛海关、省税务局，有关市政府）

八、推进国际产能合作带动出口

充分利用对外承包工程、境外投资、援外合作大项目带动大型成套设备及技术、标准和服务出口。支持外贸企业对接境外经贸合作区，合理布局产业链，利用原产地规则，开展境外加工组装，拓展海外市场。加强境外经贸合作区建设规划引导，创新建设运营模式，鼓励企业与央企、跨国公司以联合投资、第三方市场合作等方式建设境外经贸合作区，汇聚资源做大做强，提升产业内外协同发展和出口带动效应。（省商务厅、省发展改革委、中国信保山东分公司）

九、推动海关特殊监管区域创新政策落地

推动符合条件的各类型海关特殊监管区域整合优化为综合保税区。争取“全球维修及再制造”等试点在我省落地。在综合保税区积极推广增值税一般纳税人资格试点。推动“仓储货物按状态分类监管”“四自一简”“先出区、后报关”“集中汇总纳税”等26项已在全国海关特殊监管区域复制推广的贸易便利化举措在我省落地。（青岛海关、济南海关、省财政厅、省税务局、省商务厅，各海关特殊监管区域）

十、提高跨境贸易便利化水平

落实口岸收费清单公示制度，深入开展口岸涉企收费监督检查，防止口岸收费反弹。公开口岸经营服务企业作业时限，推进海运口岸作业各环节无纸化，不断巩固压缩整体通关时间成果。深化海关通关一体化改革，推进“两步申报”改革。推广主动披露制度和容错机制，进出口企业、单位主动披露涉税违规行为，对符合条件的，不予行政处罚。（省口岸办、省发展改革委、省财政厅、省交通运输厅、省商务厅、省市场监管局、青岛海关、济南海关）

十一、加快推进中日韩通关便利化合作

推动威海、青岛、烟台与韩国仁川、釜山、平泽建立“多港联动”合作机制，探索中韩信息

互换、跨境电商、外检内放、AEO互认创新合作，提升口岸通关便利化水平，促进国际物流组织协同化和陆海空运输模式多样化。推进青岛海关、济南海关与日本大阪海关建立关际合作机制，实现中韩、中日“多港联动”物流与通关一体化发展新格局。（省商务厅、青岛海关、济南海关、省交通运输厅，有关市政府）

十二、加快出口退税速度

在全省范围内实行退税电子化。严格执行一类出口企业和新旧动能转换企业2个工作日、出口企业经营确有困难的优先进行退税审批。按照企业自愿原则，对于提出无纸化申报申请的企业，税务机关按照无纸化退（免）税申报管理。对于符合一类出口企业评定标准的企业，提交变更管理类别申请后，税务机关应及时进行动态调整。（省税务局、人民银行济南分行）

十三、加大对企业的金融支持

依托省小微企业贷款风险补偿平台，建立“鲁贸贷”融资支持机制，通过信用保险、风险补偿等手段，降低和化解银行贷款风险，缓解中小微外贸企业融资难融资贵问题。鼓励和引导省内外贸企业充分利用“山东省融资服务信息平台”开展融资对接。坚持“本币优先”，落实好跨境人民币结算相关政策。稳步推进“货物贸易外汇收支便利化试点”业务开展；简化小微跨境电商企业办理有关贸易资金收付手续，优化货物贸易外汇业务报告方式，简化出口收入入账手续。实施服务贸易外汇收支便利化试点。支持引导企业充分利用国际贸易“单一窗口”中“出口信用”服务和特色金融服务项下“信保贷”等金融产品。对相关金融机构为外贸企业提供政策性优惠利率贷款给予财政奖励，扩大船舶、机电和高新技术产品出口。（省商务厅、省财政厅、省口岸办、省地方金融监管局、人民银行济南分行、中国信保山东分公司、进出口银行山东省分行）

十四、加大对出口信保的支持力度

提高对外贸企业投保出口信用保险的支持比例。支持企业购买海外买方资信报告，帮助企业甄别国别风险、市场动向、买家资质，防范贸易风险。适当提高重点市场风险容忍度，扩大国别承保金额。增加涉美涉税重点地区的信用额度，在风险对价合理的前提下，降低保险费率。对小微外贸企业在全省出口信用保险统保平台项下，投保短期出口信用保险保费给予全额支持，推动小微外贸企业“无升有，小升规”。（省商务厅、省财政厅、中国信保山东分公司）

十五、防范化解失业风险

将中美经贸摩擦涉及我省企业纳入就业监测范围，加强就业形势分析研判和失业风险预警。对依法参保缴费、不裁员或少裁员的参保企业，按规定返还失业保险费。支持困难企业与工会开展集体协商，采取调整薪酬、在岗培训、弹性工时、轮岗轮休等方式，稳定就业岗位和劳动关系。面向企业职工、失业人员等各类重点群体，开展大规模职业技能培训，提升劳动者职业技能水平。通过组织企业内部挖潜、企业间用工余缺调剂、组织相近行业工种岗位招聘等方式，促进下岗失业人员转岗就业。稳步提升失业保险金标准，对符合条件的失业人员及时发放失业保险金。（省人力资源社会保障厅、省财政厅、省税务局）

抄送：省委各部门，省人大常委会办公厅，省政协办公厅，省监委，省法院，省检察院。各民主党派省委，省工商联。

山东省人民政府办公厅
2020 年 1 月 24 日印发

山东省人民政府关于持续深入优化营商环境的实施意见

鲁政字〔2020〕67 号

各市人民政府，各县（市、区）人民政府，省政府各部门、各直属机构，各大企业，各高等院校：

为认真贯彻习近平新时代中国特色社会主义思想和党的十九大精神，深入落实习近平总书记对山东工作的重要指示要求，统筹推进新冠肺炎疫情防控和经济社会发展工作，充分激发市场活力和社会创造力，经省委同意，现就持续深入优化全省营商环境，制定如下实施意见。

一、全面提升企业便利化水平

1. 提升企业开办注销便利度。企业开办实行一窗受理、一表填报、全程网办，实现企业设立登记、刻制印章、申领发票、社保医保登记、公积金登记 1 个工作日办结。新开办企业免费获得一套印章和“政策包”，印章刻制费用由同级财政承担。2020 年 12 月底前，“证照分离”改革由自贸试验区扩至全省。实施“一业一证”改革，8 月底前推出便利店、餐饮等 10 个行业综合许可证。实施企业注销“一网通办”，在济南、青岛、日照 3 市对未开业、未发生债权债务或已将债权债务清算完结的企业进行简易注销试点，公告时间由 45 天压缩到 20 天，6 月底前全面推开。（责任人：任爱荣；责任单位：省市场监管局、省政府办公厅、省公安厅、省财政厅、省人力资源社会保障厅、省商务厅、省医保局、人民银行济南分行、省税务局等。排在首位的为牵头责任单位，下同）

2. 提速工程建设项目审批。企业报建项目每个审批阶段只需填写一张表单，申报材料由各相关部门共用共享。分类制定审批程序，2020 年 10 月底前组织编制并推出 6 个主题式审批流程，大幅清理压减政府审查、技术审查等环节“隐形时间”。12 月底前，实现设区的市政府对国家级开发区和高新区压覆重要矿产资源、地质灾害危险性等事项统一评估，不再对区域内市场主体单独提出评估要求，区域评估费用由各市政府承担。实行施工图设计文件数字化联审，10 月底前实现消防、人防、技防、防雷和水电气热等同步设计、并联审查、一次办好、结果互认。取消社会投资简易低风险项目施工图审查。主动对接企业申请，实行规划、土地、消防、人防、城建档案及建设条件落实等事项联合验收，时间不超过 15 个工作日。12 月底前，实现工业生产企业在厂区范围内各类建筑（新建民用建筑除外）免收人防工程易地建设费。（责任人：刘强；责任单位：省住房城乡建设厅、省发展改革委、省财政厅、省自然资源厅、省人防办等）

3. 优化获得电力流程。全面推行由电网企业“一窗受理”用户接电行政审批申请。取消 10 千伏普通用户受电工程设计审查和中间检查环节。有电力外线工程和无电力外线工程的 10 千伏电力接入，办理环节分别减至 4 个和 3 个，办理时间分别不超过 40 个和 11 个工作日；有电力外线工程和无电力外线工程的低压电力接入，办理环节分别减至 3 个和 2 个，办理时间分别不超过 7 个和 3 个工作日。省级及以上园区和纳入省级新旧动能转换项目库的 10 千伏企业用户、济南和青岛城市规划区内 10 千伏企业用户，电网企业投资界面延伸至用户规划红线。城市规划区用电容量 160 千伏安、农村地区 100 千伏安及以下的小微企业用电，实现接电零上门、零审批、零收费。符合电力直接接入条件且无工程的小微企业，实现当日申请、次日接电。对城镇老旧小区内入户端口以外需要改造的供电设施，产权不属于电网企业的，政府通过“以奖代补”等方式，支持电网企业出资进行“一户一表”改造。（责任人：王书坚；责任单位：省能源局、国网山东省电力公司、省发展改革委、省财政厅、省住房城乡建设厅等）

4. 简化用水用气报装。2020 年 6 月底前，用水用气报装实现“网上办”“掌上办”。具备直接接通条件的，简化为申请受理、装表接通 2 个环节，水气接通均不超过 4 个工作日；有外线工程的简化为申请受理、现场踏勘编制方案、验收接通 3 个环节，水气接通分别不超过 7 个和 10 个工作日。报装工程涉及规划、道路挖掘（占用）、砍伐树木、占用绿地等行政审批的，由供水供气企业（施工单位）负责办理相关手续，受理部门并联审批，5 个工作日内办结。全面取消在水电气报装中设立的附加审批要件和手续。（责任人：刘强；责任单位：省住房城乡建设厅等）

5. 分类优化财产登记。实行不动产登记、交易和缴税“一窗受理”，并行办理。2020 年 6 月底前，实现线上申请、异地可办，并实行 24 小时在线申请和网上查询。除法定的不动产登记协税种类外，取消其他税种作为不动产转移过户的前置条件。实现不动产登记与银行抵押贷款、公积金贷款、公证等业务联办，与水电气热过户业务协同办理，不动产登记服务向基层站场、信用优良的房地产开发企业延伸。对企业和城镇居民不动产登记历史遗留问题，可按照项目建设时的政策规定完善用地、建设工程规划、竣工验收备案等手续，有关部门出具的等效文件可作为办理不动产登记依据。对建设单位依法取得商品房预售许可证，购房人签订购房协议、取得合法有效的销售不动产凭证且已依法履行相关义务，由于建设单位相关手续无法完善而影响购房人取得不动产权证的，可将办理不动产登记与向建设单位追溯法律责任完善手续并行办理。对执行县级以上政府决定的行政行为实行尽职免责。（责任人：于国安；责任单位：省自然资源厅、省财政厅、省住房城乡建设厅、省司法厅、省税务局等）

6. 提升纳税服务质量。纳税缴费事项全部实现网上办理。一类出口企业和列入省级新旧动能转换项目库的企业出口退税在 2 个工作日内办结；全省出口退税平均办理时间控制在 5 个工作日内。增值税一般纳税人注销业务 10 个工作日内办结，小规模纳税人和其他纳税人注销业务 5 个工作日内办结。将取消增值税发票认证范围扩大到所有纳税人。（责任人：王书坚；责任单位：省税务局等）

7. 推进跨境贸易便利化。对矿产品实施“先验放后检测”。对因企业提前申报进口货物而引起的进口日期修改，以及由于装运、配载等原因造成货物变更运输工具的，不予记录报关差错。公开口岸经营服务性收费目录清单，以及靠泊、装卸、场内转运、吊箱移位、掏箱、提箱等作业时限标准。进口企业受疫情影响缴纳税款确有困难的，可以申请延期缴纳（最长 3 个月）。对大宗资源型商品、食品、农产品进口企业关税保证保险保费给予不超过 30% 补贴。2020 年 6 月底前，免收进出口货物港口建设费，货物港务费、港口设施保安费等政府定价收费标准降低 20%，取消非油轮货船强制应急响应服务及收费，减半收取铁路保价、集装箱延期使用、货车滞留等费用。拓展中国（山东）国际贸易“单一窗口”服务功能，方便企业快速办理跨境结算、贸易融资、关税保证保险、出口信用保险等业务。6 月底前全面推开外贸企业出口订单融资封闭账户运行管理试点。（责任人：任爱荣；责任单位：省政府办公厅（省口岸办）、青岛海关、济南海关、省商务厅、省交通运输厅、省发展改革委、省财政厅、省地方金融监管局、山东海事局等）

8. 优化高速公路安全管理。2020 年 6 月底前，完成道路交通事故多发点段及严重安全隐患排查，实现道路安全设施与道路主体工程同时设计、同时施工、同时投入使用。在醒目位置规范设置限速标志，做到易于观察和预判，实时推送高速公路流量、事故、天气等信息数据，相应调整道路限速值。严禁在进出高速公路收费站、服务区、立交桥匝道进行测速取证。公安机关将有关数据推送到相关导航运营商，公开限速、测速等信息，杜绝隐蔽执法。（责任人：范华平；责任单位：省公安厅、省交通运输厅等）

二、着力打通企业难点堵点痛点

9. 强化企业贷款支持。凡列入无还本续贷名单的企业，银行根据企业申请在其贷款到期前 1 个月进行调查评审。银行不得因无还本续贷下调企业贷款分类等级。企业融资时以知识产权、应收账款、承包经营权、海域使用权、股权、动产等作为抵质押物，银行不得拒绝。缩短信贷审批时限，符合条件的小微企业平均办理环节不超过 4 个、申请材料不超过 10 件、办理时间不超过 11 个工作日。按季监测普惠型小微企业贷款利率水平，对明显高于同类机构同类产品平均利率的银行进行窗口指导，实现小微企业融资成本下降，2020 年普惠型小微企业贷款综合融资成本再降 0. 5 个百分点。政府性融资担保机构对单户担保金额 500 万元及以下小微企业收取的担保费率不超过 1%。根据省级应急转贷引导基金运作等情况，及时足额增加引导基金规模，转贷基金每日使用费率降至 0. 08%以下。从严查处各类违规收费行为，禁止对小微企业贷款收取承诺费、资金管理费，严格限制收取财务顾问费、咨询费等费用。（责任人：刘强；责任单位：省地方金融监管局、省工业和信息化厅、省财政厅、山东银保监局、人民银行济南分行等）

10. 保护中小投资者合法权益。压缩投资者纠纷调解时限，普通调解程序自调解员接受选定或指定后 30 日内完成，简易调解程序自调解员接受选定或指定后 20 日内完成。对 1 万元以下的证券期货纠纷，当事人可选择小额速调程序，调解员 10 日内作出调解建议书并送达当事人。优化投资者纠纷调解事项办理流程，实现专业调解组织与省内人民法院的在线诉调对接。建立中小投资者权益保护法律服务顾问团，加强中小投资者法律援助。（责任人：刘强；责任单位：山东证监局、青岛证监局、省地方金融监管局、省司法厅等）

11. 优化劳动力市场服务。全面开放线上失业登记，2020 年 6 月底前接入失业登记全国服务平台。7 月底前，省内企业养老保险关系转移接续全程网办，办理时限由 45 个工作日压缩至 15 个工作日。特殊工时首次审批时限由 20 个工作日压缩至 5 个工作日，再次审批即时办结。12 月底前，专业技术人员职称申报、审核、评审、公示、备案等实现网上“一条龙”服务。自 2020 年开始，在规模以上企业全面推开技能人才自主评价。（责任人：于杰；责任单位：省人力资源社会保障厅等）

12. 规范招投标和政府采购行为。取消政府采购和招投标项目中的企业性质、所在地等限制性规定和隐性门槛。供应商全流程通过电子化方式参与政府采购活动。以银行保函、保证保险替代现金形式的履约保证金，对信用良好的供应商免收投标保证金。政府采购合同签订时间限定在中标（成交）通知书发出之日起 10 个工作日内；采购人在收到供应商项目验收建议之日起 7 个工作日内，对采购项目进行实质性验收；预付供应商合同款，其中货物类项目预付款比例原则上不低于合同金额的30%；对满足合同约定支付条件的，采购人资金支付时间限定在收到发票后5个工作日内，不得附加未经约定的其他条件。实现公共资源交易全流程电子化，对提供电子招标文件的招投标项目免收招标文件工本费，对列入公共资源交易目录的招投标项目免收进场服务费。依法依规严厉处置串标围标、恶意投诉等行为，对严重失信者，列入“黑名单”，禁止进入山东市场。（责任人：王书坚；责任单位：省发展改革委、省财政厅、省公共资源交易中心等）

三、精准提供便捷高效的政务服务

13. 优化政务服务。2020年6月底前，除涉密事项外，依申请政务服务事项网上可办率不低于90%。12月底前，各级政务服务大厅全面推开无差别“一窗受理”。推广应用“爱山东”APP，12月底前实现“掌上办”政务服务事项“应上尽上”。发布数据共享任务清单，12月底前实现与企业密切相关的规划、土地、税务、环保、市场监管等政务数据，以及水电气热等公共服务数据的共享共用。全面推开证明事项告知承诺制，7月底前各级统一发布证明事项清单。（责任人：王书坚；责任单位：省政府办公厅、省大数据局、省司法厅等）

14. 加强知识产权保护。压缩涉企知识产权行政执法案件办案时限，一般行政处罚案件平均压减至20个工作日，行政裁决案件需在60日内办结。开展专利快速审查、快速确权、快速维权，发明专利平均审查周期压缩至3个月，实用新型专利压缩至1个月，外观设计专利压缩至1个月。实行外观设计专利侵权案件快速办理，全面开展网络知识产权案件在线办理。开展知识产权质押登记电子化办理，办结取证一次实现，办理时限压减至3个工作日。以“十强”产业为重点，构建新旧动能转换专利库，每年向企业推送1000件高价值专利。（责任人：任爱荣；责任单位：省市场监管局、省版权局、省司法厅等）

15. 提升监管服务效能。实施信用风险分类管理，对轻微失信企业，每年至多进行一次随机检查；对严重失信企业，抽查比例不设上限。动态调整“双随机、一公开”抽查事项清单，除投诉举报、转办交办、专项整治等，不得随意实施行政检查。扩大部门联合随机抽查覆盖面，部门联合检查事项提升至20项以上。落实信用修复制度，对申请信用修复且符合规定的企业，审核时间不超过10个工作日，信用修复后联合惩戒措施同步取消。（责任人：任爱荣；责任单位：省市场监管局、省发展改革委等）

四、着力打造透明稳定的政策环境

16. 增强政策稳定性和预期性。制定与企业生产经营活动密切相关的地方性法规文件，须充分听取企业家、行业协会商会意见；需要听证的，按要求召开听证会。调整环境保护、安全生产等标准须进行充分论证，并经省级行业主管部门同意。出台新涉企政策时同步明确新老政策衔接办法，为企业留出适应调整期。在媒体同步发布涉企政策，公开惠企政策申请条件、申报材料清单、办理流程、承办部门、联系方式、起止时间等信息。以县为单位每季度梳理涉企政策，集中推送辖区企业。2020年5月上旬之前，完成涉企税费专项清理整治。加强政策优化集成，5月上旬之前完成已出台涉企政策梳理，去除空洞无物、难以操作条款。5月上旬之前省委办公厅、省政府办公厅设立应诉平台，收到诉求1个工作日内启动核实程序，3个工作日内答复，15个工作日内予以解决或服务确认，难度较大或者多部门协调的事项最长不超过30个工作日。设立服务企业综合辅导员，帮助企业解决融资、财税、保险、通关等方面的困难。（责任人：省级领导同志；

责任单位：省政府办公厅、省司法厅、省工商联等）

17. 严禁执法“一刀切”。根据企业环保绩效，实行差异化管控，对民生保障、外贸出口、战略性产业、新兴产业等工业企业以及省重大工程项目，纳入保障类清单，不采取全面停工、停产措施。对高危和自然灾害风险较重行业，出台限制性政策，事前进行认真论证并充分征求企业意见，根据企业实际分类实施。除涉及人民群众生命安全、发生重特大事故、重污染天气应急或者举办国家重大活动，并经有权机关批准外，不得在相关区域要求或变相要求相关行业、领域的市场主体普遍停产、停业。对企业经营中的非主观轻微违规，凡未造成社会危害的，各级行政执法机构及时指导帮助企业纠错改错，实行“首次不罚”“首次轻罚”。（责任人：省级领导同志；责任单位：省政府办公厅、省司法厅、省生态环境厅、省应急厅等）

18. 加强政务诚信建设。各级、各部门不得以行政区划调整、政府换届、机构或者职能调整以及相关责任人更替等为由对企业违约毁约。开展政府机关拖欠企业债务清欠行动，实行领导帮包制，2020 年 12 月底前，拖欠 5 年以上的债务全部清零，拖欠 2 年以上的债务清偿 80% 以上。（责任人：省级领导同志；责任单位：各级、各部门）

全力推动本意见各项措施落实落地。整合山东省推进政府职能转变和“放管服”改革协调小组，成立山东省持续深入优化营商环境和推进政府职能转变领导小组，领导小组办公室设在省政府办公厅，从相关部门抽调人员组成专班集中办公。各级、各部门要把优化营商环境作为重大任务，主要负责同志负总责亲自抓。省委办公厅、省政府办公厅把优化营商环境政策落实情况纳入重点督查任务，跟踪调度督办。省委组织部在各市经济社会发展综合考核和省直机关绩效考核中，提高优化营商环境考核权重。省纪委监委将优化营商环境工作情况纳入监督检查和巡视巡察范围，对作风漂浮、落实不力的，依规依纪追责问责。

本意见自印发之日起施行，此前我省出台的有关政策、规定在继续实施过程中，相应条款与本意见不一致的，以本意见为准。

山东省人民政府
2020 年 5 月 1 日

（此件公开发布）

抄送：省委各部门，省人大常委会办公厅，省政协办公厅，省监委，省法院，省检察院。各民主党派省委，省工商联。

山东省人民政府办公厅
2020 年 5 月 1 日印发

山东省人民政府办公厅印发关于持续深入优化营商环境的实施意见配套措施的通知

鲁政办字〔2020〕61 号

各市人民政府，各县（市、区）人民政府，省政府各部门、各直属机构：

《〈关于持续深入优化营商环境的实施意见〉配套措施》已经省委、省政府同意，现印发给你们，请结合实际认真贯彻落实。

山东省人民政府办公厅
2020 年 5 月 9 日

（此件公开发布）

《关于持续深入优化营商环境的实施意见》配套措施

1. 全面推进政务服务事项标准化。2020 年 6 月底前，将全省各级政务服务事项全部纳入山东省政务服务事项管理系统，实行动态调整和同源管理，确保同一事项无差别受理、同标准办理。（联系处室：省政务服务管理办公室；电话：0531-86061336）

2. 完善“政务服务一网通办”总门户。2020 年 6 月底前，除法律、法规另有规定，或者涉及国家秘密、公共安全等情形外，将依申请政务服务事项全部纳入省“政务服务一网通办”总门户运行，网上可办率不低于 90%。12 月底前，完成政策服务“中央厨房”全新改版，启用政务服务评估系统。（联系处室：省政务服务管理办公室；电话：0531-86061336）

3. 全面推行无差别“一窗受理”。2020 年 12 月底前，在全省各级政务服务大厅全面推行无差别“一窗受理”，实行首问负责制、一次性告知制。（联系处室：省政务服务管理办公室；电话：0531-82083166）

4. 大力实施政务服务“一链办理”。2020 年 6 月底前，实现首批 100 项主题服务事项上网运行。12 月底前，新推出 50 项主题式“一链办理”涉企服务事项，纳入省“政务服务一网通办”总门户运行并实施动态监管。（联系处室：省政务服务管理办公室；电话：0531-86061336）

5. 建立健全政务服务“好差评”制度。2020 年 6 月底前，各级政务服务平台、政务服务大厅办事窗口、“爱山东”APP 等渠道接入政务服务“好差评”系统。12 月底前，实现省市县三级线上线下全覆盖、政务服务事项全覆盖、评价数据实时全量归集，确保每个政务服务事项均可评价、每个差评都得到整改。（联系处室：省政务服务管理办公室；电话：0531-86061336）

6. 优化口岸作业和通关服务。2020 年 6 月底前，在潍坊海运口岸开展海关查验通知信息推送扩大试点，通过中国（山东）国际贸易“单一窗口”向进出口企业、港口、码头、口岸作业场站推送海关查验通知信息，向海关推送口岸作业场站查验货物调箱到位信息。12 月底前，实行口岸分类验放，对进口铁矿、锰矿、铬矿、铅矿、锌矿等低风险矿产品实行先放后检，对鲜活农产品实行即验即放，对进口食品、化妆品实行即报即放、即查即放、边检边放。对因企业提前申报进口货物而引起的进口日期修改，以及由于装运、配载等原因造成货物变更运输工具的，不予记录

报关差错。（联系单位：省口岸办；电话：0531-86061058）

7. 拓展“单一窗口”功能。2020 年 12 月底前，建立小微出口信用保险投保系统，实现跨境结算、贸易融资、关税保证保险、出口信用保险等业务通过中国（山东）国际贸易“单一窗口”办理。（联系单位：省口岸办；电话：0531-86061058）

8. 推进办事服务公开标准化。2020 年 12 月底前，在各级政务服务大厅、便民服务中心等场所设立政务公开专区，公开政务服务事项，提供信息公开申请、办事咨询答复等服务，实行政务服务一次告知、信息主动推送。（联系处室：省政府办公厅政务公开办公室；电话：0531-86062738）

抄送：省委各部门，省人大常委会办公厅，省政协办公厅，省监委，省法院，省检察院。各民主党派省委，省工商联。

山东省人民政府办公厅
2020 年 5 月 9 日印发

山东省人民政府关于印发中国（济南）跨境电子商务综合试验区实施方案的通知

鲁政字〔2020〕84 号

济南市人民政府，省政府有关部门：

根据《国务院关于同意在石家庄等 24 个城市设立跨境电子商务综合试验区的批复》（国函〔2019〕137 号）要求，现将《中国（济南）跨境电子商务综合试验区实施方案》印发给你们，请认真组织实施。

山东省人民政府
2020 年 6 月 15 日

（此件公开发布）

中国（济南）跨境电子商务综合试验区实施方案

为全面推进中国（济南）跨境电子商务综合试验区（以下简称济南综试区）建设，制定本实施方案。

一、总体要求

（一）指导思想

以习近平新时代中国特色社会主义思想为指导，全面贯彻党的十九大和十九届二中、三中、四中全会精神，按照国家关于跨境电商发展的总体部署，紧抓国家“一带一路”建设和山东省新旧动能转换契机，立足济南及周边区域促消费、稳外贸、调结构需求，通过制度创新、管理创新、服务创新和协同发展，为跨境电商发展提供可复制、可推广的新经验、新模式。

（二）基本原则

坚持市场运作，制定精准政策措施，科学调整现行规制，让企业成为跨境电商发展的源动力。坚持创新驱动，在业务流程、监管模式和信息化建设等方面先行先试。坚持地域特色，打造契合济南特色的跨境电商新体制、新机制。坚持协同发展，实现济南综试区、济南综合保税区、济南章锦综合保税区、中国（山东）自由贸易试验区济南片区“四区”效能叠加、协同推进、融合发展。

（三）发展目标

到 2022 年，济南市跨境电商交易额突破 200 亿元，年均增长 30% 以上，跨境电商综合服务平台备案企业达到 1000 家，培育引进跨境电商平台 10 家；创建跨境电商产业园（聚集区）10 个，跨境电商公共海外仓 20 个；打造 3–5 个跨境电商产业集群。

二、主要任务

（一）建设“两大平台”

1. 建设跨境电商综合服务平台。依托中国（山东）国际贸易“单一窗口”，建设济南跨境电商综合服务平台，形成“一点接入、一站服务、一平台汇总”的专业化服务支撑。（省口岸办、省商务厅、省地方金融监管局、人民银行济南分行、济南海关、省税务局，济南市政府）

2. 建设跨境电商产业园区（集聚区）平台。采取“1+N”布局方式，重点支持机场跨境电商产业园发展“集货集发+采购供货+代采代发”跨境电商零售进出口新模式；立足济南市各区县外贸产业基础，打造一批功能齐全的跨境电商产业园区。（省商务厅、济南海关，济南市政府）

（二）构建“六大体系”

1. 信息交互体系。依托济南跨境电商综合服务平台，实施一站式电子化大通关模式，实现“一次注册、一次备案、一次申报、一次查验、一次放行”的“单一窗口”服务。（省口岸办、人民银行济南分行、济南海关、省税务局，济南市政府）

2. 金融服务体系。支持商业银行、保险机构等与跨境电商综合服务企业开展合作，为具有真实交易背景的跨境电商交易提供在线支付结算、融资、保险等一站式金融服务。鼓励保险机构创新研发适应跨境电商的新型险种。（省地方金融监管局、人民银行济南分行、山东银保监局、省商务厅，济南市政府）

3. 智慧物流体系。支持跨境电商企业应用大数据、云计算、人工智能、物联网、区块链等技术，提升物流体系智能化水平。推动共同配送、统一配送等先进模式，建立跨境物流分拨配送和营销服务体系。（省发展改革委、省工业和信息化厅、省交通运输厅、省商务厅、省大数据局、省邮政管理局，济南市政府）

4. 信用管理体系。建立跨境电商信用体系，对跨境电商企业和个人做出信用评价。制定“负面清单”监管模式，建立健全企业信用体系、风险评估体系、产品溯源体系、备案信息共享体系。（省商务厅、省发展改革委、省市场监管局、人民银行济南分行、济南海关、省税务局，济南市政府）

5. 统计监测体系。探索建立跨境电商统计监测模式和数据统计制度，实现相关部门统计监测数据共享。探索跨境电商企业（B2B）统计认定标准，做好邮件快件纳入统计工作。（济南海关、省商务厅、省统计局、省税务局、省邮政管理局，济南市政府）

6. 风险防控体系。建立风险信息采集、风险评估分析、风险预警处置、风险复查完善等机制，有效防控非真实贸易洗钱的各种技术风险和交易风险，为政府监管提供技术支撑、决策支持。（省商务厅、省发展改革委、省口岸办、省市场监管局、人民银行济南分行、济南海关、省税务局，济南市政府）

三、工作举措

（一）推动跨境电商与产业深度融合

1. 推动传统产业转型升级。加快推动企业利用跨境电商完善传统外贸交易流程和采购体系。鼓励企业通过跨境电商企业资源系统、第三方代运营服务等新兴贸易手段，拓展全球市场。（省商务厅、省发展改革委、省工业和信息化厅，济南市政府）

2. 培育发展重点产业集群。布局人工智能、情感计算、区块链等数字产业。以跨境电商园区为载体，将智能制造与高端装备产业、医疗康养产业、大数据与信息技术产业以及量子产业等产业集群打造成为世界级先进产业集群。（省商务厅、省发展改革委、省工业和信息化厅、省大数据局，济南市政府）

（二）建设国际进口消费中心城市

1. 打造跨境电商进口商品体验中心。立足济南辐射周边，打造跨境电商展示体验中心和交易中心。建设一批跨境电商进口商品店，提供线下展示体验、线上下单配送服务。（省商务厅、省市场监管局、省税务局、济南海关，济南市政府）

2. 建设跨境电商集散中心。积极推动丝路电商发展模式，构建集设计、生产、销售于一体的数字贸易通路，发展多式联运、保税仓储、货物集散分拨等业务，形成“买全球、卖全球”国际消费品集散地。（省商务厅、省发展改革委、省交通运输厅、省市场监管局、省税务局、济南海关，济南市政府）

（三）推动跨境电商品牌建设

优选30~50家具有特色产品、特色市场的跨境电商企业，鼓励开展国际商标注册、国际认证，形成一批具有竞争优势的跨境电商本土品牌企业和品牌商品。（省商务厅、省市场监管局、济南海关，济南市政府）

（四）优化跨境电商发展环境

1. 完善跨境电商监管方式。优化跨境直购进出口监管方式，推行保税备货进出口监管方式，支持网购保税进口商品进入海关特殊监管区域时先理货后报关。对跨境电商零售商品出口，采取“清单核放、汇总统计”方式办理报关手续。(济南海关，济南市政府)

2. 创新税收征管模式。推行跨境电商零售进口“税款担保、集中纳税、代扣代缴”通关模式。对跨境电商零售出口企业未取得有效进货凭证的货物，试行增值税、消费税免税政策，试行核定征收企业所得税，应税所得率按照4%确定。(济南海关、省税务局，济南市政府)

3. 推动跨境收支便利化。按照便利化优先原则，建立以动态监测、总量核查和分类管理为主要内容的跨境电商外汇管理制度，境内个人电商可凭与代理企业签订的进出口代理合同（协议）或委托物流公司运输的单据办理结售汇。(人民银行济南分行，济南市政府)

（五）打造跨境电商物流大通道

积极建设海外仓、边境仓，探索适应跨境电商的多式联运快速运输体系。依托欧亚班列和国际陆港贸易新通道等，构建区域转运及国际多式联运枢纽。(省发展改革委、省交通运输厅、省商务厅、济南海关，济南市政府)

（六）加强跨境电商智库和人才建设

研究成立济南跨境电商研究院。实施跨境电商引才计划和领军人才培育工程，为济南综试区建设提供智力支持。(省商务厅、省教育厅，济南市政府)

四、保障措施

（一）加强组织领导

济南市要根据本实施方案，健全机制、明确责任、落实分工，扎实推进相关工作。省有关部门根据本实施方案，积极做好协调配合、指导评估等工作，形成推进济南综试区发展的强大合力。

（二）支持创业创新

建立跨境电子商务创业孵化平台和机制，为创业人员提供场地、人才、技术、资金支持和创业平台孵化服务。积极引导社会资金进入跨境电子商务创新发展领域，为小微企业和网商个人创业提供服务。

（三）完善政策扶持体系

统筹商务发展政策资金，对济南综试区建设给予政策支持，制定和完善金融、财税、人才、信息、研发、土地等政策，形成扶持跨境电商发展的长效政策支撑。

抄送：省委各部门，省人大常委会办公厅，省政协办公厅，省监委，省法院，省检察院。各民主党派省委，省工商联。

山东省人民政府办公厅
2020 年 6 月 16 日印发

山东省人民政府关于印发中国（烟台）跨境电子商务综合试验区实施方案的通知

鲁政字〔2020〕85号

烟台市人民政府，省政府有关部门：

根据《国务院关于同意在石家庄等24个城市设立跨境电子商务综合试验区的批复》（国函〔2019〕137号）要求，现将《中国（烟台）跨境电子商务综合试验区实施方案》印发给你们，请认真组织实施。

山东省人民政府
2020年6月15日

（此件公开发布）

中国（烟台）跨境电子商务综合试验区建设实施方案

为全面推进中国（烟台）跨境电子商务综合试验区（以下简称烟台综试区）建设，制定本实施方案。

一、总体要求

（一）指导思想

以习近平新时代中国特色社会主义思想为指导，全面贯彻党的十九大和十九届二中、三中、四中全会精神，抢抓山东省推动新旧动能转换、自贸试验区建设机遇，立足烟台产业基础和贸易特色，进一步创新完善跨境电商发展体制机制、提升跨境电商发展水平，促进外贸新旧动能转换和高质量发展。

（二）基本原则

坚持统筹联动、协同发展，充分释放政策红利，吸收借鉴、复制推广先进经验做法，推进制度创新、管理创新、服务创新和协同创新，利用跨境电商赋能产业竞争力，探索“中国制造2025+数字贸易+自主品牌国际化”新模式，推动跨境电商高质量发展。

（三）发展目标

到2022年，烟台市跨境电商交易规模力争达到300亿元，年均增长30%以上，跨境电商综合服务平台备案企业超过1200家，引进培育10家跨境电商交易额过亿元的电商平台，在重点国家和地区培育10个公共海外仓，打造10个跨境电商线下产业园，跨境电商发展体制机制不断健全优化，探索出一批可供复制推广的经验做法。

二、主要任务和措施

（一）打造“三个平台”，培育提升跨境电商发展载体

1. 打造跨境电商综合服务平台。依托中国（山东）国际贸易“单一窗口”平台，集成通关、监管、税务、外汇等基础服务，拓展仓储、物流、金融、保险、信用、营销等综合服务，对跨境电商大数据进行动态管理，为跨境电商发展提供有力支撑。（省口岸办、省商务厅、省地方金融监管局、省税务局、青岛海关、人民银行济南分行，烟台市政府）

2. 打造跨境电商产业集群发展平台。借力中国（山东）自由贸易试验区烟台片区、烟台保税港区等优势载体，突破发展烟台综试区。整合跨境电商零售进出境业务海关特殊监管区域、保税监管场所和监管作业场所，集中优质资源开展跨境电商零售进出口各模式业务，形成各有侧重、相互补充的发展格局。支持企业发展线上品牌，扩大对海外企业和对海外终端客户（B2B、B2C）特色产品的进出口。着力招引海内外跨境电商项目，推动破解跨境电商企业与服务平台间的对接瓶颈。后续新增跨境电商需求纳入发展规划，逐步形成集聚效应，实现跨境电商产业优势互补、错位发展和集约监管。（省商务厅、青岛海关，烟台市政府）

3. 打造人才培养公共服务平台。充分利用烟台院校资源，建设跨境电商人才培训基地。大力“招才引智”，鼓励跨境电商人才到烟台创业发展、授课指导。建立健全培育孵化机制，为跨境电商创业提供场地、技术、资金、设备等支持服务。（省商务厅、省教育厅，烟台市政府）

（二）拓展“三种路径”，不断激发跨境电商发展潜力

1. 拓展数字贸易赋能传统制造业路径。通过大数据技术整合海内外客户资源，大力发展“互联网+制造业”。借力知名跨境电商运营商构建“海外仓+营销网络”，探索“制造企业+跨境电商服务中心”的国际营销合作模式，构建国际供应链生态圈。（省商务厅、省工业和信息化厅，烟台市政府）

2. 拓展特色商品进出口跨境交易路径。发挥烟台保税港区和海关监管作业场所作用，打造区域消费品集散中心。探索“冷链物流+跨境电商”运营模式，推动特色农产品跨境线上营销。采用“跨境电商+外贸+生产厂家+原料基地”的模式，推进电子汽配、家纺服装、化工材料等烟台优势产品出口。（省商务厅、青岛海关，烟台市政府）

3. 拓展跨境电商开拓国际市场新路径。立足交通发展规划，优化加密海空运航线，增设欧亚班列，畅通跨境电商国际物流通道。依托冰鲜、水生动物等指定监管场地，提升相关国际仓储物流能力。支持企业在重点国家和地区新设或加盟海外仓，构建跨境电商海外营销网络。（省交通运输厅、省发展改革委、省口岸办、省商务厅、青岛海关，烟台市政府）

（三）构建“六个体系”，持续做强跨境电商发展支撑

1. 构建跨境电商信息共享体系。推动跨区域、跨行业、跨部门的信息交换共享，为企业提供“一次系统上备案、全流程专业化服务”，强化对跨境电商信息流、资金流、业务流的数据支撑。（省口岸办、省商务厅、省发展改革委、省市场监管局、省地方金融监管局、省税务局、青岛海关、人民银行济南分行，烟台市政府）

2. 构建跨境电商金融服务体系。在风险可控前提下，鼓励相关企业、机构开展金融创新，为跨境电商企业提供应收账款融资、仓单质押、保险理财等供应链金融服务，支持出口信用保险公司与外贸综合服务企业多渠道合作，提供出口信用保险和海外仓业务金融服务。（人民银行济南分行、山东银保监局、省地方金融监管局、省商务厅，烟台市政府）

3. 构建跨境电商智慧物流体系。优化整合口岸资源，推进跨境物流体系与供应链管理对接融合，支持物流企业依托物联网、人工智能和区块链等先进技术发展智慧物流，提升国际供应链物流综合竞争力，为跨境电商提供便捷高效的物流服务。（省发展改革委、省交通运输厅、省商务厅，烟台市政府）

4. 构建跨境电商信用体系。对烟台跨境电商生产企业检验监管前推后移，将跨境电商经营主体公共信息纳入烟台市统一公共信用信息管理系统，推进诚信评价工作，探索建立跨境电商产品溯源机制，强化对质量安全等方面的监管。（省商务厅、省市场监管局、省发展改革委、省税务局、青岛海关、人民银行济南分行，烟台市政府）

5. 构建跨境电商风险防控体系。强化多部门联合防控风险职责，定期做好跨境电商风险分析与研判，为科学监管提供技术支撑和服务保障。发挥行业协会和电商平台等作用，加强行业自律，推进建立跨境电商业务纠纷处理机制。（省商务厅、省税务局、青岛海关、人民银行济南分行，烟台市政府）

6. 构建跨境电商统计监测体系。依托山东电子口岸建立多方联动的跨境电商统计监测系统，提升对各类商品交易、物流通关、金融支付等数据的整合分析能力，并在相关管理部门间实现数据共享，为政府监管和企业经营提供充足决策依据。（省商务厅、省统计局、省口岸办、省税务局、青岛海关、人民银行济南分行、省邮政管理局，烟台市政府）

三、组织实施

（一）强化组织领导

烟台市要根据本实施方案健全机制、明确责任、落实分工，扎实推进相关工作，涉及重要政策和重大建设项目按规定程序报批。省有关部门要做好协调配合、指导评估等工作，共同推动相关的体制机制和政策创新，加快形成可复制推广的经验做法。

（二）加强政策扶持

推进现有政策落实，统筹商务发展政策资金，在基础设施建设、项目招引、企业培育、园区发展、教育培训、品牌建设等领域加大扶持力度，鼓励海内外金融资本注入，形成长效政策支撑，支持有条件的县（市、区）出台扶持措施。

（三）优化发展环境

加快提升基础设施配套水平，强化部门联动，发挥职能优势，有序推动有利于跨境电商发展的制度创新、服务创新和模式创新，持续优化提升专业服务能力水平，营造良好的跨境电商发展环境。

抄送：省委各部门，省人大常委会办公厅，省政协办公厅，省监委，省法院，省检察院。各民主党派省委，省工商联。

山东省人民政府办公厅
2020 年 6 月 16 日印发

山东省人民政府办公厅关于进一步优化营商环境更好服务市场主体若干措施的通知

鲁政办发〔2020〕23 号

各市人民政府，各县（市、区）人民政府，省政府各部门、各直属机构：

为深入贯彻习近平新时代中国特色社会主义思想和党的十九大精神，认真落实《国务院办公厅关于进一步优化营商环境更好服务市场主体的实施意见》（国办发〔2020〕24 号）要求，聚焦打造手续最简、环节最少、成本最低、效率最高的流程，助力做好“六稳”工作、落实“六保”任务，助推高质量发展，经省政府同意，现将进一步优化营商环境更好服务市场主体若干措施通知如下。

一、推进投资项目前期审批流程再造

推行项目前期事项“一链办理”，按照国家要求，研究提出由项目单位编制一套材料的事项清单，明确编制内容和标准，推动省投资项目在线审批监管平台和工程建设项目审批管理系统与政务服务平台业务互通和数据共享，加快项目落地，实现备案批复文件在线打印。按照“多审合一、多证合一”改革要求，合并建设项目用地预审与选址意见书，实行一张表单、一套材料、一个系统、一次评审、一个证书。统一受理环评审批，明确提前服务、受理、评估、审查等标准，同步评估审批，减少决策层级和环节。对符合法律法规规定确实无法避让生态保护红线和相关法定保护区的公路、铁路、电网、输油（气）管线等线性项目，主管部门意见不作为环评审批的前置条件。省政府有关部门出台区域评估标准规范并加强对各市的业务指导，督促各市加快推进区域评估工作。（省发展改革委牵头，省自然资源厅、省生态环境厅、省住房城乡建设厅等按职责分工负责）

二、大力提升工程建设项目审批效率

根据国家小型建设项目的设计规模划分标准，推行工程建设项目分级分类管理。持续完善工程建设项目审批系统功能，按照运行和管理规则，推动实现与有关部门、各市业务系统互联互通，将全省工程建设项目审批全部纳入系统上线运行，实现县（市、区）和功能区全覆盖。督促各市推进数据、项目图纸共享，申办工程建设项目每个审批阶段只需提交 1 份申请表，基本实现一次填报、一次上传，评审意见和审批结果即时推送。实现工程建设项目审批系统与水气暖等报装业务系统联通，向市政公用企业开放查询账号。出台规范工程建设项目审批中介服务指导意见。实施工程建设项目审批容缺受理制度，将与工程建设相关的审批、核准、备案事项全部纳入省“政务服务一网通办”总门户，同步向社会公示办事指南。实施人防设计、监理资质行政许可告知承

诺制，实现全程网办。完成省政务服务平台与省投资项目和工程建设项目在线审批监管平台对接，通过省投资项目在线审批监管平台登记项目，在省共享交换平台发布接口，实现信息共享、项目信息关联，供省、市相关系统调用信息，避免重复填报和二次录入。（省住房城乡建设厅牵头，省发展改革委、省自然资源厅、省应急厅、省人防办、省大数据局等按职责分工负责）

三、深入推进“多规合一”“多测合一”

加快构建全省统一的国土空间规划体系，统筹各类空间性规划，推动消除现行土地利用规划、城乡规划中存在的“矛盾图斑”。建立“多测合一”测绘单位名录库，实行成果共享、结果互认，在项目实施同一阶段，同一标的物只测一次、同一测绘成果只提交一次。（省自然资源厅等按职责分工负责）

四、进一步降低市场准入门槛

严格规范市场准入管理，推动“非禁即入”落实落地。组织开展“三个全面清理”，即全面清理市场准入负面清单之外违规设立的准入许可、隐性门槛和其他形式的负面清单。集中清理工程建设、教育、医疗、体育等领域在市场准入方面对企业资质、资金、股比、人员、场所等设置的不合理条件，列出台账并逐项明确解决措施、责任主体和完成时限。实行跨地区巡回演出等营业性演出审批全程网办。（省发展改革委、省教育厅、省住房城乡建设厅、省商务厅、省文化和旅游厅、省卫生健康委、省体育局等按职责分工负责）

五、切实降低小微企业经营成本

2020 年年底前，分类实施工程担保制度，减轻企业资金占用负担。实行供应商全流程通过电子化方式参与政府采购，确需收取投标和履约保证金的，采购人、采购代理机构应当允许供应商自主选择以支票、汇票、本票、保函等非现金形式缴纳或提交。在工程建设、公路水运工程、水利工程领域全面推行银行保函、保证保险替代投标、履约、质量、农民工工资现金保证金，督促指导金融机构、保险公司制定以银行保函、保证保险替代现金缴纳涉企保证金操作指引。出台商户牌匾设置标准，对牌匾采取备案管理。在中国（山东）自由贸易试验区实行食品经营许可（仅销售预包装食品）备案管理，纳入“多证合一”范围，在企业登记注册环节一并办理食品经营备案手续。实施反垄断风险提醒告诫制度，畅通举报投诉渠道。实施职业病危害分级管理。加强小微企业负责人和管理人员职业健康培训，督促企业做好职业病危害日常监测。引导银行和非银行支付机构完善收单定价机制，实行收单环节服务费市场调节价，保持费率水平合理稳定。（省工业和信息化厅、省财政厅、省住房城乡建设厅、省交通运输厅、省水利厅、省卫生健康委、省市场监管局、省地方金融监管局、人民银行济南分行、山东银保监局等按职责分工负责）

六、进一步提高进出口通关效率

推行“提前申报”，全面推广“两步申报”，在符合条件的监管作业场所实行提前申报货物在船舶抵港后自动放行，实现“船边直提”；对出口大宗散装货物，经海关批准后实施“抵港直装”。允许企业根据实际情况选择是否到场陪同查验，规范查验现场的音视频录证工作，实行查验作业全过程控制和留痕，相关录证信息均上传至系统，实现进系统、可追溯。坚决杜绝单日限流、

控制报关等不合理措施。（青岛海关、济南海关牵头，省政府有关部门按职责分工负责）

七、拓展国际贸易“单一窗口”功能

新增小微出口信用保险投保、出口退税申报、金融服务等功能，推广应用跨境结算、贸易融资、关税保证保险、出口信用保险等“单一窗口”服务功能，上线“口岸收费公示”专栏，实现港口、船代、理货等收费标准在线公开、查询。推广应用山东口岸物流协同平台，实现进口集装箱货物提货单和设备交接单同步电子化流转。督促港口、理货企业根据实际收费情况调整公示价格。（省政府办公厅牵头，省交通运输厅、省商务厅、青岛海关、济南海关等按职责分工负责）

八、切实减少外资外贸企业投资经营限制

支持外贸企业拓展国内市场，2020 年年底前，对接电商平台拓宽外贸企业内销渠道，利用直播电商等新业态新模式促进出口转内销。对出口转内销的食品相关产品、电线电缆、危险化学品包装物及容器、化肥等工业产品生产许可申请和采用自我声明承诺方式的特种设备许可延续换证申请，以及自贸试验区外仅销售预包装食品的食品经营许可申请，实行告知承诺发证。对变更和延续食品经营许可证的申请，申请人声明经营条件未发生变化的，不再进行现场核查。除法律法规有特别要求外，对“同线同质同标”出口转内销产品，鼓励认证机构采信已有检测认证结果，允许加贴中文标签标识、作出产品安全书面承诺，以自我符合性声明的方式销售，并加强事中事后监管。（省商务厅、省市场监管局等按职责分工负责）

九、促进人才流动和灵活就业

依托山东省专业技术人员管理服务平台，实行专业技术人员职称申报、审核、评审、公示、核验等全程网办，2021 年 6 月底前，实现职称电子证书信息在线核验。指导公共就业服务机构建立用工余缺调剂平台，为共享用工提供精准对接服务。全面落实失业保险政策规定，实现失业保险网上申领。按照有序、适度放开和便民不扰民、不污染环境的原则，进一步规范和改善店外经营和流动摊点管理服务，有序推进夜经济等特色经营方式发展。（省人力资源社会保障厅、省住房城乡建设厅等按职责分工负责）

十、完善对新业态的包容审慎监管

加强相关规范性文件评估和监督管理，坚决清理各类不合理管理措施，支持“四新经济”发展。进一步放宽互联网远程诊疗范围，明确对复诊患者可以实行互联网远程诊疗。完善“互联网+”医疗服务价格管理和医保支付政策，将互联网复诊等医疗服务价格项目纳入医保支付。疫情期间互联网医保定点医疗机构按规定新开展的“互联网+”医疗服务项目，可由医疗机构自主确定价格，临时纳入医保支付范围。加快创新性二类医疗器械产品注册、二三类医疗器械生产许可等审评审批。推进医疗器械审评审批制度改革，探索医疗器械注册证与生产许可证分离。（省工业和信息化厅、省交通运输厅、省卫生健康委、省医保局、省药监局等按职责分工负责）

十一、增加新业态应用场景等供给

建设华东智能网联汽车试验场和山东高速智能网联高速公路测试基地项目，加速推进 5G 数字

化部署应用，拓展测试基地商业和盈利模式。逐步创建国家级智能交通科研创新平台，研究出台车路协同示范和应用政策，组织测试基地认定，统筹设施智能化升级、网络信息基础设施发展，试点路测智能基础设施建设，推进北斗卫星导航系统应用。加快推动养老机构、交通、医疗健康主题库和专题库建设工作，依托省政务信息资源共享交换平台，持续推进数据汇聚、开放共享。按照“应开放尽开放”的原则，2021 年 10 月底前，完成公共数据资源开发利用试点，发布数据汇聚、共享、开放清单。（省发展改革委、省工业和信息化厅、省公安厅、省民政厅、省交通运输厅、省卫生健康委、省大数据局等按职责分工负责）

十二、提升企业开办经营便利化水平

2020 年年底前，研究出台无差别“一窗受理”改革标准指引，除法律、法规另有规定，或涉及国家秘密、公共安全等情形外，将依申请政务服务事项全部纳入省“政务服务一网通办”总门户运行并实施动态监管；推出 150 项主题式服务事项；出台山东省政务服务容缺受理相关管理办法。全面推进行业“一业一证”改革，推行行业综合许可证。制定电子证照推广应用、电子营业执照应用实施方案，加快在政务服务领域全面推广应用，加快开展电子印章应用推广。归集电子证照，梳理应用场景，推进电子营业执照在人力资源、公积金、经营场所登记、纳税等事项办理中的应用，提升办事便利度。指导相关银行做好企业持电子营业执照办理银行结算账户业务相关工作。依托山东省税务局的电子印章系统深化税务部门和纳税人电子签章应用，全面推进涉税业务无纸化办理和税务文书电子送达。（省政府办公厅、省人力资源社会保障厅、省住房城乡建设厅、省市场监管局、省大数据局、省税务局、人民银行济南分行等按职责分工负责）

十三、提升制度政策保障能力和水平

根据有关法律、法规修改的情况，推动修订有关企业开办经营便利化方面的地方性法规和政府规章。落实《山东省行政规范性文件评估暂行办法》，加强行政规范性文件的制定管理和跟踪评估。出台政府立法公众参与办法，保障、鼓励企业家、行业协会商会参与政府立法过程。制定与企业生产经营活动密切相关的政策文件时，充分听取企业家、行业协会商会意见，并按规定组织听证。（省司法厅牵头，各市、各部门负责）

十四、建立常态化政企沟通联系机制

依托企业诉求“接诉即办”省级平台，构建企业诉求快速响应机制，对收到的企业诉求 1 个工作日内启动核实程序，3 个工作日内答复，15 个工作日内予以解决或服务确认。（省政府办公厅牵头，各有关部门按职责分工负责）

十五、抓好惠企政策兑现

梳理惠企政策清单，在本部门门户网站和政务服务平台同步发布涉企政策，公开惠企政策申请条件、申报材料清单、办理流程、承办单位、联系方式、起止时间等信息。通过“爱山东”APP 政策直通车，持续丰富利企便民政策信息，依据企业经营范围、行业领域与个人信息精准推送政策。鼓励推行惠企政策“免申即享”，通过政府部门信息共享等方式，进一步完善财政资金直达机制，实现符合条件的企业免予申报、直接享受政策。对确需企业提出申请的惠企政策，合理

设置并公开申请条件，简化申报手续，加快实现一次申报、全程网办、快速兑现。（各市、各部门负责）

各级、各部门要把持续优化营商环境作为更好服务市场主体、促进市场经济高质量发展的重要举措，采取切合实际、行之有效的办法，认真抓好贯彻落实。各牵头部门要切实发挥职能作用，与相关部门协同配合抓好落实，形成推进工作的强大合力。省政府办公厅要加强调度督导，确保各项措施落到实处。

山东省人民政府办公厅
2020 年 12 月 7 日

（此件公开发布）

抄送：省委各部门，省人大常委会办公厅，省政协办公厅，省监委，省法院，省检察院。各民主党派省委，省工商联。

山东省人民政府办公厅
2020 年 12 月 8 日印发

河南省

一、综述

2020年，按照党中央、国务院和河南省委、省政府有关深入贯彻落实统筹推进疫情防控和经济社会发展的决策部署，围绕积极融入“一带一路”建设，加快打造内陆开放高地，服务河南“五区联动”“四路协同”发展战略落地，河南口岸相关单位通力协作、共同努力，加快推进中国（河南）国际贸易单一窗口建设（以下简称河南“单一窗口”），不断完善提升标准版和地方特色应用，加快向国际贸易全链条延伸覆盖，推动口岸作业进一步实现无纸化、电子化、智能化发展。截至2020年年底，河南“单一窗口”已具备功能100余项，服务一般贸易、加工贸易、跨境电商、服务贸易等多种贸易形式，实现全省区域、功能、业务全覆盖，平台累计注册企业14000余家，服务上下游企业30000余家。

一是口岸公共服务功能日益完善。有序落地标准版13项新增应用，全省推广应用“提前申报”“两步申报”等改革措施，截至2020年年底，累计落地17大类88项标准版应用，进一步拓展“一点接入”网上口岸公共服务办理服务范围，持续提升河南口岸便利化水平。

二是口岸特色服务功能应用加深。大数据分析系统统计、分析、监测等功能进一步完善，为政府开展口岸治理提供基础数据支撑；金融服务系统联合建设银行、中国信保等金融机构，完善国际结算、信用保险、融资担保等特色服务，服务企业融资金额达19.4亿元；出口退税系统在线办理业务8325笔、15.25亿元；快件通关辅助系统推广至郑州邮政口岸，助力该口岸实现“三关合一”。

三是赋能跨境电商产业逆势增长。系统峰值处理能力达1000单/秒，为产业逆势增长注入新动能，助力“网上丝绸之路”跑出加速度，同时积极推动国家产业新政实施，为跨境电商出口“9710”“9810”试点业务落地提供便捷信息化载体，大幅提高企业通关效率。2020年，河南“单一窗口”跨境电商业务申报1.5亿单、货值127亿元，同比分别增长103%、77%，业务量是2019年的2倍。

四是保障疫情期间企业高效通关。疫情期间，依托95198智能客服系统，坚持7×24小时在线服务，充分发挥河南“单一窗口”各类政务通关业务“一网通办”的服务优势，同时提升金融、保险、大数据分析等特色服务功能，为企业提供申报零接触、通关零延时、系统零故障的高效通关服务，支持富士康等重点企业尽快复工复产，助力郑州机场货运包机不断航，助力中欧班列及早常态化运行，助力郑州邮政口岸实现“三关合一”，充分凸显平台对“四路协同”的支撑作用。

疫情期间共保障 7753 批、价值约 76.22 亿元的防疫物资快速通关，为全球抗击疫情做出了贡献。

二、运行情况

（一）运行数据

截至 2020 年年底，河南“单一窗口”注册用户 14858 家，较 2019 年增加 5046 家。全年货物申报 513727 票；舱单申报 2133767 票；运输工具申报 68322 票；企业资质办理 28307 票；原产地证申领 54486 票；税费支付 19860 笔；加贸保税 562806 票；物品通关 621088 票；跨境电商 280600327 票；监管证件 688 票；出口退税 71 笔。

（二）运行维护

结合疫情防控大局，凸显用户中心地位，持续完善两级一体化运维机制，提升运维保障工作专业化程度。一是依托 95198 热线，开发上线智能客服系统，并实现与中国电子口岸数据中心技术对接，进一步提升服务企业的服务效率，前三季度共受理企业问题 4000 余个，问题解决率达 98%；二是畅通服务渠道，通过门户网站实时发布惠企政策、捐赠通关指南等信息，为企业开通境外捐赠绿色通道、免收汇款手续费、降低企业贷款利率等多种金融服务；三是进一步完善大数据分析系统功能，开发大数据分析 App，增加移动化、智能化使用体验，上线新冠肺炎疫情影响监测分析、重点外贸企业监测分析等系统，联合政府部门发布 4 篇外贸分析报告，为政府决策提供数据支撑。

（三）宣传推广

1. 主动作为，推动产业新政顺利实施。主动配合相关部门，积极推动国家跨境电商产业新政实施，为跨境电商出口“9710”“9810”试点业务落地提供便捷信息化载体，大幅提高企业通关效率，并面向全省企业开展巡回业务培训，共有 1000 余家企业、1500 余名企业代表参加，让政策利好切实惠及广大企业，促进跨境电商出口业务实现跨越式发展。

2. 拓宽宣传渠道，提升河南“单一窗口”影响力。通过“河南口岸”“河南电子口岸”等微信公众号，河南手机报口岸版、门户网站等新媒体，及时传播河南“单一窗口”有关信息，传播对象覆盖口岸政务部门、重点外贸企业等核心人员 6000 余人；门户网站累计浏览量突破 1300 万人次，全年在《河南日报》、河南卫视等权威媒体重要版面和黄金时间刊播 17 次新闻报道，被中国政府网、“学习强国”等媒体转载 100 余次，《七大问题，全面弄懂河南“单一窗口”》等文章引起较好社会反响，品牌影响力进一步得以彰显。

三、特色应用

（一）重点外贸企业监测分析系统

为更好服务河南“三外”发展，疫情期间，根据河南省发展改革委需求，开发重点外贸企业监测分析系统。系统可实时跟踪掌握河南“白名单”重点外贸企业的进出口形势，实现外贸订单数据的动态监测，为政府、企业和经济研究部门提供政策决策、产品转型等方面的数据分析依据。

（二）新冠肺炎疫情外贸影响系统

针对疫情期间河南外贸产业需求，从进出口总值、物流状态、贸易国别、贸易方式、重点外贸企业状况等多个维度对疫情造成的影响进行具体分析，为政府应对疫情对外贸产业的冲击、制定企业扶持政策，提供基础的决策数据。

（三）国际贸易大数据分析 App

国际贸易大数据分析 App 是大数据分析系统的手机端版本，增加系统的移动化、智能化使用体验。通过 App 可以动态监测、分析和展示平台运行的核心业务数据，为用户提供便捷、实时的掌上大数据服务。

四、 大事记

1 月 24 日

河南“单一窗口”全力以赴做好通关保障，助力新冠肺炎疫情防控。

2 月 21 日

快件通关辅助系统推广至郑州邮政口岸，助力该口岸实现“三关合一”。

4 月 22 日

河南省发展改革委发感谢信表扬河南“单一窗口”抗疫表现。

6 月 18 日

“6·18”期间，企业通过河南“单一窗口”申报跨境电商业务 1352 万单，创同期业务新高。

7 月 1 日

河南“单一窗口”助力跨境电商 B2B 出口“9710”“9810”业务正式落地河南。

9 月 22 日

河南日报以《七个问题，全面弄懂河南“单一窗口”》为题，专题报道河南“单一窗口”。

10 月 14 日

河南“单一窗口”2020 年跨境电商申报突破 1 亿单。

11 月 11 日

“双 11”期间，河南“单一窗口”企业申报达 1190.98 万单，创同期业务新高。

11 月 28 日

河南省十三届人大常委会第二十一次会议，表决通过《河南优化营商环境条例》《郑州航空港综合经济实验区条例》，河南“单一窗口”建设纳入上述两个文件。

五、政策文件

河南省人民政府关于印发中国（洛阳）跨境电子商务综合试验区实施方案的通知

豫政〔2020〕24 号

各省辖市人民政府、济源示范区管委会、各省直管县（市）人民政府，省人民政府各部门：

现将《中国（洛阳）跨境电子商务综合试验区实施方案》印发给你们，请认真贯彻执行。

河南省人民政府

2020 年 8 月 13 日

中国（洛阳）跨境电子商务综合试验区实施方案

建设中国（洛阳）跨境电子商务综合试验区（以下简称洛阳跨境电商综试区），是顺应世界经济和国际贸易全球化、信息化发展趋势，深化内陆地区改革开放、构建全方位开放发展新格局、推动洛阳副中心城市建设的重大举措。为加快推进洛阳跨境电商综试区建设，根据《国务院关于同意在石家庄等 24 个城市设立跨境电子商务综合试验区的批复》（国函〔2019〕137 号）精神，制定本实施方案。

一、总体要求

（一）指导思想

以习近平新时代中国特色社会主义思想为指导，抢抓促进中部地区崛起、黄河流域生态保护和高质量发展两大国家战略机遇，发挥洛阳跨境电商综试区、洛阳综合保税区、中国（河南）自由贸易试验区洛阳片区、郑洛新国家自主创新示范区洛阳片区、洛阳国家高新技术产业开发区等平台和政策叠加优势，以跨境电商 B2B（企业对企业）出口业务为重点，强化制度创新、管理创新、服务创新、业态创新和协同创新，构建完善的跨境电商生态圈，全面提升对外贸易发展水平，为全国跨境电商发展探索可复制、可推广的经验。

（二）基本原则

1. 积极借鉴、突出特色。发挥洛阳产业基础雄厚、科技实力突出、区位优越、交通便利等优势，通过复制推广成熟经验做法和业务模式，推动洛阳跨境电商快速发展。

2. 先行先试、创新驱动。在跨境电商技术标准、业务流程、监管模式和信息化建设等方面先行先试，加快发展跨境电商新业态、新模式，构建有利于跨境电商创新发展的体制机制。

3. 多方联动、协同发展。加强海关、税务、外汇管理、商务、市场监管、邮政等部门协同，推进“部门联动、业务联通”；加强与洛阳综合保税区、中国（河南）自由贸易试验区洛阳片区、郑洛新国家自主创新示范区洛阳片区、洛阳国家高新技术产业开发区在政策衔接、平台共享、资本运作、人才培养、科技创新等方面的合作，实现“多区融合、协同发展”。

4. 稳步推进、规范有序。分阶段、分步骤推进洛阳跨境电商综试区建设，建立包容审慎的管理体系，加强事中事后监管，在发展中规范、在规范中发展，为各类市场主体公平竞争创造良好的营商环境。

（三）发展定位

1. 内陆地区外贸发展新高地。统筹利用国内国际两个市场、两种资源，优化贸易结构，推动进口与出口、贸易与产业协调发展，培育贸易竞争新优势。拓展跨境电商出口领域，支持装备制造、摩托车及零部件、钢制办公家具、新材料等特色产品通过跨境电商渠道出口，扩大出口业务规模。持续释放内需潜力，优化进口商品结构，扩大与人民群众生活密切相关的优质日用消费品进口，满足市场多元化需求。

2. 全国制造业转型升级新样板。立足洛阳产业基础和科技实力，发挥跨境电商模式优势，引导制造业企业更好地适应全球市场变化，逐步巩固海外营销渠道和掌握市场话语权，推动产业链与创新链对接、制造业与服务业融合，加快推动制造业转型升级。

3. 中西部地区跨境电商创新创业新基地。高标准建设一批跨境电商产业园区，制定出台支持政策，吸引中西部地区跨境电商企业和人才集聚，着力培育一批本土跨境电商企业。营造支持创新创业的氛围，激发企业创新活力和人才创业动力，着力建设中西部地区跨境电商创新高地和创业基地。

（四）发展目标

建立以信息为基础、以信用为核心、以技术为支撑的跨境电商监管模式，探索具有洛阳特色的内陆地区跨境电商发展新路径，推动跨境电商自由化、便利化、规范化发展。到 2025 年，引进 1~2 家跨境电商龙头企业，培育 5 个跨境电商产业集群，建设 5 个跨境电商产业园区，重点支持 100 家跨境电商企业发展，出口企业中通过跨境电商渠道开展业务的企业达到 50%以上。

二、主要任务

（一）建设两个平台

1. 线上综合服务平台。依托中国（河南）国际贸易“单一窗口”，建设线上综合服务平台，实现海关、税务、外汇管理、商务、市场监管、邮政等部门数据信息互联互通，对接电商平台、金融机构和物流、外贸综合服务企业，为跨境电商企业提供“关、检、税、汇”以及金融、供应链等全方位线上服务。

2. 线下综合园区平台。发挥洛阳综合保税区政策优势，建设跨境电商综合园区，集聚跨境电商、物流、仓储等平台企业和国际贸易、设计研发、供应链、金融等领域专业人才，完善基础设施，优化公共服务，高效承接线上综合服务平台功能，促进线上线下联动发展，为跨境电商企业提供“一站式”线下服务。

（二）构建六大体系

1. 信息共享体系。依托线上综合服务平台，统一跨境电商数据标准和使用规则，建立监管部门、跨境电商企业、物流企业、金融机构等相关方之间的数据信息共享体系，打破数据信息壁垒，推动跨境电商信息流、资金流、货物流“三流合一”，实现数据信息高效传输、开放共享。

2. 金融服务体系。鼓励金融机构、线上支付机构、第三方跨境电商服务平台、外贸综合服务企业协同创新，针对跨境电商业务特点完善线上金融产品服务，为跨境电商企业提供融资、支付、跨境结算、结售汇、保险等“一站式”金融服务，提升服务质量和效率。

3. 智能物流体系。加强航空、铁路、公路等物流通道建设，完善口岸物流服务，提升物流组织和货运保障能力。选择有条件的区域建设一批跨境电商仓储物流中心，积极引进大型物流、货代企业。综合运用云计算、物联网、大数据、区块链等先进技术，建立物流智能信息系统、仓储网络系统和运营服务系统，形成布局合理、运转高效、衔接紧密、功能完善的跨境物流分拨配送和运营服务体系。

4. 电商信用体系。综合各类跨境电商企业基础信用数据，建立监管部门信用认证和第三方信用服务评价相结合的综合信用评价体系，加强与海关、税务、市场监管、外汇管理等部门的信息共享，探索建立跨部门的信用激励和惩戒机制，引导企业诚信经营。

5. 统计监测体系。明确跨境电商统计标准，重点探索跨境电商 B2B 业务认定方法，综合运用跨境电商通关、交易、物流、支付等平台数据和企业自主申报数据，建立规范、全面的跨境电商统计制度和监测体系。

6. 风险防控体系。建立风险信息采集、评估分析、预警处置、复查完善机制，以节点风险防控为重点，开展跨境电商全流程风险分析，有效防控各类风险。

三、创新举措

（一）跨境电商监管方面

1. 推进通关便利化。跨境电商出口实行“简化申报、清单核放、汇总统计”，对不涉及出口征税、出口退税、许可证件管理，且单票价值在限额内的跨境电商 B2C（企业对消费者）出口商品，可按照进出口税则 4 位税号简化申报。建设跨境电商通关服务平台，实现企业备案、申报、征税、查验、转关等环节全流程无纸化作业，提升通关效率。探索建立基于企业诚信评价和商品风险评估的通关便利制度，对关区高资信企业和重点跨境电商企业实行优先办理、简化审核和降低查验率等通关便利措施。

2. 支持业务模式创新。鼓励跨境电商各类进出口业务模式创新，积极开展跨境电商 B2B 出口监管试点，支持企业开展跨境电商企业对企业直接出口和跨境电商出口海外仓业务，做大洛阳跨境电商综试区跨境电商出口业务规模。

3. 畅通出口商品退货渠道。严格落实跨境电商出口商品退货监管措施，建立退货流程监控体系，开展跨境电商零售出口、跨境电商特殊区域出口、跨境电商出口海外仓商品退货业务，着力解决跨境电商出口商品“退货难”问题。

4. 落实零售出口税收政策。对符合条件的跨境电商零售出口企业出口未取得有效进货凭证的货物，试行增值税、消费税免税政策。对符合条件的跨境电商零售出口企业，按照应税所得率 4% 统一征收企业所得税。

（二）跨境电商与制造业融合发展方面

1. 壮大出口企业集群，提升跨境电商应用水平。加快工程机械、复合材料、摩托车及零部件、有色金属、钢制办公家具、太阳能光伏等六大外贸转型升级基地建设，着力打造100个进出口规模超亿元的企业集群、1000个进出口规模超千万元的企业集群，形成新的出口增长支柱。深入开展“互联网+产业带”行动，择优培育跨境电商品类，深耕重点新兴市场，做大做强跨境电商垂直平台，促进制造业转型升级。

2. 培育出口电商企业，提升跨境电商主体水平。重点推动本地优势制造企业在开展跨境电商出口B2B、B2B2C（企业对企业，企业对消费者）、C2B2F（消费者对企业，企业对工厂）等业务方面先行先试，推动制造企业上网交易。对首次办理跨境电商海关、税务、外汇业务的制造业企业开展专项辅导，增强制造业企业发展跨境电商业务的能力。

3. 加强出口品牌建设，提升跨境电商品牌影响力。加快建立“政府推动、市场导向、企业主体、产业融合”的跨境电商品牌建设培育和激励机制，积极推动“洛阳制造”向“洛阳创造”发展、“洛阳商品”向“洛阳品牌”转变、“区域品牌”向“国际品牌”跃升，不断提高产品的品种丰富度、品质满意度和品牌认可度。加大对企业办理国际认证、商标注册等业务的支持力度，着力培育跨境电商出口商品国际知名品牌，发挥自主品牌的引领带动作用。

4. 建设工业设计服务平台，提升跨境电商价值链水平。依托洛阳制造业产业优势，突出重点、错位发展，把提升工业设计能力作为制造业转型升级的重要突破口，积极探索再制造业务发展，培育一批工业设计骨干企业，打造一批工业设计知名品牌和产品，推动建设工业设计服务平台。建设跨境电商产品工业设计中心，研发适合跨境电商渠道销售的产品，着力向全球价值链中高端攀升。

（三）跨境电商与服务贸易融合发展方面

1. 培育各类服务贸易企业主体。引导和支持服务业企业强化品牌意识、提升服务质量、扩大品牌国际影响。鼓励规模以上服务业企业走国际化发展道路，利用跨境电商渠道开拓海外市场。着力建设具有重要国际影响力的研发服务中心和大数据服务创新中心，积极推动软件和信息技术服务出口。

2. 积极构建促进服务贸易创新发展的体制机制。探索适合“跨境电商+服务贸易”发展的新型监管方式，推动跨境电商从以货物贸易为主向货物贸易与服务贸易双轮驱动转变。结合“跨境电商+服务贸易”业务特点，在企业开户、跨境结算、结售汇等方面加强政策创新，开发符合企业需求的服务产品，提升服务便利化水平。

3. 挖掘中原文化特色服务出口潜力。深入挖掘河洛文化丰富内涵和姓氏文化、客家文化等根亲祖地文化资源，实施一批文化旅游工程，擦亮“千年古都”“牡丹花城”“华夏之源”“丝路起点”四张名片。积极创建国家文化旅游融合示范区、国家级文化产业示范园区，大力促进文化创意、数字出版、动漫游戏等新兴文化服务出口。

（四）建设跨境电商智能物流体系方面

1. 畅通开放物流通道。依托洛阳机场、洛阳陆港多式联运物流中心、洛阳综合保税区等平台，加快空中、陆上、海上、网上丝绸之路建设。拓展洛阳机场集疏功能，增开国内外航线，争取开通全货运航班，增强货运集疏能力。依托航空口岸优势，开展跨境电商直购进口和一般出口业务，着力打造区域航空货运中心。拓展洛阳—中亚地区国际集装箱班列运营范围，积极承接中欧班列洛阳甩挂点等业务。设立国际邮件互换站，积极建设国际铁路货运枢纽和铁路货运多式联运中心。稳定开行洛阳至舟山港、青岛港等港口铁海联运班列，加强与国内各港口的协调联动，打造“内陆无水港”。着力构建通江达海、联通全球的物流大通道，形成布局合理、运转高效、衔接紧密、功能完善的跨境物流分拨配送和运营服务体系。

2. 构建多式联运物流体系。着力构建以“一单制”为核心的多式联运物流体系，加强模式和制度创新，制定适应跨境多式联运的统一单证标准，建设“一单制”公共服务平台，探索实行“一站托运、一次收费、一单到底”的多式联运服务模式，实现不同运输方式、不同企业间多式联运信息以及政府公共信息的开放共享和互联互通。

3. 建设跨境电商仓储物流中心。在洛阳综合保税区等具备条件的区域建设跨境电商仓储物流中心，积极对接国际物流体系，为跨境电商企业提供高效仓储物流服务，提升国际货运保障能力。

（五）跨境电商海外仓建设方面

1. 合理布局海外仓，优化仓储物流网络。结合跨境电商进出口业务发展需求，优先支持在东盟、欧盟等重点进出口贸易地区和“一带一路”沿线国家（地区）建设海外仓，逐步构建覆盖全球的仓储物流体系。

2. 丰富海外仓功能，提升专业化服务水平。采取数据化、可视化运营方式，提升海外仓专业化、智能化、信息化服务水平。扩大服务范围，依托海外仓开展国际货运代理、境外通关、营销推广、退换货、售后维修、简易加工、金融保险服务对接等增值服务，为跨境电商企业在拓展国际市场、增强品牌影响力、降低海外物流仓储成本等方面提供一站式、全方位服务，全面提升出口产品竞争力。

3. 制定海外仓建设标准，有序开展示范工作。制定跨境电商公共海外仓建设规范标准，启动洛阳跨境电商综试区公共海外仓建设与认定工作。鼓励符合条件的海外仓储物流企业建设跨境电商公共海外仓，扎实推进与跨境电商平台、企业对接融合。认定一批运营情况好、信息化程度高、带动作用强的公共海外仓典型，引导海外仓有序规范发展。

（六）跨境电商金融服务方面

1. 推动跨境电商收支便利化。推进第三方支付机构、银行与跨境电商交易平台和公共服务平台的互联互通，为跨境电商企业办理跨境外汇支付和结售汇业务。简化跨境电商收结汇手续，在洛阳跨境电商综试区备案的从事跨境电商业务的对外贸易经营者或个体工商户可开立外汇结算账户。按照“小额便利、大额规范”原则，从事跨境电商业务的境内个人可通过个人外汇储蓄账户办理小额跨境电商贸易收付汇业务。支持本地外贸综合服务企业发展，鼓励有条件的企业申请第三方支付机构牌照，支持银行与跨境电商企业合作开展支付业务。探索将第三方支付机构跨境支付、结算业务范围拓展至跨境电商进出口及 B2B、B2C 等交易形态。

2. 探索跨境电商供应链金融。鼓励金融机构创新跨境电商融资产品，依托大数据、区块链等技术，为跨境电商企业提供出口信用保险保单、出口退税账户质押、应收账款抵押、出口订单抵押、信用证抵押、知识产权质押、股权抵押等贸易融资服务，有效解决跨境电商企业融资难问题。支持保险机构为跨境电商企业提供个性化、场景化的保险业务，不断创新和丰富保险服务品种。探索开展基于多式联运单证的融资业务，鼓励银行、担保机构、供应链金融机构等各类金融主体参与，构建多方协同、风险分担的贸易融资新机制。推动设立洛阳跨境电商出口退税资金池，有效帮助跨境电商出口企业缩短出口退税周期，缓解资金压力。

3. 积极扩大人民币跨境结算。支持金融机构与支付机构合作，在政策允许范围内为企业和个人跨境货物贸易、服务贸易提供人民币结算服务。实施“引金入洛”工程，探索引入外资金融机构，提供跨境金融服务。

（七）跨境电商人才培养方面

1. 建立跨境电商人才培训体系。以市场需求为导向，建设跨境电商实用型人才培训基地，重点对优势产业、骨干企业相关人员开展专项业务培训。支持跨境电商平台、企业建立线上线下相结合的数字化培训体系。

2. 建立跨境电商人才服务体系。健全人才吸引、培养、使用、流动和激励机制。结合“河洛英才”计划，出台引进跨境电商人才专项政策，积极引进跨境电商行业精英和领军人才，吸引一批跨境电商高层次人才和高端创业创新团队到洛阳发展。

3. 建立跨境电商“双创”支持体系。建立跨境电商创业企业孵化平台和机制，制定专项支持政策，为创业人员提供场地、人才、技术、资金等支持和创业平台孵化服务。建立完善“创业苗圃+孵化器+加速器”的全链条创业孵化服务体系，打造具有国际竞争力的中西部跨境电商创新中心。

4. 组建洛阳跨境电商研究机构。发挥研究机构平台优势，引进一批国内外知名跨境电商专业人才，加强对洛阳跨境电商综试区建设发展的政策研究和业务指导。

四、组织实施

（一）完善工作机制

优化省级跨境电商综试区建设工作领导机制，加强工作统筹协调。洛阳市要成立工作专班，明确责任、细化措施，扎实推进洛阳跨境电商综试区建设。

（二）加大支持力度

围绕关键领域，突出工作重点，制定完善相关配套政策措施，统筹使用各级专项资金，用足用好支持政策，发挥导向带动作用，推动洛阳跨境电商综试区健康快速发展。

（三）优化营商环境

贯彻落实新发展理念，加大简政放权力度，大力提升跨境贸易便利化水平，为跨境电商各类市场主体提供高效便利服务。推动建立跨境电商行业社会组织，引导跨境电商企业公平竞争、规范经营。

（四）强化跟踪评估

省、洛阳市有关部门要按照职责及时对工作情况进行跟踪分析，开展综合评估，加强督促指导，确保洛阳跨境电商综试区建设有序推进。

河南省人民政府关于印发中国（南阳）跨境电子商务综合试验区实施方案的通知

豫政〔2020〕39 号

各省辖市人民政府、济源示范区管委会、各省直管县（市）人民政府，省人民政府各部门：

现将《中国（南阳）跨境电子商务综合试验区实施方案》印发给你们，请认真贯彻执行。

河南省人民政府

2020 年 12 月 29 日

中国（南阳）跨境电子商务综合试验区实施方案

建设中国（南阳）跨境电子商务综合试验区（以下简称南阳跨境电商综试区），是顺应国际贸易发展趋势，融入新发展格局，推动经济社会高质量发展的重要举措。根据《国务院关于同意在雄安新区等 46 个城市和地区设立跨境电子商务综合试验区的批复》（国函〔2020〕47 号）要求，制定本实施方案。

一、总体要求

（一）指导思想

以习近平新时代中国特色社会主义思想为指导，认真落实国家关于支持跨境电商发展的工作部署，在全面复制推广先行跨境电商综试区成熟经验做法的基础上，以促进产业发展为重点，发挥南阳跨境电商综试区、南阳卧龙综合保税区、南阳国家高新技术产业开发区等开放平台政策叠加优势，健全跨境电商发展体制机制，着力在跨境电商技术标准、业务流程、监管模式和信息化建设等方面探索创新，培育发展跨境电商新业态、新模式，为全省对外贸易高质量发展作出贡献。

（二）基本原则

1. 开放引领。积极利用国际国内两个市场、两种资源，立足特色产业、整合优势要素，培育跨境电商发展的内生动力。深化与欧盟、东盟、日韩等重点市场区域的合作，拓展“一带一路”沿线国家（地区）贸易网络，推动形成全方位、多层次、宽领域的开放新局面。

2. 创新驱动。按照在发展中规范、在规范中发展的要求，持续在跨境电商交易、支付、物流、通关、退税、结汇等环节优化流程，强化跨境电商制度创新、管理创新、服务创新、技术创新和模式创新，推动跨境电商自由化、便利化、规范化发展。

3. 协同发展。加强部门协同合作和政策衔接，推动监管与服务、线上与线下、政府与市场有机融合。坚持进口和出口并重，引导 B2B（企业对企业）、B2C（企业对个人）、O2O（线上线下融合）多业务模式共同发展，带动生产制造、物流仓储、金融支付等上下游产业链协同发展。

（三）发展目标

力争通过 5 年左右的探索实践，建成体制机制健全、产业特色鲜明、配套服务和监管制度完善的跨境电商综试区，引进 3 至 5 家跨境电商龙头企业，培育 5 个以上跨境电商特色产业集群，建成 6 至 8 个跨境电商产业园区，重点支持 100 家以上跨境电商企业发展，外贸企业中开展跨境电商业务的企业达到 50%以上，跨境电商产业链和生态圈日益完善，建成区域进出口商品分拨集散和消费中心、跨境电商产业集聚区、对外贸易发展新高地。

二、主要任务

（一）建设两大平台

1. 线上综合服务平台。依托中国（河南）国际贸易“单一窗口”，建设跨境电商线上综合服务平台，完善通关报检、数据统计、物流跟踪、金融支付等服务功能，实现与海关、税务、外汇管理等部门数据信息互联互通。提升数据管理服务能力，为政府决策和企业经营提供大数据支持。

2. 线下综合园区平台。发挥南阳卧龙综合保税区政策优势，合理规划、科学布局，建设一批跨境电商园区，形成以南阳卧龙综合保税区为核心，以南阳新经济产业园、装备制造电商产业园和镇平、西峡等地多个跨境电商园区为支撑的“一核多园”布局，高效承接线上综合服务平台功能，促进线上线下联动融合发展，为跨境电商企业提供“一站式”服务。

（二）实施四大行动

1. 跨境电商产业提升行动。支持高端装备制造、食品医药、农产品加工、纺织服装等特色产业与跨境电商深度融合，做大做强跨境电商产业。强化与沿海地区对接，积极承接跨境电商相关产业转移，拓展跨境电商产业链。加强与国内外知名跨境电商平台合作，积极打造线上特色产业带。

2. 跨境电商市场主体培育行动。引导传统外贸企业、制造企业积极开展跨境电商业务，加大跨境电商市场主体培育支持力度。积极引进国内外知名跨境电商平台企业和配套服务企业，提升跨境电商综合服务水平。支持各类市场主体在跨境电商领域创业，盘活现有厂房设施资源，建设一批跨境电商创业孵化基地和众创空间。

3. 跨境电商品牌塑造行动。建立跨境电商品牌培育、发展和保护机制，全面提升品牌建设能力。强化企业知识产权保护意识，指导跨境电商平台建立健全知识产权保护规则，建设知识产权快速维权平台，严厉打击专利商标侵权违法行为。支持企业依托本地名优特产品注册国际商标，培育一批适合跨境电商贸易方式的“南阳制造”品牌。鼓励企业主动开展品牌海外推广，积极参加国际质量体系认证，持续提升产品质量和品牌形象。

4. 跨境电商人才培养行动。整合政府、高校、企业和行业协会教育培训资源，创新人才培养模式，建设一批复合型、实用型人才培养基地。依托南阳理工学院、河南工业职业技术学院等高校特色专业，开设跨境电商课程，培养跨境电商专业人才。引进和汇聚高端领军型人才，加快吸引跨境电商企业在南阳设立运营总部、研发中心和培训基地。

（三）完善六大体系

1. 信息共享体系。利用跨境电商线上综合服务平台，推进政府、监管部门、金融机构及跨境电商企业间的信息共享，打通“关、税、汇、商、物、融、信”信息交流通道，为跨境电商信息流、资金流、货物流联通共享提供数据和技术支撑。

2. 物流支撑体系。加强航空、铁路、公路等物流通道建设，推动南阳卧龙综合保税区、南阳机场、南阳火车西站等区域物流网络高效衔接。积极建设物流智能信息系统、物流仓储网络系统、物流运营服务系统，形成功能完善的物流服务支撑体系。

3. 金融服务体系。在合法合规、风险可控的前提下，鼓励各类金融机构、第三方支付机构、跨境电商平台、外贸综合服务企业等开展合作、协同创新，为跨境电商企业提供支付、结算、融资、保险、退税等“一站式”金融服务，提升服务质量和效率。

4. 信用监管体系。加强海关、税务、市场监管、外汇管理等部门数据共享，不断完善跨境电商企业信用评价标准，构建以真实交易为基础的跨境电商综合评价体系，探索建立跨部门的信用激励和联合惩戒机制。

5. 统计监测体系。综合运用跨境电商通关、交易、物流、支付等平台数据和企业自主申报数据，做好数据信息分类工作，加强系统监测，完善统计制度，探索建立绩效评价和考核体系。

6. 风险防控体系。建立健全部门联动的风险防控机制，实现对跨境电商领域风险的预警、监测和评估，及时采取相应举措，有效防范质量安全、知识产权保护等领域风险。建设跨境电商商品追溯系统，完善商品质量安全监测机制，实现商品质量安全可控。

三、主要举措

（一）跨境电商监管方面

1. 推进通关便利化。全面落实跨境电商通关便利化政策，加强南阳卧龙综合保税区基础设施建设，持续完善跨境电商线上综合服务平台功能，实现企业备案、申报、纳税、查验、转关等环节全程线上办理，提升通关效率。创新跨境电商监管流程，实现一般出口、特殊区域出口、直购进口、网购保税进口、企业对企业出口等跨境电商全业态同区作业。

2. 实行企业分类监管。对接国家企业信用信息公示系统，建立跨境电商企业分类监管制度。对高信用等级企业和重点跨境电商企业实行优先办理、简化审核和降低查验率等通关便利措施。

3. 畅通出口商品退货渠道。严格落实跨境电商出口商品退货监管措施，建立退货流程监管体系，开展一般出口、特殊区域出口、企业对企业出口退货业务，着力解决跨境电商出口商品退货难问题。

4. 落实零售出口税收政策。对跨境电商综试区内符合条件的跨境电商零售出口企业出口未取得有效进货凭证的货物，试行增值税、消费税免税政策。对跨境电商综试区内采用应税所得率方式核定征收企业所得税的跨境电商零售出口企业，按照应税所得率4%征收企业所得税。

（二）跨境电商与特色产业融合发展方面

1. 发展“跨境电商+农产品”。发挥国家级出口食品农产品质量安全示范市和全国粮食生产基地的优势，重点推动食用菌、艾制品、茶叶等优质农产品通过跨境电商渠道拓展国际市场，积极推进农产品质量认证和标准化建设，培育有机绿色农产品跨境电商出口品牌，打造适合农产品出口的跨境电商全产业链。

2. 发展“跨境电商+制造业”。培育壮大防爆电机、光电信息、生物医药、汽车配件、感光材料等特色优势产业集群，提升跨境电商应用水平。支持企业通过跨境电商渠道开拓“一带一路”沿线国家（地区）市场，积极建设跨境电商垂直平台，整合上下游产业链，促进制造业转型升级。

3. 发展“跨境电商+家居用品”。支持餐厨用品、地毯、丝制品、仿真花等特色产业企业建设跨境电商产品设计中心，研发设计数字化、智能化家居用品，实施柔性化生产，丰富跨境电商家居用品品类，打造跨境电商家居产业特色集群。

4. 发展“跨境电商+服务贸易”。积极培育各类服务贸易主体，依托南阳理工学院、南阳中关村科技产业园等高校和平台，推动软件和信息技术服务出口。积极扩大文化服务出口，深入开发中医药、赊店等特色文化资源相关的文创产品，推动玉雕、烙画等文化产品走向国际市场。

（三）跨境电商服务支撑方面

1. 构建高效物流网络。积极扩大与航空公司合作，加密南阳机场航线，完善南阳机场客货运功能。充分利用南阳卧龙综合保税区政策优势，推动中欧班列在南阳增加开行班次，争取设立国际邮件互换站，加快南阳国际陆港建设。加强智能物流和冷链物流建设，布局建设一批跨境电商仓储物流中心。

2. 建设跨境电商海外仓。优先支持跨境电商企业在东盟、欧盟、日韩等重点市场建设海外仓，降低运营成本、提升配送效率，逐步形成完善的跨境电商海外仓网络。积极开展市级海外仓认定工作，提升海外仓建设水平。

3. 推进跨境电商收支便利化。支持金融机构在政策允许范围内创新金融结算产品，为跨境电商企业集中办理跨境外汇收支和结售汇业务。支持个人对外贸易经营者在线上综合服务平台备案后开立外汇结算账户，允许实现“三单合一”（订单、支付单、运单三单比对一致）的跨境电商真实合法交易自行收结汇。推动银行机构利用中国（河南）国际贸易“单一窗口”接口查询企业交易、支付、物流信息，进行数字化比对，建立集约化审核体系，实现线上结算。支持符合条件的跨境电商企业参与贸易外汇收支便利化试点，进一步提高跨境电商资金结算效率。

4. 创新跨境电商金融服务。支持金融机构开发适合跨境电商需求的金融产品，依托跨境电商大数据平台，为交易背景真实、信用条件较好的跨境电商企业提供信用贷款、应收账款融资、出口退税账户质押融资、仓单质押融资、信保保单融资等，提高企业风险防范能力。鼓励跨境电商园区、外贸综合服务企业等共建跨境电商 B2B 信保资金池、进口商风险资金池等，提高中小微跨境电商企业交易能力。

5. 鼓励跨境电商企业在政策允许范围内使用人民币计价结算。支持金融机构和支付机构合作，在政策允许范围内为企业和个人跨境货物贸易、服务贸易提供人民币结算服务。支持符合条件的跨境电商企业在全口径跨境融资宏观审慎管理框架下开展人民币境外借款业务。

四、组织实施

（一）完善工作机制

南阳市成立由政府主要负责人任组长的南阳跨境电商综试区建设工作领导小组，进一步完善机制、细化举措，加快推进跨境电商综试区建设。省直有关部门要密切协作配合、加强业务指导。

（二）强化政策支持

制定完善相关政策和配套措施，加大财政支持跨境电商力度，统筹使用各级专项发展资金，用足用好扶持政策，发挥导向带动作用。南阳市政府、省直有关部门要按照职责及时对工作情况进行跟踪分析，加强督促指导，不断提升南阳跨境电商综试区建设水平。

（三）优化营商环境

加大简政放权力度，持续优化营商环境，大力提升跨境电商贸易便利化水平，为各类跨境电商市场主体提供高效服务。推动建立跨境电商行业社会组织，引导跨境电商企业公平竞争、规范经营。

河南省人民政府办公厅关于印发中国（许昌）国际发制品交易市场开展市场采购贸易方式试点工作实施方案的通知

豫政办〔2020〕50号

许昌市人民政府，省人民政府各部门：

《中国（许昌）国际发制品交易市场开展市场采购贸易方式试点工作实施方案》已经省政府同意，现印发给你们，请认真贯彻执行。

河南省人民政府办公厅

2020年12月29日

中国（许昌）国际发制品交易市场开展市场采购贸易方式试点工作实施方案

为贯彻落实《国务院办公厅关于进一步做好稳外贸稳外资工作的意见》（国办发〔2020〕28号），加快培育外贸竞争新优势，积极推动中国（许昌）国际发制品交易市场开展市场采购贸易方式试点工作，根据《商务部发展改革委财政部海关总署税务总局市场监管总局外汇局关于加快推进市场采购贸易方式试点工作的函》（商贸函〔2020〕425号）要求，制定本实施方案。

一、总体要求

（一）指导思想

以习近平新时代中国特色社会主义思想为指导，坚定贯彻新发展理念，积极构建新发展格局，深入推进高水平制度型开放，充分发挥外贸产业优势，着力推进制度创新、管理创新、服务创新，在风险可控的前提下持续探索优化市场采购贸易方式的业务流程、监管服务模式，推动市场采购贸易、跨境电子商务、外贸综合服务等联动发展，形成具有河南特色的“市场采购+数字贸易”外贸发展新模式，推动全省外贸高质量发展。

（二）基本原则

1. 创新驱动。探索构建与市场采购贸易方式相适应的管理体制、运行机制和政策支撑体系，着力在市场采购贸易方式各环节和信息化建设等方面加强创新，积极推动市场采购贸易方式线上线下融合发展。

2. 市场化运作。充分发挥市场在资源配置中的决定性作用，放宽市场主体准入条件，促进贸易要素高效便捷流动，营造公平竞争的市场环境，推动外贸产业集聚发展，打造市场采购贸易方式完整的产业链和生态圈。

3. 辐射带动。以加快发展市场采购贸易为核心，着力带动制造、物流运输、金融服务等上下游产业发展。多渠道培育引进各类外贸主体，着力优化市场采购贸易经营主体结构。加快集聚我省优质品牌和商品，不断丰富市场采购贸易出口商品。

4. 高效监管。优化监管制度设计，加大信息化建设力度，打造高效顺畅的监管服务体系，全面提升市场采购贸易便利化水平。加强事中事后监管，实现源头可溯、风险可控、责任可究，确保试点工作稳步推进。

（三）发展目标

加快综合管理系统建设，完善配套服务措施，形成适应市场采购贸易方式发展的新型贸易管理体制，构建便捷高效的国际贸易物流通道，打造具有较高国际知名度和较大国际影响力的区域性国际贸易市场，力争市场采购贸易方式出口额年均增长30%以上，2025年出口额突破100亿元。

二、实施条件

（一）实施范围

中国（许昌）国际发制品交易市场为市场采购贸易方式适用区域，具体实施范围由许昌市政府公布，逐步探索建设线上交易市场。

（二）经营主体

在市场所在地商务部门办理市场采购贸易备案登记，并按照《中华人民共和国海关报关单位注册登记管理规定》（海关总署令第221号）在海关注册登记的对外贸易经营者。

（三）适用商品

市场经营户自营或委托市场采购贸易经营者以市场采购贸易方式出口的商品（国家规定不适用市场采购贸易方式出口的商品除外）。

（四）通关口岸

企业可在采购地或海关指定口岸办理市场采购贸易方式出口通关手续，逐步推进市场采购贸易通关一体化。

（五）综合管理系统

依托中国（河南）国际贸易“单一窗口”，建立涵盖市场采购贸易各方经营主体和贸易全流程的市场综合管理系统，经营主体可通过市场综合管理系统办理备案、交易登记、联网申报、外汇结算、增值税免税申报等业务。

（六）监管服务体系

建立市场采购商品认定体系、贸易信用评价体系、商品质量安全监管体系、国际贸易风险预警防控体系和知识产权保护、打击进出口假冒伪劣商品工作体系，全面提升市场发展水平。

三、基本流程

（一）备案环节

市场经营户、外贸代理商、采购商分别按要求提交相关信息，经市场所在地商务部门备案登记后取得市场采购贸易经营者资格。

（二）采购环节

采购商可采取自行采购或委托采购方式开展市场采购贸易。市场交易达成后，由市场经营户或外贸代理商通过市场综合管理系统录入商品交易信息、采购商身份信息、交易原始单据等，保障商品交易信息真实、准确、可追溯。市场经营户或外贸代理商可选择投保出口信用保险，规避相应出口风险。

（三）通关环节

市场采购贸易出口商品完成组货拼箱后，在符合要求的海关监管场所内按照规定程序办理商品出口手续。

（四）结算环节

市场经营户或外贸代理商在办理完成市场采购贸易出口手续后，要及时通过银行结算账户办理收款手续，出口额应与收汇金额总体匹配。

（五）免税申报环节

市场经营户要在货物报关出口次月的增值税纳税申报期内按规定向主管税务机关办理市场采购贸易出口货物免税申报手续。对通过委托方式出口的货物，可由受委托的市场采购贸易经营者代为办理免税申报手续。

四、支持政策

（一）主体准入政策

放宽准入条件，市场所在地商务部门负责制定市场采购贸易经营者备案办法，各类市场主体备案登记后均可开展市场采购贸易。探索实施试点经营主体线上备案模式和“一照多址”注册制度。在考核外贸工作时，将开展市场采购贸易业务的省内企业形成的出口业绩相应还原到企业属地。

（二）便利通关政策

海关按照市场采购贸易监管要求，对市场采购贸易经营者实行备案管理、信用管理和分类管理。根据申报主体的信用等级、商品风险等级等情况实行分类管理，采取相应的便利通关措施。对符合海关监管要求的出口商品实行简化申报。引导支持符合条件的市场采购贸易经营者通过中国（河南）国际贸易“单一窗口”办理原产地证书，利用进口国关税优惠政策提升出口商品国际竞争力。

（三）税收征管政策

以市场采购贸易方式出口的货物按照规定免征增值税及其附征的城市维护建设税、教育费附加、地方教育附加，其出口免税管理参照《市场采购贸易方式出口货物免税管理办法》（税务总局公告 2015 年第 89 号）执行。参照跨境电子商务综合试验区零售出口货物所得税核定征收政策，探索完善市场采购贸易所得税制度。

（四）外汇管理政策

对市场采购贸易方式出口的货物，采取多主体收结汇方式，市场经营户、外贸代理商、采购商均可收结汇。允许办理对外贸易经营者备案登记的外商投资合伙企业申请开立经常项目外汇账户。个体工商户可通过个人外汇结算账户办理市场采购贸易外汇结算。通过市场综合管理系统，对市场采购贸易外汇收支主体实施主体监管、总量核查和动态监测，加强对市场采购贸易外汇收支真实性的审核。鼓励市场主体开展跨境贸易人民币结算。使用现金结算的，不适用市场采购贸易方式。

（五）质量监督政策

推动企业按照相关产品质量标准组织生产和采购，落实产品质量主体责任。加强出口商品质量溯源管理，建立全程信息化追溯体系。发挥国家发制品及护发用品质量监督检验中心等公共服务平台作用，提高商品质量。

五、保障措施

（一）加强组织领导

建立省推进市场采购贸易方式试点工作联席会议制度，由省政府分管负责人任召集人，省政府分管副秘书长和省商务厅、郑州海关、许昌市政府主要负责人为副召集人，省发展改革委、财政厅、商务厅、市场监管局、郑州海关、省税务局、外汇管理局、许昌市政府为成员单位。联席会议负责统筹推进市场采购贸易试点工作，研究制定省级层面支持市场采购贸易发展的政策措施，协调解决试点工作中出现的问题。

（二）强化责任落实

省直有关部门要根据实施方案细化工作任务，密切协作配合，加强对试点工作的协调推动和跟踪指导，积极向国家对口部委汇报沟通、争取政策支持。许昌市政府要加强属地管理和综合管理，成立由市政府主要负责人任组长的市场采购贸易方式试点工作领导小组，健全工作机构，抓紧制定完善试点工作相关管理办法，细化工作分工，建立落实台账，确保试点工作有序推进。

（三）强化服务保障

进一步完善政务服务、市场监管、质量检测等公共服务设施，提高综合服务水平，加强专业人才培养，形成完善的配套服务体系，营造便捷高效的贸易环境。省、市级财政要统筹相关资金，加大对市场采购贸易试点工作的支持力度。许昌市政府要制定市场采购贸易试点专项扶持政策，支持各类市场主体积极开展市场采购贸易业务。利用省内外各类平台举办市场采购贸易试点推介活动，多形式、多渠道开展宣传推广，高水平推进市场采购贸易试点工作。

河南省优化营商环境条例

（2020 年 11 月 28 日河南省第十三届人民代表大会常务委员会第二十一次会议通过）

第一章　总　则

第一条　为了优化营商环境，维护市场主体合法权益，激发市场活力，促进经济社会高质量发展，根据《中华人民共和国民法典》和国务院《优化营商环境条例》等法律、行政法规，结合本省实际，制定本条例。

第二条　本省行政区域内的优化营商环境工作，适用本条例。

本条例所称营商环境，是指企业、个体工商户等市场主体在市场经济活动中所涉及的体制机制性因素和生态、人文、城市等环境条件。

第三条　优化营商环境应当坚持市场化、法治化、国际化、便利化原则，以市场主体需求为导向，以审批最少、流程最优、体制最顺、机制最活、效率最高、服务最好为目标，优化市场环境，提升政务服务，强化法治保障，为各类市场主体营造安全稳定、统一开放、公开透明、公平公正、便利快捷、可预期的良好营商环境。

第四条 各级国家机关及其工作人员在营商环境工作中应当宣传落实相关政策、平等对待市场主体、主动提供高效服务、严格规范执法司法行为、组织推动经贸活动、诚信守法履约践诺、落实联系企业制度、听取企业意见、帮助企业排忧解难。

各级国家机关及其工作人员在营商环境工作中不得加重企业负担；不得滥用职权；不得懒政怠政；不得歧视民营企业；不得漠视企业诉求；不得收受企业财物；不得干预企业经营活动；不得违规插手经济纠纷；不得新官不理旧账。

第五条 各级人民政府应当加强对优化营商环境工作的组织领导，建立优化营商环境工作协调机制，统筹推进优化营商环境工作，及时协调、解决优化营商环境工作中的重大问题。

县级以上人民政府发展改革部门是优化营商环境工作的主管部门，负责指导、组织、协调、监督优化营商环境工作，及时受理督办有关营商环境问题的诉求，按照职责分工依法查处破坏营商环境的违法行为。

县级以上人民政府其他有关部门应当按照各自职责，做好优化营商环境相关工作。

第六条 各级监察委员会应当加强对优化营商环境工作的监督，支持市场主体健康发展，保障优化营商环境相关政策的落实，推动构建亲清新型政商关系。

各级人民法院、人民检察院、公安机关应当保护各类市场主体合法权益，及时化解矛盾纠纷，维护平等有序的营商环境。

第七条 优化营商环境应当坚持权利平等、机会平等、规则平等的原则，平等对待各类市场主体。

市场主体享有地位平等、公平竞争的权利，其人身权、财产权、经营自主权和用人自主权受法律保护，对侵犯其合法权益的行为有权投诉举报。

市场主体应当遵守法律、法规以及社会公德、商业道德，做到诚实守信，承担节约资源、保护生态环境、保障安全生产、维护消费者权益等社会责任，自觉接受政府管理和社会监督。

第八条 各级人民政府及有关部门、新闻媒体应当通过政府网站、广播、电视、报刊、杂志和其他互联网媒体，宣传优化营商环境政策措施和先进典型，弘扬诚实信用和契约精神，营造良好的营商舆论氛围。

第九条 县级以上人民政府及其有关部门应当建立便利、畅通的渠道，受理有关营商环境的投诉和举报。

县级以上人民政府应当建立优化营商环境工作考核激励机制，按照规定可以对在优化营商环境工作中做出显著成绩的单位和个人给予表彰和奖励。

第二章 优化市场环境

第十条 各类市场主体在本省行政区域内依法享有平等的市场准入权利。在国家市场准入负面清单之外，各级人民政府及有关部门不得另行制定市场准入性质的负面清单，不得制定歧视非公有制市场主体的政策措施。

各级人民政府及有关部门不得限制或者变相限制外地市场主体到本地从事生产经营活动，不得限制外地商品、服务进入本地市场。

本省对外商投资实行准入前国民待遇加负面清单管理制度。外商投资准入负面清单以外的领域，按照内外资一致的原则实施管理。

第十一条 各级人民政府及有关部门应当依法保护市场主体经营自主权。任何单位和个人不得干预应当由市场主体依法自主决策的事项。

第十二条 任何单位和个人不得对市场主体实施任何形式的摊派，不得侵占市场主体的合法财产，不得侵犯市场主体的合法权益，不得干扰市场主体正常的生产经营活动。

第十三条 各级人民政府及有关部门应当推进土地、劳动力、资本、技术、数据等要素市场化改革，健全要素市场运行机制，完善要素交易规则和服务体系，促进要素自主有序流动，提高要素配置效率，激发市场主体创造力和市场活力。

各级人民政府及有关部门应当依法保障各类市场主体平等适用国家和本省支持发展政策，平等使用土地、劳动力、资本、技术、数据以及其他自然资源等各类生产要素和公共服务资源，公平参与市场竞争。

各级人民政府及有关部门在政府资金安排、土地供应、税费减免、资质许可、标准制定、项目申报、职称评定等方面，应当依法平等对待各类市场主体，不得制定或者实施歧视性政策措施。

第十四条 县级以上人民政府应当建立健全公平竞争工作协调机制，严格落实公平竞争审查制度，依法打击市场垄断和干预公平竞争的行为，营造公平竞争的市场环境。

第十五条 县级以上人民政府及发展改革、财政、国资等部门应当落实国家关于混合所有制企业的相关政策，对混合所有制企业，建立有别于国有独资、全资公司的治理机制和监管制度；对国有资本不再绝对控股的混合所有制企业，实施更加灵活高效的监管制度，依法发挥好企业股东会、董事会的作用，最大限度激发混合所有制企业的动力和活力。

第十六条 县级以上人民政府及其有关部门应当组织开展金融机构与中小企业的融资服务对接活动。鼓励金融机构为中小企业提供融资、结算等金融服务，落实国家和本省关于中小企业金融支持的有关政策，提高对中小企业的信贷规模和比重。

省、设区的市人民政府应当设立中小企业政策性融资担保基金，建立健全融资担保体系，为中小企业融资提供增信服务。有条件的县级以上人民政府可以设立中小企业政策性融资担保基金。

第十七条 县级以上人民政府及有关部门应当支持多层次资本市场建设，支持符合条件的企业上市融资和发行债券，扩大直接融资规模；支持区域性股权市场、商品期货交易市场为中小企业提供股权、债权、仓单和其他权益类资产的登记、托管、挂牌、转让和融资等综合金融服务。

省、设区的市人民政府可以设立创业投资引导基金，鼓励各类机构投资者和个人依法设立公司型、合伙型创业投资企业。

第十八条 金融机构积极开发新的金融产品和服务项目，拓展抵押物或者质押物范围，丰富信用担保融资以及车辆船舶、生产设备、原材料、半成品、产品、应收账款、知识产权等法律规定未禁止抵押、质押的动产和权利担保融资，为中小企业提供融资服务。

第十九条 商业银行对同等申请条件下市场主体的贷款利率和贷款条件应当保持一致，不得对中小企业等市场主体设置贷款审批歧视性规定。

商业银行应当规范服务及收费行为，向社会公开开设企业账户的服务标准、资费标准和办理时限，不得向市场主体违规收取服务费用，不得转嫁依法依规应当由金融机构承担的费用。

第二十条 金融监管部门应当指导监督金融机构支持和服务中小企业的发展，完善对金融机构的监管考核和激励机制，健全授信尽职免责机制，推动在内部绩效考核中落实对中小企业不良贷款考核容忍度的监管政策。

金融监管部门应当及时查处商业银行等金融机构对市场主体提供贷款等融资服务时存在的以贷转存、存贷挂钩、强制搭售保险和理财产品等行为。

第二十一条 供水、供电、供气、供热、排水、污水处理、通信、邮政等公用企事业单位，应当公开服务范围、服务标准、服务流程、办理时限、资费标准等信息，推广应用互联网提供线上咨询、报装、查询、缴费、报修等服务。不得强迫市场主体接受不合理的服务条件，不得以任何名义收取不合理费用。

鼓励公用企事业单位为市场主体提供全程代办服务，优化办理流程、简化报装材料、压减申报办理时限，在材料齐全的情况下，应当自报装之日起，供水、供气、低压用户供电五个工作日内办结，供热八个工作日内办结。

第二十二条 县级以上人民政府自然资源和规划、住建、公安、市政、园林绿化、交通等有关部门应当优化水电气热等相关行政审批流程，实施并联审批，提高审批效率，为公用企事业单位便民服务提供便利。

第二十三条 行业协会商会应当加强行业自律，反映行业诉求，化解行业纠纷，维护会员合法权益。

市场主体依法享有自主加入和退出行业协会商会的权利。任何单位和个人不得强制或者变相强制市场主体入会、退会。

行业协会商会及其工作人员不得有下列行为：

（一）组织市场主体达成垄断协议，排除或者限制竞争；

（二）没有法律法规依据，强制或者变相强制市场主体参加评比、达标、表彰、培训、考核、考试等活动；

（三）非法向市场主体收费或者强制要求市场主体捐赠、赞助等变相收费。

第二十四条 县级以上人民政府应当依法规范行政审批中介服务行为，编制并公布行政审批中介服务事项清单。

行政机关在行政审批过程中不得有下列行为：

（一）对通过征求有关部门意见、加强事中事后监管能够解决的事项，设定中介服务；

（二）对市场主体按照要求可以自行完成的事项，设定中介服务；

（三）将现有或者已经取消的行政审批事项，转为中介服务；

（四）将一项中介服务拆分为多个环节；

（五）指定或者变相指定中介服务机构。

市场主体有权自主选择中介服务机构。

第二十五条 各级人民政府及有关部门应当保持政策的连续性和稳定性，履行与市场主体依法签订的合同，兑现以会议纪要、批复、文件等书面形式承诺的优惠条件，不得以政府换届、相关责任人调整或者当地政府政策调整等为由不履行、不兑现，或者延迟履行、延迟兑现。

因各级人民政府及有关部门责任导致依法签订的合同不履行、不完全履行、延迟履行，承诺的优惠条件不兑现、延迟兑现，给市场主体造成损失的，应当予以赔偿。

第二十六条 各级国家机关不得违反合同约定拖欠市场主体的货物、工程、服务等账款。

各级国家机关拖欠市场主体账款，市场主体申请人民法院强制执行的，人民法院应当依法强制执行。

市场主体有权要求拖欠方对因拖欠造成的损失进行赔偿。

第三章　优化政务环境

第二十七条　各级人民政府及有关部门应当增强服务意识，完善服务职能，转变工作作风，为市场主体提供规范、便利、高效的政务服务。

第二十八条　本省应当推进政府服务标准化。省人民政府组织编制并公布全省各级统一的政务服务事项目录及其标准化工作流程、办事指南，并及时调整。相关行政机关不得单独设立和实施目录之外的政务服务事项。

办事指南应当依法明确政务服务事项的受理单位、设定依据、办理条件、申请材料、办理程序、审查标准、办结时限、收费标准、联系方式、投诉渠道和容缺受理、告知承诺等内容。

政务服务事项办理条件不得含有其他、有关等模糊性兜底条款；有关部门不得要求市场主体提供办事指南之外的材料。

第二十九条　县级以上人民政府及其有关部门应当清理证明事项，对确需保留的证明事项应当公布清单，列明设定依据、开具单位、办理指南等。

各地、各部门之间应当加强证明的互认共享，避免重复索要证明。工作中确需有关部门和单位配合审核的，通过部门间函询等便捷方式解决。

第三十条　省人民政府有关部门应当编制并公布政府性基金及附加、涉企保证金、涉企行政事业性收费以及实行政府定价的经营服务性收费目录。目录清单实行动态调整。政府性基金、涉企保证金等应当按照下限标准收取。推广以保函、保险替代现金缴纳涉企保证金。

实施行政管理或者提供公共服务不得收取目录清单以外的任何费用，不得擅自提高收费标准。

依法依规收取的保证金，在保证事项完成或者保证事由消失后，应当按照规定的时限、程序清退返还。

第三十一条　公共资源交易实行目录管理。列入目录的公共资源交易项目应当进入公共资源交易平台。全省公共资源交易平台应当规则统一、公开透明、服务高效、监督规范，实现全流程电子化交易。

县级以上人民政府公共资源交易管理部门应当会同有关部门加强公共资源交易监管，健全交易风险防范机制，规范交易行为，提高交易监管水平。依法公开公共资源交易规则、流程、公告、程序、公示、结果、监管、信用等信息，保障各类市场主体及时获取相关信息，平等参与交易活动。

县级以上人民政府公共资源交易服务机构应当强化内部管理，完善平台功能，提高服务能力，依法为各类市场主体提供公平优质高效的服务。

第三十二条　招标投标应当依法进行，坚持公开、公平、公正、诚实信用的原则，禁止围标、串标、陪标、私下定标；禁止以可能影响合同履行的异常低价中标；禁止公职人员非法干涉招标投标活动。

县级以上人民政府及其有关部门应当完善招标投标监督和信息公示制度，推行电子招标投标。

第三十三条　县级以上人民政府财政部门以及依法进行政府采购的各级国家机关、事业单位和人民团体，应当落实政府采购中促进中小企业发展的政策，为中小企业开展政府采购有关业务提供便利，并依法及时公开政府采购项目等信息。

第三十四条 行政审批机关应当实行政务服务事项办理承诺制，承诺制适用事项、办理条件、标准、流程等应当公开；涉及国家安全、公共安全和人民群众生命健康的事项除外。

行政审批机关对能够通过信用承诺、事中事后监管且风险可控的行政审批事项，可以采取告知承诺的方式实施行政审批。对于承诺符合办理条件的，应当直接办理并作出决定。

第三十五条 行政审批实行容缺受理制。行政审批机关对审批事项主要申请材料齐全且符合法定形式，仅欠缺次要材料的，应当先行受理，并一次性告知申请人需要补充的材料、补交期限。

行政审批机关应当公开容缺受理的适用事项、缺项材料、办理条件等。

第三十六条 省人民政府应当建立综合政务服务大厅，实行政务集中服务。

市、县人民政府应当规范综合政务服务大厅，实行政务集中服务。行政审批机关应当进驻政务服务大厅，行政审批项目应当集中到政务服务大厅办理。

政务服务实行一窗通办。政务服务机构应当按照企业和个人办理一件事模式建立综合服务窗口，实行前台综合受理、后台分类审批、统一窗口出件的一窗通办服务模式。

政务服务窗口工作人员对符合条件的申请事项应当受理，并提供优质高效服务，在工作时间内不得限定办件数量。

第三十七条 实行政务服务一网通办。省人民政府应当优化全省一体化在线政务服务平台，利用电脑端、移动终端、自助终端等渠道优化政务服务。本省政务服务事项应当按照规定纳入一体化在线政务服务平台。

省人民政府有关部门以及市、县人民政府政务服务平台应当互联互通，实现跨地区、跨部门、跨层级政务数据共享和业务协同。

县级以上人民政府及其有关部门应当加强共享数据使用全过程管理，保障共享数据安全，保护个人隐私、个人信息和商业秘密。

第三十八条 县级以上人民政府政务服务大厅和一体化在线政务服务平台，办理政务服务事项标准应当一致。

县级以上人民政府应当实现一窗通办、一网通办全覆盖。具备条件的地方，市场主体有权自主选择政务服务办理渠道，行政机关不得限定。

第三十九条 县级以上人民政府有关部门应当简化企业开办程序，优化企业登记、公章刻制、申领发票、社保登记、银行开户等企业开办服务。

县级以上人民政府有关部门对一般经营项目的企业开办，申请人提交材料齐全的，应当即时办结；不能即时办结的，应当在一个工作日内办结。

第四十条 符合法律规定的电子签名、电子印章、电子证照、电子档案与手写签名、实物印章、纸质证照、纸质档案具有同等法律效力，可以作为政务服务事项办理材料。

县级以上人民政府及其有关部门应当加强电子签名、电子印章、电子证照和电子档案在政务服务、社区事务受理等领域的互信互认和推广应用。

第四十一条 省人民政府应当建立全省统一的投资审批事项及申报材料清单，加强投资项目在线审批监管平台应用，非涉密投资审批事项统一通过省投资项目在线审批监管平台办理，实行各级人民政府有关部门投资审批事项并联审批，提高审批效率。

第四十二条 省人民政府有关部门应当完善工程建设项目审批管理系统，实现与相关平台系统的数据对接与同步共享。

全面推行工程建设项目分级分类管理，在确保质量安全前提下，对社会投资的小型低风险工程建设项目，由政府部门发布统一的企业项目范围、开工条件，项目单位取得用地、满足开工条件后作出相关承诺，政府部门直接发放相关证书，项目即可开工，从立项到不动产登记全流程审批时间不得超过十五个工作日。

第四十三条 在各类新区、开发区、自贸试验区、实验区等区域内，由园区管委会或者所属的人民政府统一组织对土地勘测、矿产压覆、地质灾害、水土保持、文物保护、洪水影响、地震安全性、气候可行性等事项实施区域评估，不再对区域内的建设项目单独评估。区域评估费用由当地人民政府或者各类园区管委会承担。

第四十四条 县级以上人民政府应当建立不动产登记与发展改革、公安、税务、住建、市场监管等部门信息互通共享机制。

不动产登记机构提供线下服务的应当将房屋交易、缴税等事项纳入不动产登记综合服务窗口，实行登记、交易、缴税一窗受理、并行办理，办理时间为一个工作日，最多不超过三个工作日。

不动产登记机构与公用企事业单位、金融机构等应当实现不动产登记相关信息互通共享，对涉及不动产登记的水电气热、广电通信等过户、立户业务实现联动办理，相关公用企事业单位应当配合做好工作。

第四十五条 税务机关应当落实国家规定的税收优惠政策，保障市场主体依法享受减税、免税、出口退税，确保税收优惠政策全面、及时惠及市场主体。

第四十六条 加快中国（河南）国际贸易单一窗口功能由口岸通关执法向口岸物流、贸易服务等全链条拓展，为申报人提供进出口货物申报、运输工具申报、税费支付、贸易许可和原产地证书申领等全流程电子化服务，推广跨境电商、贸易融资、信用保险、出口退税、智慧物流等地方特色应用。推动与其他专业化平台的申报接口对接，促进信息互联互通，便利企业开展跨境业务。

实行口岸收费目录清单公示制度，各收费主体应当在单一窗口公开收费项目、收费范围、收费标准、计价方式等，实现货站、货代、理货等收费标准线上公开、在线查询。省人民政府财政、发展改革、交通、商务、市场监管等部门应当加强口岸收费管理。

第四十七条 县级以上人民政府有条件的可以建立统一开放、有机贯通的企业诉求响应平台，做到有诉必接、有问必答、有难必帮。涉及企业的有关部门应当及时受理、限时办结、及时反馈。

第四章　优化法治环境

第四十八条 国家机关应当科学立法、严格执法、依法监察、公正司法，严格规范履职行为，保障市场主体的合法权益，营造公平公正的法治环境。

第四十九条 国家机关制定与市场主体相关的法规、规章，涉及市场主体权利义务的规范性文件，应当听取市场主体、行业协会商会及其他自律监管机构的意见，并依法予以公布。

国家机关应当依法规范和完善规范性文件备案审查制度，由承担备案审查职责的部门对规范性文件进行统一审查，发现问题及时责成制定单位纠正或者撤销。

第五十条 国家机关应当加强法律、法规、规章、规范性文件的宣传。落实谁执法谁普法责任制。

制定机关应当通过新闻发布会、媒体专访、答记者问、在线访谈等形式，对出台的涉及市场主体的简政、减税、减费、项目申报、经费补贴的地方性法规、政府规章、规范性文件，进行宣传解读。

县级以上人民政府优化营商环境工作主管部门应当在政府门户网站开设专栏，收集整理、及时更新涉及营商环境建设的法律、法规、规章、规范性文件和各类政策措施。制定机关应当把制定和修改的规范性文件、政策措施及时推送到营商环境专栏。

第五十一条 地方性法规、政府规章、规范性文件的制定机关，应当根据全面深化改革、经济社会发展需要以及上位法制定、修改、解释、废止情况，对涉及市场主体经济活动的地方性法规以及政府规章、规范性文件及时进行专项清理，发现问题应当及时修改或者废止，清理结果应当及时向社会公布。

第五十二条 县级以上人民政府有关部门应当依法编制监管事项目录清单，明确监管部门、事项、对象、措施、设定依据、流程、结果、层级等内容，实行动态管理并定期向社会公布，加强对市场主体的监管，实现监管全覆盖。

第五十三条 行政执法机关应当落实行政执法公示、行政执法全过程记录和重大行政执法决定法制审核制度，通过考核、定期报告、协调指导、执法数据共享等方式，推进行政执法严格、规范、公正、文明。

第五十四条 行政执法机关应当依法规范、细化量化行政处罚自由裁量权标准，杜绝执法随意性，不得妨碍企业正常的生产经营活动，提高行政执法规范性和公信力。

行政执法机关对市场主体违法行为情节轻微并且及时纠正，没有造成危害后果的，不予行政处罚；市场主体违法行为情节较轻，能主动消除或者减轻违法行为危害后果的，应当责令改正，从轻或者减轻行政处罚。

第五十五条 完善和细化知识产权创造、运用、交易、保护制度规则，落实知识产权侵权惩罚性赔偿制度。县级以上人民政府知识产权等有关部门应当健全知识产权保护的举报、投诉、维权快速通道，建立知识产权纠纷多元解决机制，推进知识产权纠纷快速调解，充分保障知识产权权利人的合法权益。

知识产权部门应当建立企业专利海外应急援助机制，鼓励、引导企业建立专利预警制度，支持协会、知识产权中介机构为企业提供海外知识产权争端和突发事件的应急援助，护航企业创新发展。

第五十六条 县级以上人民政府及司法行政主管部门应当加快推进公共法律服务体系建设，整合律师、基层法律服务、公证、司法鉴定、人民调解、仲裁等法律服务资源，为市场主体提供法律咨询、法律援助和法律救济等服务，引导和帮助市场主体依法维权。

第五十七条 各级监察委员会、人民法院、人民检察院、公安机关应当依法平等保护从事市场活动经营者的人身权。对市场主体的法定代表人、主要管理人员以及实际控制人采取限制人身自由的留置措施以及其他强制措施的，应当严格区分违纪与违法、经济纠纷与经济犯罪的界限，严格把握采取强制措施的必要性和经济违法行为入刑标准。

建立健全涉及市场主体冤错案有效防范和常态化纠正机制。

第五十八条 各级监察委员会、人民法院、人民检察院、公安机关应当依法平等保护市场主体的财产权。需要对市场主体及其法定代表人、主要管理人员以及实际控制人的涉案财物采取查封、扣押、冻结等措施的，应当严格依法进行，不得超权限、超范围、明显超标的、超时限。

第五十九条 各级监察委员会、人民法院、人民检察院、公安机关应当依法平等保护市场主体的经营自主权，对市场主体及其他当事人反映的问题，应当及时查处并予以回应，最大限度减少对市场主体正常生产经营活动的影响。

第六十条 各级人民法院应当依法公正审理涉及市场主体的各类案件，优化办案流程，严格审理期限，提高审判效率，改进执行工作，提高办案质量。

各级人民法院应当完善执行联动机制，有关机关和单位应当加强与人民法院执行工作的配合与协作，协同推进提升执行效率。

第六十一条 人民法院应当加强破产案件繁简分流机制，提高破产案件办理效率，健全破产成本支付管理制度，规范和降低破产费用支出；落实破产重整识别机制，探索庭外重组、预重整与破产重整、和解制度的衔接，为有运营价值企业的继续经营创造条件。

县级以上人民政府应当与人民法院建立协调处置企业破产事件的长效工作机制，提升破产企业土地、房产等财产的流通性和变现价值，提高破产财产处置效率；设立破产费用保障专项基金，依法支持市场化债务重组，及时解决企业破产中的资产处置、税务处理、信用修复、企业注销、社会稳定、打击逃废债等问题。

第六十二条 检察机关应当加强对涉及市场主体刑事、民事、行政诉讼活动的监督，综合运用检察建议、公益诉讼、提出抗诉等监督手段，依法监督纠正损害市场主体合法权益的违法行为。

第六十三条 各级人民政府、监察委员会、人民法院、人民检察院应当密切配合，建立涉及市场主体案件的线索通报、案件移送、查处配合、快速办理工作协调机制，及时解决市场主体的矛盾纠纷案件和相关问题，营造良好的法治环境。

第五章 优化宜居宜业环境

第六十四条 县级以上人民政府在优化市场环境、政务环境、法治环境的同时，还应当加强生态环境、人文环境、城市环境建设，提升区域竞争力，营造良好的宜居、宜业的营商环境。

第六十五条 县级以上人民政府应当坚持绿色发展理念，坚持绿水青山就是金山银山，构建绿色产业体系，加快绿色生态保护和修复，倡导绿色生活方式，建设良好的生态环境。

第六十六条 县级以上人民政府应当以大气污染防治、水污染防治、土壤污染防治为核心，提升生态环境质量，降低污染物排放和资源消耗，改善空气质量，推动城区黑臭水体整治，基本实现城区生活垃圾分类全覆盖，营造天蓝、水清、土净的人居环境。

第六十七条 县级以上人民政府应当加强地方特色文化建设，统筹利用黄河文化、红色文化、古都文化、根亲文化、功夫文化等历史文化资源和其他人文资源，打造老家河南文化品牌，提高文化开放与包容度，营造亲商、安商、乐商的文化氛围。

第六十八条 县级以上人民政府应当加强诚信文化的宣传普及，提高诚信意识，弘扬诚信文化，宣传诚实守信的先进典型，促进政府守信、企业守信、公民守信。

县级以上人民政府应当加快推进社会信用体系建设，加强信用信息公开和共享，依法依规运用信用激励和约束手段，建立政府、社会共同参与的跨地区、跨部门、跨领域的守信联合激励和失信联合惩戒机制，营造良好的社会诚信环境。

第六十九条 县级以上人民政府应当加强城市的科学规划，合理布局，注重园林、绿地、水系、主题公园、休闲、运动等基础设施建设，提升城市品位，提高生活质量，促进人与城市和谐，营造宜居、宜业、宜游的城市环境。

县级以上人民政府及有关部门应当完善城市交通基础设施布局，优化城市交通出行结构，实现多种交通方式互联互通，保证道路畅通，促进交通便利，方便群众出行。

第七十条 县级以上人民政府应当根据本行政区域人口、经济社会发展水平，合理设置教育机构、医疗机构、养老机构和托幼机构，提高公共服务水平。

第七十一条 县级以上人民政府及其有关部门应当深化人才发展体制机制改革，健全培养、引进、评价、激励等机制，创新人才政策措施，为人才引进做好服务保障，提升人才流动便利度。对市场需求的各类高层次人才在职称评定、医疗社保、住房安居、配偶安置、子女入学等方面提供便利，为吸引、留住、用好人才提供政策支持，为市场主体营造良好的人才环境。

第七十二条 县级以上人民政府及其有关部门应当加强企业家队伍培育，树立优秀企业家典型，弘扬企业家精神，鼓励企业家创新，形成尊重企业家风尚、发挥企业家作用的社会氛围。

第六章　营商环境工作监督

第七十三条 县级以上人民代表大会常务委员会可以采取听取和审议行政机关、监察机关、审判机关、检察机关专项工作报告、执法检查、规范性文件备案审查、询问、质询等方式，加强对营商环境监督。

第七十四条 省人民政府应当建立营商环境奖惩制度，将营商环境评价结果与年度目标考核绩效奖金、评先树优、领导班子和干部考核挂钩。

市、县级人民政府及其有关部门应当按照国家和本省有关规定，配合做好营商环境评价相关工作，不得弄虚作假。各地、各部门应当根据评价结果，制定完善整改措施。

第七十五条 充分发挥人民政协监督、党派民主监督、工商联等人民团体监督以及新闻媒体监督、社会公众监督的作用，多渠道加强对营商环境的监督。

第七十六条 县级以上人民政府优化营商环境工作主管部门应当建立营商环境特邀监督员制度，聘请人大代表、政协委员、民主党派成员、企业家代表、媒体记者、行业协会负责人、商会负责人和群众代表担任监督员，对营商环境工作进行监督。

第七十七条 省人民政府优化营商环境工作主管部门应当建立营商环境监测机制，建设全省统一的营商环境监测平台，加强各项数据指标动态监测，跟踪各项营商环境改革措施落实情况。

省人民政府优化营商环境工作主管部门应当建立营商环境评价制度，制定完善本省营商环境评价指标体系，定期组织开展全省营商环境评价工作，发挥工商联联系非公有制经济人士的桥梁纽带作用，通过召开座谈会、开展第三方评估等方式，听取市场主体对营商环境的评价意见，并将评价结果及时向社会公布。

第七十八条 省人民政府优化营商环境工作主管部门应当建立营商环境违法案件调查处理制度。

县级以上人民政府优化营商环境工作主管部门对破坏营商环境的违法案件，应当及时调查处理。

县级以上人民政府优化营商环境工作主管部门应当建立健全投诉处理机制，通过便民服务专线、政务服务平台等渠道，接受社会各界对损害营商环境行为的投诉举报。对属于本部门职权范围内的投诉举报，应当在三十日内办结并答复，情况复杂的案件，经行政机关负责人同意可以延长三十日。对不属于本部门职权范围内的投诉举报，应当在五日内转有关部门办理，有关部门在上述时间内办结并答复投诉人、举报人。

县级以上人民政府优化营商环境工作主管部门和有关部门应当为投诉人、举报人保密。

第七十九条 县级以上人民政府应当将优化营商环境工作纳入督查范围，通过专项督查、日常检查等方式对本级人民政府有关部门以及下级人民政府优化营商环境工作进行监督检查，对存在的问题依法及时纠正。

第八十条 各级审计机关应当加强对优化营商环境相关政策落实情况的审计监督。

优化营商环境工作主管部门在对营商环境进行评价过程中运用审计部门相关审计成果。

第八十一条 各级国家机关及其工作人员在法定职权范围内对优化营商环境、推进深化改革进行探索，未能实现预期目标或者出现偏差，但符合下列条件的，应当免除相关责任：

（一）符合国家和本省确定的改革方向；

（二）未违反法律、法规禁止性规定；

（三）决策程序符合法律、法规规定；

（四）勤勉尽责、未牟取私利。

第七章 法律责任

第八十二条 违反本条例规定的行为，法律、行政法规已有处罚规定的，从其规定。

第八十三条 各级人民政府及有关部门不履行优化营商环境工作职责，有下列情形之一的，由法律、法规规定的相关主管部门责令改正；情节严重的，对直接负责的主管人员和其他直接责任人员依法给予处分；构成犯罪的，依法追究刑事责任：

（一）违反规定在市场准入等领域设置不合理的限制或者排斥条件的；

（二）违反规定干预市场主体经营自主权的；

（三）违反规定侵犯市场主体财产权和其他合法权益的；

（四）强制市场主体赞助、捐赠等摊派行为的；

（五）未按规定落实对市场主体支持性政策的；

（六）为市场主体指定或者变相指定中介服务机构，或者违法强制市场主体接受中介服务的；

（七）拒不履行向市场主体依法作出的政策承诺和合同约定的；

（八）违反合同约定拖欠市场主体的货物、工程、服务等账款的；

（九）违反规定增加或者变相增加办事事项、办理条件、办事环节、办事材料，延长办事时限的；办理条件含有其他、有关等模糊性兜底条款的；

（十）在清单之外向企业收取政府性基金及附加、涉企保证金、涉企行政事业性收费，擅自提高收费标准的；

（十一）向市场主体收取的保证金未按规定时限、程序返还的；

（十二）非法干涉招标投标活动的；

（十三）违反一网通办、一窗通办工作要求的；

（十四）对一般经营项目企业开办申请未在规定时限内办结的；

（十五）对社会投资的低风险工程建设项目未在规定时限内审批的；

（十六）对不动产登记线下服务未在规定时限内办结的；

（十七）制定或者实施政策措施妨碍市场主体公平竞争的；

（十八）侵犯市场主体知识产权或者泄露涉及市场主体商业秘密、个人隐私信息的；

（十九）对优化营商环境工作主管部门转办的投诉、举报拒不办理的；

（二十）侵害市场主体利益、损害营商环境的其他情形。

违反前款规定，有关部门不给予处分的，由优化营商环境工作主管部门督促有关部门依法予以处分；有关部门仍未予以处分的，优化营商环境工作主管部门可以提请监察机关依法处理。

违反第一款规定，给市场主体造成名誉损害的，应当赔礼道歉、消除影响、恢复名誉；对市场主体有多收、不应收取费用的，应当予以退回；给市场主体造成财产损失的，依法承担赔偿责任。

第八十四条 各级监察委员会、人民法院、人民检察院、公安机关不履行优化营商环境相关工作职责，有下列情形之一的，由法律、法规规定的相关主管部门责令改正；情节严重的，对直接负责的主管人员和其他直接责任人员依法给予处分；构成犯罪的，依法追究刑事责任：

（一）违法干预市场主体正常经营活动的；

（二）违法对市场主体法定代表人、主要管理人员以及实际控制人采取限制人身自由的留置措施以及其他强制措施的；

（三）违法对市场主体及其法定代表人、主要管理人员以及实际控制人的涉案财产采取查封、扣押、冻结等措施，超权限、超范围、明显超标的、超时限的；

（四）对优化营商环境工作主管部门转办的投诉、举报拒不办理的；

（五）侵害市场主体利益、损害营商环境的其他情形。

违反前款规定，给市场主体造成名誉损害的，应当赔礼道歉、消除影响、恢复名誉；给市场主体造成财产损失的，依法承担赔偿责任。

第八十五条 各级人民政府及有关部门、监察委员会、人民法院、人民检察院的工作人员违反本条例规定，对营商环境造成不良影响的，视情节轻重，由相关部门根据职责权限采取下列一种或者几种方式督促整改：

（一）责令改正；

（二）公开道歉；

（三）通报批评；

（四）取消或者收回经济奖励；

（五）暂扣、收缴执法证件，取消执法资格，调离执法岗位；

（六）停职检查。

第八十六条 水电气热等公用企事业单位有以下第一项、第二项情形的由优化营商环境工作主管部门责令改正，有第三项、第四项情形的由市场监管部门责令改正；拒不改正的，处一万元以上五万元以下的罚款；有违法所得的，没收违法所得。情节严重的，对直接负责的主管人员和其他直接责任人员，由所在单位或者上级机关依法给予处分；构成犯罪的，依法追究刑事责任：

（一）不向社会公开服务范围、服务标准、资费标准、服务流程、办理时限等信息的；

（二）在材料齐全的情况下，办理报装超过期限的；

（三）强迫市场主体接受不合理的服务条件的；

（四）向市场主体收取不合理费用的。

第八十七条 行业协会商会有以下第一项、第二项、第三项行为的由社会团体登记管理机关责令限期改正，拒不改正的可以停止其活动，有违法所得的没收违法所得并处违法所得三倍以上五倍以下的罚款；有第四项行为的，由市场监管部门处二十万元以上五十万元以下的罚款：

（一）强制或者变相强制市场主体入会、退会的；

（二）非法向市场主体收费或者强制要求市场主体捐赠、赞助等变相收费的；

（三）没有法律法规依据，强制或者变相强制市场主体参加评比、达标、表彰、培训、考核、考试等活动；

（四）组织市场主体达成垄断协议，排除或者限制竞争的。

违反前款规定情节严重的，由社会团体登记管理机关依法撤销登记；构成犯罪的，由司法机关依法追究刑事责任。

第八十八条 县级以上人民政府优化营商环境工作主管部门及其工作人员，在优化营商环境工作中玩忽职守、徇私舞弊、失职渎职、滥用职权的，依法给予处分；构成犯罪的，依法追究刑事责任。

第八章 附 则

第八十九条 法律、法规授权的具有管理公共事务职能的组织，适用本条例关于行政机关的规定。

第九十条 本条例自 2021 年 1 月 1 日起施行。

湖北省

一、综述

2020年，湖北省认真落实湖北省委、省政府相关要求，加快推进中国（湖北）国际贸易单一窗口（以下简称湖北“单一窗口”）建设。面对突如其来的新冠肺炎疫情影响，湖北“单一窗口”发挥自身优势，运用信息化手段，在疫情防控、助力企业复工复产、促进湖北省口岸营商环境持续优化、服务外贸创新发展等方面做出了应有的贡献。

（一）躬身入局，同心战“疫”

新冠肺炎疫情发生初期，亟需打通境外捐赠物资的专用入境通道，以保障海外捐赠医疗物资能够快速通关，并高效分送到各一线医院。湖北“单一窗口”于1月26日推出新冠肺炎境外捐赠登记系统。在武汉海关和湖北省慈善总会的支持下，系统上线一周捐赠信息达130余条，捐赠物资包含口罩、防护服、护目镜等急需物资，为60余家医院单位打通了境外物资捐赠渠道。

（二）多措并举，助力企业复工复产

为鼓励、引导湖北省医疗卫生防疫、医药产品、医用器材的扩大出口，湖北“单一窗口”开发并上线湖北省医疗防护用品服务平台和农产品进出口服务平台。其中，医疗防护用品服务平台采用现代技术手段，利用互联网的广域性、高效性，借助“单一窗口”平台的聚焦性，通过建立一个官方的医疗防护用品服务系统，帮助湖北省医疗防护用品生产企业和贸易企业实现产品展示、企业宣传，更快更好地走出去；农产品进出口服务平台通过向海外买家展示、推广供应商的企业和产品，进而帮助获得贸易商机和订单，是湖北省农产品出口企业拓展国际贸易的窗口，涉及水果蔬菜、粮油干货、肉禽水产、酒水饮料、休闲食品、其他等6大类67小类农产品。

（三）扩充功能，提升贸易便利化水平

全年共上线新应用32个，其中标准版新应用26个、地方特色应用（模块）6个。地方特色应用主要包括特殊区域辅助管理系统新上线的集装箱调拨业务、拆拼箱管理业务、口岸集拼业务及仓储可视化管理业务，充分发挥综保区设施设备完备、场地充裕、保税功能集聚的优势，使得口岸与综保区业务得到双促进，实现特殊监管区域与水运、铁路、整车口岸一体化业务联动，使得综保区业务更加自由便捷。

（四）逆势增长，支撑跨境电商快速发展

湖北“单一窗口”跨境电商综合服务平台自2018年7月上线以来，已完成154家跨境企业对接，其中电商企业107家、物流企业21家、支付企业19家，注册地为湖北省外的企业29家、省内企业125家；2020年贸易额超千万的电商企业有25家，较2019年增加11家，超亿元的电商企业有7家，较2019年增加8家。“双11”期间，成立服务保障工作小组，24小时全力保障“双11”通关，成交单量达124.59万、同比增长765%，贸易额1.86亿元、同比增长151%，各项指标均创新高。湖北“单一窗口”联合武汉海关对参与跨境电商B2B出口“9710”“9810”业务测试的企业进行“一对一”指导，全程跟进解决企业问题，逐一确认企业申报情况，确保试点如期、平稳、顺利实施。2020年累计申报11597票“9710”模式、货值4989.31万元，346票“9810”模式、货值94.63万元。据统计，2020年湖北省跨境电商进出口共申报清单1465万单、货值24.5亿元，同比分别增长169.8%和92.9%，其中进口239万单、货值15.2亿，出口1226万单、货值9.3亿元。

（五）创新发展，探索数字赋能

一是推广金融服务功能。加大推广运用“单一窗口”金融服务功能，企业可以直接通过该系统向银行提交跨境汇款申请，并通过“单一窗口”平台同步关联报关单、合同、发票等信息数据并实时传输，快速完成协议签订、跨境汇款等全部业务流程。二是深入打造“楚贸通”平台。依托“单一窗口”的平台优势和数据资源，“楚贸通”平台为企业提供贸易资讯、电子政务、市场拓展、第三方服务、人才孵化等服务。“楚贸通”也成为湖北对外贸易的政策集成平台，通过资源共享、服务集成、平台引流等方式，创新外贸出口新手段，培育外贸竞争新优势。三是上线“楚贸贷”平台。为缓解中小微外贸企业融资难、融资贵问题，6月18日上线“楚贸贷”平台，融资风险专项资金5000万元，累计为企业发放融资贷款1.3亿元，受益企业24家。

（六）强化运维，提高服务水平

按照《国际贸易“单一窗口”运行管理办法》，实现“分级运维、联合保障”。湖北电子口岸加强运维保障，启用“单一窗口”运维服务平台，实现服务请求记录，工单生成、流转、处置与查询，故障信息上报，通知公告发布等功能，有效提升“单一窗口”整体运行服务水平。全年共受理95198平台、微信、QQ等渠道的求助问题20958个，解决、处理20907个。

二、运行情况

（一）运行数据

2020年全年，湖北“单一窗口”货物申报501750票；舱单申报219535票；运输工具申报19531票；企业资质办理25021票；原产地证申领25233票；税费支付103881笔；加贸保税401794票；物品通关1363544票；跨境电商24203863票；监管证件2029票；出口退税289笔。

（二）运行维护

1. 安全运行

一是部署云防护服务。“单一窗口”平台采用安全技术厂商的云防护服务，对整体网站漏洞和可用性实时监测并分析，拦截异常流量，有效降低被攻击的风险，对网站进行有效的安全加固。二是规范操作运行。操作人员必须熟悉操作规程，严格按照规程操作，严禁越权操作；对信息机房内设备的重要操作必须通过信息化主管领导审批后才能执行；信息机房现场出现的异常应严格按照现场处置预案处理，并上报和记录，坚决避免因操作不规范引起的系统故障、数据偏差等问题。三是强化安全管理。对信息化设备定期巡检，针对内网安全部署主机安全管理系统，针对互联网出口做好冗余的边界防护，调整内部网络结构，做好防火墙和防篡改设备的策略，严格控制系统内外数据访问，保护区域系统网络安全。四是等级保护建设。根据《中华人民共和国网络安全法》及“单一窗口”相关管理办法的要求，结合自身情况，制定计算机安全保密制度、网站安全管理制度、数据安全管理规范、数据安全应急预案、“单一窗口”监控预案、“单一窗口”系统运行应急响应预案。五是保障平台设施安全。网站管理员定期检查维护服务器，确保无隐患问题，制作安全检查工作记录，确保工作落实；每周定期检查网站栏目功能，确保无木马病毒攻击；定期备份设备的配置信息和参数；网站安全员不断学习有关网络和网络安全的知识，提高计算机使用水平，确保安全。

2. 优化服务

开通“单一窗口”全国统一服务热线 95198，统一接入全省范围内“单一窗口”用户呼叫请求，7×24 小时响应企业需求，并通过 QQ、微信等即时服务手段帮助企业处理所反映的各类问题。主动搜集记录企业普遍存在的问题，针对问题编写相关文档供其参考，并且结合当下流行的网络直播进行培训、答疑，联合相关单位组织多次现场培训，并及时解决应用中的各类问题。

3. 数据安全

充分利用湖北电子口岸信息资源，成立数据安全管理机构，制定数据安全管理制度，定期进行全员制度培训。数据中心部署了运维审计和日志审计系统，能够对运维人员的访问过程进行细粒度的授权、全过程的操作记录及控制、全方位的操作审计，并支持事后操作过程回放功能，实现运维过程的“事前预防、事中控制、事后审计”，提升安全运维管理水平。建立数据备份和恢复机制，对数据库进行集中式数据保护、备份和恢复管理，可指定任意历史时间点进行数据恢复，日常也可进行容灾演练。

（三）宣传推广

2020 年，湖北省采取线上和线下培训方式为外贸企业提供服务，全年培训企业人员 1326 人。

2020 年“单一窗口”标准版宣讲会参训人员统计表

时间	方式	人数	日报关单量	日报关覆盖率
7 月 30 日	钉钉直播	57	1840	149. 11%
7 月 31 日	钉钉直播	192	2119	171. 72%
8 月 22 日	武汉现场	300	412	33. 39%
9 月 14 日	十堰现场	200	4949	133. 68%
9 月 25 日	宜昌现场	50	2403	194. 73%
11 月 20 日上午	钉钉直播	266	2803	227. 15%
11 月 20 日下午	钉钉直播	181	2803	227. 15%
合计		1326	1729	/

三、 大事记

1 月 26 日

湖北“单一窗口”上线新冠肺炎境外捐赠登记系统。

3 月 30 日

湖北“单一窗口”上线湖北省医疗防护用品服务平台。

4 月 30 日

湖北“单一窗口”正式上线农产品进出口平台。

6 月 30 日

依托湖北“单一窗口”建设的“楚贸贷”平台首次为全省小微企业投放贷款。

8 月 18 日

湖北省副省长赵海山调研湖北“单一窗口”工作。

湖南省

一、综述

2020年，中国（湖南）国际贸易单一窗口（以下简称湖南“单一窗口”）进一步对接标准版功能应用，上线水运物流服务平台、湖南保税业务综合服务平台等16项地方特色应用，成为湖南省重要的口岸通关平台，为全省各类外贸主体提供“一站式”通关服务。

二、运行情况

（一）运行数据

2020年全年，湖南“单一窗口”货物申报238246票；舱单申报189453票；运输工具申报21098票；企业资质办理26364票；原产地证申领29892票；税费支付62982笔；加贸保税79975票；物品通关1763454票；跨境电商89340840票；监管证件1644票；出口退税86笔。

（二）运行维护

1. 硬件维护

2020年，为保障湖南“单一窗口”正常运行，定期对机房服务器、交换路由、存储阵列、安全设备等进行日常巡检，编制机房巡检手册、机房月度巡检报告、机房紧急情况应急处理方案，建立巡检制度，确保紧急故障24小时内解决。同时通过网络配置、防火墙配置、病毒漏洞定期扫描、存储管理分配、补丁更新等操作保障数据安全。

2. 软件维护

制定湖南“单一窗口”应用软件运维标准，编制软件运维服务方案、运维质量保证措施及服务承诺书、软件运维流程及服务方式手册。全年处理平台相关事件共计1556次，其中操作指导55次、单据处理1095次、权限调整28次、系统故障76次、业务咨询94次、外部协调208次。

3. 完成信息安全等级保护

根据国家网络信息安全要求，邀请专业测评机构对湖南“单一窗口”进行信息安全测评。根据等级保护 2.0 标准，完成湖南“单一窗口”日志审计等安全整改，进一步加强网络安全保障。

（三）宣传推广

2020 年，根据疫情防控要求，湖南“单一窗口”共计举办线上、线下培训 34 场次，累计培训 4249 人次，范围覆盖全省 14 个市（州），内容涵盖许可证件、货物申报、金融服务、原产地证申领等功能模块。

三、特色应用

（一）水运物流服务平台

水运物流服务平台主要为岳阳城陵矶水运口岸及长沙霞凝港、常德盐关码头等水运口岸作业区进出口货物的进境到货、出境运抵以及入境提货等提供“一站式”办理便利。2020 年，该平台完成提运单单量 30311 票，集装箱单量 83578 票，使用企业 29 家。

（二）空港信息平台

空港信息平台为长沙航空口岸、张家界航空口岸的货物进出口业务提供便利，实现货物进出口信息动态监控等。2020 年，该平台完成核放单单量 18913 票，使用企业 14 家。

（三）查验免收费服务平台

为更好地落实《湖南省关于免除查验没有问题外贸企业吊装移位仓储费用全面试点工作方案》，查验免收费服务平台于 2020 年 9 月正式上线。通过与各查验场所辅助系统及湖南“单一窗口”平台等进行数据对接，实现查验计划的在线申请、在线受理、在线作业录入及在线审批等功能，在确保信息数据准确的同时节省了人力成本。2020 年，该平台共计申报 366 票、437 个货柜。

（四）湖南保税业务综合服务平台

湖南保税业务综合服务平台为湖南省加工贸易保税业务建立了统一的流程及数据标准，实现了长沙黄花综合保税区、长沙金霞保税物流中心（B 型）、湘潭综合保税区、衡阳综合保税区等海关特殊监管区的智能卡口验放、货物分类管理等功能。2020 年，该平台完成核放单单量 78115 票，核注清单单量 75004 票，使用企业 20 家。

广东省

一、综述

2020年，在国家口岸管理办公室的指导及省直相关部门、中央驻粤口岸查验单位的支持下，广东省各级“单一窗口”业务主管部门加快中国（广东）国际贸易单一窗口（以下简称广东“单一窗口”）建设推广工作，圆满完成标准版各项推广任务，积极拓展地方特色应用，全力服务粤港澳大湾区建设发展，有力推动优化广东省口岸营商环境，促进跨境贸易便利化。

（一）圆满完成标准版各项推广任务

一是成功对接金税三期系统，完成标准版出口退税功能（金三版）外贸企业及生产企业全国首单申报。二是全年共举办40场培训会，参训人员达3000人，推动出口退税、船舶数据复用、报关单信息、舱单运抵报告状态订阅推送等新上线应用和海关查验通知信息推送扩大试点在广东省落地推广。

（二）粤港澳大湾区通关便利化项目取得实质进展

一是粤港澳大湾区跨界车辆信息管理综合服务平台正式上线应用，往来香港货运车辆企业及车主可通过该平台向海关在线申报企业、车辆备案信息，实现粤港澳跨界车辆审批和备案“免现场”办理。二是粤港澳航行船舶综合服务平台首期功能在佛山试点上线，实现舱单导入/导出、运抵/理货/装载舱单自动生成等，推动来往港澳小型船舶“一站式”申报。三是粤澳“单一窗口”合作取得重要进展，“澳车北上”信息管理服务系统建设完成入境申请全模拟验证测试，将为“澳车北上”政策落地提供信息化平台支撑。

（三）中新（新加坡）船舶电子证书交换互认取得创造性合作成果

中新船舶电子证书应用先导项目成功实现系统对接，顺利通过广东电子口岸平台调用首票新加坡籍船舶电子证书数据，完成“单一窗口”国际航行船舶运输工具全流程申报，成为全球首个海事电子证书跨国应用项目，为开展“单一窗口”国际合作提供经验借鉴。

（四）地方特色应用有效服务外贸稳定增长

一是金融服务功能丰富拓展，开设中小微企业服务专窗，与多家金融保险机构对接推出预约开户、外汇买卖、关税保证保险等服务功能，优化升级小微在线投保系统，引导逾 7500 家小微企业在线投保，承保保额超 60 亿美元。二是“加易贷”融资平台正式上线，促成 5 家承办银行累计发放贷款超 666 亿元，惠及企业超 739 家，帮助企业保运转、渡难关。三是口岸物流协同平台率先在汕头、中山、湛江市试点推广，完成电子设备交接单、查验放行管理等首期功能，推动通关物流环节单证无纸化、电子化。四是跨境电商公共服务平台、市场采购贸易联网信息平台、二手车出口信息服务平台等应用相继上线，提供全省共性服务，避免各地重复建设，为广东省外贸新业态发展提供平台支撑。

（五）运维安全体系逐步完善

一是研究制定广东省“单一窗口”运行管理和数据安全管理规程并经省人民政府同意印发，推动“单一窗口”运维体系逐步完善。二是组织“单一窗口”安全检查和数据安全专项行动，对省市电子口岸平台数据安全技术防范和规章制度全面检查，做好内部数据安全意识培训，落实系统安全隐患整改，通过网络安全等级保护三级测评，确保“单一窗口”数据安全。三是落实“数字政府”改革要求，全面对接省政务服务事项改革要求，加强与政务云平台运营商协调沟通，协同推进“单一窗口”运维工作。

二、运行情况

（一）运行数据

2020 年全年，广东“单一窗口”货物申报 9036350 票；舱单申报 27358988 票；运输工具申报 1382602 票；企业资质办理 171947 票；原产地证申领 720604 票；税费支付 659603 笔；加贸保税 4350634 票；物品通关 38038480 票；跨境电商 827148854 票；监管证件 12078 票；出口退税 427 笔。

（二）运行维护

完善省、市两级运维服务体系，组建客服运维团队，派员驻点业务量大的地市，通过广东电子口岸云客服平台，为广东省企业用户提供 7×24 小时客服保障，为用户提供广东“单一窗口”系统应用的操作指导、问题处理、需求收集、意见反馈等支持服务，响应用户提出的各类“单一窗口”业务服务请求，并对用户反馈问题进行统计分析等。接听 95198 服务热线电话 5933 个（呼入接通率 99. 6%），及时响应云客服平台在线咨询接入会话数 27607 个、回复消息数 241778 条，远程协助 873 次。开展线上调研工作，每月走访调研各地市外贸企业，收集企业对于“单一窗口”应用功能、运维保障、服务质量等方面的意见建议，及时排查、解决和反馈，增强企业获得感。截至 2020 年年底，平台累计受理企业反馈各类问题 79344 个，问题解决率达 99. 72%。

（三）宣传推广

2020 年，按照国家口岸管理办公室工作要求，组织推广标准版出口退税、船舶数据复用、报关单信息、舱单运抵报告状态订阅推送、海关查验通知信息推送扩大试点，以及航空物流公共信息平台验证实施等，编制各个功能应用的推广方案和操作手册，及时建立微信推广工作群指导企业，做好各功能应用推广工作。按照各地“单一窗口”业务主管部门的培训安排，通过集中培训、深入企业开展一对一培训、远程培训指导等方式，推动促进企业尽快熟悉相关业务操作规程。在推广培训工作中，结合疫情防控，引入在线培训大讲堂、腾讯课堂、腾讯会议等远程培训方式，共组织举办 29 场线上培训直播课堂，累计培训 2300 人次，持续增强与企业的线上互动频率，尽力提高企业覆盖面。全年共组织企业开展线下培训 11 场，累计培训 950 人次。

三、 特色应用

（一）粤港澳大湾区跨界车辆信息管理综合服务平台

一是依托标准版公路运输工具申报系统，推进建设粤港澳大湾区跨界车辆信息管理综合服务平台，简化粤港澳跨界车辆审批和备案流程，实现粤港澳车辆通行大湾区“网上办”“协同办”。12 月 1 日，平台正式上线来往香港货运车辆备案管理业务无纸化申报功能，来往香港货运车辆企业及车主可通过平台向海关提交相关电子化数据，海关审核通过后即视为备案完成。该功能的上线简化了粤港货运车辆审批、备案流程，为“澳车北上”“港车北上”政策实施夯实基础并提供统一平台支撑。

二是依托标准版以及粤港澳大湾区跨界车辆信息管理综合服务平台，建设“澳车北上”信息管理服务系统，提升港珠澳大桥车流量的同时促进大湾区内人员货物往来便利化。

（二）金融服务

与广东省内多家金融机构开展合作对接，共同探索推进广东“单一窗口”金融服务建设。与光大银行广州分行对接上线预约开户、收结汇功能系统，与汇丰银行对接上线预约开户功能系统，与广州银行对接上线外汇买卖功能系统，与东莞银行对接上线预约开户、结购汇、外汇汇款功能系统，与平安财险广东分公司对接上线关税保证保险线上投保系统；创设金融中心服务板块，进一步规范金融服务栏目，为外贸企业进一步提供跨境撮合平台、广银服务通道（广交会专属）、广银财资管理平台等金融服务。

四、 大事记

3 月 18 日

广东“单一窗口”开通广东中小微企业服务专窗，助力企业复工复产。

4 月 30 日

广东“单一窗口”开设金融中心专窗。

7 月 29 日

广东“单一窗口”上线“加易贷”融资平台。

11 月 5 日

粤澳双方在珠海市召开粤澳“单一窗口”第一次专题工作会议，一致同意共同推进综合服务平台项目建设，共同建立粤澳货物“单一窗口”综合服务平台建设工作小组，加快推进粤澳“单一窗口”合作进程。

11 月 10 日

标准版出口退税功能（金三版）在广东完成全国首单申报。

11 月 26 日

粤港货物报关“一单两报”服务项目企业试点共建座谈会在珠海召开。

12 月 1 日

广东“单一窗口”正式上线粤港澳大湾区跨界车辆信息管理综合服务平台。

12 月 16 日

组织驻粤口岸相关查验单位，广州、深圳、珠海市口岸主管部门，与香港特区政府商务及经济发展局、香港海关召开 2020 年度粤港“单一窗口”通关模式可行性研究专家小组视频会议。

12 月 18 日

广东“单一窗口”与澳门电贸平台顺利完成系统对接验证。

12 月 21 日

“澳车北上”信息管理服务系统全流程模拟验证讨论会在广州顺利召开，标志着“澳车北上”信息管理服务系统建设取得实质性进展。

12 月 22 日

广东“单一窗口”粤港澳航行船舶综合服务平台首期应用功能正式上线运行。

广西壮族自治区

一、综述

2020年，广西壮族自治区深入推进中国（广西）国际贸易单一窗口（以下简称广西“单一窗口”）建设，累计上线标准版与地方特色版两级应用共计24大类112项服务。组织实施“北部湾港政务+市场化服务”建设，启动建设“单一窗口”升级版“智慧湾”项目，完成舱单协同等9个板块系统开发及上线运行，逐步实现与港口、码头、场站、港航、银行、税务等信息系统数据对接。完善经贸大数据平台，提升政府决策与管理水平。积极推动区域“单一窗口”互联互通，钦州港海运集装箱物流信息共享列入中国—新加坡国际贸易“单一窗口”国际合作试点，区域“单一窗口”合作进一步加强，跨境贸易便利化水平不断提升。

二、运行情况

（一）运行数据

截至2020年年底，广西“单一窗口”累计注册用户13750家企业。全年货物申报604040票；舱单申报1796287票；运输工具申报140463票；企业资质办理31088票；原产地证申领45097票；税费支付1565笔；加贸保税91434票；物品通关8371票；跨境电商61364005票；监管证件1525票；出口退税98笔。

（二）运行维护

广西“单一窗口”采取“电子口岸公司统一运维管理+共建成员单位协作”的运维模式，按照国家口岸管理办公室制定的《国际贸易“单一窗口”运维管理规程》等相关规定要求，建立运维联系机制，明确运维职责，共同确保广西“单一窗口”安全稳定运行。成立专门的运维中心，负责应急管理措施制定与实施、应用系统运维服务、防病毒监护、数据备份、系统安全监控等工作；开通95198服务热线，及时响应各类服务请求；定期由值班人员进入机房查看机房设备运行情况，确保系统正常运行，并做好机房设备运行日志记录；建立主机、网络监控平台，对主机资源使用率、网络是否可用进行实时监控，如遇异常情况发送告警邮件；建立应用安全漏扫机制，应用上线前需要进行安全漏扫，漏扫通过后方可上线；建立易运维平台，审批合作伙伴操作堡垒机权限；数据安全方面，限制业务用户只能操作业务库，禁止root用户远程登录；数据备份方面，核心业务采取实时热备、日志增量备份以及全备，其他业务采取“全备+日志增量备份”，确保数据安全、完整、可用；按照广西自治区政务集中要求，启动“单一窗口”系统向政务云平台迁移工作。

（三）宣传推广

一是广西口岸办编制完成广西“单一窗口”知识宣传手册，扩大广西“单一窗口”宣传效果。二是 2020 年共举办 7 场培训，参训企业涵盖船舶代理、货运代理、报关行、外贸企业、生产企业等。微信、QQ 在线答疑 2993 次，95198 热线电话答疑 4160 次以上，为进出口企业提供全方位立体式服务。

2020 年广西“单一窗口”培训统计表

时间	地点	内容
4 月 27 日	钦州保税港	“智慧湾”项目舱单无纸化协同系统等 5 个系统
5 月 24 日	凭祥浦寨监管中心	“单一窗口”公路舱单 “单一窗口”公路运输工具
6 月 22 日	凭祥浦寨监管中心	“单一窗口”公路舱单 “单一窗口”公路运输工具
9 月 22 日	邕州海关	“单一窗口”报检无纸化
9 月 25 日	平孟口岸	“单一窗口”公路舱单 “单一窗口”公路运输工具
11 月 10 日	柳州海关	“单一窗口”船舶、水运舱单
11 月 25 日	北海海关	“单一窗口”船舶、航空器运输工具

三、特色应用

（一）建设广西“单一窗口”北部湾港无纸化（“智慧湾”）项目

1. 建设背景

为解决广西北部湾港口码头、货运代理、船舶代理、理货公司等主体与口岸查验部门之间缺乏数据交换协同，以及口岸作业流程烦琐、通关时效偏低等问题，广西口岸办牵头组织实施广西“单一窗口”北部湾港无纸化项目（以下简称“智慧湾”项目），通过简化单证格式和优化口岸业务流程，减少数据重复录入，减少海港口岸通关环节与通关时间。2020 年，北部湾港集装箱进出口环节合规成本与国内其他港口看齐，海港口岸进出口整体通关时间达到先进水平。

2. 功能介绍

“智慧湾”项目将“单一窗口”数据交换范围从政务服务端延伸至市场服务端，实现海关、海事、港口管理、理货公司、码头、船舶代理、报关行等各相关单位业务系统数据交换共享，实现企业原始数据一次接入、多次转换、全程共享，通过业务协同减少通关作业过程中的纸质单证。具体建设内容包括舱单协同无纸化、理货无纸化、引航拖轮无纸化、货物查验无纸化、查验补贴申请无纸化、卡口无纸化、设备交接单与换单无纸化、金融服务、区域“单一窗口”数据共享等9大应用系统。

3. 应用成效

“智慧湾”项目上线后，共减少海港口岸集装箱通关人工作业环节28个，减少纸质单证33项，减少口岸作业时间21.5小时、后续作业时间12小时，为企业降低每单通关成本220元以上。截至2020年年底，“智慧湾”项目已服务各类企业360余家，办理舱单、理货、引航、查验预约、查验费用补贴申请等业务61000余票，查验费用补贴审批156余万元，为进出口企业节省各类成本约690万元。另外，金融服务开户1133户，发放贷款2.92亿元。出口退税服务27家企业，完成74笔出口退税申报，申报退税金额604万元。

（二）加强区域“单一窗口”合作

2020年，广西口岸办与重庆市口岸和物流办就省际“单一窗口”之间数据互联互通达成共识，建立“单一窗口”合作机制，通过加强数据共享和业务协同提升西部陆海新通道通关物流效率。同时推动广西与广东电子口岸建立“单一窗口”数据共享机制，提升服务企业水平，进一步促进西江—珠江经济带跨境贸易便利化。

四、大事记

4月9日

广西壮族自治区党委书记、自治区人大常委会主任鹿心社到中国（广西）自由贸易试验区建设指挥部调研，强调要继续深化广西“单一窗口”建设，提高跨境贸易便利化水平。

4月16日

广西壮族自治区政协副主席钱学明调研广西“单一窗口”工作。

5月18日

广西壮族自治区副主席周红波调研广西“单一窗口”建设情况并部署有关工作。

11月20日

广西壮族自治区代主席蓝天立调研数字广西建设，听取了广西“单一窗口”建设情况汇报，要求继续深化广西“单一窗口”建设。

12月31日

广西“单一窗口”“智慧湾”项目完成竣工验收。

五、政策文件

广西壮族自治区人民政府关于印发中国（广西）自由贸易试验区建设实施方案的通知

桂政发〔2020〕3 号

各市、县人民政府，自治区人民政府各组成部门、各直属机构：

《中国（广西）自由贸易试验区建设实施方案》已经自治区党委同意，现印发给你们，请认真贯彻执行。

2020 年 1 月 22 日

（此件公开发布）

中国（广西）自由贸易试验区建设实施方案

为贯彻落实《国务院关于印发 6 个新设自由贸易试验区总体方案的通知》（国发〔2019〕16 号）精神，加快推进中国（广西）自由贸易试验区（以下简称广西自贸试验区）高质量建设、高水平发展，特制定本方案。

一、目标要求

以习近平新时代中国特色社会主义思想为指导，全面贯彻党的十九大和十九届二中、三中、四中全会精神，深入贯彻落实党中央、国务院关于自由贸易试验区建设的战略部署，紧紧围绕《中国（广西）自由贸易试验区总体方案》明确的战略定位，以制度创新为核心，以政策创新为支撑，以产业发展为导向，以可复制可推广为基本要求，以法无禁止即可为、人无我有敢为先的精神，突出中国—东盟开放合作先行先试，突出沿边特色，突出陆海联动，突出开放平台的系统集成，按照“半年出经验、一年见成效、两年上台阶、四年翻一番”的总体目标，建设产业转型升级最具潜力、开放合作最具优势、创新创业最具活力、体制功能最为完善的特殊经济功能区，着力打造面向东盟的国际投资贸易先导区、金融开放门户核心区、沿边开放引领区、向海经济集聚区、现代服务业开放创新区和西部陆海新通道门户港，奋力将广西自贸试验区建设成为引领中国—东盟开放合作的高标准高质量自由贸易试验园区。

二、功能布局

广西自贸试验区的实施范围 119.99 平方公里，涵盖三个片区：南宁片区 46.8 平方公里（含南宁综合保税区 2.37 平方公里），钦州港片区 58.19 平方公里（含钦州保税港区 8.81 平方公里），崇左片区 15 平方公里（含凭祥综合保税区 1.01 平方公里）。

南宁片区重点发展现代金融、智慧物流、数字经济、文化传媒等现代服务业，大力发展新兴制造产业，打造面向东盟的金融开放门户核心区和国际陆海贸易新通道重要节点；钦州港片区重点发展港航物流、国际贸易、绿色化工、新能源汽车、电子信息、生物医药等产业，打造国际陆海贸易新通道门户港和向海经济集聚区；崇左片区重点发展跨境贸易、跨境物流、跨境金融、跨境旅游和跨境劳务合作，打造跨境产业合作示范区，构建国际陆海贸易新通道陆路门户。

三、主要任务

（一）加快构建对接国际一流标准的规则体系。主动对接国际高标准规则体系，在行业准入、双向投资促进和服务体系、开办企业登记审批、生产经营的各类要素保障机制以及与之相配套的法治环境等方面全流程改革创新，构建符合国际惯例、适应高水平开放的规则和制度框架，广西自贸试验区营商环境实现大幅提升。

1. 实施更为开放的行业准入措施。进一步放宽外商投资准入限制，全面实行外商投资准入前国民待遇加负面清单管理制度。授权各片区管理机构负责办理外商投资项目（国务院规定对国内投资项目保留核准的除外）的备案、核准。推动准入前和准入后管理措施的有效衔接，实现各类市场主体依法平等准入相关行业、领域和业务，构建与负面清单管理方式相适应的事中事后监管制度，做好外商投资安全审查工作。（责任单位：自治区商务厅、发展改革委、投资促进局、大数据发展局、市场监管局，南宁、钦州港、崇左片区管理机构。排在首位的为牵头单位，下同）

2. 建立健全投资促进和服务体系。加快出台外商投资产业鼓励政策，鼓励各片区在法定权限内制定新的外商投资促进政策。完善投资者权益保障工作机制，保障投资者的知情权、参与权、求偿权和监督权，允许符合条件的境外投资者按规定转移其投资收益。完善外商投资项目跟踪服务工作机制，建立外商投资信息报告制度和外商投资信息公示平台。推进境外投资管理便利化，完善"走出去"政策促进、服务保障和风险防控体系。（责任单位：自治区商务厅、发展改革委、地方金融监管局、投资促进局，南宁海关，人民银行南宁中心支行，广西银保监局，中国信保广西分公司，南宁、钦州港、崇左片区管理机构）

3. 推进审批服务改革。加大向各片区授权或委托实施部分省级经济管理权限的力度。依法实施相对集中行政许可权改革。全面开展工程建设项目审批制度改革，在条件成熟的行业探索实施企业投资项目先建后验管理新模式，开展"一口受理"、"两验终验"，推行"函证结合"、"容缺后补"等改革。组织编制和调整完善各片区总体规划、控制性详细规划以及产业发展规划等，逐步推行规划代立项审批、区域评估代单个项目评估。推进重要工业产品生产许可审批制度改革，加强企业"一单一书一报告"（申请单、承诺书和产品检验合格报告）承诺公示，加强后置现场审查。建立线下"一窗受理、集成服务"模式。加快推广广西数字政务一体化平台，优化"互联网+政务服务"模式。（责任单位：自治区大数据发展局、市场监管局，自治区其他各有关单位，南宁、钦州港、崇左片区管理机构）

4. 推行"证照分离"改革全覆盖试点。制定"证照分离"改革全覆盖试点事项清单，清单之外不得违规限制市场主体进入到相关行业或领域，企业取得营业执照即可自主开展经营。在广西数字政务一体化平台上设置"证照分离"专区，提供"涉企经营许可办理辅助查询功能"，方便企业查询其经营范围对应的涉企经营许可事项。建立审批服务"好差评"制度，由企业评判服务绩效。精准识别广西自贸试验区企业，实行经营范围规范化登记，完善部门间信息共享机制。在广西自贸试验区率先实现市场监管领域相关部门"双随机、一公开"监管全覆盖和常态化，进一步完善协同监管和联合奖惩机制，提升事中事后监管水平。（责任单位：自治区市场监管局、大数据发展局、司法厅，自治区其他各有关单位，南宁、钦州港、崇左片区管理机构）

5. 改革各类生产要素保障机制。强化用地供给，降低用地成本，简化产业用地规划调整程序，降低优质产业用地项目扩建成本，鼓励提高优质产业用地项目容积率。在符合国土空间规划、不改变土地性质的前提下，各类产业用地项目均可采取长期租赁、先租后让、租让结合、弹性年期出让等方式使用土地。对符合各片区产业定位的项目，在符合国土空间规划、不改变用途的前提下可进一步提高容积率；对存量工业、研发用地提高容积率的，根据持有比例，经各片区管理机构同意，增容土地不再增收土地价款。降低用电、用水、用气等成本，各片区内企业享受广西直供电政策，可按自愿原则自行参与电力市场化交易。严禁供水、供气企业向市场主体收取接入费、碰口费。（责任单位：自治区自然资源厅、住房城乡建设厅、发展改革委，南宁、钦州港、崇左片区管理机构）

6. 创新税收管理服务机制。积极探索与东盟国家的跨境税务合作。构建“互联网+大数据”的智慧税务生态服务系统，推进办税便利化改革，优化办税流程，拓展网上办税事项，创新办税手段，缩短办税时间。推广“自助办税”，在广西自贸试验区提供 24 小时自助办税服务。税务部门与银行建立纳税信用信息互动机制，建设“银税互动”金融产品超市和服务平台，探索将企业的纳税信用转化为银行授信额度的重要依据，依法为企业提供无担保、无抵押的信用贷款及相关金融服务，鼓励金融机构开发“纳税信用+外贸”银税合作产品。（责任单位：广西税务局，自治区地方金融监管局，人民银行南宁中心支行，广西银保监局，南宁、钦州港、崇左片区管理机构）

7. 建立便利国际化人才集聚的新机制。探索汇智聚才的管理体制、运行机制，聚集一批站在行业前沿、具有国际视野和创新能力的高层次人才，为广西自贸试验区提供人才引领和支撑。制定外国人来广西自贸试验区工作许可管理若干措施，深入实施外国人来华工作许可制度，允许外籍技术技能人员按规定在广西自贸试验区工作。放宽外国高层次人才工作许可年龄限制，开辟外籍人才“绿色通道”，对符合《外国人来华工作分类标准（试行）》的高端人才提供便利化人才签证，为来广西自贸试验区开展商务、旅游等活动的外国人提供出入境便利。设立广西高层次人才“一站式”服务平台，实施广西自贸试验区高层次人才住房保障项目，对外国及港澳台高端人才在商品房购买资格、人才公寓出租、公积金贷款买房、子女基础教育阶段的招生入学及手续办理、就医社保服务及国际化医疗等方面提供便利。支持在各片区就业的港澳台同胞缴存住房公积金，并与内地（大陆）缴存职工同等享有住房公积金使用权利。探索建立“创新人才房源库”机制，采取实物配置和货币补贴等方式，改善人才居住条件。探索建立科技创新引才引智计点积分制度。（责任单位：自治区科技厅、人力资源社会保障厅、公安厅、住房城乡建设厅、教育厅、卫生健康委，南宁、钦州港、崇左片区管理机构）

8. 建立社会信用评价机制。以广西公共信用信息平台数据库、市场监管部门企业数据库为基础，构建信用大数据平台，逐步向公安、税务、社保、水电气、通信、口岸监管等相关数据库拓展，实现企业信用信息联动和共享。实施企业年度报告、经营异常名录、企业信息抽查等制度，相关信息纳入金融信用信息数据库及信用公示平台，建立并实施失信惩戒和约束联动机制。加强对第三方开展企业信用评价工作的引导和监督检查，健全守信激励机制，允许符合条件的失信企业申请信用修复。（责任单位：自治区发展改革委，人民银行南宁中心支行，自治区大数据发展局、市场监管局，南宁、钦州港、崇左片区管理机构）

9. 营造规范公正的法治环境。强化竞争政策的基础性地位，在制定市场准入、产业发展、招商引资、招标投标、政府采购、经营行为规范、资质标准等政策措施过程中进行公平竞争审查，防止出台排除、限制竞争的政策措施。广西自贸试验区涉及企业生产经营的财政、科技、金融等支持政策同等适用内外资企业。建立统一的知识产权管理和执法体制，加强行政执法与刑事司法的有效衔接，健全知识产权行政执法机构与公安机关的保护协作机制，建立跨部门、跨区域的知识产权案件移送、信息通报、配合调查等机制。发展国际商事仲裁和商事调解机制。（责任单位：自治区市场监管局、大数据发展局、司法厅、公安厅、商务厅、财政厅、科技厅、地方金融监管局，人民银行南宁中心支行，南宁海关，广西银保监局，广西证监局，南宁、钦州港、崇左片区管理机构）

（二）打造面向东盟的国际投资贸易先导区。紧紧围绕《中国—东盟战略伙伴关系 2030 年愿景》、中国—东盟自贸区系列协议和升级议定书、正在谈判的《区域全面经济伙伴关系协定》等新方向、新机制开展创新，加快构建对接东盟经济共同体的投资贸易规则，为促进中国—东盟经贸升级发展探索新路径、积累新经验。

10. 推动中国—东盟博览会升级发展。构建国际投资、贸易重要平台，推动与“一带一路”沿线国家（地区）的展会合作。扩大特邀合作伙伴的邀请范围，支持博览会服务区域从中国—东盟“10+1”向“一带一路”沿线国家（地区）延伸。依托中国—东盟博览会、中国—东盟商务与投资峰会建设国际会展企业总部基地，实现会展企业、贸易企业、供应链企业集群发展。对参展商在展期内销售合理数量的进口展览品免征进口关税。在广西自贸试验区打造中国—东盟投资贸易促进中心，设立中国—东盟博览会全球采购中心，在国际会展检验检疫监管模式下，支持中国—东盟博览会扩大原产于东盟国家的非准入类产品展示，允许中国—东盟博览会准入品类的商品在中国—东盟博览会全球采购中心常年展示和销售，打造“永不落幕”的中国—东盟博览会。（责任单位：广西博览局，南宁海关，自治区商务厅、投资促进局、大数据发展局，广西国际博览集团有限公司，南宁片区管理机构）

11. 建设面向东盟的大宗商品交易平台。支持建设面向东盟的油品、矿产品、木材、粮食、汽车、酒类等国际贸易平台和现货交易中心、交易市场。依托现有交易场所依法合规开展面向东盟的大宗特色商品交易，鼓励发展糖、铝、茧丝等广西优势大宗原料性产品现货交易，逐步允许境外企业参与商品现货交易。鼓励国内期货交易所在南宁综合保税区、凭祥综合保税区、钦州保税港区内开展期货保税交易、保税交割等业务。支持扩大从东盟国家进口棕榈油、橡胶、木材等大宗商品以及燕窝、果蔬、水海产品等，发展新的交易品种。争取国家扩大“保税混矿”商品品种范围，扩大适用“先放后检”检验监管方式的大宗资源性商品范围。探索创新进口矿产品等大宗资源型商品口岸属地联动监管机制。允许符合条件的大宗商品交易平台或交易场所按有关规定在商业银行设立贸易专用账户，存放大宗商品交易保证金。探索建立与国际大宗商品交易相适应的海关监管制度、外汇管理制度以及税收管理措施。（责任单位：自治区地方金融监管局、商务厅、发展改革委，南宁海关，广西证监局，国家外汇管理局广西区分局，广西税务局，南宁、钦州港、崇左片区管理机构）

12. 推动加工贸易升级发展。鼓励围绕跨境产业链重要环节发展加工贸易产业，大力承接加工贸易产业转移，提高加工贸易增值率。完善加工贸易转型升级的技术研发、工业设计、知识产权等公共服务载体，完善“整机+核心零部件+原材料+研发+设计”全流程产业链。支持加工贸易由单纯的贴牌生产向委托设计制造、自有品牌制造发展，培育综合性产品供应商，提高企业配套能力和盈利水平。在广西自贸试验区内的综合保税区内开展高技术、高附加值、符合环保要求的保税检测和全球维修业务，试点通信设备等进口再制造。支持建设钦州保税港区保税检测及保税维修中心。在符合海关监管要求前提下，探索实行对广西自贸试验区内的海关特殊监管区域内企业取消工单核销和单耗管理。（责任单位：自治区商务厅、工业和信息化厅，南宁海关，广西出入境边防检查总站，南宁、钦州港、崇左片区管理机构）

13. 大力发展跨境电商。制定广西自贸试验区适用跨境电商零售进口政策工作方案。在广西国际贸易“单一窗口”建立统一的跨境电商平台，统筹发展跨境电子商务及配套线下业务，完善相应的海关、检验检疫、退税、物流等支撑系统，推动实现跨境电子商务自由化、便利化、规范化发展，形成完善的跨境电子商务产业生态圈。大力发展跨境电商网购保税进口和零售直购进口业务，推动国际商品跨境贸易企业集聚发展线上业务，在政策允许范围内推动开展线下自提业务。大力支持中国（南宁）跨境电子商务综合试验区建设，完善钦州保税港区跨境电子商务产业园、凭祥跨境电商邮件监管中心的处理设施和“绿色通道”建设，推动各片区跨境电子商务联动发展。支持广西自贸试验区内的综合保税区开展跨境电商零售进口业务，支持企业建设出口商品“海外仓”、“沿边仓”，支持设立跨境电商进出口商品展示中心和线上销售平台，打造面向东盟的物流分拨中心。在政策允许范围内支持钦州港片区、崇左片区对跨境电商实行“简化申报、清单核放、汇总统计”通关方式。（责任单位：自治区商务厅、发展改革委、工业和信息化厅，广西邮政管理局，南宁海关，广西出入境边防检查总站，南宁、钦州港、崇左片区管理机构）

14. 培育国际贸易新业态新模式。积极争取国家同意在具备条件的口岸设立进境免税店。扩大先进技术、关键设备和零部件进口。支持加快钦州保税港区向综合保税区转型，支持钦州港片区扩大汽车平行进口规模。争取开展市场采购贸易方式试点，在崇左片区比照市场采购贸易模式，对企业以边境小额贸易方式出口未取得合法有效进货凭证的货物试行增值税免税政策。试点实行边境小额贸易出口商品简化申报措施。按照贸易方式和服务平台分类，推动各片区内国际贸易企业集聚，创新进出口基地发展模式，构建外贸孵化基地。（责任单位：自治区商务厅、发展改革委、工业和信息化厅，广西税务局，南宁海关，广西出入境边防检查总站，南宁、钦州港、崇左片区管理机构）

15. 建立新型国际通关便利化机制。争取海关总署支持制定广西自贸试验区促进跨境贸易便利化若干政策措施。持续升级国际贸易“单一窗口”，构建“关、检、税、汇、商、融、企”外贸全链条、一体化服务平台。加快推进与新加坡等东盟国家“单一窗口”数据信息互联互通，实现监管单位的信息互换、监管互认、执法互助。依照自由贸易协定安排，推动实施原产地自主声明制度和原产地预裁定制度。优先推动广西自贸试验区相关口岸开放项目，重点支持建设南宁国际铁路港海关监管场所。优化口岸货物监管查验机制，推行“两步申报”通关监管新模式，推行“四自一简”海关监管制度，推行进口货物“提前审结、卡口验放”试点，完善进口商品风险预警快速反应机制。在海关特殊监管区域全面实施货物状态分类监管，推广增值税一般纳税人资格试点。启动首次进口药品和生物制品口岸申报建设，引进知名生物医药企业合作建设进口药品和生物制品口岸配套设施，优化生物医药全球协同研发的试验用低风险特殊物品的检疫查验流程，探索进口研发样品、设备等进出广西自贸试验区海关特殊监管区域的便利监管措施。（责任单位：南宁海关，自治区商务厅、卫生健康委、药监局，广西税务局，广西出入境边防检查总站，南宁、钦州港、崇左片区管理机构）

16. 完善面向东盟的经贸合作机制。完善泛北部湾经济合作机制，积极参与大湄公河、澜湄合作等次区域合作，大力推动中国— 中南半岛经济走廊建设，加强与沿线国家在互联互通、投资、旅游、产业等方面全方位合作。深化文莱—广西经济走廊、中国·印尼经贸合作区建设。充分发挥广西与越南边境四省联合工作委员会机制、广西—泰国联合工作组会议机制，促进广西对越南、泰国等务实合作。加强与东盟国家在通关、认证认可、标准计量等方面合作。加强口岸通关多双边国际执法协作，推动构建多国跨区域口岸通关和便利化协作机制。进一步扩大中国—东盟环境合作论坛影响力，创新环境合作机制，打造中国—东盟环境合作“一中心两基地”，共同促进绿色发展。研究开展贸易调整援助试点。（责任单位：自治区商务厅、生态环境厅、外事办，南宁海关，广西出入境边防检查总站，南宁、钦州港、崇左片区管理机构）

（三）打造面向东盟的金融开放门户核心区。加大金融开放 力度，加快引进金融机构总部、中外资金融分支机构、金融中后台服务机构等，推动金融发展创新，提升金融对中国—东盟经贸合作的服务能力。探索人民币面向东盟的国际化，为整体推进人民币国际化积累经验。

17. 扩大金融业对内对外开放。依法发起设立民营银行等金融机构，鼓励符合条件的民营资本参与中外合资银行的设立。培育融资租赁主体，支持符合条件的机构在广西自贸试验区设立融资租赁公司，支持其在符合相关规定前提下设立项目公司开展境内外融资租赁业务。允许广西自贸试验区内符合条件的融资租赁业务收取外币租金。与国内交易所合作，在广西自贸试验区内设立衍生品场外交易清算结算分支机构、金融创新研发基地及项目合作对接平台。支持在广西自贸试验区内设立健康、养老、科技等专业保险机构，支持海外投资保险、工程建设保险、科技保险等保险创新，大力发展陆海联运保险服务。有序推动各片区内的诚信优质企业试点开展外汇收支便利化。培育跨境金融担保业务。鼓励证券期货业经营机构在广西自贸试验区内依法设立分支机构或专业子公司，投资境内外证券期货市场。放宽跨国公司外汇、人民币资金集中运营管理准入条件，开展跨国公司外汇资金集中运营管理试点业务。（责任单位：自治区地方金融监管局，人民银行南宁中心支行，广西证监局，广西银保监局，国家外汇管理局广西区分局，南宁、钦州港、崇左片区管理机构）

18. 便利人民币在东盟的使用。出台扩大人民币跨境使用的指导意见。在与东盟大宗商品贸易、国际产能和装备制造合作中推行人民币计价结算。推动人民币与东盟国家货币通过银行间市场区域挂牌交易，支持与东盟国家商业银行合作开展本外币现钞跨境调运业务。支持银行按规定发放境外人民币贷款，通过银银合作、银企合作等多样化的方式，满足“走出去”企业的海外投资、项目建设、工程承包等融资需求。探索推动金融机构在工资发放、货币兑换、资金汇划等方面为越南务工人员提供“一站式”金融服务。推动在广西自贸试验区设立中国—东盟金融合作学院。（责任单位：人民银行南宁中心支行，广西银保监局，广西证监局，自治区地方金融监管局、教育厅，南宁、钦州港、崇左片区管理机构）

19. 强化面向东盟的金融市场合作。加快推进设立中国—东盟黄金交易市场、股权交易市场等。鼓励符合规定的私募基金管理人和证券公司、商业银行、金融资产投资公司等机构，依法依规发起设立民营企业股权融资支持工具。出台广西权益类平台登记管理办法。支持在广西自贸试验区的海关特殊监管区域开展现货交易、保税交割、融资租赁业务。在宏观审慎管理框架下，探索在广西自贸试验区内试点向境外银行开展不良资产、贸易融资等资产的转让业务。鼓励金融机构提高对境外资产或权益的处置能力，支持企业以境外资产和股权、采矿权等权益为抵押获得贷款。（责任单位：自治区地方金融监管局，人民银行南宁中心支行，广西证监局，广西银保监局，

南宁、钦州港、崇左片区管理机构)

20. 加强金融服务实体经济。加大对新一代信息技术、高端装备制造、新能源汽车、生物医药、新材料、节能环保、文化旅游、健康养老等产业发展的金融支持力度。支持商业银行与创业投资、股权投资机构实现投贷联动。支持金融机构为科技企业提供知识产权证券化、知识产权质押、股权质押、债权融资等全方位金融服务,完善知识产权交易体系与交易机制。发展符合跨境园区特点的金融服务体系,围绕中国—东盟信息港建设、数字广西建设、向海经济发展等重大战略,探索金融服务的新产品、新业态和新模式。推动丝路基金、中国—东盟投资合作基金等按照市场化原则支持中南半岛泛亚东线跨境公路、铁路网等重大项目建设。(责任单位:自治区地方金融监管局、科技厅、财政厅,人民银行南宁中心支行,广西银保监局,广西证监局,南宁、钦州港、崇左片区管理机构)

21. 加强对重大风险的识别和对系统性金融风险的防范。依托广西金融监管协调机制,提升金融监管能力。加强跨部门、跨行业、跨市场金融业务监管合作,完善反洗钱、反恐怖融资、反假货币和反逃避税工作机制,加强部门间数据交换和案件协查合作,严厉打击地下钱庄、非法外汇交易平台等违法犯罪活动。(责任单位:人民银行南宁中心支行,广西银保监局,广西证监局,自治区地方金融监管局、公安厅,南宁、钦州港、崇左片区管理机构)

(四)打造沿边开放引领区。以沿边开放体制机制创新为牵引,以构建跨境产业链、服务链为重点,建设沿边高水平开放高质量发展高地、国家稳边固边兴边富民模范区,为全国沿边开放发展探索积累经验。

22. 加快构建跨境产业链。鼓励开展国际产能合作,支持国内外企业以中国和东盟为主要市场、以广西为基地,将制造业的重要环节布局在广西自贸试验区内,打造内联外合、承上接下的区域性国际加工制造基地。加快构建跨境金融、跨境物流、数字经济、机械电子、汽车、纺织和农产品食品加工等跨境产业链。支持中越两国边境产业园区合作,打造边境产业带。以跨境产业链带动跨境物流、跨境贸易、跨境金融服务、合作研发、服务外包等跨境服务业发展,支持在各片区内设立产业投资基金、风险投资基金、研发中心、设计中心、检测维修中心、国家级实验室、展示营销中心、结算中心、人力资源服务中心等。(责任单位:自治区商务厅、发展改革委、财政厅、工业和信息化厅、科技厅、地方金融监管局,广西证监局,广西银保监局,人民银行南宁中心支行,南宁海关,南宁、钦州港、崇左片区管理机构)

23. 推动边境贸易创新发展。以国家出台支持边境贸易创新发展政策为契机,推动扩大边民互市贸易商品准入品种,依托中国—东盟边境贸易凭祥检验检疫试验区,探索开展跨境动植物疫病区 域化管理工作。支持边民通过互市贸易进口周边国家商品,推动 制定边民互市贸易进口商品负面清单。试点边民向边境地区加工 企业销售一定额度的互市贸易进口商品,鼓励开展边境贸易商品落地加工。对互市进口加工商品采取“集中申报”、“直通式运输”监管模式。培育发展边境贸易商品市场和商贸中心。(责任单位:自治区商务厅,南宁海关,广西税务局,崇左片区管理机构)

24. 推动跨境金融创新发展。支持商业银行与符合条件的非银行支付机构合作开展边境贸易人民币结算业务,便利互市商品交易结算、互市贸易商品经营户结算和互市贸易商品游客结算。推动广西自贸试验区内的银行等金融机构按照规定积极自主选择发行窗口,开展跨境人民币债券发行业务,支持企业境外母公司按照有关规定在境内发行人民币债券。推动银行等金融机构创新离岸产品及跨境担保业务，提高境内企业境外发行人民币债券的信用度，畅通境外人民币债券募集资金回流渠道。推动符合条件的跨境电子商务企业在宏观审慎管理框架下开展人民币境外借款业务。支持广西自贸试验区内符合条件的企业开展资本项目外汇收入支付便利化业务。（责任单位：人民银行南宁中心支行，广西银保监局，广西证监局，自治区地方金融监管局，国家外汇管理局广西区分局，南宁、钦州港、崇左片区管理机构）

25. 加快跨境物流产业发展。扩大中国—越南铁路集装箱国际班列、公路班车运营规模，推动友谊关口岸的中越直通车范围延伸至西部重要节点城市，建设中南半岛陆路运输体系。支持打造凭祥—海防、凭祥—胡志明市、凭祥经沙湾拿吉（老挝）—穆达汉（泰国）—黑木山（马来西亚）三条黄金物流线路，鼓励以凭祥为枢纽节点，深化与越南等国合作推进中国—中南半岛经济走廊建设。加快南宁、凭祥跨境电商监管中心等跨境物流设施建设，发展以跨境电商为代表的跨境物流和其他现代服务业。发展国际邮包和快递业务，加快边境快递中心建设，探索“跨境电子商务+ 国际联运”新模式。加快推进跨境运输便利化，创新边境口岸通关监管模式，创新边境口岸出入境车辆电讯检疫监管制度，加快推进中越跨境运输车辆牌证互认，积极推动车辆快速通关、人员自助通关。打造海铁智能物流网络，推进与中西部其他省份信息互联互通，提升国际贸易“单一窗口”港口数据交换等综合服务能力，推进海关间数据交换、互认监管结果，实现海铁联运的高效对接。（责任单位：自治区发展改革委、商务厅、交通运输厅、文化和旅游厅，南宁海关，中国邮政集团广西分公司，南宁、钦州港、崇左片区管理机构）

26. 创新推进跨境劳务合作。规范边境地区外籍劳务人员试点工作，建立健全跨境劳务进出便利化制度，完善凭祥境外边民务工管理服务中心功能，实行“一表在线申请”，实现健康证、用工证、停留证“一窗发放”，积极推动在崇左片区内务工的越南籍人员可办理最长有效期为 180 天的停留证件。加强与越南合作，推动双方同步完善劳务招募、派遣、接受和管理等机制，支持符合条件的合法中介机构规范务工人员管理。应用大数据等现代信息技术，建立跨境劳务多部门联合监管平台，严格防控跨境劳务合作风险。（责任单位：自治区人力资源社会保障厅、公安厅，广西出入境边防检查总站，崇左片区管理机构）

27. 大力发展跨境旅游。进一步简化边境旅游审批环节，提高通关效率，扩大边境旅游范围。加快建设边境旅游试验区和跨境旅游合作区，重点推进中越友谊关—友谊国际旅游合作区、浦寨— 新清跨境旅游合作区等建设。打造特色边境旅游和跨境旅游产品，培育一批旅游精品线路，推进边境旅游产品深度开发。深化边境旅游与边境其他产业融合发展，扩大边境旅游产品有效供给。发展中国—东盟跨境汽车自驾游，探索开展自驾车辆保证金保险，降低跨境自驾游运营成本。（责任单位：自治区文化和旅游厅、交通运输厅、公安厅，南宁海关，广西出入境边防检查总站，崇左片区管理机构）

（五）打造向海经济集聚区。发挥北部湾港航体系和海洋资 源优势，吸引新制造、新能源、新材料等产业或跨国公司向沿海集聚，优化向海经济空间布局，构建向海经济现代产业体系，推动向海经济跨越发展。

28. 支持中马“两国双园”探索合作新模式。推进中国—马来西亚钦州产业园区和马来西亚—中国关丹产业园区间形成更便利的要素流动机制，落实“两国双园”国际产能合作规划，建立重点产业合作项目储备库，布局跨两园产业链条。依托“两国双园”，推动与马来西亚建立“募资+投融资+孵化+行业咨询”的科技创新专业服务平台，培育一批高质量、高成长性的科技项目落地发展。探索在中国—马来西亚钦州产业园区开展基于“两国双园”发展模式的限额内跨境资金流动管理试点。(责任单位：自治区商务厅、发展改革委、大数据发展局、地方金融监管局，人民银行 南宁中心支行，国家外汇管理局广西区分局，南宁海关，钦州港片区管理机构)

29. 打造面向东盟的临港石化产业基地。高质量高标准规划建设钦州绿色石化产业基地，推动 30 万吨级原油码头及一批专业化工码头仓储建成投运。建设面向东盟的国家级石化产业基地、大型油品储运基地、国际油品和化工产品现货交易中心，推动石化产业集群化、集约化发展。延伸产业链，以原油精炼为基础，以乙烯、芳烃等高端产品为特色，提升产业精细化水平，加快建设华谊钦州化工新材料一体化基地、恒逸钦州高端绿色化工化纤一体化基地、桐昆北部湾绿色石化一体化产业基地等，构建“油、煤、气、盐”多元化石化产业发展体系。(责任单位：自治区发展改革委、工业和信息化厅、北部湾办，钦州港片区管理机构)

30. 发展高端装备制造产业。制定广西自贸试验区开放型先进制造业发展行动计划。加强与东盟国家汽车产业合作，发展新能源汽车整车及关键零部件制造，打造北部湾新能源汽车产业基地。推动北部湾修造船及海洋工程装备制造产业转型升级，发展绿色节能船舶、特种船舶以及石油化工、海上风力发电、海洋工程、海洋防务等装备研发制造产业，打造北部湾海洋工程装备制造基地和南海资源开发综合保障基地。(责任单位：自治区工业和信息化厅、发展改革委，南宁、钦州港片区管理机构)

31. 发展电子信息和智能制造产业。创新利用产业投资引导基金，支持电子信息和高端制造业集群式发展。加强与东盟国家在大数据、人工智能等产业合作，推动发展液晶显示器、新型元器件、计算机整机及配件、第五代移动通信技术（5G）基础设备及应用终端、机器人等产业。推动国家新一代信息网络技术标准在东盟国家的开发应用，建设面向东盟的北斗卫星导航应用与运营服务中心和卫星导航生产制造基地。(责任单位：自治区大数据发展局、发展改革委、工业和信息化厅，自治区党委网信办，自治区广电局，南宁、钦州港、崇左片区管理机构)

32. 培育发展生物医药产业。出台中国—东盟中医药全产业链发展行动计划。与东盟国家开展中药材种植、研发等合作，大力发展以东盟国家中草药为原料的医药产业。引导医疗机构与东盟国家依法同步开展重大疾病新药临床试验，推进恶性肿瘤、心脑血管疾病等领域创新药的开发和产业化。建立跨境中药材商品规格电子交易体系，按照有关规定实施医疗技术准入，扩大医疗器械、药品进口。建设面向东盟市场的现代医疗器械与设备电子贸易平台。(责任单位：自治区工业和信息化厅、药监局、商务厅、卫生健康委、中医药局、农业农村厅、科技厅，南宁、钦州港、崇左片区管理机构)

（六）打造现代服务业开放创新区。激发现代服务业发展新 活力，推动数字经济、文化创意、医疗康养等现代服务业集聚发展，形成现代服务业与先进制造业相互支撑、相互带动的产业发展格局。

33. 推进中国—东盟信息港建设。争取国际通信设施建设取得政策性突破，提升广西信息通信基础设施能力和水平，将南宁打造成为服务东盟的区域性通信枢纽。加强与东盟国家北斗导航、大数据、人工智能等产业合作。完善国际通信设施，推广 5G 技术应用示范。推动中国—东盟信息港钦州副中心建设。探索开展面向东盟的数据资源储存、应用等业务。推进中国—东盟信息港大数据中心、中国—东盟智慧城市示范产业园、中国—东盟新型智慧城市协同创新中心、中国电信东盟国际信息园、中国—东盟信息港小镇、中国—东盟（钦州）华为云计算及大数据中心、中国— 马来西亚（钦州）产业园数据中心等项目建设。探索兼顾安全和效率的数字产品贸易监管模式。（责任单位：自治区大数据发展局，自治区通信管理局，自治区发展改革委、工业和信息化厅、文化和旅游厅，自治区党委网信办，自治区广电局、新闻出版局，南宁、钦州港片区管理机构）

34. 打造数字经济产业集群。支持互联网经济发展，吸引数字经济龙头企业落户，支持以互联网、新媒体等为依托的新经济服务平台类企业、电商企业、区块链企业开展创新创业活动，构建数字产业生态。加快建设南宁数字产业基地，将南宁打造成为中国—东盟重要信息枢纽和 5G 技术应用输出地。开展对国内、东盟市场云服务，发展网上医院、网上教育、数字营销、知识付费经济等新业态新模式。（责任单位：自治区大数据发展局，自治区通信管理局，自治区发展改革委、工业和信息化厅，自治区党委网 信办，自治区文化和旅游厅、广电局，南宁、钦州港、崇左片区管理机构）

35. 大力发展总部经济。着力吸引总部企业落户，重点引进世界 500 强企业、中国企业 500 强、跨国公司、行业领军企业、隐形冠军企业以及大型央企等总部企业，以及区域性总部、功能性总部。支持各片区对总部企业给予落户奖励、贡献奖励，强化用地保障、人才服务，引导金融机构加大对总部企业的投融资服务力度，加快推动面向中国和东盟两个市场的总部经济在广西自贸试验区集聚发展。（责任单位：自治区商务厅、财政厅、工业和信息化厅、地方金融监管局、投资促进局，南宁、钦州港、崇左片区管理机构）

36. 发展现代临空经济。建设连接全球重要枢纽机场和主要经济体的航线网络，支持广西自贸试验区与航空港联动发展，培育壮大与临空关联度较强的高端制造业和现代服务业，大力发展航空维修、航空物流、快递物流、服务贸易、跨境电商等临空核心特色产业，建设空港经济示范区。支持外商投资设立航空运输销售代理企业，支持设立符合条件的全货运基地航空公司，推动更多航空公司在广西设立运行过夜基地。支持推动实施南宁空港口岸 72 小时过境免签政策。在对外航权谈判中支持南宁吴圩国际机场列入航权开放机场。推动南宁吴圩国际机场枢纽、南宁国际铁路港与钦州港无缝中转，进一步拓展航空、铁路和水路运输相互融合的辐射圈。（责任单位：南宁市人民政府，自治区发展改革委、交通运输厅，南宁海关，广西出入境边防检查总站，广西机场管理集团有限责任公司，中国铁路南宁局集团有限公司）

37. 开展国际医疗合作。建设多国参与的联合实验室，允许与东盟等国家境外企业、医疗机构和其他经济组织以合资、合作形式开展医药合作研究。支持东盟国家医疗机构参与建设生物医药研发外包与服务中心。广西自贸试验区内的医疗机构可按照有关规定开展干细胞临床前沿医疗技术研究项目，便利医疗研究机构开展项目备案。简化具备条件的科研机构（含外资研发中心）研发用样本样品、设备、试剂等进口手续，压缩具备条件的生物医药服务外包企业研发用品、医疗器械样品进口通关时限。支持各片区与东盟国家开展民族医药领域交流合作。（责任单位：自治区卫生健康委、中医药局、药监局，南宁海关，南宁、钦州港、崇左片区管理机构）

38. 促进文化传媒开放合作。支持在广西自贸试验区内建设一批文化创意、动漫游戏、演艺娱乐、影视制作、文化科技等产业园区。支持文化企业扩大文化产品和服务贸易出口。优化文物及文化艺术品从境外进入海关特殊监管区域的监管模式，促进文物及文化艺术品在海关特殊监管区域存储、展示等。支持外资独资设立文化传播企业和演出场所经营企业，支持符合条件的经营单位在各片区内设立音乐厅、剧场等演出场所。与国际国内体育组织合作举办国际赛事。深化国际文化创意和体育赛事合作，依托现有交易场所开展演艺及文化创意知识产权交易。（责任单位：自治区文化和旅游厅、发展改革委、商务厅、投资促进局、体育局、地方金融监管局、工业和信息化厅、版权局，南宁、钦州港、崇左片区管理机构）

39. 加强教育科技交流合作。打造中国—东盟国际教育优质资源集聚区，打响“留学广西”品牌。支持各院校与东盟国家院校联合办学，推动与粤港澳大湾区建立区域优质教育资源共建共享机制，联合培养高层次人才。支持各片区建设国际化教育培训基地，积极拓展国际化职业教育培训。支持设立外商独资经营性教育培训和职业技能培训机构。支持与东盟国家共建联合实验室、创新平台、科技园区。引进国际大健康、大数据、卫星导航、人工智能等领域的高水平研发平台。引导境内外创新企业、科技机构构建专业化众创空间。加快建设中国—东盟科技城。支持建立面向东盟的国际科技合作组织。充分发挥中国—东盟技术转移中心作用，推动中国与东盟各国之间先进适用技术转移，促进中国与东盟各国创新区域一体化发展。（责任单位：自治区教育厅、科技厅、人力资源社会保障厅，南宁、钦州港、崇左片区管理机构）

40. 支持其他新型服务业发展。加快发展与制造业联系紧密的研发设计、检验检测、节能环保服务、售后服务、市场营销、供应链管理等服务业。促进广告、咨询、商务中介、人力资源服务等行业向“专精特优”方向发展。降低人才中介机构的外资准入门槛，统一内外资人才中介机构投资者资质要求，由广西自贸试验区管理机构审批。运用区块链新技术、新理念、新模式，探索开展各类服务业态创新。推进互联网信息技术的广泛应用，发展以服务外包、电子商务、互联网金融、网络物流、网络零售、网络游戏为代表的新型服务业态及众包、众筹、众创等服务模式。（责任单位：自治区商务厅、发展改革委、工业和信息化厅、投资促进局，南宁、钦州港、崇左片区管理机构）

（七）打造西部陆海新通道门户港。大力推动广西自贸试验 区与西部陆海新通道联动发展，支持各片区加大政策创新力度，完善多式联运体系，促进航运服务高端要素聚集，推动国际航运和配套产业集群发展。

41. 加快推进中国—东盟港口城市合作网络建设。深化泛北部湾次区域合作，加快推进中国—东盟港口城市合作网络建设，推动更多东盟国家港口加入合作网络，在港口运营管理、通关便利化、海洋气象预测、海上应急救援等领域强化交流。加强区域间国际产能合作。建设东盟人民币结算中心、物流联盟等，推动航运、物流、金融等服务业的开放与合作。深度融入中国—东盟自贸区升级发展。扩大在基础设施、跨境运输、农业、制造业等领域次区域合作。（责任单位：自治区商务厅、交通运输厅、发展改革委、工业和信息化厅、农业农村厅、地方金融监管局、北部湾办、海洋局，人民银行南宁中心支行，广西银保监局，广西证监局，广西出入境边防检查总站，南宁、钦州港、崇左片区管理机构）

42. 打造一流的港航设施体系。提升北部湾港在全国沿海港口布局中的地位，打造西部陆海新通道门户港。加快建设钦州港 20 万吨级集装箱码头及配套航道，推进大型化、专业化、智能化集装箱泊位建设，自治区自然资源、海洋管理等有关单位会同片区争取国家支持，确保重大项目用海用地供给。构建港口运营智能化信息系统，陆续建成港口作业系统、港口服务系统、业务管控系统、港口多式联运系统等支撑体系，构建联通沿线重要物流节点的北部湾港无水港体系。推动西部省份共建“西部港”，吸引西部省份通过合资合作等方式，参与北部湾港口建设运营和优化升级，共同将北部湾港打造成西部省份共建共享的港口。（责任单位：自治区交通运输厅、北部湾办、发展改革委、自然资源厅、海洋局，广西海事局，南宁海关，广西出入境边防检查总站，广西北部湾国际港务集团有限公司，中国铁路南宁局集团有限公司，南宁、钦州港片区管理机构）

43. 发展以海铁联运为主干的多式联运。支持开展海铁联运“一单制”改革，推广铁路运输方式舱单归并及定价新模式，建立国际陆海贸易新通道班列全程定价机制。加密至东南亚、东北亚、南亚、非洲国家或地区主要港口的班轮航线，开展北部湾港至粤港澳大湾区的内外贸集装箱同船运输，推动开通至欧美等地区的远洋航线。推进西部陆海新通道三条主通道重大项目建设。加密和拓展至中西部地区的海铁联运班列，发展以海铁联运为主干的多式联运体系。建设西部陆海新通道多式联运综合信息服务平台。积极推动在东盟国家主要港口建设铁路集装箱还箱点。探索建立以账单、仓单、运单为核心的物流融资信息服务平台，试点签发具备物权凭证性质的多式联运提单，创新基于“物联网+动产质押在线监管+融资服务及资产处置”的供应链金融产品和服务体系。（责任单位：自治区发展改革委、商务厅、北部湾办、交通运输厅、地方金融监管局，南宁海关，人民银行南宁中心支行，广西银保监局，广西北部湾国际港务集团有限公司，中国铁路南宁局集团有限公司，南宁、钦州港片区管理机构）

44. 大力发展港航服务业。规划建设北部湾国际港务服务集聚区，引进一批知名港航企业落户，支持设立航运、物流区域总部或运营中心，支持发展国际中转、中转集拼，建设运营北部湾国际门户港航运服务中心，打造北部湾港国际航运综合服务平台。鼓励发展船舶交易、航运物流信息、船员培训、船舶维修等航运服务业，培育发展专业化第三方船舶管理公司。开展国际船舶登记制度改革试点，做好无船承运、外资经营国际船舶管理业务备案下放广西相关工作。依托现有交易场所依法合规开展船舶等航运要素交易，依法依规建设北部湾航运交易所，探索构建连接环北部湾区域、东盟国家港口及中西部地区各重要陆港的交易机制。支持发展与港口航运配套的金融服务、信息服务等。（责任单位：自治区北部湾办、交通运输厅、地方金融监管局，广西证监局，广西海事局，广西北部湾国际港务集团有限公司，南宁、钦州港片区管理机构）

45. 完善通道沿线合作机制。推动与西部其他省份及沿线国家和地区完善合作机制，深化在基础设施互联互通、产业联动发展、跨境物流、市场开拓等方面的合作，打造高质量、高水平的通道经济带。推动通道沿线省（区、市）共同成立国际陆海贸易新通道运营中心，整合沿线物流资源，统筹推动通道物流发展。支持中西部其他省（区、市）充分利用广西口岸资源和出海口功能，在广西自贸试验区设立合作园区。大力推进“经认证的经营者（AEO）”互认合作，推进实施中欧安全智能贸易航线试点计划，与沿线国家共同畅通国际陆海贸易新通道。（责任单位：自治区发展改革委、商务厅、投资促进局、交通运输厅、北部湾办，南宁海关，广西北部湾国际港务集团有限公司，南宁、钦州港、崇左片区管理机构）

四、保障措施

（一）加强组织落实。广西自贸试验区建设指挥部办公室要发挥牵头抓总作用，高效组织、统筹协调各成员单位和各片区将各项任务落到实处。适时建立专项工作小组，加强改革事项的分类推进。各有关单位和各片区要制定细化本系统和片区实施方案，推动各项改革任务落地见效。加快建立目标考核、统计监测、信息报送、绩效评估等制度。注重改革经验系统集成，及时汇总制度创新成果，探索出一批可在全国复制推广的政策、经验和实践案例。

（二）强化政府服务。深入推进简政放权、放管结合、优化服务，深化行政审批制度改革，改善营商环境，激发各类市场主体活力。完善广西自贸试验区公共服务体系，推进基本公共服务均等化、可及性。严格市场监管、质量监管、安全监管。建立健全运用互联网、大数据、人工智能等技术手段进行行政管理的制度规则，全面提升广西自贸试验区政务服务水平。

（三）加强政策支持。探索加大政策创新力度，推动高端产业集聚、跨境产业集聚、功能平台集聚、制度创新集聚、优秀人才集聚，形成开放型经济新动能。支持开展市场化招商，促进产业链招商，对广西自贸试验区特别重大的招商项目，采用“一事一议”的方式予以重点支持。支持推动产城融合发展，加大交通网络体系建设投入力度，支持各片区整体开发或“区中园”开发，提升教育、医疗等公共服务水平，打造产城高效融合的智能片区。

（四）强化法治保障。推动出台《中国（广西）自由贸易试验区条例》。做好相关法规规章及有关规范性文件立、改、废、释的衔接工作，加快研究建立与试点举措相匹配的法规制度，推动广西自贸试验区治理现代化。建立鼓励创新、宽容失败的容错纠错机制。

（五）加强宣传引导。制定广西自贸试验区宣传工作计划，加强与国内外媒体联系，广泛开展宣传工作。不定期召开新闻通气会。广泛开展政策宣讲，积极举办广西自贸试验区研讨会和论坛。办好广西自贸试验区网站、微博、微信，及时宣传建设动态、成效与亮点，在国际和国内形成支持广西自贸试验区建设和广西开放发展的良好舆论环境。

附件：中国（广西）自由贸易试验区工作领导小组职责及组成人员名单（略）

广西壮族自治区商务厅（口岸办）关于印发《广西口岸管理办法（暂行）》的通知

（桂商口发〔2020〕2号）

各市人民政府，各有关单位：

经自治区人民政府同意，现将《广西口岸管理办法（暂行）》印发给你们，请认真贯彻执行。

广西壮族自治区商务厅

2020年3月31日

广西口岸管理办法（暂行）

为进一步加强和规范口岸建设管理，构建大通道，建设大口岸，实现大通关，推动广西高水平开放，根据国家《口岸验收管理办法（暂行）》《非口岸区域和限制性口岸临时开放管理办法（暂行）》《口岸准入退出管理办法（暂行）》和《国家口岸查验基础设施建设标准》等规定，特制定如下办法。

第一章　总　则

第一条　以习近平新时代中国特色社会主义思想为指引，坚持创新、协调、绿色、开放、共享发展理念，全面贯彻落实中央赋予广西“三大定位”新使命和“五个扎实”新要求，以“科学规划，规范管理，改革创新，协同发展”为基本原则，明确口岸发展定位，优化口岸开放布局，加大口岸建设力度，规范口岸科学管理，提升口岸通关便利化、信息化、现代化水平，为构建“南向、北联、东融、西合”全方位开放发展新格局提供坚强保障。

第二条 本办法所称口岸，是指供人员、货物、物品和交通工具直接出入国（关、边）境的港口、机场、车站、跨境通道等。包括海港口岸、内河口岸、航空口岸、铁路口岸、公路口岸。

第三条 口岸的准入退出和日常监管属中央事权，在国家口岸管理部门的统一指导下，服从服务于国家战略和外交大局。口岸对外开放、扩大开放、退出关闭及其他重大事项须报国家或国务院授权的部门批准。口岸应按照国家规定程序和标准建设。

第二章 口岸规划

第四条 自治区口岸办公室（以下简称“自治区口岸办”）根据各地口岸建设开放需求，统筹编制广西口岸发展五年规划，经自治区人民政府同意后，按照国家有关规定和程序申请纳入国家口岸发展五年规划。广西口岸发展五年规划进一步明确全区口岸工作总体思路、发展目标、布局定位、建设内容等，指导全区口岸开放发展。

口岸所在地人民政府根据经济社会发展和口岸建设开放需求提出口岸开放规划建议，征求本级口岸查验机构意见并上报自治区口岸办。

第五条 对已纳入国家和自治区口岸发展五年规划的开放口岸，实行年度审理计划管理。设区市人民政府每年 10 月前，向自治区口岸办申请列入次年口岸开放或扩大开放审理计划。自治区口岸办商相关部门审核后报国家口岸管理部门，申请列入国家《口岸开放年度审理计划》。

列入国家《口岸开放年度审理计划》的项目，设区市人民政府须于获批后 2 个月内，向自治区人民政府上报口岸开放或扩大开放申请。自治区人民政府转自治区口岸办征求相关部门书面同意意见后，向国务院提出口岸对外开放或扩大开放申请。

第三章 口岸建设

第六条 口岸查验基础设施建设严格执行《国家口岸查验基础设施建设标准》，遵守国家法律法规，执行国家公共安全、环境保护、土地节约等规定。兼顾现实需要与长远发展，合理控制建设规模和投资，促进设施集约和共享，实现资源优化配置。

第七条 口岸查验基础设施建设包括公共查验场地、业务技术设施设备及国门形象建筑等。公共查验场地指旅检大厅、货物查验场地、交通运输工具查验场地等。业务技术设施设备指查验、检测、执勤、技术设施设备等。国门形象建筑指国门楼、牌楼、文化长廊等。

第八条 口岸信息化建设与口岸查验基础设施建设同步开展，同步提升。口岸信息化建设包括“智慧口岸”、“单一窗口”、通道卡口、视频监控查验设备及为自助快捷通关服务的信息化设备等。口岸所在地人民政府应积极推动口岸接入无线网络，加快实现全区口岸 5G 网络全覆盖，并根据移动通信技术发展持续更新。

第九条 深入推进“智慧口岸”建设。自治区口岸办牵头主导“智慧口岸”建设，口岸所在地人民政府按要求搭建系统，接入全区“智慧口岸”平台。从全景展示、实时视频、运行动态、通关预警等各方面，充分利用现代化手段提升口岸管理水平。

第十条 全面深化广西国际贸易“单一窗口”建设。自治区口岸办在全区范围内推广以“单一窗口”为核心数据交换节点，凡涉及国际贸易相关政务及周边服务信息平台全部纳入“单一窗口”建设或数据交换范畴。各地方口岸（海关监管作业场所）信息化建设应主动对接“单一窗口”，实现国际贸易各环节信息共享与数据协同，为市场主体提供全程“一站式”通关物流信息服务。

第十一条 自治区口岸办负责指导全区口岸建设，保障查验机构依法履行职责，提升通关效率。口岸查验机构要顾全大局，严格遵守国家党政机关办公用房管理办法规定，不提超规格建设要求，不相互攀比，以实用为主，厉行节约，正确处理部门特殊需要与共享共用的关系。

第十二条 口岸所在地人民政府是口岸建设的主体。必须切实维护国家主权和保障国家安全，严格规范项目投资业主和建设单位。口岸建设项目设计、建设方案应经口岸查验机构会审并报自治区口岸办备案。

第四章 口岸验收与开放

第十三条 口岸建设达到《国家口岸查验基础设施建设标准》及有关规定的，可按程序申请验收。

新获批的对外开放或扩大开放口岸验收，由设区市人民政府牵头组织口岸建设现场调研会，获得当地口岸查验机构书面同意意见后，向自治区口岸办提出验收申请（附会议纪要）。自治区口岸办征求相关部门书面同意意见后，向国家口岸管理部门提出验收申请。

在已通过国家验收并正式对外开放的口岸开放范围内新建、改建码头泊位验收，由设区市人民政府提出申请，自治区口岸办征求相关部门书面同意意见后组织验收，形成验收纪要，报请自治区人民政府批准启用（国家另有规定的除外），同时报国家口岸管理部门备案。

未通过国家或自治区验收的，各责任主体整改落实后再次提出验收申请。

第十四条 口岸验收应在国务院批复口岸对外开放或扩大开放后 3 年内完成，有不可抗因素尚未达到验收条件的可申请延期 1 年验收。

第十五条 为推动口岸按期建成并通过国家验收，自治区口岸办在口岸建设基本完成、初步具备申请验收条件前，组织口岸查验机构开展预验收。口岸所在地人民政府应根据预验收意见，尽快落实整改要求，最迟须在 3 年建设期满前 6 个月提出国家验收申请。

第十六条 口岸正式对外开放或扩大开放，必须通过国家验收并印发验收纪要。边境口岸须经两国外交换文后方可正式开通。水运口岸、航空口岸须履行国家港口、民航等相关程序后方可正式运行。

第十七条 各地申请临时开放的非口岸区域和限制性口岸，按照国家有关规定和程序提出申请。

临时开放按照出入境实际需求确定时限，原则上限定在 6 个月内。陆路边境临时开放最长不超过 1 年，确有需要经再次批准可顺延，累计时限原则上不超过 5 年。前次临时开放到期 1 年后再次申请临时开放的，按首次临时开放办理。

第五章 口岸运行与管理

第十八条 自治区口岸办根据国家有关要求，建立口岸运行情况评估机制。各市（县、区）

口岸管理部门每年开展1次自我评估，于次年3月底前将评估情况报自治区口岸办。自治区口岸办对全区口岸开展第三方评估并报国家口岸管理部门和自治区人民政府，对重点口岸进行重点监测。

评估的主要内容包括：口岸客货运量、查验基础建设、安全运行机制、人员货物通关效率、口岸执法环境、口岸营商环境和跨境贸易便利化等。新获批口岸开放运行3年后，客货运量应达到国家口岸运行标准，实行动态管理。

第十九条 持续优化口岸营商环境，推进口岸提效降费优服。各市（县、区）口岸管理部门梳理口岸进出口环节收费，完善口岸收费目录清单管理和收费公示制度，推动降低进出口环节合规成本。优化口岸通关作业流程，公布口岸作业时限，提高通关时效。

第二十条 建立口岸运行信息共享机制。口岸查验机构每月向口岸管理部门通报口岸运行数据。自治区口岸联席会议成员单位及时向口岸管理部门提供相关信息。自治区口岸办适时向自治区口岸联席会议成员单位通报口岸建设、开放、验收、运行等情况。口岸查验机构加强信息互通、监管互认、执法互助，进一步优化口岸监管执法流程和通关流程。

第二十一条 建立健全口岸安全管理机制。立足国家和口岸安全需要，加强口岸通关安全保障，建立常态化的联合防控机制。推动全区口岸纳入地方反恐维稳体系。各口岸所在地人民政府制定完善各类应急处置预案，成立口岸应急管理领导小组，及时处置疫情防控、口岸拥堵等突发事件，切实提高口岸整体安防管控水平。

第六章　口岸退出

第二十二条 存在《口岸准入退出管理办法（暂行）》中所列七项退出情形之一的口岸应予退出。特别是国务院批准开放后3年内未通过国家验收且申请延期1年后仍未通过的（因毗邻国家原因口岸未能通过验收的情形除外），已开放口岸连续3年客货运量达不到国家相应标准的。

第二十三条 从收到国家口岸管理部门的整改意见之日起，2年内未完成整改的，启动口岸退出程序：

设市区人民政府向自治区人民政府提出口岸退出申请，自治区人民政府上报国务院审批。对于未主动提出口岸退出的，国家口岸管理部门会同国务院有关部门、军事机关向国务院提出申请。国务院批准后，国家口岸管理部门对外公布。

除不可抗力外，水运口岸所属部分码头、泊位存在《口岸准入退出管理办法（暂行）》中所列退出情形之一的，由自治区人民政府对相应码头、泊位实施退出管理。

第七章　口岸国际合作

第二十四条 建立完善自治区口岸办与越南边境四省口岸合作委员会、南宁海关与越南边境四省海关五方会谈、广西边境3市8县与越南边境县等多层次口岸合作协调机制，定期或不定期举行会晤，加强合作交流，保持口岸信息互通，推动口岸开放建设和通关便利化。

第二十五条 积极参与并推动与东盟国家国际贸易“单一窗口”互联互通国际合作，实现信息共享互换，提高通关效率。支持企业开展“一地两报”、“一单两报”。推动与周边国家监管执法互助，切实提升跨境贸易便利化水平。

第二十六条 建立口岸跨境应急处置机制。在发生口岸拥堵、严重自然灾害、重大传染病、动植物疫情及其他紧急突发事件情况下，口岸所在地人民政府与相关国家或地区开展联合应急处置工作，及时协调解决口岸突发事件。

第八章　保障机制

第二十七条　建立完善自治区口岸工作联席会议制度。在自治区人民政府领导下，加强部门间协同配合，统筹协调全区口岸建设管理重大事项，研究实施口岸通关改革方案和政策措施，督促各成员单位落实联席会议决定等事项。

第二十八条　自治区、市（县、区）财政要加大口岸建设支持力度。积极争取中央边境地区转移支付、中央预算内投资等专项资金。引入国有资本投资，依法依规、多元化筹集资金支持口岸基础设施建设。

第二十九条　建立健全口岸建设管理问责机制。有下列情形之一的，自治区口岸办将提请自治区人民政府对责任主体通报批评或约谈问责，并与相关绩效考核直接挂钩：

（一）新获批的对外开放或扩大开放口岸，3 年内不能完成口岸建设并通过国家验收的；

（二）已开放口岸连续 2 年客货运量达不到国家相应标准的；

（三）将中央、自治区口岸建设补助资金截留、挤占或挪作他用的；

（四）在对外交往中，未经国家口岸管理部门和自治区口岸办同意，对涉及口岸开放、建设重大事项擅自表态或签署相关文件，造成不良影响的。

第九章　附　则

第三十条　尚未升格为国家对外开放口岸（即原二类口岸），临时开放的非口岸区域和限制性口岸，以及边民互市贸易区（点）依托的边民通道，参照本办法管理。法律法规另有规定的，从其规定。

第三十一条　本办法由自治区口岸办负责解释。

第三十二条　本办法自发布之日起施行。

附件：各有关单位名单

附件

各有关单位名单

南宁市、柳州市、桂林市、梧州市、北海市、防城港市、钦州市、贵港市、玉林市、百色市、贺州市、河池市、来宾市、崇左市人民政府，自治区发展改革委、公安厅、财政厅、交通运输厅、外事办、北部湾办、打私办，凭祥综保区管委会、东兴试验区管委会，南宁海关、广西出入境边防检查总站、广西海事局，广西军区战备建设局、31639 部队，广西北部湾国际港务集团有限公司、广西北部湾投资集团有限公司、中国铁路南宁局集团有限公司、广西机场管理集团、中国—东盟信息港股份有限公司。

广西壮族自治区人民政府办公厅关于印发促进中国（广西）自由贸易试验区跨境贸易便利化若干政策措施的通知

桂政办发〔2020〕45号

各市、县人民政府，自治区人民政府各组成部门、各直属机构，中国（广西）自由贸易试验区南宁片区、钦州港片区、崇左片区管理委员会：

《促进中国（广西）自由贸易试验区跨境贸易便利化若干政策措施》已经自治区人民政府同意，现印发给你们，请认真贯彻执行。

2020年7月4日

（此件公开发布）

促进中国（广西）自由贸易试验区跨境贸易便利化若干政策措施

为贯彻落实《中国（广西）自由贸易试验区总体方案》，优化通关流程、完善口岸服务、提高通关效率、降低通关成本，打造更有活力、更富效率、更加开放、更为便利的跨境贸易营商环境，全面提升中国（广西）自由贸易试验区跨境贸易便利化水平，现提出如下政策措施。

一、优化口岸通关流程

（一）扩大“预约通关”模式应用范围。对纳入海关总署公告范围的货物推行“预约通关”模式，探索更大范围货物预约通关。［责任单位：南宁海关，广西出入境边防检查总站，自治区交通运输厅，中国（广西）自由贸易试验区南宁片区、钦州港片区、崇左片区管理委员会。排在第一位的为牵头单位，下同］

（二）推广进口货物概要申报、完整申报“两步申报”通关模式改革，实现非布控查验货物快速提离。［责任单位：南宁海关，中国（广西）自由贸易试验区南宁片区、钦州港片区、崇左片区管理委员会］

（三）在符合条件的港口监管作业场所内，推行进口货物“船边直提”和出口货物“抵港直装”。［责任单位：南宁海关，广西北部湾国际港务集团有限公司，中国（广西）自由贸易试验区钦州港片区管理委员会］

（四）实行口岸分类验放，对涉及CCC（国家强制认证）的部分进口汽车零部件直接采信CCC认证结果，原则上不再实施检验。优化监管流程，进一步缩短进口矿产品、符合条件商品的木质包装验放时间。扩大“保税混矿”商品种类。推行符合条件的进口矿产品等大宗资源性商品“先放后检”。积极争取钦州港及凭祥口岸“药食同源”商品取消监管证件管理。积极推广集装箱矿产品“口岸直提、属地施检”监管模式。［责任单位：南宁海关，自治区药监局，中国（广西）自由贸易试验区钦州港片区、崇左片区管理委员会］

（五）优化集装箱船舶海事服务。为集装箱“穿梭巴士”和班轮提供“一对一”信息服务。VTS（船舶交通服务）中心根据航道、码头和通航环境状况，优先保障集装箱“穿梭巴士”和班轮进出港。推进“智慧海事”平台建设，推行“先通关后查验”海事通关模式。[责任单位：广西海事局，中国（广西）自由贸易试验区钦州港片区管理委员会]

（六）推广原产地预裁定制度，提高通关效率。依照自由贸 易协定安排，推动实施原产地自主声明制度。[责任单位：南宁海关，中国（广西）自由贸易试验区崇左片区管理委员会]

（七）创新边境口岸出入境车辆电讯检疫监管制度。搭建陆 路口岸运输工具卫生检疫监管平台，建立出入境车辆“提前申报—风险评估—电讯检疫”卫生检疫监管新模式。[责任单位：南宁海关，中国（广西）自由贸易试验区崇左片区管理委员会]

（八）对非主观原因造成的申报差错和企业主动报告的违规 行为，统一认定标准，实施快速处理，不记录企业报关差错，依法减轻或免于处罚。[责任单位：南宁海关，中国（广西）自由贸易试验区南宁片区、钦州港片区、崇左片区管理委员会]

（九）支持对保税状态下的研发货物进行全程试验研发作业，允许研发货物通过维修检测等方式进出海关特殊监管区域。允许延长需在海关特殊监管区域外进行联合研发或补充研发的项目所需货物的出区研发期限。[责任单位：南宁海关，中国（广西）自由贸易试验区南宁片区、钦州港片区、崇左片区管理委员会]

（十）创新保税油监管模式。支持保税供油企业实现出口监管仓、保税仓“两仓合一”，开展国际航行船舶供油业务以及“一船多供”，支持跨关区（关区内）直接向国际航行船舶供油。实施“先供后报”海关申报模式，简化申报流程。探索开展保税燃料油混兑调和加工贸易业务。[责任单位：南宁海关，自治区商务厅，中国（广西）自由贸易试验区钦州港片区管理委员会]

（十一）支持建设大宗商品保税交割仓。全面实施保税和非 保税、一般贸易和跨境电子商务、内贸和外贸、进口和出口等不同种类货物同仓存储和调拨，按状态分类监管。（责任单位：南宁海关，自治区地方金融监管局）

（十二）在广西凭祥综合保税区推行跨境电子商务“清单核放、汇总申报”通关方式。[责任单位：南宁海关，中国（广西）自由贸易试验区崇左片区管理委员会]

（十三）提升南宁航空口岸通关效能。提高货物进出口提前 申报比例，提前办理单证审核与货物运输作业，进一步优化水海产品、食源产品监管作业流程，加强与区内海港、公路口岸以及海关特殊监管区域之间的物流联动体系建设。[责任单位：自治区商务厅，南宁海关，广西机场管理集团有限责任公司，中国（广西）自由贸易试验区南宁片区管理委员会]

二、优化税收金融服务

（十四）落实跨境电子商务出口税收政策。在中国（南宁）跨境电子商务综合试验区、中国（崇左）跨境电子商务综合试验区试行跨境电子商务出口企业零售出口未取得有效进货凭证的货物、同时符合规定条件的，实行增值税、消费税免税政策。[责任单位：广西税务局，自治区商务厅，中国（广西）自由贸易试验区南宁片区、崇左片区管理委员会]

（十五）推进退税全程无纸化办理。对一类、二类、三类出 口企业推进退税全程无纸化办理，完善出口退税信息公开查询平台，实时查询退税办理流程环节和出口企业申报率、退税办理用时等，建立出口退税全流程“阳光公开”机制。压缩出口退税时间，出口企业申报正常退税实现一类企业 1 个工作日办结、二类企业 3 个工作日办结。（责任单位：广西税务局，人民银行南宁中心支行）

（十六）深入推广关税保证保险等税收担保方式改革，减少企业资金占用，将税款类保证金、滞报金纳入广西国际贸易“单一窗口”支付服务。［责任单位：南宁海关，广西税务局，中国（广西）自由贸易试验区钦州港片区管理委员会］

（十七）支持银行机构加大对跨境贸易企业以其纳税等信用为依据的授信额度，扩大信用贷款、流动资金贷款、保单融资等产品覆盖面。支持保理机构为跨境贸易企业提供多种形式的应收账款或应收票据融资服务。（责任单位：自治区地方金融监管局，广西税务局，人民银行南宁中心支行，广西银保监局）

三、创新边境贸易监管服务

（十八）推行“边民合作社+边境落地加工”模式，实行集中申报、直通式通关等便利化措施，优化检验检测方式，实行重点商品分类管理。支持凭祥市试行边民互市贸易手机 APP 移动申报，并扩大使用范围，力争在各边民互市贸易区（点）推广使用。［责任单位：自治区商务厅，南宁海关，中国（广西）自由贸易试验区崇左片区管理委员会］

（十九）全面落实边民互市贸易负面清单。充分发挥中国— 东盟边境贸易凭祥（卡凤）国检试验区作用，探索扩大边民互市贸易进口商品落地加工范围。［责任单位：南宁海关，自治区商务厅，中国（广西）自由贸易试验区崇左片区管理委员会］

（二十）探索实施进境越南鲜活农产品分类查验监管模式，在风险可控的前提下，对进境鲜活农产品进行产品风险分级，按照简易查验、常规查验两种模式实施查验。［责任单位：南宁海关，中国（广西）自由贸易试验区崇左片区管理委员会］

四、推进口岸提效降费

（二十一）抓好钦州港集装箱进出口环节对标提升工作，推 动降低政府定价、政府指导价、实行市场调节的收费项目费率，加大集装箱作业服务优惠力度。推动降低舱单录入、码头操作、提货单换单、报关报检代理等中介费用。［责任单位：自治区北部湾办、交通运输厅、财政厅、发展改革委，广西北部湾国际港务集团有限公司，中国（广西）自由贸易试验区钦州港片区管理委员会］

（二十二）提高钦州港集装箱进出口作业效率。推进北部湾国际门户港航运服务中心建设。在具备条件下，探索进口集装箱物流与海关通关手续并行操作，减少货物在港时间。［责任单位：自治区北部湾办，南宁海关，广西北部湾国际港务集团有限公司，中国（广西）自由贸易试验区钦州港片区管理委员会］

（二十三）提升凭祥铁路口岸服务水平。完善凭祥铁路口岸进境水果指定监管场地建设，优化进出口水果监管模式。加强与越方合作，优化中越跨境铁路集装箱班列监管模式。［责任单位：中国铁路南宁局集团有限公司，自治区商务厅，南宁海关，广西出入境边防检查总站，中国（广西）自由贸易试验区崇左片区管理委员会］

（二十四）加强国际通关合作。以“一带一路”沿线和主要贸易国家为重点，逐步扩大与东盟国家的 AEO（经认证的经营者）互认合作。鼓励符合条件的企业向注册地海关申请成为认证企业，建立 AEO 认证需求企业库，设立企业协调员，大力开展企业信用培育。［责任单位：南宁海关，自治区商务厅，中国（广西）自由贸易试验区南宁片区、钦州港片区、崇左片区管理委员

会]

五、提升口岸信息化智能化水平

（二十五）持续升级国际贸易“单一窗口”功能。在海港口岸全面推广应用通关作业无纸化系统，实现舱单理货、引航调度、查验放行等作业环节全程信息化，集装箱设备交接单、提货单、装箱单等单证流转电子化。在公路口岸建设应用跨境物流协同服务平台，实现出入境货运车辆、人员申报，代理企业、车辆及司机备案等事项的网上办理和信息共享，优化跨境物流与通关作业流程。[责任单位：自治区商务厅，广西北部湾国际港务集团有限公司，南宁海关，广西出入境边防检查总站，广西海事局，自治区交通运输厅，广西北部湾投资集团有限公司，中国（广西）自由贸易试验区南宁片区、钦州港片区、崇左片区管理委员会]

（二十六）加强“单一窗口”国际国内合作。积极推进参与中国与东盟国家“单一窗口”合作试点，推动实现与国际陆海贸易新通道沿线区域、粤港澳大湾区等地方“单一窗口”互联互通，推进跨区域通关物流信息共享与业务协同。（责任单位：自治区商务厅，南宁海关）

（二十七）提升“智慧监管”水平。开展“先期机检”、“智能审图”试点工作，提高通关效率，深化内外贸集装箱堆场的电子化监管改革。[责任单位：南宁海关，广西北部湾国际港务集团有限公司，中国（广西）自由贸易试验区钦州港片区管理委员会]

（二十八）打造应用钦州港通行“一码通”平台。开发建设 涵盖港口费用结算、全港通行等应用功能的服务系统，实现港口通行、收费“一站式”服务。[责任单位：自治区商务厅、北部湾办、财政厅，自治区港航发展中心，南宁海关，广西海事局，广西北部湾国际港务集团有限公司，中国—东盟信息港股份有限公司，中国铁路南宁局集团有限公司，中铁联合国际集装箱广西有限公司，中国（广西）自由贸易试验区钦州港片区管理委员会]

（二十九）推动实施出入境车辆自助通关模式。完善车辆自助查验系统配套设施及业务功能，推动启用出入境车辆自助通关系统，全面提升边境口岸车辆通关效率。[责任单位：南宁海关，广西出入境边防检查总站，中国（广西）自由贸易试验区崇左片区管理委员会]

一、综述

2020年，中国（海南）国际贸易单一窗口（以下简称海南“单一窗口”）在做好疫情防控和发展对外贸易的同时，积极推进海南自由贸易港国际贸易“单一窗口”（以下简称海南自贸港“单一窗口”）建设。截至2020年年底，标准版16项功能模块已在海南“单一窗口”上线，上线洋浦公共信息服务平台、自由贸易协定关税优惠查询、“零关税”进口原辅料申报、“零关税”进口交通工具及游艇企业资格申报、“零关税”自用生产设备企业资格申报等海南特色应用，启动岛内居民消费免税公共服务平台建设，进一步优化海南口岸营商环境，助力海南自贸港建设，提升企业获得感。

二、运行情况

（一）运行数据

2020年全年，海南“单一窗口”货物申报51843票；舱单申报327050票；运输工具申报36852票；企业资质办理23209票；原产地证申领8229票；税费支付11583笔；加贸保税48895票；物品通关506222票；跨境电商1879878票；监管证件1198票；出口退税238笔。

（二）运行维护

开通7×24小时95198客服热线，全年接听企业来电6273个，接通率达99%，问题解决率95%。同时扩展线上服务，利用微信客服群及QQ客服群为企业解决问题共7120个。

（三）宣传推广

根据新冠肺炎疫情防控举措及时调整“单一窗口”培训形式和内容。2020年上半年，采取小范围、“一对一”专项培训等形式，针对60家重点企业开展“单一窗口”专项应用培训，重点推广码头提货单、设备交接单等电子化应用，解决海关查验存在纸质单证的问题。召集全省跨境贸易相关部门及企业，举办出口退税、许可证申领和金融服务等功能应用培训，参训企业代表近150人次，达到预期效果。全年通过海南“单一窗口”门户网站、微信公众号发布海南口岸相关信息共117条，更新业务操作手册51本。

三、 特色应用

（一）洋浦公共信息服务平台

9月28日，海南“单一窗口”上线洋浦公共信息服务平台（一期），率先在洋浦保税港区“先行先试”，实现一线进境径予放行、二线出区单侧申报，初步建立“一企一册”数据池，同时取消区内账册管理。11月18日，平台快速迭代优化并实现一线出境径予放行、二线入区单侧申报、区港联动等功能，进一步完善径予放行、单侧申报等系统功能，其中区港联动功能使得小铲滩码头出入境的洋浦保税港区内货物纳入径予放行范畴，进一步扩大政策覆盖面，释放政策红利，充分发挥洋浦保税港区“先行先试”的功能，也是监管创新的积极尝试，解决了洋浦口岸外贸集装箱货物主要从小铲滩码头进出、实际经洋浦保税港区进出境货物量较少、大量企业货物无法享受政策红利、政策实施效果并不明显的问题，使得洋浦保税港区成为目前国内开放程度最高、海关监管最便捷的海关特殊监管区域。

（二）“零关税”“一负三正”清单目录应用系统

为支持海南自由贸易港“零关税”“一负三正”清单政策落地，海南“单一窗口”正式上线“零关税”原辅料申报、“零关税”交通工具及游艇企业资格申报、“零关税”自用生产设备企业资格申报等功能应用。2020年12月1日，上线进口“零关税”原辅料申报功能，该功能充分借助标准版原有加工贸易账册管理功能，实现在海南自由贸易港注册登记并具有独立法人资格的企业可进行“零关税”原辅料申报，进口货品清单覆盖用于生产自用、以“两头在外”模式进行生产加工或以“两头在外”模式进行服务贸易，以及用于航空器、船舶维修等类别的货品。“零关税”原辅料申报功能上线首日，海口海关受理2家企业4票“零关税”货物进口申报手续，货值4084万元，免征税款达550万元。

四、 大事记

3月4日

海南“单一窗口”首票保税燃料油直供国际航行船舶业务在洋浦完成。

3月16日

海南“单一窗口”上线标准版航空旅客舱单状态查询功能。

3月31日

海口综保区跨境电商首单“9610”完成出口推单放行。

7月1日

海南“单一窗口”上线跨境电商B2B出口功能。

8月14日

海南“单一窗口”上线自助重发报关单结关数据给税局功能。

重庆市

一、 综述

重庆市委、市政府高度重视中国（重庆）国际贸易单一窗口（以下简称重庆“单一窗口”）建设，在《重庆市人民政府工作报告（2020 年）》《重庆市人民政府办公厅关于印发重庆市促进跨境贸易便利化工作方案的通知》（渝府办发〔2020〕4 号）等多个文件中部署“单一窗口”重点工作。重庆市口岸物流办在国家口岸管理办公室的指导、口岸物流相关部门和企业的支持下，稳步推进重庆“单一窗口”建设工作，推动重庆市优化口岸营商环境工作取得阶段成效。截至 2020 年年底，重庆“单一窗口”共建设 56 项功能，包括 17 项标准版应用及 39 项地方特色功能。

二、 运行情况

（一）运行数据

2020 年全年，重庆“单一窗口”货物申报 942774 票；舱单申报 1169251 票；运输工具申报 32938 票；企业资质办理 13903 票；原产地证申领 19326 票；税费支付 47317 笔；加贸保税 438882 票；物品通关 2239062 票；跨境电商 35711093 票；监管证件 816 票；出口退税 31 笔。

（二）运行维护

重庆“单一窗口”运行维护由重庆市口岸物流办牵头，在“两级三线”服务请求响应和联合运维服务体系下，按照《重庆国际贸易“单一窗口”运行管理办法（试行）》《“单一窗口”多部门业务应急联动预案》等相关文件开展。2020 年，重庆“单一窗口”在服务企业和运维方面重点开展了以下工作。

1. 印发《中国（重庆）国际贸易“单一窗口” 信息数据管理办法实施细则（试行）》

为规范重庆“单一窗口”数据的生产采集、开放共享、存储与安全等工作，确保“单一窗口”信息数据管理工作扎实有序开展，重庆电子口岸中心根据《国际贸易“单一窗口”信息数据管理办法》《重庆国际贸易“单一窗口”信息数据管理办法》等规定，制定并印发了《中国（重庆）国际贸易“单一窗口”信息数据管理办法实施细则（试行）》。

2. 实施重庆“单一窗口”多部门业务应急联动机制

会同重庆海关、西永综保区管委会、重庆机场集团等相关单位共同对“单一窗口”重大异常和故障实施联动应急保障。全年高效组织应对重大异常和故障6起，涉及货物申报、空运舱单、核注清单、快件通关等业务，全力保障重庆跨境贸易货物的顺利通关。

3. 多渠道服务企业，问题在线解决率达96%以上

通过023-95198热线、QQ群、微信群等方式及时受理企业问题，为企业提供应用指导咨询和服务。2020年，023-95198热线和业务电话全年受理呼入和呼出话务量6500余个；重庆“单一窗口”QQ群（1个、2800人）和微信群（16个、1949人）累计受理企业反馈各类问题9000余个，问题在线解决率达96%以上。

（三）宣传推广

一是积极开展企业培训。2020年，联合重庆海关、重庆市商务委等部门对进出口贸易相关企业开展金融服务、跨境电商、水运口岸营商环境优化系统等培训会议7场，参训人员约500人次。

二是加大网络宣传力度。开设“重庆国际贸易单一窗口”订阅号和“重庆‘单一窗口’”服务号，不定期发布“单一窗口”功能上线、培训会议、操作流程等各类相关资讯动态50余条。充分利用重庆“单一窗口”门户网站，全年发布重要新闻和公告23条。

三、特色应用

（一）重庆水运口岸营商环境优化系统

为贯彻落实《国务院关于印发〈优化口岸营商环境促进跨境贸易便利化工作方案〉的通知》等有关要求，进一步优化重庆市口岸营商环境，提升跨境贸易便利化水平，重庆市口岸物流办牵头建设重庆水运口岸营商环境优化系统。经过招标、调研、建设等阶段，该系统于2020年11月正式上线运行。

重庆水运口岸营商环境优化系统上线运行后，在优化营商环境方面成效显著。一是系统查验预约功能实现企业足不出户进行查验预约、调箱申请等操作，并实时掌握动态，耗时由原来的0.5~1天，缩短至10分钟以内。二是实现船舶在三峡快速安检、优先过闸，预计减少过闸等待时间2天以上。三是联合重庆海关、港务集团推广“直装直提”模式，“船边直提”模式下，企业可提前办理预约提箱手续，提箱时间由原来的1~2天缩短至1~2小时。系统上线首月企业自发应用率达80%。

（二）服务贸易结算便利化

重庆市口岸物流办和国家外汇管理局重庆外汇管理部签署合作备忘录，基于重庆“单一窗口”和外汇管理局跨境金融区块链服务平台合作，重庆“单一窗口”采用人工智能技术，为服务贸易和资本金融项下国际结算提供票据验核服务。

主要在以下几个方面为企业带来便利化：一是提高效率，将原来1~2天才能完成的国际结算

业务缩短至2分钟以内；二是降低成本，企业不需要提交纸质单证、不需要跑银行即可在线办理业务，银行可线上进行业务单证审核，大幅降低经营成本；三是便利监管，可以通过区块链避免重复融资与结算，避免数据篡改，提高安全性，支撑大数据精准监管；四是数据共享，支持部门高效业务协同，为企业简化办理手续和环节；五是优化通道营商环境，可为通道相关企业提供高效便捷的融资和结算服务，提高通道的国际竞争力。

（三）国际贸易“单一窗口”西部陆海新通道平台

为落实西部陆海新通道建设省部际联席会议第一次会议纪要和2020年西部陆海新通道建设工作要点，充分发挥重庆作为西部陆海新通道运营组织中心作用，进一步提高西部陆海新通道通关和物流便利化程度，重庆市口岸物流办制订了《国际贸易“单一窗口”西部陆海新通道平台建设方案》，并得到国家口岸管理办公室认可和支持。11月17日，作为西部陆海新通道省际协商合作联席会议第一次会议的重要组成部分，国家口岸管理办公室在渝召开国际贸易“单一窗口”西部陆海新通道平台建设研讨会，在“13+1”省区市分管领导见证下，各口岸主管部门共同签署《国际贸易“单一窗口”西部陆海新通道平台建设合作协议》。

国际贸易“单一窗口”西部陆海新通道平台旨在解决西部陆海新通道沿线“13+1”省区市跨区域申报效率低、通关衔接不畅、物流协同不充分、国际合作尚未形成合力等问题，充分发挥西部陆海新通道连接“一带”和“一路”的纽带作用，推动形成陆海内外联动、东西双向互济的开放格局，强化措施推进西部大开发形成新格局，推动区域经济高质量发展，贯彻落实西部陆海新通道建设战略，全面优化营商环境。2020年，该项目已正式启动建设。

（四）跨境电商B2B出口试点

跨境电商B2B出口试点成功并首创中欧班列跨境电商B2B出口专列。一是积极争取并成功落地实施跨境电商B2B出口试点，重庆在通关时效、单量、货值等多项指标方面，位列全国第二批12个试点城市首位。二是加大跨境电商B2B出口物流组织和保障力度，在全国首开中欧班列（“渝新欧”）跨境电商B2B出口专列。三是实现跨境电商零售进口网购保税、海外直购和跨境电商零售出口、出口至境外企业、出口至海外仓5种业务模式全覆盖，且均已实现常态化运行。2020年，重庆跨境电商完成交易3149.25万单，交易额66.53亿元，征收税款5.28亿元，同比分别增长23.79%、21.70%和10.84%。

（五）监管场所管理系统

根据《海关指定监管场地管理规范》（海关总署公告2019年第212号）的要求，重庆市口岸物流办依托重庆“单一窗口”建设监管场所管理系统，通过系统对接和手工录入方式，实现监管场所数据实时传输。2月，重庆机场地服公司顺利完成首笔高风险动植物及其产品申报，标志着该功能在渝成功试点。3月，中铁联集重庆中心站海关监管场所顺利接收、查询到海关下发的查验通知信息，并将查验货物调箱到位信息通过重庆“单一窗口”成功反馈至海关，标志着查验信息推送功能在渝成功试点。

四、大事记

1 月 15 日

沪渝国际贸易“单一窗口”合作备忘录签约仪式在上海市政府举行。

2 月 25 日

重庆“单一窗口”首笔高风险动植物及其产品申报试点成功。

2 月 29 日

重庆“单一窗口”完成首笔生产企业出口退税业务申报。

3 月 13 日

重庆“单一窗口”查验信息推送功能试点成功。

8 月 4 日

国家口岸管理办公室副主任王可赴渝开展“十四五”内陆口岸发展专题调研。调研组听取了重庆市口岸物流办关于重庆“单一窗口”建设情况的汇报，重点研究了国际贸易“单一窗口”西部陆海新通道平台建设工作。

8 月 10 日

湖南省口岸办一行调研重庆“单一窗口”建设情况。

9 月 1 日

重庆跨境电商 B2B 出口“9710”“9810”两种新监管方式成功落地实施，中欧班列（“渝新欧”）跨境电商 B2B 出口专列全国首发成功。

11 月 13 日

重庆市口岸物流办与中信银行重庆分行联合举办重庆分行“关税 e 贷”产品发布暨重庆“单一窗口”推介会。

11 月 17 日

国际贸易“单一窗口”西部陆海新通道平台建设研讨会在渝召开。

12 月 22 日

重庆市口岸物流办调研上海“单一窗口”工作。

五、政策文件

重庆市人民政府办公厅关于印发
重庆市促进跨境贸易便利化工作方案的通知

渝府办发〔2020〕4 号

各区县（自治县）人民政府，市政府有关部门，有关单位：

《重庆市促进跨境贸易便利化工作方案》已经市政府同意，现印发给你们，请认真贯彻执行。

重庆市人民政府办公厅

2020 年 1 月 11 日

（此件公开发布）

重庆市促进跨境贸易便利化工作方案

为贯彻落实国务院《关于优化口岸营商环境促进跨境贸易便利化工作方案的通知》（国发〔2018〕37号）和海关总署等10部委联合印发的《关于加快提升通关便利化水平的通知》（署岸发〔2019〕165号）有关要求，进一步优化重庆口岸营商环境，提升跨境贸易便利化水平，特制定本方案。

一、总体要求

以习近平新时代中国特色社会主义思想为指导，全面贯彻党的十九大、十九届二中三中四中全会精神和中央经济工作会议精神，深化落实习近平总书记对重庆提出的“两点”定位、“两地”“两高”目标、发挥“三个作用”和营造良好政治生态的重要指示要求，坚持以改革开放为动力，对标国际国内先进水平，持续压缩口岸整体通关时间，不断降低集装箱进出口环节合规成本，进一步增强企业获得感，营造稳定、公开、透明、可预期的口岸营商环境，推动建设内陆国际物流枢纽和口岸高地。

二、主要目标

进一步推动降低报关、货代、船代、物流、仓储、场站服务等环节经营服务性收费，确保2020年底前将单个集装箱进出口环节常规收费压减至400美元以内。到2021年年底，整体通关时间比2017年压缩一半以上。

三、重点任务

（一）持续压缩口岸整体通关时间

1. 大力推广应用“提前申报”模式。鼓励企业采用进出口提前申报模式，引导企业提前准备通关资料，提前办理单证审核和货物运输作业，在货物运抵口岸或海关监管区时即可办理查验放行手续。鼓励企业提前预定内支线船舶，待货物抵达沿海口岸后即可办理转关申请。长江内支线运输途中，提前进行报关单申报。货物运抵重庆口岸时，非查验货物可直接放行提离，查验货物进入海关监管区查验。试点进口货物“船边直提”和出口货物“抵港直装”。建立提前申报容错机制，对提前申报修改进出口日期，因装运、配载等原因造成货物变更运输工具的，不予记录报关差错；对提前申报模式下主动披露并已及时纠正的违规行为，可从轻、减轻或免于处罚，确保企业切实享受到改革红利。（重庆海关、市政府口岸物流办、市交通局、重庆港务物流集团负责，排名第一的单位为牵头单位，下同）

完成时限：长期。

2. 开展“两步申报”“两段准入”改革试点。境内收发货人为一般信用等级以上的企业，以海运、空运、公路运输方式经由试点海关实际进境货物（包括一体化、口岸清关模式），涉及的监管证件已实现联网核查的，在重庆关区办理进口申报手续时，试点适用“两步申报”模式：第一步，企业概要申报后经海关同意即可提离货物；第二步，企业在规定时间内完成完整申报。试点

“两段准入”业务改革，对进口货物分段实施准入监管，即对符合条件的进口货物，可凭海关通知准予提离海关监管区；办结海关相关手续后凭海关放行通知准予销售或使用。（重庆海关负责）

完成时限：2020 年 1 月。

3. 提高查验作业效率。提升口岸设施装备科技水平，加大集装箱空箱检测仪、安全智能锁等设备的应用力度，提高单兵作业设备配备率，为加快推广“先期机检”“智能审图”“集中审像”应用创造有利条件，切实提升重庆口岸查验智能化水平。提高非侵入式查验比例，对适合非侵入式查验的货物，优先选择机检查验，集装箱机检查验比例不低于 50%。（重庆海关负责）

完成时限：2020 年 1 月。

4. 推行检验检疫便利措施。对免予办理强制性产品认证的进口汽车零部件产品实施“先声明后验证”便利化措施，对仅涉及商品检验的进口汽车零部件产品，由口岸海关转至属地海关实施查验和抽样检测。对 CCC 认证（中国强制性产品认证）目录外产品，凭《CCC 认证目录外产品情况声明》受理报关，不再实施入境验证。对进口矿石产品先放行后检测；对鲜活农产品实施“绿色通道”即到即查，合格的快速放行；对符合条件商品的木质包装实施优先检疫、集中监管等便利措施。引入市场竞争机制，发挥社会检验检测机构作用，在进出口环节按照海关总署部署进一步推进第三方检验结果采信工作。（重庆海关负责）

完成时限：长期。

5. 优化关税征管全流程。积极推进关税保证保险改革，加快担保改革创新，扩大税收总担保的运用范围，探索推进企业集团财务公司、融资担保公司担保改革试点。通过一般信用及以上企业与保险公司签订有关协议，实现涉税货物“先放行后缴税”。全面推广“财关库银”横向联网，加快推进税单无纸化改革。为企业提供归类先例、税收要素预裁定等服务；推广关税保证保险和企业自主打印出口原产地证书、税单等凭证；推动属地纳税人管理制度落地，打造企业可选择、结果可预期的纳税模式。（重庆海关、市财政局、市金融监管局、人行重庆营管部、重庆银保监局负责）

完成时限：长期。

（二）持续降低进出口环节合规成本

6. 进一步降低企业出口成本。落实出口退税政策，用好重庆果园港启运港退税功能，加快出口退税进度，扩大出口信用保险覆盖面，加大对外贸企业尤其是中小微企业信贷投放。（重庆市税务局、市商务委、市金融监管局、人行重庆营管部、重庆银保监局负责）

完成时限：长期。

7. 健全收费目录清单动态管理机制。通过市场引导、行业规范等方式，引导报关、货代、船代、物流、仓储、场站等口岸经营服务单位，进一步规范和降低相关服务收费。根据市场变化等因素动态调整口岸收费目录清单，按程序办理需要调整的相关事项，并及时向社会公布，加大宣传力度，确保降费政策真正惠及所有进出口企业。（市政府口岸物流办、市发展改革委、市财政局、市交通局、市商务委、市市场监管局、重庆港务物流集团负责）

完成时限：长期。

8. 强化口岸收费监督管理。严格将口岸收费项目及收费标准锁定在《重庆口岸进出口收费目录清单》范围内，明确清单以外一律不得收费，防止变相收费或违规收费反弹。加强对口岸环节违法违规乱收费、明码标价不规范、无实质性服务收费等问题整治。继续规范熏蒸、消毒等检疫环节收费行为。推广口岸收费“一站式阳光价格”。(市政府口岸物流办、市财政局、市市场监管局负责)

完成时限：2020 年 3 月。

(三) 持续推动进出口环节监管证件电子化

9. 深化国际贸易“单一窗口”建设。全面推广应用标准版新增功能，注重新增功能和地方特色的融合创新。在国际贸易“单一窗口”上建立口岸场所信息云平台，依托“单一窗口”将查验通知、查验调柜和调货信息推送给港口、口岸作业场站，开展监管、查验指令信息与港口作业的双向交互试点，便于企业实时查询货物在港状态，快速衔接通关和物流操作，提高进出口货物提离速度。加强国际贸易“单一窗口”与银行金融、铁路系统、新加坡海关和港口等相关机构对接，开展数据传输测试。深化物流协同功能，启动口岸和物流信息化全面融合工作。开展数据挖掘，突出国际贸易“单一窗口”大数据应用。持续创新金融服务功能，促进口岸和物流降本增效。(市政府口岸物流办、重庆海关、市大数据发展局、重庆市税务局负责)

完成时限：2020 年 1 月。

10. 推行口岸作业单证电子化流转。推动集装箱设备交接单、装箱单、提货单、码头作业收据、电放保函、换单委托书等港航物流类单证无纸化，提升全流程电子化程度。协调口岸各单位完善信息系统，依托国际贸易“单一窗口”等信息平台，以电子化方式传输和接收船舶到发、货物装卸、仓储理货、报关报检、物流运输等各环节需要提交、申报、交换的单证（有特殊需求必须提供纸质单证的除外）。(市政府口岸物流办、重庆海关、重庆港务物流集团负责)

完成时限：长期。

11. 优化监管证件办理及服务流程。除因保密需要等特殊情况外，实现全部监管证件网上申报、网上申领。进口申报环节企业无需向海关提交装箱清单，出口申报环节企业无需向海关提交合同、发票、装箱清单。海关审核时确有需要的，以无纸化方式提供。做好国际贸易“单一窗口”系统衔接，做好证件验核技术保障，提高证件办理时效。(重庆海关、市政府口岸物流办、市商务委负责)

完成时限：长期。

(四) 持续提升口岸物流综合服务效能

12. 开行“渝沪直达快线”。通过船舶企业互换舱位、船舶中途不停、上海和重庆港口限时操作、三峡船闸“定时过闸”和“定时安检”、上海和重庆海关实行提前转关、船边直提等方式，切实提升通关和物流总体时效。(市政府口岸物流办、重庆海关、市交通局、重庆港务物流集团负责)

完成时限：2020 年 1 月。

13. 加快进口货物转港搭乘穿梭巴士速度。协调上海海关和上海港务集团支持进口货物转港以提单 CIF（到岸价格，即成本加保险费加运费，指定目的地港）重庆为条件搭乘穿梭巴士，不以转关放行信息为条件，加快转港装载速度。(市政府口岸物流办、重庆海关、重庆港务物流集团负责)

完成时限：2020 年 1 月。

14. 公开口岸通关流程及物流作业时限。进一步细化进出口各环节作业的时限标准，制定并公开“重庆口岸进出口作业时间”，方便企业合理安排生产、制定运输计划。（市政府口岸物流办、重庆海关、重庆港务物流集团负责）

完成时限：长期。

15. 实现口岸“通关+物流”一体化服务联动。依托国际贸易“单一窗口”，加强口岸管理部门与港口管理机构以及进出口企业、船公司、船代、报关、货代等不同主体之间的合作对接和信息交换，推进国际贸易和运输领域的信息共享、业务协同和资源整合。（市政府口岸物流办、市交通局、重庆海关、重庆港务物流集团负责）

完成时限：2020 年 3 月。

16. 加快推进重庆智慧口岸建设。重点围绕业务流程优化、设施设备改造、信息系统建设，进一步完善口岸基础设施，促进口岸信息系统互联互通，通过提升技术服务水平，优流程、减环节、提效能，实现“隐形监管”“顺势监管”和无感通关，方便人员和货物快速通关。（市政府口岸物流办、重庆海关负责）

完成时限：2020 年 12 月。

四、组织实施

（一）加强统筹协调

充分发挥市口岸物流发展工作联席会议统筹协调作用，建立促进跨境贸易便利化工作协调机制，定期梳理需要解决的问题清单，及时研究解决。定期召开协调会议，总结分析工作情况，协调解决推进过程中的重大问题。

（二）强化责任落实

市政府有关部门和单位要认真落实工作责任，加强协作配合，合理安排进度，确保各项任务有措施、能落实、有进度、可量化。各牵头单位每季度向市口岸物流发展工作联席会议办公室报送工作进展情况。

（三）强化督促检查

市政府口岸物流办牵头，适时对优化口岸营商环境、推进口岸提效降费、促进跨境贸易便利化等工作情况进行督促检查，确保各项任务目标落实到位。

四川省

一、综述

2020年，中国（四川）国际贸易单一窗口（以下简称四川“单一窗口”）全面落实国家和四川省的有关部署，立足服务企业需求和畅通国际供应链，突出“围绕企业抓服务、围绕服务统建设、围绕建设强能力”主线，主动融入西部陆海新通道、成渝地区双城经济圈建设等国家战略，积极对接标准版新增业务功能，不断加强地方特色功能建设，扎实推进功能建设由口岸通关执法向口岸物流、贸易服务等国际贸易全链条拓展，建立完善的管理服务和运行维护机制，全力打造智能高效的跨境贸易服务体系，努力为市场提供更便利、更丰富、更高效的优质服务。

二、运行情况

（一）运行数据

2020年全年，四川“单一窗口”货物申报1116153票；舱单申报1136889票；运输工具申报42785票；企业资质办理26412票；原产地证申领12639票；税费支付58691笔；加贸保税1469040票；物品通关1226101票；跨境电商23857123票；监管证件4329票；出口退税125笔。

（二）运行维护

1. 功能建设

2020年，四川“单一窗口”积极推进标准版业务功能推广应用，新增标准版业务功能83项，累计接入标准版业务功能341项；新增跨境电商、“全球撮合家”等特色应用功能，累计建设地方特色功能14项，为“一口受理、一窗通办”业务处理闭环奠定了坚实基础。

2. 应用服务

在不断完善应用功能的同时，四川“单一窗口”全年累计受理问题咨询15000余条，其中95198服务热线咨询3493次，网络平台受理询问信息9679条；及时有效解决企业使用平台过程中遇到的问题，为平台使用率稳步提升提供了有力支撑。

3. 安全运维

四川“单一窗口”始终牢固树立底线思维和红线意识，严格从人防、物防、技防等多方面入手，确保数据绝对安全保密。一是建立健全制度。根据《中华人民共和国网络安全法》《国际贸易“单一窗口”数据安全管理办法》等法律法规及国家有关规定，结合四川省实际，制定《四川“单一窗口”数据安全管理实施细则（试行）》、系统运行应急管理制度、数据库备份及应急恢复方案等 17 项制度，增强制度约束性。二是引进专业网络安全服务公司，增加各类安全设备配置 15 项，有效保障四川“单一窗口”安全运行。顺利通过海关总署、国家口岸管理办公室、四川省公安厅等部门的安全检查和网络安全攻防演练。

（三）宣传推广

注重与成都海关、各综保区以及跨境电商综试区的密切联系，形成合力，加强培训和宣传。全年共开展现场调研 10 余次，收集各类反馈意见 50 余条；以“线上+线下”方式组织培训 14 次，累计参训 4038 人；通过微信公众号及门户网站及时发布资讯服务共计 200 余条；人民网、川观新闻 SCOL、《成都商报》《四川日报》《潇湘晨报》等主流媒体报道四川“单一窗口”相关信息 8 次，四川“单一窗口”的影响力与知名度得到不断扩大和提升。

（四）抗击疫情

疫情期间，四川“单一窗口”采取“线上+线下”相结合的运维机制和“零接触”服务模式，保障 7×24 小时不间断服务。加强业务申报操作指引，协助企业实现进出口货物快速通关，助力防疫防护物资高效送抵疫情防控一线。累计发布疫情相关通关业务指引信息 55 条，多途径处理企业各类业务问题 5889 个；围绕疫期退税政策、“单一窗口”出口退税实务、“单一窗口”海外捐赠物资通关实践等多个热点业务，为 283 家企业在线培训 862 人次。联合金融、保险等机构，为外贸企业提供预约开户、在线签约以及转账、汇款等金融业务功能，联合平安财险推出货物险在线投保服务、免费向小微企业赠送防疫公益保险、免费开放 AI 速译医药专业版及外贸电商版等服务，跨境贸易企业通过四川“单一窗口”申请出口货运险保额超 750 万美元，200 余家小微企业为员工申请免费防疫公益保险 3700 余份，助力企业全面复工复产。

（五）区域合作

2020 年，《四川省政府工作报告》提出全面推动成渝地区双城经济圈建设，强化“川渝一盘棋”思想，四川“单一窗口”主动作为。7 月，与重庆市口岸物流办签署《川渝国际贸易“单一窗口”合作协议》；11 月，与广西、贵州等“13+1”省区市共同签署《国际贸易“单一窗口”西部陆海新通道平台建设合作协议》，共同推动成渝地区双城经济圈建设走深走实，进一步深化与西部陆海新通道沿线其他省区市“单一窗口”跨区域合作，携手提升“单一窗口”服务效率和水平。

三、 特色应用

2020年，四川“单一窗口”结合企业需求，按照“市场导向、高效协同”原则，以“让数据多跑路，让企业少跑腿”为建设抓手，积极探索创新平台地方特色应用功能建设，新增3项地方特色应用。

（一）跨境电商B2B出口业务

按照海关总署发布的《关于扩大跨境电子商务企业对企业出口监管试点范围的公告》（海关总署公告2020年第92号）要求，四川“单一窗口”从技术保障、企业接入指引到试点联调测试等多方面进行充分规划，圆满完成四川“单一窗口”跨境电商B2B出口业务功能开发上线工作。此项业务弥补了之前跨境电商B2B贸易无匹配的通关路径，只能以一般贸易或跨境零售出口等方式代替的短板，不仅让企业申报有了专属通道，而且只需通过平台“一次登记、一次备案”，便可享受报关全程信息化、新增便捷申报通道、综试区简化申报、物流和查验等通关服务，满足企业不同商品、不同规模、不同目的国家的差异化需求，大幅缩减企业营运成本，切实增强企业的体验感和获得感。

（二）“全球撮合家”平台

“全球撮合家”平台是四川“单一窗口”与建设银行四川省分行合作开发的具有金融属性的特色应用，企业可通过此平台向境内外发布跨境贸易、投资、工程承包、项目合作以及园区跨境投资、招商规划、产业合作、配套建设等供需信息；此平台还能通过海量数据，从供需角度进行精准匹配和智能推送，开展商业撮合，同时依托建行跨时区、多币种、集团全牌照的专业优势，为企业配套提供全方位金融解决方案。此平台旨在解决企业在疫情形势下生产经营、跨境交易过程中信息不对称、交易沟通成本上升的痛点难点问题。截至2020年年底，平台共为23251家企业发布5542条需求。

（三）“中欧e单通”

四川“单一窗口”与工商银行四川省分行利用区块链技术“多方共识、信息透明、不可逆且不可篡改”的技术特点，联合开发“中欧e单通”跨境区块链项目，建设四川自贸区基于多式联运“一单制”的跨境区块链平台，有效解决多式联运“一单制”贸易背景真实性难核查、单据传递效率低等痛点。

四、 大事记

1月8日

四川“单一窗口”上线外贸企业、生产企业出口退税功能。

2月13日

四川“单一窗口”上线保险服务功能。

6月5日

四川“单一窗口”上线“全球撮合家”地方特色应用。

6月12日

四川“单一窗口”2019年工作总结暨2020年工作部署会议召开。

6月19日

四川“单一窗口”平台登录界面优化，实现同步标准版账户信息。

7月9日

四川省口岸物流办与重庆市口岸物流办签署《川渝国际贸易“单一窗口”合作协议》。

8月7日

国家口岸管理办公室副主任王可调研四川“单一窗口”工作。

9月1日

四川“单一窗口”上线跨境电商B2B出口业务地方特色应用。

11月17日

四川省口岸办与重庆等13个省区市口岸管理部门签署《国际贸易“单一窗口”西部陆海新通道平台建设合作协议》。

11月27日

四川“单一窗口”门户网站域名升级，确保平台更加安全、稳定、快捷运行，提升平台业务办理效率。

贵州省

一、 综述

2020年，贵州省按国家口岸管理办公室部署，结合贵州省实际情况，持续深化中国（贵州）国际贸易单一窗口（以下简称贵州“单一窗口”）建设。持续将贵州“单一窗口”建设作为省口岸建设发展重点工作之一，纳入全年口岸工作要点，完成标准版新增功能的接入部署，定期制订宣传推广计划，确保企业用好各项功能。

二、 运行情况

（一）运行数据

2020年全年，贵州“单一窗口”货物申报10403票；舱单申报840票；运输工具申报352票；企业资质办理4436票；原产地证申领3402票；税费支付3801笔；加贸保税20903票；物品通关52票；跨境电商33786票；监管证件145票；出口退税52笔。

（二）运行维护

成立运维管理专项工作组，为企业用户提供7×24小时服务，确保问题第一时间得到处置。建立运维管理台账，定期对各类问题进行归纳整理，形成“单一窗口”常见问题和运维知识库，并定期向企业发送意见征求调查问卷。按照国家口岸管理办公室有关工作部署，确保95198全国统一运维服务热线的开通。

（三）宣传推广

组织开展2次全省规模的集中培训，推广标准版进出口许可证、企业资质、货物申报、加工贸易、跨境电商等功能应用，累计300余家省内进出口企业、报关行参加。

三、特色应用

（一）跨境电商公共服务平台建设

结合中国（贵州）跨境电商综合试验区建设，持续优化贵州跨境电商公共服务平台建设，该功能应用作为贵州“单一窗口”特色服务上线运行。截至2020年年底，累计30家跨境电商企业入驻服务平台，完成35663票跨境保税业务，累计货值2282.69万元。

（二）数据安全管理系统

为落实国家口岸管理办公室关于数据安全方面的要求，数据安全管理系统上线运行，服务于全省进出口企业、货运代理、银行金融系统及政府部门。该功能应用成为企业和政府对“单一窗口”中下发数据的获取途径，实现了在访问、传输、使用“单一窗口”数据过程中的标准接口、身份认证、数据授权管理、防泄漏、防篡改等功能，以及贵州省对外贸易数据查询和统计功能。经过实际测试，系统稳定有效运行率达95%以上。

（三）两步申报查询系统

该功能应用服务于全省贸易企业、存储企业及货站，一是实现监管场所快速衔接通关和物流操作信息，提高企业进口货物提离速度，实现按行政区域对贸易量进行分类统计；二是实现按行政区域对贸易量进行区分的功能。截至2020年年底，已建设系统2个，打通接口1个，获取数据项30项，新增应用功能4个，形成统计维度6个，服务企业数量250家以上，参与进出口企业满意度在90%以上，已在贵阳龙洞堡国际机场作业场站投入使用。

四、大事记

3月19日

贵州省政府办公厅印发《关于应对新冠肺炎疫情推动全省外贸外资高质量发展若干措施》，明确支持企业充分利用贵州“单一窗口”网上办理进出口业务。

7月29日

贵州省副省长谭炯主持召开贵州省口岸联席会议，部署深化贵州“单一窗口”建设工作。

8月15日

贵州“单一窗口”数据安全管理系统正式上线运行。

12月25日

贵州“单一窗口”两步申报查询系统正式上线运行。

五、政策文件

贵州省人民政府办公厅关于印发关于应对新冠肺炎疫情推动全省外贸外资高质量发展若干措施的通知

黔府办发电〔2020〕125号

各市、自治州人民政府，各县（市、区、特区）人民政府，省有关部门和单位：

经省人民政府同意，现将《关于应对新冠肺炎疫情推动全省外贸外资高质量发展若干措施》印发你们，请结合实际认真抓好贯彻落实。

贵州省人民政府办公厅

2020年3月17日

关于应对新冠肺炎疫情推动全省外贸外资高质量发展若干措施

为深入贯彻落实习近平总书记关于统筹推进新冠肺炎疫情防控和经济社会发展工作的重要指示精神和《中共中央　国务院关于推进贸易高质量发展的指导意见》（中发〔2019〕48号）、《国务院关于进一步做好利用外资工作的意见》（国发〔2019〕23号）等文件要求，规范有序推动我省外贸外资企业复工复产，确保外贸回稳向好、外资稳定增长，以高水平开放推动高质量发展，特制定以下政策措施。

一、精准有序扎实推进企业复工复产

（一）强化企业防疫措施。认真落实《贵州省应对新冠肺炎疫情分类防控操作指南》和《商务部关于应对新冠肺炎疫情做好稳外贸稳外资促消费工作的通知》（商综发〔2020〕30号），加强疫情防控培训，强化外贸外资企业疫情防控意识，加强岗前排查、严格清洁消毒、减少人员聚集。加强员工防护，严格做好员工吃、住、行、车间管理等环节防疫工作，确保人员健康安全。外贸外资企业防疫所需物资，其生产经营所在地县级人民政府应给予重点保障。［责任单位：省商务厅、省卫生健康委，各市（州）人民政府。以下均需各市（州）人民政府落实，不再列出］

（二）加强出入境人员和货物监管。加大口岸联防联控力度，对所有出入境人员严格实施“三查、三排、一转运”（“三查”即百分之百查验健康申报、全面开展体温监测筛查、严密实施医学巡查；“三排”即对“三查”中发现的有症状或来自疫情较严重国家或地区，或接触过确诊病例、疑似病例的人员，严格实施流行病排查、医学排查及实验室检测排查；“一转运”即对“三排”中判定的确诊病例、疑似病例、有症状人员、密切接触者四类人员一律按照有关规定落实转运、隔离、留观等防控措施）。强化货物贸易监管，严格检验检疫，坚决遏制疫情通过口岸传播扩散。（责任单位：贵阳海关、省卫生健康委、省商务厅、贵州边防检查总站、省公安厅、省机场集团、省市场监管局、民航贵州安全监管局）

二、全面提升服务质量和效率

（三）对企业开展“管家式”服务。围绕企业用工、融资、物流、上下游供应链等困难问题，

给予贴心服务，帮助提供普惠性政策信息和全程化跟踪、个性化定制、标准化流程的“管家式”服务。（责任单位：省商务厅）

（四）实施进出口许可证全流程网上办理。企业申领出口许可证、自动进口许可证实行全流程电子化申报，减少上传办理材料的数量。许可证办理时限不超过一个工作日。提供纸面证书邮寄代办便利。对进出口许可证证书过期的电子钥匙，实行网上在线更新。（责任单位：省商务厅）

（五）提供法律援助服务。开展贸易纠纷专项法律援助，积极支持企业应对贸易纠纷。对有需求的企业，及时无偿出具因疫情导致未能按时履约交货的不可抗力事实性证明。（责任单位：省商务厅、省贸促会）

（六）做好“政银保企”对接服务。每月召开一次银行、保险机构和企业对接会，推进短期出口信用保险业务应保尽保、应赔尽赔、能赔快赔。抓好咨询服务、项目推荐，帮助企业用好用足省工业及省属国有企业绿色发展基金、贵州绿色产业发展扶贫投资基金、“贵园信贷通”等金融支持政策，缓解资金压力。拓宽外汇管理服务渠道，多种方式对我省重点涉外企业开展有针对性的“一对一”服务。（责任单位：省商务厅、省财政厅、省工业和信息化厅、省地方金融监管局、省外汇管理局、中国出口信用保险公司湖南分公司贵州业务处）

（七）提升贸易便利化水平。支持企业充分利用中国（贵州）国际贸易“单一窗口”网上办理进出口业务。为企业快捷开展备案业务，深入推进对外贸易经营者备案和原产地企业备案“两证合一”。持续压缩整体通关时间，提高通关效率。对进出海关特殊监管区域的货物实行先入区后报关、合并归类申报、“四自一简”等监管模式。（责任单位：省商务厅、贵阳海关、省贸促会）

（八）简化企业出口退（免）税办理。疫情结束前，出口退（免）税业务申请、审核、调查评估、结果业务实行“非接触式”办理，正常出口退（免）税办理平均时限不超过 8 个工作日。（责任单位：省税务局）

（九）建立项目审批绿色通道。2020 年 6 月底前计划开工的核准类省重点外贸外资重大项目，要加强部门协调联动，简化审批流程，压缩审批时限，凡可通过线上办理的审批、备案事项，不得要求申请人现场办理，可根据企业意愿提供远程审批服务；对确需提交纸质材料的，可以容缺受理、先行办理，待疫情结束后再补交纸质原件。（责任单位：省商务厅、省政务服务中心、省发展改革委、省自然资源厅、省能源局、省生态环境厅、省财政厅、省地方金融监管局）

三、切实加大政策支持力度

（十）支持企业扩大进口。落实企业 2020 年 1 月 1 日至 3 月 31 日捐赠用于疫情防控的进口物资，免征进口关税和进口环节增值税、消费税政策。对卫生健康主管部门组织进口的直接用于防控疫情物资免征关税。免税进口物资已征收的应免税款在 2020 年 9 月 30 日前依申请予以退还。对企业购买进口医疗防护物资的预付款保险费给予全额支持。在 2020 年 1 月 1 日至 6 月 30 日进口医疗防护物资的企业，以海关统计进口额（人民币计价）给予进口额的 15%的支持。对《贵州省鼓励进口产品和技术目录》内进口商品，按种类、进口额给予一定比例支持。（责任单位：省商务厅、贵阳海关、省税务局、省卫生健康委、省财政厅）

（十一）支持企业开拓多元化国际市场。对因疫情不能参加境外展的企业，所产生的展位费给予全额支持。对 2020 年企业为开拓国际市场开展的企业认证、专利申请、商标注册产生的费用，提高 40%的支持额度。对企业境外营销服务公共平台、海外仓销售贵州农产品给予支持，支

持上限300万元。（责任单位：省商务厅、省财政厅）

（十二）积极化解企业融资瓶颈。依托省设立的贷款代偿和补偿资金池，对重点外贸企业的银行融资，由政策性担保机构实行无资产抵押担保服务。（责任单位：省商务厅、省财政厅）

（十三）支持企业享受关税保证保险。对企业通过省外贸企业关税保证保险平台投保关税保证保险所产生的保费支出，给予全额支持。（责任单位：省商务厅、省财政厅、贵阳海关）

（十四）降低企业物流成本。企业通过西部陆海新通道进出口产品享受物流支持标准上浮5%。疫情期间，防疫物资及原材料进出口享受物流支持标准上浮10%。对2020年12月31日前发生的跨境电商经营者包裹邮政寄递费，实行每个包裹优惠10元。（责任单位：省政府口岸办、省发展改革委、省财政厅、中国邮政集团贵州省分公司）

（十五）支持服务贸易发展。2020年6月30日前，对技术贸易、服务外包等项目的贴息支持，加快政策兑现进度。对承接省级疫情防控重点项目的服务外包企业，给予资金支持，支持上限50万元。（责任单位：省商务厅、省财政厅）

（十六）支持加工贸易企业转型升级。对加工贸易企业扩大产能实际发生的设备搬迁安装、生产线改造、厂房租赁装修物流等费用给予支持，支持上限500万元。（责任单位：省商务厅、省财政厅）

（十七）推动外资企业加快落地。对2020年新引进的外商投资企业，开工建设发生生产经营场地建设费（含环保设备）等费用给予30%的支持。（责任单位：省商务厅、省财政厅）

云南省

一、综述

2020年，云南省商务厅（省口岸办）在省委、省政府的坚强领导和国家口岸管理办公室的指导下，积极推进中国（云南）国际贸易单一窗口（以下简称云南“单一窗口”）建设推广工作，实现标准版17项功能模块在全省口岸全覆盖，持续拓展云南“单一窗口”地方特色功能，进一步升级完善边民互市管理系统等，助力边民实现精准脱贫。

二、运行情况

（一）运行数据

截至2020年年底，云南“单一窗口”注册企业6216家，同比增加1631家；注册用户9342个，同比增加2179个；注册边民68917人，同比增加19617人。全年货物申报415366票；舱单申报1335882票；运输工具申报281066票；企业资质办理14269票；原产地证申领43262票；税费支付2697笔；加贸保税16057票；物品通关1240247票；跨境电商12925538票；监管证件4665票；出口退税36笔。

（二）运行维护

1. 客户服务工作

2020年，云南“单一窗口”通过6个微信群、2个QQ群、1个热线电话，共计受理用户问题4600个，解决率达100%。线上指导企业解决申报问题4181个，占问题解决量的90.89%，其中95198热线电话解决问题1117个、企业服务QQ群解决问题235个、企业服务微信群解决问题2829个；请求海关端解决问题416个；上报国家口岸管理办公室解决问题3个。针对受理问题建立详细问题台账，并将受理问题中具备代表性的问题整理成为知识库，截至2020年年底，知识库总数为656条。

2. 硬件维护工作

一是加强运维服务管理，对现有网设备配置全面统计，完成网络拓扑图、机柜图、软件资产统计表、物理服务器资产统计表、网络设备资产统计表、安全设备资产统计表、存储设备资产统计表等配置文档的全面更新。二是完成设备日常巡检和季度配置文件及固件备份工作。

3. 软件维护工作

一是完成 yneport. gov. cn 域名注销有关工作后，持续优化门户网站页面，共进行 6 次更新。二是每周更新病毒库并登录服务器对病毒库升级情况进行检查。三是每周对备份磁盘空间使用率进行 2 次检查，在磁盘使用率达到阀值（85%）前，对时间较早的备份文件进行迁移，及时释放磁盘空间。设定数据备份规则：每天进行增量备份并定时查看备份情况 ，每周进行 1 次完全备份。同时开启数据库归档日志，以备在应急情况下对库内数据进行及时检查。

（三）宣传推广

全年共组织 4 次线上培训，培训人员 633 人次。全年在门户网站首页发布新闻资讯、通知公告共计 1835 条，每月发布数量超过 150 条；企业服务微信群、企业服务 QQ 群发布通知共 192 条。

三、特色应用

边民互市管理系统

云南省国境线长达 4060 千米，共有 25 个县（市）与缅甸、越南、老挝三国接壤，开展边民互市贸易对促进我国与周边国家的边民交往、强边兴边、富边固边有积极作用。云南“单一窗口”边民互市管理系统实现了“一点接入、一次录入、一次提交”，“一站式”完成边民互市交易申报和交易，通过开展边民“集中申报”模式，发展“互联网+边境贸易”和边贸商品展示销售等新业态。全省经省政府批准运行并实行场所化管理的边民互市点共 20 个，其中 19 个边民互市点已接入云南“单一窗口”边民互市管理系统。

四、大事记

4 月 10 日

云南“单一窗口”上线报关单信息订阅推送功能、舱单运抵状态订阅推送功能。

6 月 22 日

“单一窗口”运维服务管理平台正式上线试运行，云南省作为第一批试点省份参与试运行工作。

11 月 13 日

完成 2020 年度云南“单一窗口”等级保护工作。

11 月 24 日

云南“单一窗口”口岸突发事件应急协调处置中心项目完成验收。

12 月 24 日

云南“单一窗口”上线全国口岸收费及服务信息发布系统。

五、 政策文件

云南省人民政府关于印发
云南省优化营商环境办法的通知

云政规〔2020〕1号

各州、市人民政府，省直各委、办、厅、局：

现将《云南省优化营商环境办法》印发给你们，请认真贯彻执行。

云南省人民政府

2020年6月30日

（此件公开发布）

云南省优化营商环境办法

第一章 总 则

第一条 为进一步深化“放管服”改革，打造市场化、法治化、国际化营商环境，激发市场活力和社会创造力，推动云南高质量跨越式发展，根据《优化营商环境条例》等法律法规，结合我省实际，制定本办法。

第二条 我省行政区域内优化营商环境工作，适用本办法。

营商环境，是指企业等市场主体在市场经济活动中所涉及的体制机制性因素和条件。

第三条 优化营商环境围绕“办事不求人”，平等对待各类市场主体，坚持权利平等、机会平等、规则平等，完善法治保障，推进营商环境法治化；围绕“审批不见面”，实施政务服务事项“一网通办”，破除不合理体制机制障碍，最大限度减少政府对市场资源的直接配置和对微观经济活动的直接干预，推进营商环境市场化；围绕“最多跑一次”，对标国际国内先进水平，提升工作效率，提高国际竞争力，推进营商环境国际化；围绕“全程服务有保障”，全面落实工作责任，为市场主体提供优质高效的政务服务。

第四条 全面落实国家关于加快建立统一开放、竞争有序的现代市场体系的部署安排，深化要素市场化配置改革，促进要素自主有序流动，提高要素配置效率，吸引更多资源要素集聚。

第五条 各级政府应当加强对优化营商环境工作的组织领导，完善优化营商环境政策措施，建立健全统筹推进、督促落实优化营商环境工作机制，及时协调、解决优化营商环境工作中的重大问题。

各级政府主要负责人是本行政区域优化营商环境工作的第一责任人，对优化营商环境工作负领导责任。有关部门应当按照职责分工，严格执行优化营商环境各项政策规定，加强协调配合，合力推进优化营商环境工作。

省政府办公厅负责统筹推进、协调全省优化营商环境工作，省政务服务管理局具体组织实施全省优化营商环境工作。县级以上政府应当明确优化营商环境工作的主管部门。

第六条 鼓励和支持各地、有关部门结合实际情况，在法治框架内积极探索原创性、差异化的优化营商环境具体措施；对探索中出现失误或者偏差，符合规定条件的，可以予以免责或者减轻责任。

第七条 健全完善以市场主体和社会公众满意度为导向的营商环境“红黑榜”评价制度。各地、有关部门应当建立健全本行政区域、本行业营商环境评价制度，切实发挥营商环境评价的引领和督促作用。

开展营商环境评价，不得影响各地各部门正常工作，不得影响市场主体正常生产经营活动或者增加市场主体负担。

任何单位和个人不得利用营商环境评价谋取利益。

第八条 市场主体应当遵守法律法规，恪守社会公德和商业道德，诚实守信、公平竞争，开展有利于节约资源、保护生态环境的生产经营，履行安全、质量、劳动者权益保护、消费者权益保护等方面的法定义务，在国际经贸活动中遵循国际通行规则。

第九条 各级政府及其有关部门应当建立健全营商环境投诉举报回应制度，任何单位和个人都可以对优化营商环境工作提出意见、建议，对损害营商环境的行为进行投诉、举报。

第二章 市场主体保护

第十条 市场主体依法享有经营自主权。对依法应当由市场主体自主决策的价格、内部治理、经营模式等各类事项，任何单位和个人不得干预。

第十一条 保障各类市场主体依法平等使用资金、技术、人力资源、土地使用权及其他自然资源等各类生产要素和公共服务资源。

各类市场主体依法平等适用各类支持发展的政策。各级政府及其有关部门在政府资金安排、土地供应、税费减免、资质许可、标准制定、项目申报、职称评定、人力资源政策等方面，应当依法平等对待各类市场主体，不得制定或者实施歧视性政策措施。

第十二条 招标投标和政府采购应当公开透明、公平公正。发布招标投标、政府采购项目信息，除法律、法规另有规定外，不得以产品产地来源、所有制形式、组织形式、股权结构、投资者注册地、产品或者服务品牌以及其他不合理条件对投标人或者供应商予以限定，或者实行差别待遇、歧视待遇。

各级发展改革、财政、工业和信息化、住房城乡建设、自然资源、交通运输、水利、商务、市场监管、公共资源交易管理等有关部门应当按照职责分工加强招标投标和政府采购监管，依法纠正和查处违法违规行为。

第十三条 依法保护市场主体的财产权和其他合法权益，保护企业经营者人身和财产安全。

依法对市场主体采取查封、扣押、冻结等行政强制措施的，应当及时查清事实，在法定期限内作出处理决定。市场主体提供的财产担保满足执行要求的，不得查封、扣押、冻结；财产可以分割执行的，不得超值查封、扣押、冻结。

禁止在法律、法规规定之外要求市场主体提供财力、物力或者人力的摊派行为。市场主体有权拒绝任何形式的摊派。

第十四条 落实知识产权侵权惩罚性赔偿制度，强化民事司法保护。加强跨部门跨区域协作配合，发挥行业协会、仲裁机构、中介服务等社会组织的作用，推动建立知识产权快速协同保护和维权援助机制，加大力度推进知识产权保护工作。

第十五条 加大中小投资者权益保护力度，完善中小投资者权益保护机制，保障中小投资者的知情权、参与权，提升中小投资者维护合法权益的便利度。

第十六条 落实扶持民营企业发展的优惠政策，进一步放宽民营企业市场准入，鼓励民营企业转型升级、优化重组，健全支持金融机构服务民营企业的创新发展体系。

各级政府及其有关部门应当在财政扶持、费用减免、金融支持、公共服务等方面制定专项政策，支持民营企业发展。

第十七条 严格落实外商投资准入前国民待遇加负面清单管理制度，畅通外商投资渠道，依法制定费用减免、用地保障、金融服务、人力资源服务等方面的外商投资便利化政策措施。依法保护外国投资者、外商投资企业的合法权益。

第十八条 除法律、法规另有规定外，市场主体有权自主决定加入或者退出行业协会商会等社会组织，任何单位和个人不得干预；任何单位和个人不得强制或者变相强制市场主体参加评比、达标、表彰、培训、考核、考试以及类似活动，不得借前述活动向市场主体收费或者变相收费。

第十九条 依托全国统一的市场主体维权服务平台，各级政府及其有关部门应当及时处理市场主体维权诉求并告知处理结果，为市场主体提供高效、便捷的维权服务。

第三章　市场环境

第二十条 各级市场监管、公安、税务、人力资源社会保障、住房城乡建设等有关部门应当强化企业开办标准规范，推动企业登记、刻制公章、申领发票和税控设备、职工参保登记、住房公积金缴存登记等事项线上“一表填报”、一次实名验证，线下“一个窗口”领取全部材料。全面推行“企业住所承诺制”和“企业名称自主申报”，提高企业名称登记效率。推广应用电子营业执照和电子印章，实现一个部门发照、所有部门流转。

将涉企经营许可事项全部纳入“证照分离”改革范围，通过直接取消审批、审批改为备案、实行告知承诺、优化审批服务等方式，分类推进改革。大力推进“照后减证”，探索推进“一业一证”、“一照含证”。除法律、行政法规规定的特定领域外，涉企经营许可事项不得作为企业登记的前置条件。

企业申请办理住所等相关变更登记的，应当依法及时办理，不得限制。除法律、法规、规章另有规定外，企业迁移后其持有的有效许可证件不再重复办理。

第二十一条 严格执行全国统一的市场准入负面清单制度，市场准入负面清单以外的领域，各类市场主体均可以依法平等进入。

第二十二条 高标准推进中国（云南）自由贸易试验区改革创新，聚焦贸易投资自由化便利化，赋予其更大自主发展、自主改革和自主创新权限。省商务部门应当组织有关部门编制赋权清单，推动实现省级经济管理事权“应放尽放”。自由贸易试验区各片区应当创新贸易监管制度，健全贸易投资促进服务体系，着力打造“环节最简、效率最高、服务最优、成本最低”的新时代改革开放新高地。

第二十三条 各级政府及其有关部门应当建立健全公平竞争审查工作协调机制，加大反垄断和反不正当竞争执法力度，有效预防和制止市场经济活动中的垄断行为、不正当竞争行为以及滥用行政权力排除、限制竞争的行为，营造公平竞争的市场环境。

第二十四条 打破城乡、地区、行业分割和身份、性别等歧视，促进人力资源有序社会性流动和合理配置。

各级人力资源社会保障部门应当加强人力资源服务标准化建设，强化人力资源市场主体培育，完善人力资源服务诚信建设，提高人力资源服务业发展水平，建立统一开放、竞争有序的人力资源市场体系。

第二十五条 充分发挥市场主体在推动科技成果转化中的作用，落实支持创新创业的优惠政策，完善科技成果转移转化、知识产权质押融资保证保险、中小企业融通发展、创新创业国际合作、人才引进等支持创新创业政策措施，鼓励和支持市场主体拓展创新空间，持续推进产品、技术、商业模式、管理等创新。加大对重大创新产品和服务、核心关键技术的采购力度，将科研人员在科技成果转化过程中取得的成绩和参与创业项目的情况作为职称评审、岗位竞聘、绩效考核、收入分配、续签合同等的重要依据。

第二十六条 严格落实国家各项减税降费政策，切实降低企业生产经营成本，确保减税降费政策全面、及时惠及市场主体。

第二十七条 对依法设立的政府性基金、行政事业性收费、涉企保证金以及实行政府定价的经营服务性收费，实行目录清单管理。收费清单应当按照规定及时向社会公开。推广以金融机构保函替代现金缴纳涉企保证金。

第二十八条 鼓励金融机构加大对民营企业、小微企业的支持力度，向信用优良的民营企业、小微企业提供首次贷款和无还本续贷金融支持，降低民营企业、小微企业综合融资成本。持续推进“银税互动”，加快“一部手机云企贷”金融服务平台迭代升级，全面提升集金融、政务、“三农”于一体的“线上+线下”融资服务能力。支持符合条件的民营企业、中小企业依法发行股票、债券以及其他融资工具，扩大直接融资规模。

第二十九条 鼓励金融机构加强与符合条件的融资担保机构合作，通过利益融合、激励相容实现增信分险，扩大融资规模。

县级以上政府应当落实政府性融资担保、再担保机构的属地管理责任和出资人职责，严厉打击逃废债行为，完善融资担保机构对中小企业的风险补偿措施，降低担保费率。

第三十条 各级自然资源、农业农村、生态环境、金融监管、投资促进等有关部门应当建立健全土地规划、耕地占补平衡、生态环境保护、金融支持、招商引资等信息互联互通机制，促进存量土地盘活利用，降低企业用地成本。各级自然资源部门应当完善土地指标和价格调节制度，分类施策破解用地制约，提高土地使用效率。

第三十一条 供水、供电、供气、通信等公用企事业单位应当向社会公开服务标准、资费标准等信息，简化报装手续、优化办理流程，向市场主体提供安全、方便、快捷、稳定和价格合理的服务。公用企事业单位不得利用其优势地位强迫市场主体接受不合理的服务条件，不得对不接受其不合理条件的市场主体拒绝、中断或者削减供应相关商品，不得以任何名义收取不合理费用。

第三十二条 行业协会商会应当加强行业自律，及时反映行业诉求，为市场主体提供信息咨询、宣传培训、市场拓展、权益保护、纠纷处理等方面的服务。

各级发展改革、工业和信息化、民政、财政、人力资源社会保障、市场监管等有关部门和行业协会商会业务主管（指导）部门，应当依据各自职能，依法依规严格规范行业协会商会的收费、评比、认证等行为。

第三十三条 加强社会信用体系建设，持续推进政务诚信、商务诚信、科研诚信、社会诚信和司法公信建设，提高全社会诚信意识和信用水平，维护信用信息安全，严格保护商业秘密和个人隐私。

第三十四条 严格履行政府及其有关部门向市场主体依法作出的政策承诺以及依法订立的各类合同，建立政府失信责任追溯和承担机制，不得以行政区划调整、政府换届、机构或者职能调整以及有关责任人更替等为由违约毁约。因国家利益、社会公共利益需要改变政策承诺、合同约定的，应当依照法定权限和程序进行，并依法对市场主体因此受到的损失予以补偿。

第三十五条 各级政府及其有关部门、事业单位不得违约拖欠市场主体的货物、工程、服务等账款，省及省以下所属国有企业不得拖欠中小企业账款，不得违背民营企业、中小企业真实意愿在约定的付款方式之外以任何形式延长付款期限。

加大拖欠市场主体账款的清理力度，采取加强预算管理、严格责任追究等措施，建立防范和治理拖欠市场主体账款的长效机制。

第三十六条 各级发展改革、工业和信息化、人力资源社会保障、市场监管、税务、公安等有关部门应当健全完善市场主体退出制度，优化市场主体注销办理流程，精简申请材料，压缩办理时间，降低注销成本，实行企业注销“一网”服务。对设立后未开展生产经营活动或者无债权债务的市场主体，按照简易程序办理注销。对有债权债务的市场主体，在债权债务依法解决后及时办理注销。

加强与司法机关协作，建立企业破产工作协调机制，统筹推进破产程序中的业务协调、维护稳定等工作。

第四章　政务服务

第三十七条 按照减环节、减材料、减时限、减跑动的要求，各级政务服务管理部门应当组织有关部门编制政务服务事项（包括行政权力事项和公共服务事项，下同）基本目录、政务服务事项标准化工作流程和办事指南并向社会公开，实现同一事项名称、编码、设定依据、类型、权限范围、办理时限、受理条件、办事流程、申请材料、申请表单、收费标准、办理结果等 12 个要素在省、州市、县、乡、村五级统一，推进同一事项无差别受理、同标准办理。没有法律、法规、规章依据，不得增设政务服务事项的办理条件和环节。

第三十八条 从方便企业和群众“办成一件事”的角度出发，各级政务服务部门应当组织有关部门对涉及的政务服务事项进行全面梳理，形成“一件事”的工作标准。对纳入“一件事”的政务服务事项实施一体化办理，推行“一表申请”，实现系统集成、数据共享、业务协同。规范编制“一件事”办事指南，实现“一件事一次告知、一次办成”。

第三十九条 办理政务服务事项，推行当场办结、一次办结、限时办结等制度，实现集中办理、就近办理、网上办理、异地可办。办理政务服务事项不得含有兜底条款，不得对申请人提出办事指南规定以外的要求；需要申请人补正有关材料、手续的，一次性告知需要补正的内容；能够通过部门之间信息共享获取的材料，不得要求申请人提供；已在线收取规范化电子材料的，不得要求申请人再提供纸质材料；需要进行现场踏勘、现场核查、技术审查、听证论证的，应当及时安排、限时办结。

第四十条 以全省网上政务服务平台作为总门户，采取省级统建、全省共用模式，不断优化完善网上政务服务平台功能，除法律、法规另有规定或涉及国家秘密等情形外，政务服务事项应当全部纳入网上政务服务平台办理，推动实现“一网通办”。以“高效办好常规事、完整办成一件事、可以办理更多事”为目标，不断迭代升级“一部手机办事通”，以事项上线为原则、不上线为例外，推动更多政务服务事项“掌上办”。

加强系统整合、资源整合，加强办事数据共享复用，加强电子证照、电子印章、电子签名、电子档案在政务服务工作中的推广应用和互信互认，推动跨地区、跨部门、跨层级业务协同，强化隐私信息保护，确保共享数据安全。

第四十一条 已设立政务服务大厅的，本行政区域内各类政务服务事项（包括垂直管理部门的事项）统一进驻政务服务大厅办理，做到事项进驻到位、审批授权到位。规范化、标准化建设政务服务大厅，实行“前台综合受理、后台分类审批、统一窗口出件”的工作模式，提供一站式服务，完善办事预约、全程帮办以及错时、延时服务等工作机制。依托网上政务服务平台，实行线上线下联办服务，推动线上线下深度融合。

第四十二条 严格控制新设行政许可，严禁以任何形式变相设定行政许可。实行行政许可清单管理制度，清单之外不得违法实施行政许可。

对实行行政许可管理的事项，应当通过整合实施、下放审批层级等多种方式优化审批服务，提高审批效率。符合有关条件和要求的，可以采取告知承诺的方式办理。

第四十三条 加大力度推行相对集中行政许可权改革，整合优化行政审批服务机构和职责，创新审批体制和审批方式，实行“一颗印章管审批”。

第四十四条 各级发展改革部门应当会同有关部门深化投资审批制度改革，根据项目性质、投资规模等分类规范投资审批程序，强化项目决策与用地、规划等建设条件落实的协同，推行投资项目在线审批。依法开放公共服务领域，坚持公开竞争性选择社会资本，尊重企业投资自主权，推进重大投资项目并联审批，推行一般投资项目承诺制改革。

除涉及国家秘密的项目外，各级发展改革、工业和信息化、自然资源、生态环境、能源、应急管理等有关部门应当通过投资项目在线审批监管平台公开与项目有关的发展规划、产业政策、土地（水域）使用、生态环境保护、能源资源利用、安全生产、准入标准，公开审批、核准和备案结果，提高审批透明度。

第四十五条 依托网上政务服务平台，优化完善全省统一的工程建设项目审批管理系统。各级住房城乡建设、发展改革、自然资源等有关部门应当按照职能职责深化工程建设项目审批制度改革，推进“多表合一”、“多规合一”、“多审合一”、“测验合一”。

在中国（云南）自由贸易试验区，各类开发区、工业园区、新区和其他有条件的区域组织开展区域内压覆重要矿产资源、环境影响评价、节能评价、地质灾害危险性评估、安全评价等多个事项的区域评估工作，实施区域评估的不再对区域内市场主体单独提出评估要求，区域评估费用不得由市场主体承担。

第四十六条 依法规范行政审批中介服务行为，各级政务服务管理部门应当组织有关部门编制并按规定公布行政审批中介服务事项清单，未纳入清单的不得作为行政审批等政务服务的受理条件。中介服务机构应当明确办理法定行政审批中介服务的条件、流程、时限、收费标准并向社会公开。

行政机关不得为市场主体指定或者变相指定中介服务机构；除法定行政审批中介服务外，不得强制或者变相强制市场主体接受中介服务。行政机关在行政审批过程中需要委托中介服务机构开展技术性服务的，应当通过竞争性方式选择中介服务机构并自行承担服务费用，不得转嫁给市场主体承担。

第四十七条 各级司法行政部门应当组织有关部门编制并按规定公布证明事项清单，逐项列明设定依据、索要单位、开具单位、办理指南等，清单之外不得索要证明。

对没有法律、法规或者国务院决定依据的，法定证照、法定文书、合同凭证、部门核查、网络核验等可以证明的，采取书面告知方式可以解决的，能够被其他材料涵盖或者替代的，以及开具单位无法调查核实的，不得设定证明事项。

第四十八条 各级商务、农业农村、交通运输、发展改革、供销等有关部门应当加快电子商务发展，扩大“一部手机云品荟”覆盖应用，完善“互联网+商贸+物流”融合发展机制，鼓励社会物流平台提升物流信息电子化、智能化水平，降低物流成本，提高物流便利度。

各级海关、商务等有关部门应当加强国际贸易“单一窗口”与银保监、交通运输等有关部门合作对接，加快推行进出口“提前申报”、“两步申报”、“先放后验”等通关模式和无纸化通关作业，简化通关流程，降低通关成本，提高通关效率。

第四十九条 各级税务机关应当拓展办税缴费渠道，精简办税资料和流程，简并申报缴税次数，公开涉税事项办理时限，压减办税时间，提高办理效率。深入开展“非接触式”办税缴费服务，推行全程网上办税，推广应用“一部手机办税费”，推广使用区块链技术电子票据。

第五十条 各级自然资源、住房城乡建设、农业农村、税务、金融监管、公安、民政等有关部门应当深化不动产统一登记制度改革，加强部门协作与信息共享集成，实行不动产登记、交易和缴税一窗受理、并行办理，压缩办理时间，降低办理成本。推广不动产登记电子证照，依法降低不动产登记信息查询门槛。推进水、电、气、网过户与不动产登记同步办理，推行在商业银行网点办理不动产抵押登记“不见面”服务。

第五十一条 按照构建亲清新型政商关系的要求，建立畅通有效的政企沟通机制，通过调研、座谈、问卷调查、新媒体等多种形式，及时听取市场主体反映和诉求，依法依规帮助解决市场主体生产经营中遇到的困难和问题。

第五十二条 全面实施政务服务“好差评”制度，政府有关部门、各类政务服务平台和工作人员在开展政务服务工作时，都应当接受企业和群众评价，对“好评”成效巩固提升，对“差评”情况进行调查、整改并及时反馈。

第五章　监管执法

第五十三条 政府有关部门应当按照监管全覆盖的要求，依法编制职责范围内的监管事项目录清单，明确监管主体、监管对象、监管措施、设定依据、处理方式等内容，实行动态管理并定期向社会公布，以公正监管维护公平竞争。

第五十四条 县级以上政府及其有关部门应当建立守信联合激励和失信联合惩戒机制，及时互通信息，推行以信用为基础的分级分类监管制度。对信用较好、风险较低的市场主体，减少检查比例和频次，反之则提高检查比例和频次。

建立健全企业信用修复和信用信息异议投诉制度，在规定期限内纠正失信行为、消除不良影响的市场主体，可以采取作出信用承诺、完成信用整改、提交信用报告等方式开展信用修复。对市场主体提出异议的信用信息，经核实有误的应当及时更正或撤销。对已完成信用修复的市场主体，终止实施惩戒措施。

第五十五条 除直接涉及公共安全和人民群众生命健康等特殊行业、重点领域外，市场监管领域的行政检查应当通过“双随机、一公开”的方式进行。对同一检查对象的多个检查事项，尽可能合并或者纳入跨部门联合抽查范围。

第五十六条 对新技术、新产业、新业态、新模式等实行包容审慎监管，针对其性质、特点分类制定和实行相应的监管规则和标准，在留足发展空间的同时确保质量和安全，不得简单化予以禁止或者不予监管。

第五十七条 依托“互联网+监管”系统，规范监管事项、汇集监管数据、追溯监管过程、分析监管结果，提升规范监管、精准监管和对监管进行监管的能力。融合“互联网+监管”、“互联网+督查”系统并与网上政务服务平台对接联通，推进审批、监管、督查联动，运用信息化手段落实“宽进严管”的要求。

第五十八条 深化行政执法体制改革，最大限度减少不必要的行政执法事项，规范行政执法行为，进一步明确具体操作流程。各级行政执法机关应当全面落实行政执法公示、行政执法全过程记录和重大行政执法决定法制审核制度。

建立健全跨部门、跨区域行政执法联动响应和协作机制，实现违法线索互联、监管标准互通、处理结果互认。统筹配置行政执法职能和执法资源，在相关领域推行综合行政执法，整合精简执法队伍，减少执法主体和执法层级，提高基层执法能力。

第五十九条 各级行政执法机关应当遵循合法、适当、教育与行政强制相结合的原则，慎重实施行政强制。采用非强制性手段能够达到行政管理目的的，不得实施行政强制；违法行为情节轻微或者社会危害较小的，可以不实施行政强制；确需实施行政强制的，应当尽可能减少对市场主体正常生产经营活动的影响。

除涉及人民群众生命安全、发生重特大事故或者举办国家重大活动，并报经有权机关批准外，不得在相关区域要求相关行业、领域的市场主体普遍停产、停业。

第六十条 健全完善行政执法自由裁量基准制度，规范本行业、本领域行政执法自由裁量权的行使，明确实施行政处罚的具体情形并向社会公布。

第六章 法治保障

第六十一条 根据优化营商环境工作需要，依照法定权限和程序，各级政府及其有关部门应当提出修改、废止有关地方性法规、政府规章的意见，制定或者修改、废止有关行政规范性文件。

优化营商环境的改革措施涉及调整实施现行地方性法规、政府规章等有关规定的，依照法定程序经有权机关授权后，可以先行先试。

第六十二条 依照法定权限和程序，起草或者制定与市场主体生产经营活动密切相关的地方性法规、政府规章、行政规范性文件，应当充分利用报纸、网上政务服务平台、“两微一端”、“一部手机办事通”等渠道向社会公开征求意见，征求意见的期限一般不少于30日。

第六十三条 依照法定权限和程序，起草或者制定与市场主体生产经营活动密切相关的地方性法规、政府规章、行政规范性文件和政策措施，应当按照规定进行公平竞争审查。

第六十四条 制定涉及市场主体权利义务的行政规范性文件，应当按照规定进行合法性审核。涉及市场主体权利义务的行政规范性文件应当按照法定要求和程序予以公布，未经公布的不得作为行政管理依据。

第六十五条 制定与市场主体生产经营活动密切相关的行政规范性文件和政策措施，除公布后不立即施行将有碍施行的情形外，应当在公布后一般预留不少于 30 日的适应调整期。

第六十六条 各级行政执法机关、司法行政部门应当完善调解、仲裁、行政裁决、行政复议、诉讼等有机衔接、相互协调的多元化纠纷解决机制，为市场主体提供高效、便捷的纠纷解决途径。

第六十七条 各级司法行政部门应当会同有关部门加强法治宣传教育，落实国家机关普法责任制，提高工作人员依法履职能力，引导市场主体合法经营、依法维护自身合法权益，不断增强社会法治意识。

第六十八条 各级司法行政部门应当会同有关部门建立健全公共法律服务管理体制和工作机制，整合律师、公证、司法鉴定、调解、仲裁等公共法律服务资源，加快推进公共法律服务体系建设，全面提升公共法律服务能力和水平。

第六十九条 优化营商环境工作主管部门可以采取下列方式开展优化营商环境监督工作：

（一）组织重点检查、专项检查、个别抽查；

（二）受理投诉举报，开展个案调查；

（三）提出整改意见并督促整改落实；

（四）约谈有关单位负责人及其工作人员；

（五）通报并公开曝光损害营商环境的典型案件；

（六）视违反本办法情节轻重的情况，向有关部门提出处理建议；

（七）法律、法规、规章规定的其他监督方式。

第七十条 各级政府和有关部门及其工作人员未按照本办法规定履行职责或者侵犯市场主体合法权益的，公用企事业单位、行业协会商会、中介服务机构违反本办法规定损害营商环境的，依法依规追究责任。

第七章 附 则

第七十一条 本办法自 2020 年 8 月 1 日起施行。

云南省人民政府办公厅关于印发云南省进一步优化营商环境更好服务市场主体 28 条措施的通知

云政办发〔2020〕60 号

各州、市人民政府，省直各委、办、厅、局：

《云南省进一步优化营商环境更好服务市场主体 28 条措施》已经省人民政府同意，现印发给你们，请认真贯彻执行。

云南省人民政府办公厅

2020 年 11 月 6 日

（此件公开发布）

云南省进一步优化营商环境更好服务市场主体 28 条措施

为贯彻落实《国务院办公厅关于进一步优化营商环境更好服务市场主体的实施意见》（国办发〔2020〕24 号）精神，进一步聚焦市场主体关切，尤其是常态化疫情防控下企业面临的堵点痛点，加快打造“办事不求人、审批不见面、最多跑一次”和“全程服务有保障”的市场化法治化国际化营商环境，推动云南高质量跨越式发展，现提出以下措施：

一、进一步提升投资建设便利度

（一）着力优化投资项目前期审批流程。全面推进项目前期“一件事一次办”改革，加强部门协同配合，加强项目立项与用地、规划等建设条件衔接，推动有条件的州、市实现投资项目前期审批事项“一事一次告知、一次办成”。加快推进云南省投资项目在线审批监管平台与相关审批系统互联互通、数据共享，实现项目单位一次申报、审批人员一次办理、批复文件等在线打印。加快区域评估改革措施落实，在中国（云南）自由贸易试验区和各类开发区、工业园区、新区和其他有条件的区域，组织开展区域评估，加快项目落地。

（二）着力提升工程建设项目审批效率。加快推进工程建设项目分级分类管理，按行业厘清工程建设项目类型，制定相应管理办法，统一发布差异化许可条件，在确保安全前提下，对工程投资额在 100 万元以下或者建筑面积在 1000 平方米以下的建筑工程及社会投资的小型低风险新建、改扩建项目，企业取得用地、满足开工条件后作出有关承诺，政府部门直接发放有关证书，项目即可开工。深入推进并联审批、联合审图、竣工联合验收等改革任务落实，加快完善云南省工程建设项目审批管理系统，推进与公共资源交易、规划用地、信用中国（云南）等平台的对接，数据实时共享、互联互通。2020 年底前将工程建设项目审批流程各阶段涉及的审批事项纳入线上平台，公开办理标准和费用，实现省、州市、县三级工程建设项目审批全程网办。2020 年政府投资项目审批时间压减至 90 个工作日以内，2021 年压减至 70 个工作日以内，2022 年压减至 50 个工作日以内。

（三）着力推进“多规合一”。推进构建全省国土空间规划“一张图”，以第三次全国国土调查成果为基础，加快推进主体功能区规划、土地利用规划、城乡规划等融合为统一的国土空间规划体系。加快推进“多测合一”，抓紧编制云南省建筑工程联合测绘技术规程，逐步建立完善“多规合一”所需测绘业务协同和数据更新共享机制，实现工程建设项目各阶段“一次委托、联合测绘、成果共享”。

二、进一步简化企业生产经营审批和条件

（四）坚决清理市场准入隐性壁垒。严格执行全国统一的市场准入负面清单制度，市场准入负面清单以外的领域，各类市场主体均可依法平等进入。引入第三方评估机制，定期评估、评价市场准入有关政策措施落实情况，全面排查、系统清理各类显性和隐性壁垒，持续推动“非禁即入”普遍落实。

（五）持续扩大医疗服务供给。优化医疗资源布局，鼓励社会资本办医，对养老院内设置诊所、中国（云南）自由贸易试验区内设置诊所、只提供中医药服务的中医诊所设置实行备案制管

理，进一步强化监管，提升诊所医疗服务质量。

（六）完善工业产品生产许可证管理。认真做好国家下放的建筑用钢筋、水泥等重要工业产品生产许可证管理权限的承接和实施工作。动态调整云南省工业产品生产许可证管理目录。2020年底前优化完善省级发证程序、文书和有关规定。

（七）优化机动车生产流通等环节管理措施。大力推进机动车生产、销售、登记、维修、保险、报废等信息的共享和应用，推动机动车交易在线办理，加强事中事后监管，提升机动车流通透明度。严格落实全面取消二手车限迁规定的政策，在具备条件的二手车交易市场和二手车经销企业优先设立登记服务站，进一步简化二手车经销企业购入机动车交易登记手续。严格落实国家有关优化新能源汽车税收减免政策，积极促进我省新能源汽车产业健康发展。

（八）加快推进“一照多址”改革。在昆明市、曲靖市、玉溪市、楚雄州推动“一照多址”试点改革，简化企业设立分支机构的登记手续，为市场主体登记提供便利。

（九）进一步降低小微企业生产经营成本。严禁平台企业滥用市场支配地位收取不公平的高价服务费。在保障劳动者职业健康前提下，适当降低对职业病危害一般的小微企业职业病危害因素检测频次，切实降低企业生产经营成本。

（十）规范涉企保证金收费。严格执行国家及我省公布保留的涉企保证金目录清单制度，2020年底前完成已取消保证金资金、逾期未返或超额收取保证金资金的清退返还工作。在工程建设、政府采购等领域，稳步推行以保险、保函等替代现金缴纳涉企保证金，进一步减轻企业资金压力。

三、进一步优化外贸外资企业经营环境

（十一）提高进出口通关效率。严格落实国家改革部署，大力推行进出口货物“提前申报”通关模式，建立关区属地与口岸海关联系配合机制，对符合条件的货物由企业提前办理申报手续，海关在货物运抵海关监管作业场所后即办理货物查验、放行手续。大力推行进口货物“两步申报”通关模式，企业进行“概要申报”且海关完成风险排查处置后，即允许企业将货物提离口岸监管场所。大力推行进口货物“运抵即提”通关试点，关联运用智能卡口，提高货物通关效率。大力推行查验作业全程监控和留痕，允许有条件的地区实行企业自主选择是否陪同查验，切实减轻企业负担。大力推行一体化通关联动监管机制，与重庆、成都、南宁等海关加强执法协作，保障企业生产供应链稳定。严禁口岸为压缩通关时间简单采取单日限流、控制报关等不合理措施。

（十二）拓展国际贸易“单一窗口”功能。全面提升“单一窗口”应用率，2020年底前实现主要申报业务应用率达100%。做好国际贸易“单一窗口”宣传推广工作，引导企业通过“单一窗口”申领进出口环节涉及的监管证件，有关部门在后台分别办理并实施监管。

（十三）支持外贸企业投资经营。2020年底前出台云南省支持出口商品转内销实施方案，加大出口商品转内销工作力度，加强事中事后监管。积极争取尚未获得授权的昭通市、文山州、迪庆州、怒江州获得市场监管总局外商投资企业登记管理授权，实现全省地级及以上城市外商投资企业登记管理全覆盖。

四、进一步降低就业创业门槛

（十四）优化部分行业从业条件。推动取消除道路危险货物运输以外的道路货物运输驾驶员

从业资格考试，并将相关考试培训内容纳入相应等级机动车驾驶证培训，驾驶员凭培训结业证书和机动车驾驶证申领道路货物运输驾驶员从业资格证。做好执业兽医资格报名考试工作、执业兽医资格备案及乡村兽医备案工作。2020 年底前制定云南省加快推动劳动者入职体检结果互认有关措施，进一步减轻求职者负担。2021 年 6 月底前实现专业技术人才职称信息跨地区在线核验，鼓励州、市间职称互认。

（十五）积极开展“共享用工”和灵活就业。加快推进云南省专业技术人才管理服务信息化平台建设，积极做好农民工实名制有关工作，按照企业行业、用工岗位、员工专业进行分类匹配，引导省内有需求的企业开展“共享用工”，着力解决就业难问题。全面落实属地管理责任，在保障安全卫生、不损害公共利益等条件下，坚持放管结合，科学合理设定流动摊贩经营场所和开放时间，促进灵活就业人员积极就业。

（十六）优化失业保险办理程序。根据国家政策规定，统一全省失业保险转移办理流程，简化失业保险申领程序，严格执行省内失业保险转移按迁入地标准发放的政策，促进人力资源合理配置和有序流动

（十七）优化对新业态的包容审慎监管措施。鼓励新技术、新产业、新业态、新模式等创新，研究制定在主要行政执法领域公民、法人和其他组织轻微违法违规行为免罚清单。建立“容错”机制，对非主观故意、没有造成危害后果的首次轻微违法行为先行告诫说理，指导公民、法人和其他组织自觉改正，一般不予行政处罚。

（十八）大力发展互联网诊疗服务。在保证医疗安全和质量前提下，鼓励符合条件的医疗机构开展互联网诊疗服务和远程医疗服务，鼓励达到标准的医院申请设置互联网医院。将符合条件的互联网医疗服务项目纳入我省医保报销范围。加快创新型医疗器械和药品的审评审批并推进临床应用。

（十九）加强新业态应用场景推广。加快布局 5G 网络、数据中心、区块链技术云平台、人工智能、工业互联网、物联网等新基建，拓展农业、工业、交通、城市治理、公共服务、政务服务等领域应用场景。继续探索“一部手机”在政务服务、社会治理、公共服务、智慧旅游、跨境贸易和金融等领域的深度应用，优化“一部手机”系列品牌。加快云南政务“一朵云”建设，推进政务数据开放共享。

五、进一步提升涉企服务质量和效率

（二十）推进企业开办经营便利化。全面推行企业开办“一窗通”服务平台，设置“企业开办”综合服务窗口，实现企业登记、公章刻制、申领发票和税控设备、员工参保登记、住房公积金开户登记线上线下“一表申请、一窗发放”。2020 年将全省企业开办时间压减至 3 个工作日以内，2021 年压减至 2 个工作日以内，2022 年达到全国先进水平。放宽小微企业、个体工商户登记经营场所限制，全面推行“企业住所承诺制”和“企业名称自主申报”，提高企业名称申报登记效率。大力推进电子营业执照、电子发票、电子印章运用，加快实现“一证准营、跨地互认通用”。2020 年底前完成各类强制登报公告事项清理工作，积极做好予以取消或调整为网上免费公告有关工作。

（二十一）加快推进政务服务事项“一件事一次办”和“跨省通办”。深化“一件事一次办”

改革，加强与国家有关部委、各省（区、市）的衔接，2020 年底前实现市场主体登记注册、养老保险关系转移接续、职业资格证书核验、学历公证、驾驶证公证等 58 项事项“跨省通办”，2021 年底前实现工业产品生产许可证、就医结算备案、社保卡申领、户口迁移等 74 项事项“跨省通办”。加快推进“一部手机办事通”迭代升级，不断完善服务功能。

（二十二）持续提升纳税服务水平。完善电子税务局功能，深入开展“非接触式”办税缴费服务，推行全程网上办税。拓展“一部手机办税费”应用，推广使用区块链技术电子票据。按照税务总局统一部署，简化增值税等税收优惠政策申报程序，2020 年底前开展增值税专用发票电子化试点，实现主要涉税服务事项 90%网上办理、纳税基本信息 80%共享。强化税务、海关、人民银行等部门数据共享，加快出口退税进度，2020 年全省出口退（免）税正常业务控制在 7 个工作日内办结，中国（云南）自由贸易试验区出口退（免）税正常业务控制在 6.5 个工作日内办结。

（二十三）优化动产担保融资服务。推动动产担保统一登记工作，整合各类动产登记和权利担保登记系统，鼓励引导商业银行支持中小企业以应收账款、生产设备、产品、车辆、船舶、知识产权等动产和权利进行担保融资。推进“一部手机云企贷”等融资平台建设，进一步解决民营企业和中小企业融资难、融资贵问题。

六、进一步完善优化营商环境长效机制

（二十四）建立健全政策评估制度。依照法定权限和程序，起草或者制定与市场主体生产经营活动密切相关的地方性法规、政府规章、行政规范性文件，要充分利用报纸、网上政务服务平台、“两微一端”、“一部手机办事通”等渠道向社会公开征求意见，征求意见的期限一般不少于 30 日，并严格按照规定履行公平竞争审查、合法性审核等有关程序。认真落实营商环境“红黑榜”制度、政务服务“好差评”制度、优化营商环境投诉举报回应制度，定期开展评价工作，不断优化各项指标体系，充分发挥营商环境评价的导向性作用。

（二十五）加强政企常态化联系。充分发挥企业和行业协会商会联系企业桥梁纽带作用，建立常态化、规范化的政企沟通机制。认真落实领导干部挂钩联系民营企业制度，建立健全企业家参与涉企政策制定机制，充分听取市场主体、行业协会商会对涉企政策的意见。

（二十六）开展信用分级分类监管。加强云南省信用信息共享平台和行业信用信息平台建设，按照全省统一的公共信用信息目录，全面归集公共信用信息。全面推进事前承诺、信用报告应用。积极开展事中公共信用评价和行业信用评价，加强分级分类结果应用。完善事后联合惩戒机制，强化市场主体权益保护。加快推进“互联网+监管+督查”，推动监管与督查互为支撑、相互融合，推进智慧监管、智慧督查。

（二十七）加快推进政务服务热线整合。加强“云南省 12345 政务热线”建设，统一受理企业和群众诉求，认真做好转办、督办工作，及时回应企业和群众诉求，不断提高企业和群众满意度。

（二十八）抓好惠企政策兑现。加快建立全省统一的惠企政策申报系统，统一入口、一键申报、后台分送办理，逐步实现惠企政策“一口发布、一口受理、一口咨询”服务。省直部门惠企政策在出台或更新 1 周内推送至“云南政务服务网”和“一部手机办事通”平台，州、市、县、

区惠企政策在出台或更新 1 周内推送至政府门户网站，县级政府出台惠企政策时要公布有关负责人及联系方式。积极推行惠企政策“免申即享”。

各地、有关部门要切实抓好以上措施的贯彻落实，围绕市场主体需求，研究推出更多务实管用的改革举措。取消和下放行政审批事项不能“一放了之”，要加强事中事后监管。直接涉及公共安全和人民群众生命健康等特殊行业、重点领域的要重点监管，守好安全和质量底线。有关落实情况于 2020 年 12 月 10 日前报送省政府办公厅。

西藏自治区

一、综述

2020年，西藏自治区口岸办深入推进标准版在西藏自治区全面运用，在企业对接、政策宣讲、服务深化等方面持续加力，深入推进中国（西藏）国际贸易单一窗口（以下简称西藏“单一窗口”）建设。

二、运行情况

截至2020年年底，西藏“单一窗口”注册用户384家，较2019年增加75家。全年货物申报4978票；舱单申报6872票；企业资质办理1604票；原产地证申领9票；税费支付1078笔；加贸保税1票；物品通关3票；监管证件121票；出口退税1笔。

陕西省

一、综述

2020年，陕西省口岸办在国家口岸管理办公室的指导下，依据国务院《关于印发优化口岸营商环境促进跨境贸易便利化工作方案的通知》与国家口岸管理办公室2020年工作要点等文件精神，结合本省贸易情况，不断加大中国（陕西）国际贸易单一窗口（以下简称陕西“单一窗口”）建设推广力度，积极拓展建设地方特色功能。编制了陕西“单一窗口”建设总体方案，提出了规划引领、项目支撑的发展思路，明确了建设发展的规范标准，加强了平台数据安全管理，为“十四五”期间陕西“单一窗口”建设奠定了坚实基础。

二、运行情况

（一）运行数据

截至2020年年底，陕西“单一窗口”累计注册用户8184家。全年货物申报423674票；舱单申报335981票；运输工具申报23055票；企业资质办理11291票；原产地证申领8697票；税费支付14238笔；加贸保税212898票；物品通关3694406票；跨境电商2189430票；监管证件1432票；出口退税714笔。

（二）运行维护

1. 通过17个外贸企业微信群以及95198服务热线，及时解答企业使用陕西“单一窗口”时遇到的系统问题，提供业务咨询服务，保障陕西外贸业务正常运转，收集企业优化意见，发布系统升级维护通知。

2. 通过线上和线下两种方式对陕西外贸企业进行技术支持，调研走访并派驻业务人员定点服务西安机场、港务区外贸企业等，了解其外贸业务环节及企业信息化需求。

（三）宣传推广

1. 加强组织培训。全年累计培训企业3次：6月，开展线上出口退税功能培训；11月，线下开展企业国际化经营合规培训，重点介绍“单一窗口”相关功能的应用；12月，组织陕西“单一窗口”跨境B2B通关服务平台申报等业务功能线上培训班。全年累计参训人员1000余人次。

2. 扩大宣传推广力度。通过陕西“单一窗口”门户网站、陕西“单一窗口”运维群、陕西电子口岸综合服务平台、微信公众号等多种形式，积极推进陕西“单一窗口”的推广与应用。截至2020年年底，陕西“单一窗口”门户网站、陕西电子口岸综合服务平台共发布信息679条，处理后台留言及企业疑问50条，“陕西电子口岸”微信公众号共发布信息570条。

三、特色应用

在线培训平台

为促进外贸企业健康发展，提高企业实际操作水平，围绕系统操作、关务知识、最新政策、常见问题等内容，陕西“单一窗口”上线在线培训平台，面向外贸相关企业提供全面、便捷的知识服务。以虚拟课堂、短视频等多种方式，实现对企业的远程培训和即时培训，提高企业跨境贸易业务能力，降低其人员培训、人员变动成本。截至2020年年底，在线培训平台共制作货物申报、税费支付等29个业务培训视频和62个子功能用户操作手册，梳理9个板块的常见问题。

四、大事记

7月30日

陕西“单一窗口”数据交换平台上线并投入试用。

9月1日

陕西省跨境电商B2B直接出口（“9710”）、跨境电商出口海外仓（“9810”）业务试单通过陕西“单一窗口”首批申报成功。

10月10日

《中国（陕西）国际贸易“单一窗口”建设总体方案》印发。

11月26日

陕西“单一窗口”培训平台正式上线。

12月23日

陕西省商务厅与22家金融机构签署《中国（陕西）国际贸易“单一窗口”金融服务平台共建合作协议》。

五、政策文件

陕西省商务厅关于印发中国（陕西）国际贸易“单一窗口”建设总体方案的通知

陕商发〔2020〕47号

省口岸和海关特殊监管区域联席会议各成员单位，各设区市（区）、韩城市商务主管部门、口岸办：

《中国（陕西）国际贸易“单一窗口”建设总体方案》已经省口岸和海关特殊监管区联席会

议第一次全体会议审议通过，现印发你们，请认真贯彻落实。

陕西省商务厅

2020年10月10日

中国（陕西）国际贸易“单一窗口”建设总体方案

为加快推进中国（陕西）国际贸易“单一窗口”（以下简称陕西“单一窗口”）建设，促进我省不断优化口岸营商环境，深度融入“一带一路”大格局，根据国务院《优化营商环境条例》、国家口岸办《关于国际贸易“单一窗口”建设的框架意见》（以下简称《框架意见》），结合我省实际，特制定本方案。

一、指导思想

以习近平新时代中国特色社会主义思想为指导，深入贯彻落实习近平总书记来陕考察重要讲话，深化口岸管理部门“信息互换、监管互认、执法互助”的大通关改革，坚持监管安全与便利企业并重，围绕推动口岸治理和服务创新，以保障口岸安全、促进口岸治理体系和能力现代化为重点，通过统筹规划、科学布局，逐步建成以公共服务为导向，政务与商务服务于一体，共建共管共享、规范安全运行的陕西“单一窗口”平台，全面优化我省口岸营商环境。

二、总体目标

以“助力我省深度融入共建‘一带一路’大格局，切实补齐开放不足突出短板”为愿景，以“构筑内陆地区效率高、成本低、服务优的国际贸易通道”为使命，以“服务企业”为核心，遵循国际贸易“单一窗口”标准版（以下简称国家“单一窗口”标准版）的标准与规范，按照促进跨境贸易便利化的要求，在满足监管要求和保障信息安全的前提下，以国家“单一窗口”标准版为基础，通过充分拓展口岸政务服务、口岸物流服务、口岸数据服务、口岸特色应用服务，逐步将陕西“单一窗口”建设成为口岸管理相关部门面向企业的服务平台。推动实现国际贸易各参与方和口岸管理相关部门之间系统应用和数据信息的协同共享，提高口岸通关能效和口岸服务效能，优化通关业务流程，提高申报效率，缩短通关时间，降低企业成本，促进贸易便利化，强化口岸突发公共事件的监测预警、风险防控及应急处置能力，切实保障口岸安全。

三、基本原则

（一）政府主导，协同治理。省商务厅统筹推进，各口岸管理部门共同参与，形成共建、共管、共享的陕西“单一窗口”建设发展新格局。

（二）统筹规划，分步实施。重视顶层设计，做好项目建设，明确实现路径；统一规划，分步实施；优先政务服务，拓展商务应用，避免重复建设。

（三）规范安全，创新驱动。严格遵循国家政策规定，采用统一的技术架构、数据标准和技术规范，注重服务创新、信息共享和业务协同，完善数据管理和运维保障体系。

（四）便利企业、高效监管。减少办事环节，优化业务流程，让数据多跑路，让企业少跑路，方便企业，让利企业。加强口岸管理部门综合执法和高效执法，提高口岸监管效能。

四、整体架构

按照国家《框架意见》要求，推动数据简化和标准化、统一门户、统一认证、统一数据接口标准、统一数据管理规范、统一信息安全规范、统一运维保障体系等标准体系建设。依托陕西电子口岸建设全省统一的“单一窗口”，实现省域“单一窗口”间互联互通，整体架构主要包括：一套规范、一个中心、四个服务。

五、建设内容

（一）一套规范。依据“单一窗口”标准版在认证、数据、技术、安全和运维等领域的规范和标准体系，建立陕西“单一窗口”管理规范和技术规范，制定适合陕西“单一窗口”建设的技术开发、用户认证、数据交换、数据管理、信息安全、运维服务和项目管理等标准体系。

（二）一个中心。陕西“单一窗口”大数据中心，主要包括：基础设施项目、数据交换平台项目和运维管理平台项目。

1. 基础设施项目。陕西“单一窗口”底层基础性项目。按照“单一窗口”标准版的功能要求，结合陕西电子口岸对数据传输性能、信息存储规模、网络安全管控和运维监控管理的需求，坚持集约化建设方针，充分利用陕西现有大数据中心资源，进行项目建设和持续维护，实现全省口岸应用系统和信息数据统一运行、统一汇聚、统一存储的目标。主要建设内容包括：服务器、存储设备、网络设备、防火墙、堡垒机等硬件设备；数据库、虚拟化软件、中间件等软件产品；用于连通数据服务对象的网络专线等。

2. 数据交换平台项目。根据海关总署《国际贸易“单一窗口”数据安全管理办法》的要求，建立陕西“单一窗口”数据交换平台。实现与国家层面“单一窗口”标准版、跨境贸易大数据平台和物流协同共享平台的数据交换；实现与省内口岸管理相关部门信息化系统的政务监管数据交换；实现与省内各综合保税区、跨境电子商务综合试验区、航空口岸和铁路口岸等相关服务平台的数据交换；实现与外贸、物流企业 ERP、关务管理、物流管理、电商平台等信息化系统的通关、物流数据交换；实现与跨境服务贸易相关方的数据交换；实现与银行、金融、保险、外贸综服、供应链管理、检验等服务于外贸行业的第三方企业应用系统的业务数据交换。对汇总数据进行综合处置，推进实现业务协同，以满足企业一次性提交信息，管理部门一次性处理审批，全省口岸信息充分共享的需求。

3. 运维管理平台项目。此项目为陕西“单一窗口”基础设施和数据交换平台的运维管理平台，在实现与“单一窗口”标准版运维管理平台的对接和联动基础上，通过搭建 IT 监控工具、CMDB 资源库、运维服务管理系统和数据交换监控系统等，实现大数据中心标准化、实时化、可视化、流程化和精细化的运维管理和服务。

（三）四个服务。包括口岸政务服务、口岸物流服务、口岸数据服务、口岸特色应用服务。

1. 口岸政务服务。建设目标：促进实现省内各口岸部门单位信息共享、业务协同和数据融合，为国际贸易、口岸运行、综合保税、跨境电商等企业提供高效能的口岸政务服务。

主要建设内容与服务应用：推进“单一窗口”标准版及跨境贸易大数据平台、物流协同共享平台等功能数据的落地和推广；推进口岸部门政务协同和数据融合，建立健全陕西“单一窗口”

政务联动工作机制；推进口岸部门应对突发公共事件的数据协同、安全预警、风险防控及应急处置能力建设，建立健全口岸重大突发事件应急处置工作机制；推进省内综合保税区服务管理平台升级，结合业务创新优化平台功能，建设综合保税区辅助管理系统整合平台和升级项目、智能卡口总线系统、综合保税区绩效分析评估平台、综合保税区产业决策支持系统、综合保税区物流服务系统、保税维修辅助管理系统、综合保税区保税展示交易系统、综合保税区外发加工系统、综合保税区招商引资信息服务平台、综合保税区金融服务平台等，全面提升省内综合保税区运营效能和服务能力；推进跨境电子商务综合试验区发展，依托省内现有跨境电商服务平台资源，建设面向全省的综合性跨境电商公共服务平台、跨境电商物流协同系统、跨境电商国际快件服务系统、跨境电商国际邮件服务系统、跨境电商供应链服务平台、跨境电商金融服务平台、跨境电商营商环境智能评估系统等，推进陕西跨境电商海外仓对接服务，优化陕西跨境电商营商环境；建设完善保税航油监管业务系统，搭建保税航油数据交换系统项目，推动保税航油业务在陕发展。

2. 口岸物流服务。建设目标：实现外贸企业与运输、仓储、场站、代理等各类物流企业的数据共享和业务协同，打通航空、铁路、公路等物流信息节点，应用物联网、卫星定位、地理信息系统等科学技术手段，加强各类口岸物流信息互联互通，促进多式联运发展。

主要建设内容与服务应用：建设陕西“单一窗口”大物流协同平台，加强口岸物流信息联网（协同）应用，包括航空口岸综合服务平台、铁路口岸综合服务平台和多式联运综合服务平台等，为中欧班列（长安号）、西安咸阳国际机场等航空口岸提供高效服务。航空口岸综合服务平台集成陕西各空港口岸的物流信息联网应用，包括新舱单系统、出口运抵报告系统、航空口岸物流协同平台和航空口岸运营效能评估系统等，优化陕西各航空口岸通关服务能力；铁路口岸综合服务平台集成陕西铁路口岸及各铁路场站的物流信息联网应用，接入铁路货运平台和口岸监管部门系统，建设数字“长安号”平台，持续完善陕西铁路口岸通关服务能力；多式联运综合服务平台，基于铁路、航空、公路及海洋、内河运输方式，打通陕西内陆口岸与沿海沿边口岸路径，实现“一次申报、指运地（出境地）一次查验”，提升陕西口岸物流质量、盘活运输资源、降低转运物流成本。

3. 口岸数据服务。建设目标：构建陕西“单一窗口”数据中台，促进口岸领域数据交换、共享、融合、应用，为口岸管理部门、口岸运营单位、外贸物流企业和第三方机构提供创新性数据服务。

主要建设内容和服务应用：建设陕西“单一窗口”大数据分析平台，通过数据分析处理，提供跨系统、跨业务、跨领域的综合数据服务；建设陕西“单一窗口”全景数据展示平台，搭建专属数字大屏，整合信息共享渠道，以陕西省一般进出口贸易数据展示为主，汇聚融合航空口岸、铁路口岸、综合保税区、跨境电子商务、服务贸易等多个口岸领域数据，提升陕西“单一窗口”挖掘数据隐含规律、预判口岸发展趋势能力，并实现一套平台、全省各口岸管理相关部门和企业共享的目标；建设通关效能服务平台，根据口岸综合效能评估体系，对通关全流程全节点时效进行数据分析评估，为提高通关效率提供精准分析服务；建设通关信息综合查询平台，面向各类用户提供可全流程查询、可主动推送、可定制融合的通关数据服务，包括报关、转关、运抵、舱单、空运物流、铁运物流、跨境电子商务、快件以及异常数据主动预警和报警的数据查询服务，提高口岸运营效率；建设数据决策支持平台，基于陕西“单一窗口”大数据处理结果，结合领域知识进行多维分析，通过提供产业决策依据，赋能口岸管理相关部门、外贸物流企业和第三方机构等，提升其决策精准性和有效性；建设外贸企业综合信用服务平台，在“单一窗口”标准版的企业信用服务基础上，整合企业资质信息、动态业务信息、执法风险信息等，建立陕西外贸企业动态诚信档案，面向口岸管理部门和外贸服务企业，提供企业综合信用服务，促进陕西口岸的诚信发展，提高守信企业获得感。

4. 口岸特色服务。基于陕西“单一窗口”信息资源、用户资源集聚优势，结合陕西省对外经济发展特色，立足服务企业和支持新型贸易业态发展，建设面向国际贸易各参与方的特色服务项目，为政府、第三方机构、企业提供跨境贸易整体解决方案。

主要建设内容和服务应用：建设陕西“单一窗口”智慧云通关服务平台，以智能报关服务为基础，聚合企业数字化管理、仓储物流服务、税汇金融、供应链信息技术等服务内容，赋能进出口企业；建设陕西“单一窗口”外贸金融服务平台，依托国际贸易“单一窗口”跨境贸易大数据平台和标准版金融服务，实现与企业和银行、保险、担保、信用、支付等金融服务机构的对接，在做好标准版金融服务本地推广和服务支持的基础上，融合用户授权的贸易单证、通关、退税、物流、信用数据等，打造新型跨境贸易融资、保险、担保、结售汇等金融服务体系，帮助用户降低交易成本、提升融资效率、增强经营活力；建设国际贸易供应链服务平台，聚合相关政策资讯、展会信息、服务合作信息、供应链上下游、物流等信息，提供定制化供应链信息服务，助推陕西外贸企业转型升级；建设外贸产品采购平台，基于陕西省情特点和特色产品，提供细分专类产品的外贸采购服务，推进陕西国际贸易创新发展；建设服务贸易综合服务平台，发挥陕西高科技、创意文化、工程承包、旅游服务、高附加值服务出口、服务外包等领域优势，促进陕西“单一窗口”融合服务贸易发展；建设外贸法律服务平台，提供对外贸易过程中相关的法律服务和法律支持，包括外贸合同机器人系统、外贸合同纠纷、仲裁服务、海外法律服务系统等，帮助陕西外贸企业防范、规避和应对外贸法律风险；建设检验检疫外贸检测平台，提升进出口商品检测服务能力，提升外贸检测效率和服务品质，支持外贸企业改进产品质量；完善陕西“单一窗口”综合门户及移动端服务平台，提供基于微信公众号、App 的移动互联网服务，逐步将各项业务办理、信息查询等服务接入移动端平台，提高陕西外贸相关业务的运营效率；建设陕西“单一窗口”客户服务中心，建设智能客服平台、“单一窗口”知识库、服务台管理系统、自动化运维工具等，逐步实现陕西“单一窗口”客户服务的无人化、智能化、高效化；建设陕西“单一窗口”在线培训平台，通过在线课堂及短视频等方式培训“单一窗口”各系统操作指南、普及基础知识，降低企业培训成本和平台使用成本；建设陕西“单一窗口”知识共享协作平台，汇聚整合国际贸易相关资讯信息，构建可协作的领域知识共享服务，助力培养口岸专业人才；探索陕西“单一窗口”与电子世界贸易平台等第三方全球电子贸易平台合作，打造陕西“单一窗口”世界贸易服务融合平台，拓展陕西中小外贸企业与全球贸易的融合渠道；探索与中欧班列、“国际陆海贸易新通道”沿线的区域“单一窗口”互联互通；探索大数据、人工智能、区块链、5G、物联网等新技术在智慧口岸的应用，包括区块链在“单一窗口”单证交换加密方面的应用、人工智能在数据分析、趋势预研和风险预判方面的应用等。

六、三年规划（2020—2022）

（一）基础建设阶段（2020 年）。主要建设陕西“单一窗口”基础支撑项目，重点围绕标准规范、数据交换、系统融合等方面进行建设，调研并制定各项应用系统的建设方案，推进部分急用先上应用项目的建设，初步具备项目管理、数据采集和分析展示、综合运维等能力。

（二）全面建设阶段（2021年）。全面推进物流服务、数据服务类平台建设，完善政务服务类平台，推进条件成熟的特色服务平台的方案制定和项目建设，优化完善标准规范、信息安全和运维保障建设，构建较完善的陕西“单一窗口”大数据池，具备面向口岸管理相关部门、口岸经营单位、外贸和物流企业及第三方机构提供大数据服务的能力。

（三）生态建设阶段（2022年）。继续完善陕西“单一窗口”生态建设，一方面加大服务纵深-围绕口岸领域提供更精细化服务；另一方面拓宽服务广度-搭建与口岸融合的金融、供应链、服务贸易、法律、检验检疫检测等领域的服务平台。同时对于有共性需求的项目，推进陕甘宁青区域性“单一窗口”平台资源共享和协同发展。

七、保障措施

（一）加强组织领导。由省口岸和海关特殊监管区工作联席会议负责统筹指导我省电子口岸和“单一窗口”建设工作，重大事项由联席会议研究决定，日常事项由联席会议专题会议研究决定。

（二）明确责任分工。省口岸和海关特殊监管区工作联席会议成员单位，要按照联席会议工作安排和本方案要求，依照共建、共管、共享原则，共同支持和推进陕西“单一窗口”建设，共同支持和推动各部门与陕西“单一窗口”相关业务协同和数据交换，在各部门信息化建设中实现与陕西“单一窗口”相关业务功能同步规划、同步建设、同步实施。

（三）完善工作机制。省商务厅负责统筹协调陕西“单一窗口”建设运维，制定陕西“单一窗口”建设运维的工作制度和工作方案，提请联席会议审定陕西“单一窗口”建设、管理、运维的重大事项。陕西电子口岸公司具体承担陕西“单一窗口”项目建设、优化迭代、持续保障的组织实施、运营维护等工作。

（四）做好研究宣传。推动陕西“单一窗口”建设相关的口岸通关、贸易监管、金融、保险、物流、数据及公共事件应急处置等方面的研究，在制度建设、政策引导、服务创新方面开展前瞻性研究；完善陕西“单一窗口”的宣传机制，利用传统媒体和新媒体多渠道、全方位进行宣传推广。

（五）强化信息安全。加强信息安全基础性工作，健全网络、基础设施、信息应用系统和数据安全防护措施，在复杂网络环境下提高安全防控和处置能力，加强技术人员和管理人员的信息安全意识、数据保密意识、操作安全规范意识，确保信息化工作的安全性，避免安全事故的发生。

甘肃省

一、综述

2020年，甘肃省委、省政府高度重视中国（甘肃）国际贸易单一窗口（以下简称甘肃“单一窗口”）建设和推广工作，成立了以分管副秘书长和商务厅厅长为组长、口岸各相关单位分管领导为成员的省国际贸易“单一窗口”建设协调推进领导小组，研究推动甘肃“单一窗口”建设推广工作。甘肃省口岸办牵头推动甘肃“单一窗口”建设推广工作，统筹协调省市两级政府及各相关查验单位，健全“单一窗口”工作机制与建设运营体制，开通95198本地呼叫中心，建立“甘肃省单一窗口申报”工作群、“甘肃单一窗口操作咨询”客服群等，上线运行“单一窗口”运维服务管理平台，多次组织召开专题工作会议，开展专题调研，积极推广应用“单一窗口”，加快推进甘肃“单一窗口”项目建设。

二、运行情况

（一）运行数据

2020年全年，甘肃“单一窗口”货物申报4904票；舱单申报4189票；运输工具申报605票；企业资质办理3454票；原产地证申领5416票；税费支付3612笔；加贸保税27038票；物品通关87票；跨境电商114898票；监管证件152票；出口退税21笔。

（二）运行维护

1. 政务云平台安全机制

甘肃“单一窗口”依托甘肃省电子政务云公共平台建设，实现信息资源集中管理，为提升甘肃“单一窗口”“一站式”服务能力提供支撑。甘肃省电子政务云公共平台实施包括安全主体责任落实、账号口令管理、日常安全检测、安全问题预警在内的一系列安全技术及管理手段，满足信息安全等级保护三级要求。建成甘肃“单一窗口”平台专用办公场所，完成操作人员重新授权审查，规范操作审批授权流程，采取技术手段加强账户管理，定期对应用系统进行漏洞扫描，完成商品溯源系统升级改造，保障系统安全平稳运行。

2. 客户服务机制

甘肃“单一窗口”开通 95198 本地呼叫中心，7×24 小时响应企业需求。通过电话、QQ、微信等服务手段搜集企业反映的各类问题，协调相关单位帮助解决问题并及时反馈给企业。2020年，累计解决企业问题 523 件。

（三）宣传推广

1. 开展点对点服务

持续派遣技术人员深入业务现场，与企业面对面沟通，制作“单一窗口”企业资质、许可证、原产地证及自助打印、货物申报、税费支付、出口退税业务等操作培训课件及视频，保障系统使用过程中出现的问题快速响应、及时解决。累计帮助企业排解问题约 1490 例（含企业操作性问题），累计整理企业常见问题约 310 例。

2. 开展培训

2020 年，因疫情原因，重点采取线上方式指导外贸企业进行甘肃“单一窗口”的注册及使用。11 月，在兰州组织国际贸易“单一窗口”实务应用培训，累计培训企业 180 余家、人员 270 余人。

三、 特色应用

（一）多式联运口岸综合服务系统

为满足企业用户对物流信息服务的需求，依托甘肃“单一窗口”平台开发建设多式联运口岸综合服务系统，消除信息孤岛现象，实现物流、信息流的融合互通，提高企业用户管理效率，提升信息化水平，推动传统物流企业向现代物流企业的转型升级。

1. 主要做法

（1）全程电子信息化管理。充分发挥互联网高效便捷的优势，将传统物流业务中货主单位和货运代理使用的纸质单据文件，转变为通过甘肃“单一窗口”电子化交互，提升沟通效率，减少线下业务模式带来的损耗。

（2）班列信息透明化。通过甘肃“单一窗口”发布班列和贸易信息，吸引更多的企业参与实际业务，充分发掘市场潜力，激发潜在业务。

（3）物流信息全程可视化。通过综合货运代理发布的最新物流节点信息和 95306 铁路货运信息，保证各环节数据实现共享互通，为货主企业提供更加精准的实时数据支撑。

2. 创新点

在实际业务处理过程中，充分发挥互联网高效便捷的优势，减少业务双方线下沟通成本，基本实现全程无纸化；物流信息全程可视化将原本在货运代理、进出口报关、报检等涉及国际贸易环节的复杂业务流程整理为简洁明了的顺序时间节点，各个环节完成时间以及消耗时间清晰可见，满足客户企业对物流信息的了解需求。

3. 实践成效

减少沟通成本，缩短办理时间。以往货主企业和货运代理企业初步确定完成一票业务需经过货主企业问询、代理企业确认、电话沟通初步达成业务意向、递送纸质证明资料确认协议内容等多个步骤，历时 2~3 天。通过甘肃“单一窗口”多式联运口岸综合服务系统办理相关业务，货主企业问询、代理企业确认可直接通过互联网表单完成，同时减少了纸质证明的递送，在 1 天内就可以达成合作，减少了办事环节，减少了企业制度性交易成本。

（二）商品溯源系统

为解决企业难于自证的问题，同时帮助树立企业品牌形象、建立投诉反馈通道、保障消费者权益，依托甘肃“单一窗口”平台开发建设商品溯源系统。通过系统可实现商品信息、企业信息、检验检测信息、物流信息等自动关联整合，并通过一物一码技术实现精准定位匹配。同时，系统融合软硬多种安全防伪手段，有效保证商品货物信息安全。

1. 主要做法

（1）信息透明化。系统采用信息电子化，将商品货物所有信息公布在二维码上，以便消费者使用时随时随地追溯查看商品相关信息。

（2）全程可视化。通过技术方式叠加有效事前、事中、事后的监管功能模块，实现对货物和企业有效监管，维护消费市场秩序。

2. 创新点

为进出口货物提供全面可视化的电子信息追溯，给消费者提供关于商品货物的更多信息。同时，也为国内特色产品提升国际认知度从而实现外销提供有力保障。

3. 实践成效

商品溯源系统在监管部门、生产销售企业和消费者之间建立信息共享沟通渠道，有助于增强监管力度，提升企业的信誉度和消费者对商品的信心，维护消费市场秩序，促进贸易流通。

（三）拼箱出口交易撮合系统

为解决中小企业对拼箱业务的需求，依托甘肃“单一窗口”平台开发建设拼箱出口交易撮合系统。通过系统可实现多方信息共享，减少资源浪费，降低物流成本。

1. 主要做法

为相关企业搭建公共信息平台，物流部门及代理企业可通过系统实时发布箱源信息和各节支点的物流报价，货源企业可通过系统了解箱源信息和物流价格，通过电子化交互提升工作效率，降低物流成本。

2. 创新点

建立公共信息发布平台，打破区域限制，充分释放物流运力，满足贸易企业多元化需求，降低企业运营成本。

3. 实践成效

有业务需求的企业可通过系统随时随地发布和查看相关业务信息，实现箱源信息匹配、订舱询价、报价等全程电子化交互。同时，也便于物流部门和代理企业实时掌握区域内拼箱业务需求，及时调整业务进程和动向。

四、大事记

9月27日

甘肃“单一窗口”完成2020—2021年度运行维护服务项目招标工作。

10月10日

与兰州海关召开中国（甘肃）国际贸易“单一窗口”数据安全座谈会。

11月10日

甘肃“单一窗口”完成专用办公场所改造。

11月17日

与重庆等13个省区市以及广东省湛江市共同签署《国际贸易“单一窗口”西部陆海新通道平台建设合作协议》。

12月1日

甘肃“单一窗口”客服热线95198本地呼叫中心正式投入使用。

12月15日

商务部自贸港司调研组一行调研甘肃“单一窗口”建设运营情况。

12月24日

完成商品溯源系统、门户网站后台管理系统、新闻发布管理系统功能整改及优化工作。

五、政策文件

甘肃省人民政府办公厅印发关于贯彻落实《优化营商环境条例》若干措施的通知

甘政办发〔2020〕35号

各市、自治州人民政府，兰州新区管委会，省政府各部门，中央在甘有关单位：

《关于贯彻落实〈优化营商环境条例〉的若干措施》已经省政府同意，现印发给你们，请结合实际，认真抓好贯彻落实。

甘肃省人民政府办公厅

2020年4月14日

关于贯彻落实《优化营商环境条例》的若干措施

为深入贯彻落实《优化营商环境条例》，不断解放和发展社会生产力，加快建设现代化经济体系，推动高质量发展，结合实际，提出如下措施。

一、坚决清理各种不合理限制，营造公平竞争的市场环境

（一）保障各类市场主体平等投资权利。严格落实市场准入负面清单和外商投资准入负面清单等制度。进一步打破垄断，开放公共服务领域，坚持公开竞争性选择社会资本，保障各类社会资本平等参与。在电力、通信、铁路、公路、机场、石油、天然气等重点行业和领域，推出一批补短板的重大项目，加强投资项目推介，吸引社会资本参与建设和运营。继续规范有序推进政府和社会资本合作（PPP）项目建设，依法依规加大力度推进 PPP 项目实施。（责任单位：省发展改革委、省工信厅、省财政厅、省商务厅、省交通运输厅、省通信管理局；各市州政府，兰州新区管委会，以下任务均需各市州政府，兰州新区管委会负责落实，不再列出）

（二）清理各种准入限制和隐形壁垒。建立开放透明、公平公正的市场环境，坚持各类市场主体一律平等，对本地企业开放的市场领域，不得限制外地企业进入，并不得要求在本地开展经营活动时必须设立分支机构（办事处）。大力推进企业照后减证、一照多址、一址多照等便利化措施，着力破解准入不准营难题。招标投标和政府采购活动中，不得通过设置注册登记、备案、入围、资质验证、投标（竞买）许可、强制担保、强制要求在当地投资、人员业绩考核、企业性质、产品产地来源等没有法律法规依据的限制性条件，实行地方保护和行业垄断。政府机关或个人不得利用职务违法违规插手或干预招投标活动。鼓励政府采购活动中采购人免收履约保证金。（责任单位：省市场监管局、省财政厅、省发展改革委、省公共资源交易局）

（三）加强公平竞争审查和合法性审核。加强对涉及市场生产经营活动的政策法规文件的公平竞争审查和合法性审核。加快清理与企业性质挂钩的行业准入、资质标准、产业补贴、贷款贴息、投资补助等规定和做法，建立民营企业与国有企业公平竞争环境。落实扶持企业政策的平等性，推进产业政策由差异化、选择性向普惠化、功能性转变。建立各类违背公平竞争问题的投诉举报平台和处理回应机制。建立包括人大代表、政协委员和社会专业人士共同参与的监督和评估机制。（责任单位：省市场监管局、省司法厅、省发展改革委等）

二、持续提升审批服务质量，打造高效便捷的政务环境

（四）不断简化审批程序创新服务模式。深入推行“一窗办一网办简化办马上办”改革。进一步简化项目投资、企业开办、工程建设项目审批、不动产登记办理的环节和流程，在各级政务大厅推行一件事“一窗通办”。加快一体化在线政务服务平台建设，在与国家政务服务平台、各市州各部门政务服务平台（系统）全面对接联通的基础上，提升网上办理质量。依托电子政务外网建设完善省级数据共享交换平台，推动国家、省、市三级数据共享交换平台深度对接融合，提升全省政务信息资源共享应用水平。依托政务服务平台加快实现医保、社保、公积金等高频事项“一网通办”。大力推动手机办事，推出“指尖办”甘肃品牌。对环境影响评价、固定资产投资项目节能审查等事项实行区域集中评价，成果共享共用。通过线上和线下公开征集中介服务机构，将涉及工程咨询、招标代理、工程监理、环评等内容的中介机构纳入中介服务超市，直接对比询

价、商谈时限、一次性选择。大力推行“网上办、联合审、区域评、代办制、快递送”，真正实现群众办事“少跑腿”“零跑路”。在有条件的各类特殊功能区，积极推动一站式财税托管服务，实行各类优惠政策“不来即享”，企业无需实体入驻、无需到当地实体办公就可以享受优惠政策。以十大生态产业相关企业和项目为重点，推动便民承诺、容缺审批、帮办代办、全过程咨询等改革措施实施。在各级政务服务机构、各类政务服务平台开展“好差评”。（责任单位：省政府办公厅、省发展改革委等）

（五）大力推行清单化、标准化、规范化服务。以权责清单为依托，不断优化流程，减环节、减时间、减材料，建立规范统一的审批服务体系。逐步推行证明事项告知承诺制。梳理公布申报材料清单、证明事项清单等，部门一律不得要求单位或个人提供清单外的申请和证明材料。做到凡是无法律法规依据的证明材料、能够通过数据共享或网络核验的材料、能够通过电子证照库调取的证照一律不需提交，凡是法定程序没有要求必须见面的审批事项，或者对法定程序要求必须见面的审批事项，能通过现代化信息手段可以达到法律要求的，一律实行“不见面审批”。（责任单位：省政府办公厅、省市场监管局、省司法厅等）

（六）打造简单便利的集成改革体系。设立“企业开办”一站式受理窗口，实现市场主体登记、社保登记、公章刻制、发票申领等涉企事项集成办理。不断完善“互联网+不动产登记”“不动产登记信息管理基础平台”及“商品房转移登记信息预录入系统”，优化不动产登记业务流程。推动房屋测绘、土地测绘和规划测绘“多测合一”，加快实现不动产登记信息与公安、市场监管、机构编制、住建、税务、法院、民政、司法、银保监、国有资产监管、卫生健康等部门机构相关信息的横向共享。通过“省投资项目在线审批监管平台”“省工程建设项目审批平台”及“互联网+”推动审批各阶段成果数据信息共享。加快推进电子证照、数字化多图联审、区域评估、多规合一、帮扶代办等改革举措落地。创新实现智能审核、咨询、辅导的服务新模式，努力打造智慧办税体系。依托税收大数据，为纳税人提供申报数据自动带入、校验计算以及政策查询和智能提醒等服务。进一步简化注销和迁移办理流程，实现网上注销预检，提供清税证明免办服务和特定类型即办服务。（责任单位：省政府办公厅、省市场监管局、省公安厅、省人社厅、省自然资源厅、省发展改革委、省住建厅、省税务局等）

（七）打造快速有力的要素保障体系。以用水用电用气通信报装为基点，整合报装、查勘、设计、施工、营业服务等资源，破除“部门墙、业务墙”，变“各自为政、各管一段”为一站办理。推行办水办电办气办通信资料电子化传递、收集、存档，通过预约上门、免费寄送等服务方式，逐步实现客户“一次都不跑”，着力提高报装服务效率。加强政务数据交换，逐步实现居民客户“刷脸办水电气通信”“零证办水电气通信”。鼓励产业用地采取长期租赁、先租后让、租让结合、弹性年期方式供应。鼓励农村集体经济组织依法采取集体经营性建设用地自办或以土地使用权入股、联营等方式开展经营活动。深化不动产统一登记改革，严格依法依规编制不动产登记材料申请目录、登记流程并向社会公布。对部分登记业务实行即时办结，设立企业专窗提供便捷高效服务。充分发挥市场竞争机制作用，降低地籍测绘、权属调查服务等费用。推行全方位办税服务、基础税源管理事项前移、简并涉税事项流程、简易注销即时办结、一般注销套餐指引服务。取消户籍限制，建立健全各类适用性人才的“柔性”引入机制。（责任单位：省住建厅、省自然资源厅、省人社厅、省通信管理局、省电力公司等）

三、不断聚焦企业发展需求，完善精准有效的政策环境

（八）积极落实减税降费政策措施。积极落实固定资产投资、亏损弥补、研发费用加计扣除、加速折旧等政策。落实货车安全技术检验、综合性能检验和尾气排放检验“三检合一”政策，全面实现“一次上线、一次检测、一次收费”。开展普通货运车辆异地综合性能检测，实现就近检测。加大对认证机构监管力度，督促合理收费，提升认证、检测“一站式”“一体化”服务能力。规范中介收费，坚决取消违法违规收费。加强对教育、医疗、通信、金融、公证、供水供电等公共服务领域收费的监督检查。完善行业协会商会收费信息集中公示制度，清理规范行业协会商会收费，建立健全行业协会商会乱收费投诉举报和查处机制。严格执行国家公布保留的涉企保证金目录清单，禁止非法新设立保证金项目。稳步推行银行保函替代现金缴纳保证金制度。加快推进在全省工程建设领域开展综合保险工作，降低工程风险和企业交易成本。（责任单位：省市场监管局、省交通运输厅、省生态环境厅、省民政厅、省发展改革委、省财政厅、省工信厅、省人社厅、省住建厅、甘肃银保监局）

（九）完善对企业金融扶持政策。健全授信尽职免责机制，落实对中小微企业贷款不良容忍的监管政策。支持服务民营企业的区域性股权市场建设。在依法合规的前提下，支持资管产品和保险资金通过投资私募股权基金等方式积极参与民营纾困。积极推广应用“金税宝”产品，支持纳税信用良好的中小企业融资发展。积极吸引社会力量参与民营企业债转股。进一步整合金融产品、融资需求、信息中介、征信服务、政策红利等资源，实现一站式融资对接。扩大“金融超市”覆盖面，充分发挥产业基金、小微创业贷等在中小微企业融资过程中增进信用、分散风险、降低成本等方面的作用。推进建立银企交流合作平台，鼓励银行业金融机构对民营企业加大信贷支持力度，不盲目停贷、压贷、抽贷、断贷。（责任单位：人行兰州中心支行、甘肃银保监局、甘肃证监局、省财政厅、省人社厅、省金融监管局、省税务局）

（十）支持科技创新和成果转化。完善政策措施、强化创新服务，鼓励和支持企业、科研院所、返乡创业群体等拓展创新空间，持续推进产品、技术、商业模式、管理等创新，充分发挥市场主体在推动科技成果转化中的作用，推进重大基础设施、生态产业发展、重要民生保障等领域的创新应用场景建设，为新技术新产品推广应用提供先行先试的机会。（责任单位：省科技厅、省发展改革委、省工信厅等）

（十一）提升跨境贸易便利化水平。深入推广应用国际贸易“单一窗口”，加快地方特色功能建设，推动口岸和国际贸易领域相关业务统一通过国际贸易“单一窗口”办理。制定完善压缩整体通关时间工作方案，优化作业流程，简化监管证件，提高通关效率。清理规范口岸收费，实行口岸收费目录清单动态管理，降低通关成本。探索内陆城市跨境电子商务发展新模式、国际合作新规则、产业转型新路径，打造甘肃省跨境电子商务产业生态圈。（责任单位：省商务厅、兰州海关）

（十二）畅通政商沟通机制。完善企业家参与涉企政策制定机制，涉企政策制定听取企业意见建议。涉企政策实施后，适时开展第三方机构主导、企业家代表参与的政策落实情况评估。对确需调整的涉企政策，要听取企业家和有关方面意见建议，按程序调整。对可能增加企业成本、影响企业正常生产经营的政策调整，应在听取相关行业企业意见的基础上合理设置缓冲过渡期。建立健全企业家接待日、座谈会、专题会等政商常态化沟通交流机制，定期向企业家通报全省经

济社会发展形势，推动解决政策落地“最后一公里”问题。（责任单位：省发展改革委、省工信厅、省工商联等）

四、不断提升执法司法水平，健全平等保护的法治环境

（十三）依法维护公平公正统一的市场秩序。探索建立政府违约救济机制，对因政府规划调整、政策变化，造成企业合法权益受损的，依法予以补偿。建立健全“政府承诺+社会监督+失信问责”机制，决不能“新官不理旧账”。建立清偿和防止拖欠账款长效机制，政府机关和国有企业要依法履行与中小企业签订的协议和合同，不得违背企业真实意愿或在约定的付款方式之外以其他形式延长付款期限。加快及时支付款项的法规制度建设，建立拖欠账款问题的审计监察和信用惩戒机制。完善守法诚信褒扬机制和违法失信行为惩戒机制。规范失信联合惩戒对象纳入标准和程序，建立完善信用修复机制和异议制度，规范信用审查和联合惩戒。创新监管方式。将“双随机、一公开”监管与企业信用风险分类结果有机结合，科学分配监管资源。完善工作制度和业务流程，实现市场监管领域相关部门“双随机、一公开”监管全覆盖，各相关部门在市场监管领域联合“双随机、一公开”监管常态化，推动“进一次门、查多项事”。推进“智慧市场监管”，利用互联网、大数据提升监管精准化、智能化水平。推进信用监管，加快推进涉企信息归集共享，实行守信联合激励和失信联合惩戒机制，让市场主体“一处违法、处处受限”。全面推行行政执法三项制度，有效规范执法自由裁量权，促进严格规范公正文明执法，尽可能减少对市场主体正常生产经营活动的影响。禁止将罚没收入与行政执法机关利益挂钩。依法加大反不正当竞争执法力度，有效防止和制止无序竞争和不正当竞争。完善垄断性中介管理制度，清理强制性重复鉴定评估。积极探索和创新对新技术、新产业、新业态、新模式的监管方式。对一时看不准的，要监测分析、包容发展，不得简单化予以禁止或者不予监管。进一步加强市场主体基础信息的采集、整理和共享，方便各市场主体对异常经营企业、违法违规企业、失信黑名单企业进行当期和往期信息查询、查证。（责任单位：省政府办公厅、省市场监管局、省司法厅、省发展改革委、省政府国资委、省审计厅等）

（十四）依法保护企业和企业家的合法权益。提高司法审判和执行效率，防止因诉讼拖延影响企业生产经营。保障企业家在协助纪检监察机关审查调查时的人身和财产合法权益。对涉及企业和企业家的案件，要严格按照法定程序采取查封、扣押、冻结等措施，依法严格区分违法所得、其他涉案财产与合法财产，严格区分企业法人财产与股东个人财产，严格区分涉案人员个人财产与家庭成员财产。建立涉案财产处理纠错机制和涉政府产权纠纷治理长效机制。加强刑事、民商及司法保护，依法保护企业和企业家合法权益，支持和监督政府依法行政，促进法治政府建设。（责任单位：省法院、省检察院、省公安厅、省司法厅）

（十五）加快落实各项产权保护措施。继续加大涉产权案件的审判力度，审理公布一批有代表性、有影响力的涉产权纠纷申诉案件。加快知识产权保护体系建设，全面推进商标注册全程电子化，压缩商标注册审查周期和高价值专利审查周期。对侵犯商业秘密、专利商标地理标志侵权假冒、网络盗版侵权等违法行为开展集中整治，加强对中小微企业知识产权维权的援助。（责任单位：省法院、省市场监管局、省公安厅、省农业农村厅、省商务厅、兰州海关）

（十六）建立多元化的纠纷处理的速调裁机制。在发挥好商事调解、仲裁等纠纷非诉解决机制作用的同时，建立适用于各类企业经济纠纷处理的速调裁机制，简化立案、送达、调解、审理

和执行等程序，提供更加优质的司法服务，真正畅通企业诉讼“绿色通道”。（责任单位：省法院、省司法厅）

五、加强组织保障，推动工作举措落细落实

（十七）强化责任落实。各级政府和政府部门主要负责同志要切实把优化营商环境的主体责任扛在肩上，研究和部署推动本地、本领域优化营商环境工作。要结合工作实际，落细落小落实本措施明确的各项任务。

（十八）强化法治保障。各地各部门要以贯彻落实《优化营商环境条例》为契机，清理与优化营商环境条例要求不一致、制约新产业新业态发展、企业群众反映突出的相关规定。要以法规制度建设保障各类所有制企业发展，保护各类市场主体的合法权益。

（十九）加强督导评估。加强优化营商环境工作推进情况督查，对优化营商环境工作落实到位、成效明显的地方和部门通报表扬、给予激励，对落实不力、问题较多的地方和部门严肃问责。省发展改革委要组织开展营商环境评价工作，以评促改，以评促优，推动全省营商环境不断优化。

宁夏回族自治区

一、综述

2020年，宁夏回族自治区认真贯彻落实党中央、国务院决策部署，按照国家口岸管理办公室有关工作要求，深入推进中国（宁夏）国际贸易单一窗口（以下简称宁夏“单一窗口”）建设推广工作，对接落地标准版功能，持续推进地方特色功能建设。

二、运行情况

（一）运行数据

2020年全年，宁夏“单一窗口”货物申报3018票；舱单申报5票；运输工具申报98票；企业资质办理3680票；原产地证申领3936票；税费支付566笔；加贸保税3633票；物品通关227078票；跨境电商4345票；监管证件956票；出口退税17笔。

（二）宣传推广

宁夏口岸办联合银川海关、银川河东机场海关、兴庆海关、银川市商务局以及中国建设银行宁夏分行、中国人保宁夏分公司等单位组建国际贸易“单一窗口”及贸易便利化政策宣讲团，于2020年7月21—24日赴银川隆基硅材料、共享智能装备、宁夏银和半导体科技、舍弗勒、沃福百瑞等10余家大型外贸企业开展“送政策、送服务、问需求、保落实”活动，重点宣讲国际贸易“单一窗口”的建设背景、基本功能、应用效益，详细介绍“两步申报”、进（出）口整合申报、报检无纸化、原产地证、许可证件、出口退税、税费支付、金融服务等新增功能，切实帮助企业提高“单一窗口”应用水平。

三、大事记

1月7日

宁夏“单一窗口”上线出口退税生产版功能。

7月15日

宁夏首票“免陪同查验”货物顺利放行。

10 月 30 日

宁夏首票采用“提前申报+税款免担保+两步申报”的报关单通过“单一窗口”顺利完成。

11 月 17 日

与广西、贵州、陕西等西部 13 个省区市和广东省湛江市口岸主管部门在重庆共同签署《国际贸易“单一窗口”西部陆海新通道平台建设合作协议》。

新疆维吾尔自治区

一、综述

2020年，按照党中央、国务院有关深入贯彻落实统筹推进疫情防控和经济社会发展的决策部署，新疆口岸相关单位通力协作、共同努力，加快推进中国（新疆）国际贸易单一窗口（以下简称新疆“单一窗口”）建设推广。实现与标准版16项功能对接，升级完善新疆跨境寄递物品（货物）综合服务平台特色功能。

二、运行情况

（一）运行数据

截至2020年年底，新疆“单一窗口”注册用户累计达3986个。全年货物申报301959票；舱单申报1111168票；运输工具申报29072票；企业资质办理13161票；原产地证申领6774票；税费支付57104笔；加贸保税108602票；物品通关18票；跨境电商49443014票；监管证件351票。

（二）运行维护

一是实行7×24小时在线运维、5×8小时本地客服热线电话服务、重点企业上门走访等工作机制，及时处理企业使用“单一窗口”过程中出现的问题。建立10个“单一窗口”工作微信联系群，累计处理企业问题6000余个。及时向中国电子口岸数据中心“单一窗口”项目组提交整理反馈问题及处理建议，为“单一窗口”各业务系统稳定运行及良好应用提供有力支持。

二是高度重视安全检查工作，按要求加强部署，制订方案，对照清单逐项完成自查。严格落实《国际贸易“单一窗口”运行管理办法》和《国际贸易“单一窗口”数据安全管理办法》要求，全力保障数据安全。2020年，口岸管理部门指导地方运维实体共组织3次“单一窗口”安全检查，未发现重大安全隐患。

（三）宣传推广

一是根据国家口岸管理办公室关于标准版新功能上线的相关要求，积极组织外贸企业、货运代理企业、物流企业通过视频培训的方式开展推广宣介工作，并在新疆“单一窗口”门户网站、企业微信群进行宣传推广。二是会同各隶属海关组织线上应用推广培训。三是积极通过微信公众号等新媒体和自媒体渠道，全面推广“单一窗口”金融服务。

三、 特色应用

乌鲁木齐多式联运海关监管中心智能场站平台

通过该平台可实现铁路、公路、航空等多种运输工具的自由换装，让陆、空、铁、邮货物在乌鲁木齐多式联运海关监管中心完成拆箱和集拼作业。

该平台可提供中欧班列联运作业的全过程业务信息共享，通过可拓展的各类第三方物流业务接口构建完备的数据交换体系，也方便以后业务功能的进一步扩展。

该平台应用主要包括多式联运通关综合服务平台，多式联运海关辅助监管端系统，关检联合查验服务平台，中国及国际铁路数据来源与技术对接，智能场站业务操作平台，公铁集疏运体系平台，集装箱公共放箱平台和仓配一体化平台；实现了与铁总、哈铁、海关的数据互联互通。

宁波市

一、综述

2020年，为深入贯彻落实习近平总书记考察浙江重要讲话精神和党中央、国务院有关国际贸易“单一窗口”建设工作的决策部署，宁波市委、市政府全面推进中国（宁波）国际贸易单一窗口（以下简称宁波“单一窗口”）建设，将宁波“单一窗口”建设纳入政府数字化改革、自贸片区建设及口岸营商环境优化等重大工作，以宁波“单一窗口”功能提升为引擎助推口岸跨境贸易便利化，提升口岸数字化、智能化和信息化水平，服务宁波建设世界一流口岸，打造国际物流枢纽中心。

2020年，面对突如其来的新冠肺炎疫情挑战，宁波“单一窗口”在市委、市政府的领导支持下，出台多项举措助力企业复工复产，全面推广标准版应用，着力提升宁波“单一窗口”功能。聚焦数字口岸一体化，坚持以优化营商环境为目标，推进宁波口岸提效降费，深度融入长三角一体化发展，探索宁波口岸大数据平台建设研究，谋划口岸信息化发展“十四五”规划，努力将宁波“单一窗口”打造成一个多元化、公益性平台，构建覆盖跨境贸易全链条的“一站式”贸易服务平台。

二、运行情况

（一）运行数据

2020年全年，宁波“单一窗口”货物申报5738141票；舱单申报49252163票；运输工具申报144946票；企业资质办理39516票；原产地证申领144052票；税费支付82195笔；加贸保税1180623票；物品通关4460665票；跨境电商146626496票；监管证件8796票；出口退税35笔。

（二）运行维护

1. 进一步优化运维模式

依据《海关总署关于印发〈国际贸易“单一窗口”运行管理办法（暂行）〉的通知》（署岸发〔2017〕259号）和《国家口岸管理办公室关于国际贸易“单一窗口”建设的框架意见》，结合宁波实际情况，推进宁波电子口岸公司改革，优化运维模式，实施联合运维。由宁波市口岸办牵头制订宁波“单一窗口”联合运维方案，成立由宁波海关、宁波舟山港集团和宁波国际物流公司组成的联合运维团队，建立工作机制，明确各方职责，规范运维制度，取得了良好成效。

2. 进一步强化数据安全

（1）开展数据安全检查。根据《国家口岸管理办公室关于开展2020年国际贸易“单一窗口”安全检查的通知》要求，为确保宁波“单一窗口”稳定运行，分别在5月、8月开展两次安全自查，从安全管理机制执行情况、门户网站、系统运行、网络安全等级保护、数据安全管理等方面进行全面排查，对排查过程中发现的问题及时进行整改，达到网络安全管理等级保护三级要求，确保“零风险”，为平台稳定运行奠定良好基础。

（2）落实数据安全专项行动。深入贯彻落实《海关总署关于印发〈加强海关业务数据安全专项行动方案〉的通知》（署厅发〔2020〕164号）要求，宁波“单一窗口”召开涉及海关业务数据安全专项行动部署会，制订实施计划，明确责任分工，把10月定为数据安全专项行动工作月，基于“零信任”开展数据安全防护，深入查找安全漏洞和风险隐患，做到无漏洞、无死角、无盲区。

3. 进一步规范服务标准

根据《国际贸易“单一窗口”运维管理规程》《国际贸易“单一窗口”服务请求管理规程》要求，进一步规范宁波“单一窗口”热线服务标准，按照规程统一受理95198服务请求，7×24小时响应企业需求，做好服务请求的及时受理、登记和提交，做到问题有追踪、解决有落实。通过地方运维QQ群、微信群收集及解决企业反映的各类问题，及时率达到100%。截至2020年年底，宁波“单一窗口”共受理95198热线电话4899个，QQ群、微信群在线共受理问题6218个，向标准版工程组提交需求优化16个。

（三）宣传推广

2020年年初，受新冠肺炎疫情影响，宁波“单一窗口”主动创新推广方式，以线上宣传推广为主、线上线下结合的方式进行宣传推广。

1. 创新线上培训模式

一是积极响应市委、市政府关于促进企业恢复生产的号召，以宁波“单一窗口”为媒介，通过宁波“单一窗口”专区发布省、市及各县市区有关复工复产的政策和措施，加强对相关政策的解读；二是联合金融机构推出金融服务惠企政策，通过公交媒体、城市楼宇广告宣传“单一窗口”，提升宁波“单一窗口”的影响力；三是通过微信公众号、QQ群及微信群发布标准版新功能操作指南，解读标准版相关政策，通过门户网站提供相关功能操作手册下载，通过录制视频、直播等重复轮播形式讲解具体操作。

2. 有序组织现场培训

为做好标准版新功能推广应用，宁波市口岸办会同市政务办、市国税局、宁波海关等有关部门，在做好现场疫情防控的前提下，举行企业现场业务推荐会，对原产地证自助打印、出口退税

（金三版）、船舶转港数据复用等功能进行宣介培训，培训对象覆盖全市进出口企业、船舶代理、报关行等，共有200余家企业、553余人次参加培训。

三、特色应用

宁波“单一窗口”始终按照“标准版+地方特色应用”建设思路，加强地方资源整合，推进地方政务项目建设，为企业提供“通关+物流+金融”跨境贸易全链条综合服务。已建设的64个地方特色项目免费向企业开放，紧贴企业需求，实现了通关全程无纸化、运输工具监管电子化、舱单传输数字化、物流可视化，为优化口岸营商环境、建设世界一流口岸发挥了重要作用。

（一）主要做法

1. 聚焦项目抓落实。地方政务项目建设是宁波市深化“最多跑一次”改革、推进政府数字化转型的重要举措。2020年，按照宁波市统一部署要求，加快宁波“单一窗口”功能提升项目建设，通过规范项目立项和建设流程，由市大数据局、市发改委和市财政局共同组织专家评审，引入第三方监理，加强对项目管理，如期上线口岸收费公示查询、与重庆互联互通、海关空箱检查辅助系统和口岸查验免收费系统等功能应用，进一步将宁波“单一窗口”功能由通关执法向贸易服务、口岸物流拓展延伸。

2. 调研规划抓落实。以宁波口岸信息化“十四五”规划为契机，开展宁波“单一窗口”功能提升及跨境贸易大数据平台建设调研。一是多次组织企业开展问卷调查，实地走访，深入国际贸易全链条关联单位调研，为宁波“单一窗口”功能提升及跨境贸易大数据平台规划摸清企业需求；二是分别于9月、11月赴青岛、大连、厦门等地调研“单一窗口”建设经验，借鉴兄弟单位经验做法，学习特色项目应用；三是保持与长三角地区的沟通与交流，调研互联互通合作事项，共同促进长三角国际贸易“单一窗口”合作共建。

3. 健全机制抓落实。一是健全领导机制，根据工作需要，将宁波市电子口岸建设领导小组升级为宁波市口岸协调委员会，扩大成员单位，由分管市长担任组长，统筹推进宁波“单一窗口”及口岸营商环境工作，为宁波“单一窗口”建设提供良好的组织保障；二是强化资金保障机制，在全市大专项资金面临削减的情况下，极力争取并保持宁波“单一窗口”的运维资金不变，确保可持续发展；三是强化服务保障机制，始终坚持“单一窗口”建设以企业需求为导向，从企业切身利益出发，一切以服务企业为核心，每年开展企业服务满意度考评，将考评结果与绩效挂钩。

（二）实践成效

1. 深化船舶“一单多报”应用，提升船舶通关效率。根据国家口岸管理办公室关于国际航行船舶转港数据复用功能4月1日率先在浙江、江苏和天津开展试点的工作要求，宁波“单一窗口”在市口岸办的牵头下积极与舟山口岸管理部门互动，联系宁波船代企业就同一船舶在宁波、舟山进行转港数据测试，通过“授权码”，下一港舟山船代企业顺利调用了宁波申报的数据，重复数据无需二次录入，仅需维护部分数据，大大减少了企业录入项，5分钟之内完成申报。通过宁波、舟山两地国际航行船舶转港数据复用试点，进一步提升了国际航行船舶境内续驶业务口岸通关效率，助推甬舟船舶通关一体化，也为5月1日该功能在全国范围内推广提供了经验。

2. 深化“最多跑一次”改革，服务口岸营商环境优化。积极对接宁波市民办事中心，实现海关原产地证在市民办事服务终端机上自助打印。7 月，以宁波“单一窗口”为载体对接“最多跑一次”自助服务终端机，上线了 16 种海关原产地证书、有毒化学品进出口放行通知单等自助打印功能，企业通过终端机可以自助彩色打印，无需现场或邮寄领取，全市已布设终端机 350 多台，实现相关监管证件“免费办、随时办、随处办”。真正做到让企业少跑路、不花钱，享受“最多跑一次”改革的红利。

3. 深化合作共建，服务长三角一体化发展国家战略。2020 年，为了更好地服务长三角一体化发展国家战略，进一步深化与长三角国际贸易“单一窗口”合作共建，宁波积极开展与上海、江苏的经验交流工作，探索数据信息共享安全、平台对接、特色金融服务合作，推进与浙江“单一窗口”的深度合作和数据协同，为做好全省海港口岸疫情防控和反恐“防回流”工作、提前预警海上输入性风险、支持浙江省出入境边防检查总站锚地管控预警系统和市场监管局冷链食品“物防”系统开发提供重要支撑。2020 年 6 月签署的《长三角国际贸易“单一窗口”合作共建协议》，进一步增强了宁波“单一窗口”对长三角地区的辐射能力。

四、大事记

4 月 21 日

宁波“单一窗口”完成国际航行船舶转港数据复用首单测试。

6 月 12 日

宁波“单一窗口”联合中国信保宁波分公司推出小微企业政府统保项目，为企业提供一键投保服务。

6 月 18 日

宁波“单一窗口”与民生银行宁波分行签订合作战略协议。

8 月 25 日—26 日

国家口岸管理办公室副主任王可到宁波开展“十四五”口岸发展规划及标准版建设专题研究。

10 月 30 日

宁波“单一窗口”出口退税（金三版）完成首单退税申报。

11 月 24 日

宁波“单一窗口”通过宁波市口岸办 2020 年度平台运行考核。

11 月 25 日

宁波口岸“十四五”信息化及“单一窗口”建设规划研讨会顺利召开。

12 月 1 日

宁波“单一窗口”自贸片区专区建设正式启动。

五、政策文件

宁波市口岸协调委员会关于推动宁波口岸相关企业复工复产保障外贸稳定发展的若干措施

甬口岸委〔2020〕1号

市口岸协调委员会各成员单位：

为深入贯彻落实习近平总书记关于坚决打赢疫情防控阻击战和统筹推进经济社会发展各项任务的重要指示精神，全面落实中央、省、市关于推动企业复工复产的决策部署，保障口岸畅通和我市外贸稳定发展，特制定以下措施。

一、指导口岸航运物流企业尽快复工复产

深入宁波国际航运物流产业集聚区入驻企业开展“三服务”活动，及时宣讲解读省、市关于企业复工复产的政策措施，推动集聚区入驻企业复工实行“备案制+负面清单+承诺制”；采取“一事一议、一企一策”，快速精准解决企业复工复产存在的实际困难和问题（市口岸办牵头，鄞州区政府配合。括号内为责任部门，下同）。

二、推动口岸物流尽快恢复正常运营

加强口岸运行监测，建立口岸保畅通工作机制，跟踪口岸物流运营全链条复工复产情况，督促相关企业尽快恢复正常运营（市口岸办牵头，口岸各部门配合）。整合堆场资源，临时调整重箱、空箱、冷冻箱等堆存区域，科学调整船舶靠泊计划，加快港区疏港分流；加快推动海铁、海河、江海等多式联运业务量恢复正常（宁波舟山港集团）。

三、提供“一站式”便捷通关服务

充分发挥宁波国际航运服务中心、栎社空港通关中心、北仑海港通关中心等“一体两翼”通关平台和国际邮件互换中心通关主阵地作用，尽快恢复口岸正常通关服务，为全市外贸发展提供便捷、高效的“一站式”通关服务（市口岸办）。

四、优化海关作业流程

创新通关模式，支持企业根据自身情况选择两步申报、提前申报、汇总申报、担保放行等多种模式快速通关。优化查验流程，疫情期间在告知海关的前提下，收发货人查验时可免于到场；对于符合条件的进口矿产品，实行“先放后检”；对于已获得第三方认证或检测报告的，凭企业自我声明实施“快验快放”。提升物流作业效率，扩大转场物资自动审核覆盖范围，加快场站间物流速度；扩大安全智能锁应用和转关自动核销覆盖面（宁波海关牵头）。

五、优化海事作业流程

推行优先查验、优先抛锚、优先引航、优先进港、优先卸货的“五优先”措施，保障疫情防控、群众生活和复工复产进出口物资船舶及时进港靠泊（宁波海事局牵头）。

六、优化边检作业流程

推行信息化申报，提升船舶预检通过率，缩短船舶在港时间；对未通过预检的船舶采取锚地登轮办检等方式，确保船舶靠泊后第一时间作业生产（浙江边检总站宁波指挥部牵头）。

七、全面推动口岸通关线上作业

发挥国际贸易“单一窗口”功能，全面推广“通关+物流+金融”全程无纸化作业，提供电子口岸制卡快速服务，开通移动端通关综合查询“一站式”服务，提供预约开户、跨境汇款、保函开立、税费支付、中小企业税费融资等一系列在线金融服务，实现企业注册、退税等各类业务“网上办”“掌上办”（市口岸办牵头，口岸各部门配合）。

八、切实减轻口岸相关企业负担

延长疫情期间宁波舟山港集装箱进出口重箱免堆期，免除疫情期间进口转栈费用；协调推动解决航运物流企业反映突出的到期资金支付压力，协调推动口岸主要船公司延长账期（宁波舟山港集团）。落实疫情期间海关滞报金、滞纳金减免政策；对宁波地区高级认证的生产型企业，依申请免除税款担保（宁波海关）。依据政策做好宁波国际航运服务中心房租减免工作（市口岸办）。

九、强化跨部门、跨地区通关协作机制

充分发挥市口岸协调委员会的作用，跨部门快速协调解决企业最直接、最迫切、最突出的通关需求（市口岸办牵头，口岸各部门配合）。建立口岸与腹地跨地区通关协作快速响应机制，为外贸企业复工复产提供良好口岸环境（市口岸办牵头，口岸各部门配合）。

十、畅通政策信息传递渠道

建立宁波口岸政企沟通专用微信群，充分发挥口岸大通关热线 89186786、单一窗口“95198”专线和口岸各相关部门服务热线作用，及时提供通关服务和咨询解答（口岸各部门分工负责）。及时向社会提供疫情防控期间进口限制国家、入境管制政策、往来航班停复、防疫出口限制等信息，供外贸企业和进出境人员参考（口岸各部门分工负责）。

本措施执行期为自发布之日起至疫情防控工作结束。执行期间如遇上级政策调整或与上级政策不一致的，遵照上级政策执行。本措施各条款由相应责任单位负责解释和执行。

宁波市口岸协调委员会
2020 年 2 月 20 日

厦门市

一、综述

2020年，厦门市高度重视中国（厦门）国际贸易单一窗口（以下简称厦门“单一窗口”）建设工作，完成3项标准版新业务试点，包括邮轮旅客信息申报系统试点、跨境电商B2B业务试点和航空物流公共信息平台验证试点。积极推广标准版运输工具系统船舶转港数据复用、报关单信息订阅推送等多项新功能应用。截至2020年年底，厦门“单一窗口”共上线各类应用系统和功能模块70多项，形成八大功能板块，业务覆盖厦门全口岸，业务办理实现了“一个窗口、一次申报、一次办结”，是厦门市营造国际一流营商环境的重要抓手。

二、运行情况

（一）运行数据

截至2020年年底，厦门“单一窗口”累计注册企业数逾8100家，累计服务个人12.28万次。全年货物申报2646480票；舱单申报13107532票；运输工具申报182866票；企业资质办理46654票；原产地证申领73740票；税费支付81416笔；加贸保税492028票；物品通关4371984票；跨境电商22217581票；监管证件1728票；出口退税199笔。

（二）运行维护

2020年，厦门“单一窗口”受理热线电话咨询8.26万个，同比增长1.7倍，个人业务占总咨询量的80%，热线电话接通率96%。门户网站实现改版，从栏目架构、页面布局、客户服务、功能应用等方面进行了全面优化，用户体验大幅改善。完成平台机房升级改造，平台运维监测能力大幅提升。

（三）宣传推广

2020年，厦门“单一窗口”编发工作简报16期，发布工作动态、项目进展、简讯等近130条。全年通过微信公众号推送信息155条，微信公众号关注用户数突破4.2万人。

三、特色应用

（一）智能优惠关税系统移动端

智能优惠关税系统移动端自由贸易协定关税查询功能可查询内容包括税率、商品税则、原产地、商品编码、编码字典、中美加征等。智能优惠关税系统是2018年第二十届中国国际投资贸易洽谈会期间，厦门自贸片区管委会与APMEN（亚太示范电子口岸网络）合作推出的便企服务功能，此次除新上线移动端版本外，还对网页版进行了优化，升级后实现了企业查询数据落地厦门“单一窗口”，让服务企业变得更加精准。

（二）云网融合平台

云网融合平台从厦门“单一窗口”实际业务发展需求出发，重构云平台，升级数据中心网络，完善平台安全防护，搭建“单一窗口”业务模拟实测环境和应用服务架构，实现业务需求和技术创新并行驱动的技术架构变革，使得云和网高度协同、互为支撑，同时以云为核心，提供更高性能的计算和存储资源服务，提高信息技术系统的工作效率和可靠性，提升平台整体运行能力。

（三）海运费境内外汇划转支付场景

海运费境内外汇划转支付场景是政府防疫情、“稳外贸”的又一举措，海运费支付真正意义上实现全流程操作线上化、支付结算便利化、发票验证智能化，为客户提供便利、为银行减轻负担、为政府优化营商环境，是构建数字时代下“政、银、企”共赢的新典范。该项目入选福建自贸试验区第16批创新举措。

（四）口岸物流公共服务平台（一期）

口岸物流公共服务平台依托厦门自贸区大数据服务中心，在全国率先提供全流程综合物流信息服务，是优化厦门口岸营商环境、推进全面智慧物流建设进程的又一重要举措。该平台入选福建自贸试验区第16批创新举措。

（五）海关进出境邮件通关辅助管理系统“互联网+自主报关”模块升级改造项目

海关进出境邮件通关辅助管理系统“互联网+自主报关”模块升级改造项目主要调整了进出境邮件通关辅助管理系统“互联网+自主报关”模块的处理流程，通过厦门“单一窗口”与中国邮政集团公司（通过厦门邮政）建立总对总对接，实现进出境邮件全国联网传输数据，进一步加强进出境邮件有效监管，提升邮件通关效率。

（六）边检口岸限定区域自助通行及通关候检智能计时预警系统

边检口岸限定区域自助通行及通关候检智能计时预警系统作为智慧边检在高崎国际机场的一个重要应用，通过信息化管理方式为出入境旅客营造高效便捷的通关环境，提高边检服务水平的同时做好口岸限定区域管理，实现优质高效管理。

（七）海事国际航行船舶疫情防控监管平台

在新冠肺炎疫情期间，及时开发海事国际航行船舶疫情防控监管平台，高效助力厦门海事局守好海上“国门”第一关，实现快速精准了解进出厦门港的国际船舶是否存在疫情输入风险。该平台入选福建自贸试验区第 17 批创新举措。

（八）商品归类管理系统（厦门海关）属地纳税人管理应用

商品归类管理系统（厦门海关）属地纳税人管理应用通过构建厦门关区属地纳税企业底账，实时掌握关区税收征管整体情况和属地企业纳税情况；实现税收风险分析监控，提高税收入库安全性和及时性；定期推送纳税服务信息，接受企业税收计划报送，引导企业守法自律。应用上线后将有利于进一步加强厦门关区属地纳税企业管理，提高税收征管作业的科学化、智能化水平，营造良好纳税环境。

（九）厦门出口航空电子货运平台

厦门出口航空电子货运平台是厦门自贸区管委会和 APMEN 合作的试点示范项目，其中进口运单电子化已于 2019 年上线，在全国首创“单一窗口+空运物流”模式，作业效率提升 90%以上。出口航空电子货运平台是在此基础上的又一次创新突破，率先在全国实现空运出口“一单多报”，将货代外勤工作量减少 70%以上，每年可为企业节省成本约 1000 万元。同时全面整合航空口岸进出口业务，为航空公司、机场货站、货运代理等多个业务主体提供预配舱单、货物入仓、货物安检等全链条可视化数字服务。

四、大事记

2 月 14 日

厦门“单一窗口”微信公众号上线移动端自由贸易协定关税查询功能，供平台用户免费使用。

2 月 28 日

厦门“单一窗口”助力首票“卸船直提”落地厦门自贸片区。

3 月 2 日

厦门“e 政务”上线原产地证书自助打印功能，企业只要使用厦门“单一窗口”账号，便可以在全市 100 多个“e 政务”便民服务站内自助打印原产地证书。

3 月 20 日

厦门“单一窗口”上线云网融合平台。

4 月 9 日

厦门“单一窗口”上线海关网上预约查验平台（免预约功能）改造项目。

4 月 16 日

厦门“单一窗口”上线全国首个国际贸易“单一窗口”金融区块链平台——海运费境内外汇划转支付场景。

4 月 20 日

厦门“单一窗口”上线厦门口岸物流公共服务平台。

4 月 21 日

以厦门“单一窗口”为基础的厦门自贸片区大数据服务中心正式启用。

5 月 11 日

厦门“单一窗口”上线边检可视化勤务指挥系统升级项目。

6 月 8 日

厦门水运口岸作为全国首批试点口岸之一，参加游轮旅客信息申报系统测试工作。

6 月 23 日

厦门“单一窗口”上线海关进出境邮件通关辅助管理系统“互联网+自主报关”模块升级改造项目。

6 月 24 日

厦门“单一窗口”上线边检口岸限定区域自助通行及通关候检智能计时预警系统。

7 月 1 日

厦门“单一窗口”保障全省首票跨境电商 B2B 出口货物顺利通关。

7 月 15 日

厦门“单一窗口”上线统一监测管理平台。

7 月 28 日

厦门“单一窗口”上线海事国际航行船舶疫情防控监管平台。

8 月 1 日

厦门“单一窗口”门户网站升级上线。

9 月 14 日—20 日

厦门“单一窗口”开展网络安全宣传周活动。

9 月 23 日

厦门“单一窗口”上线大嶝市场海关监管辅助系统人脸识别及风险分析模块。

9 月 29 日

厦门“单一窗口”赴 APMEN 第六届公私对话会分享推介厦门航空电子货运项目。

12 月 4 日

厦门“单一窗口”出口航空电子货运暨全国跨境法人身份识别体系（LEI）平台、银行函证与询查数字化服务平台上线仪式成功举办。

12 月 6 日

福建省委书记尹力、省长王宁一行调研以厦门“单一窗口”平台为基础载体的大数据服务中心。

五、政策文件

厦门市人民政府办公厅关于印发进一步优化口岸营商环境提升跨境贸易便利化水平实施方案的通知

厦府办〔2020〕53号

各区人民政府，市直各委、办、局，各开发区管委会，各有关单位：

《关于进一步优化口岸营商环境提升跨境贸易便利化水平实施方案》已经市政府同意，现印发给你们，请认真组织实施。

厦门市人民政府办公厅

2020年5月28日

（此件主动公开）

关于进一步优化口岸营商环境提升跨境贸易便利化水平的实施方案

为深入贯彻落实习近平总书记关于统筹推进疫情防控和经济社会发展工作、提升产业链供应链稳定性和竞争力的重要讲话重要指示批示精神，进一步优化口岸营商环境，提升跨境贸易便利化，为稳外贸、稳外资提供强有力支撑，制定本方案。

一、提升货物运抵监管场所服务水平

建立申报提醒功能模块，通过微信公众号、邮件等工具第一时间向报关企业推送出口货物运抵信息，减少因人工查询造成的报关等待时间。（牵头单位：自贸委，配合单位：厦门海关、自贸区电子口岸公司、翔业集团、厦门航空等；完成时间：2020年6月30日前）

主动推送货物过磅数据给报关企业。在出口货物运抵场站后，及时将货物过磅数据与报关企业共享，提高报关企业作业效率。（牵头单位：自贸委，配合单位：自贸区电子口岸公司、翔业集团、厦门航空等；完成时间：2020年6月30日前）

引导报关企业当天完成货物申报。对下午尤其是傍晚进仓的货物，支持报关企业安排专人值班，尽量做到出口运抵货物不隔夜申报。（牵头单位：厦门海关，配合单位：报关协会；完成时间：持续推进）

二、全面推广“提前报关”模式

加大力度做好“提前报关”模式的解读和宣传，尤其是面向进出口企业，打消企业使用政策的顾虑。（牵头单位：厦门海关、自贸委、市口岸办等；完成时间：持续推进）

发挥报关协会的行业桥梁作用。大力倡导使用“提前报关”模式，每月通报海、空运出口前十大“提前报关”单量报关企业，鼓励报关企业比学赶超。（牵头单位：报关协会，配合单位：厦门海关、市口岸办；完成时间：持续推进）

完善“提前报关”正向激励措施。根据海关总署的相关规定，引导企业自查发现其提前申报

进出口活动存在少缴、漏缴税款或者其他违反海关规定的情形，向海关主动披露可享受主动披露的政策红利。（牵头单位：厦门海关；完成时间：持续推进）

三、加快建设厦门国际贸易“单一窗口”3.0版

上线海关查验免预约系统，缩短企业预约作业时长。（牵头单位：厦门海关，配合单位：自贸委；完成时间：2020年6月30日前）

加快建设多式联运中心信息系统、口岸物流公共服务平台、空运进口运单电子化、统一监测管理平台、平台云网融合、金融区块链等3.0版规划项目，加强丝路海运、对台合作服务。（牵头单位：自贸委，配合单位：市口岸办、厦门海关、自贸区电子口岸公司等；完成时间：2020年12月31日前）

四、提升口岸物流作业信息化水平

在全港推广小提单电子化，全面实现业务办理由线下转为线上，提升业务办理效率。加快推进智能装卸、智能理货等的运用。（牵头单位：港口局，配合单位：自贸委、市口岸办、港务集团；完成时间：2020年12月31日前）

五、创新口岸业务服务模式

根据港口条件和企业需求，在符合条件的监管作业场所内，将海天码头进口货物的“卸船直提”推广至全港区；试点出口货物的“抵港直装”业务模式。（牵头单位：自贸委、厦门海关，配合单位：港口局、市口岸办、港务集团、远海码头；完成时间：2020年8月31日前）

六、优化进出口特定商品监管模式

对进口汽车零部件、出口机电产品等特定商品，在企业有紧急需要时，海关依相关法律法规优先实施查验和检疫处理，合理提高查验作业效率。对免予办理强制性产品认证（CCC认证）进口汽车零部件，在申报时“先声明、后验证”。（牵头单位：厦门海关，配合单位：市口岸办、自贸委；完成时间：2020年6月30日前）

七、加快拓展航空货运支持跨境电商发展

鼓励引导企业在我市开展跨境电商货物空运、海空、陆空中转业务，争取企业到我市集货。积极推动有能力的企业开通航空货运包机，积极吸引基地货运航空公司落地，拓宽航空物流通道，降低跨境电商物流成本。统筹航空货运发展布局，推动提效降费，全面提升航空货运能力。（牵头单位：市交通运输局，配合单位：市商务局、自贸委、市口岸办、厦门海关、厦门航空等；完成时间：持续推进）

八、健全联合工作机制

进一步强化市提升跨境贸易便利化工作领导小组的统筹协调作用，及时研究分析解决口岸营商环境存在的短板和问题。各牵头单位要切实履行牵头责任，加强督促检查，确保提升跨境贸易便利化工作任务落实。（牵头单位：自贸委，配合单位：市提升跨境贸易便利化工作领导小组各成员单位；完成时间：持续推进）

深圳市

一、综述

2020年，中国（深圳）国际贸易单一窗口（以下简称深圳“单一窗口”）以“对标国际国内先进城市，打造具有先行示范区特色‘单一窗口’”为目标，围绕国家有关国际贸易“单一窗口”建设推广总体部署及深圳市政府关于优化营商环境、促进贸易便利化相关工作要求，在做好标准版功能应用推广的基础上，大力推进地方特色服务功能建设。

截至2020年年底，深圳“单一窗口”共上线标准版应用及地方特色应用共23类业务领域、100个应用系统。其中，标准版应用完成16类业务功能全对接，实现全功能覆盖；地方特色应用实现海运业务、空运业务、通关时效、可视化检测、检务无纸化、前海自贸板块、公共服务、加工贸易等8类业务功能上线应用。

二、运行情况

（一）运行数据

截至2020年年底，深圳“单一窗口”注册企业数89592家，较2019年增加31982家。全年货物申报14291469票；舱单申报43683297票；运输工具申报608838票；企业资质办理149334票；原产地证申领445700票；税费支付1469182笔；加贸保税4907023票；物品通关46159712票；跨境电商878866957票；监管证件24922票；出口退税697笔。

（二）运行维护

1. 客户服务

深圳“单一窗口”专门设立了0755-83165355客户服务热线，并与客服团队所有客服专员的移动电话互联互通，对接电信、移动、联通三大运营商，接入深圳范围内“单一窗口”用户呼叫请求。并建立10个QQ客户服务群及20个微信客户服务群，多种渠道7×24小时响应反馈用户需求，为企业提供标准版和地方特色应用的客户咨询、操作指导、问题处理、需求收集、意见反馈等支持服务，响应用户提出的各种业务服务请求。全年累计受理企业反馈各类问题8.11万个，提供答疑服务约16.43万次，问题处理率达96%。

2. 应用保障

深圳“单一窗口”全年无故障运行时间为 99.97%，系统故障平均解决时间为 55 分钟。全面实行 7×24 小时监控值班保障制度，全年累计维护业务应用服务器 68 台，在线运行应用程序 621 个，处理大小故障 1265 起，提供客户技术支持 331 次，平台应用系统更新 702 次。

3. 系统保障

深圳“单一窗口”包括平台维护硬件设备 55 台，虚拟化服务器 101 台，对外接入专线 35 条，数据存储总量 2.4TB。全年累计完成硬件巡检 11 次，系统软件巡检 11 次，数据库巡检 25 次，系统软硬件升级 3 次，设备故障维修 1 次，系统架构优化 6 次。累计完成数据安全优化整改 15 项，建立健全安全管理制度 12 个，实施安全整改措施 7 项，并积极配合完成政府项目联合大检查和等级保护测评工作。

（三）宣传推广

深圳“单一窗口”高度重视业务宣传推广工作，通过品牌建设、培训宣讲、信息发布、企业调研等形式，全面拓宽深圳“单一窗口”宣传覆盖面。品牌建设方面，通过拍摄制作深圳“单一窗口”宣传视频，展示深圳“单一窗口”建设成效，加强对外宣传力度，提升深圳“单一窗口”的综合影响力。培训宣讲方面，采用现场宣讲、在线培训、联合培训等方式，全年组织各类业务培训共 53 场次，参加人数累计 8900 多人次，涉及企业近 3000 家。信息发布方面，充分利用门户网站、微信公众号等各种渠道，全年发布各类平台公告、政府资讯、口岸动态约 400 余条，通过 QQ 及微信服务群发布通知及资料累计 500 余次。企业调研方面，全年面向大中型加工贸易企业、物流企业开展企业问卷、加贸转内销、加贸禁止商品、加工贸易分类分析、外贸出口订单调查等 16 次调研工作；面向 261 家大中型企业开展满意度调查工作，全年客户服务满意度达 96%。

三、 特色应用

深圳“单一窗口”在完成标准版建设和推广的基础上，结合本地口岸业务建设以及进出口企业开展业务的需求，在口岸政务、物流、数据、金融等领域积极探索拓展地方特色应用，拓宽服务边界。

（一）通关协同服务

1. 主要做法

结合深圳本地业务特点和实际需求，通关协同服务涵盖海运、空运、陆运、加工贸易、特殊区域等 5 个重要业务领域，提供舱单、报关、特殊监管、运输管理、国际结算、贸易融资、业务跟踪、通关时效、统计分析等多种服务功能，覆盖进出口加工贸易企业以及供应链、仓储、运输、货代、报关、码头、园区等国际贸易链各类相关企业。根据各个业务领域的特点，通过整合平台资源、梳理优化业务流程，将国际贸易链条上各相对独立的业务进行串联整合，实现数据共享、流程协同，面向不同的用户群体提供简单、便捷的服务功能，帮助企业降本增效，助力通关便利化。

2. 创新点

在“单一窗口”提供企业“一站式”办理通关服务的基础上，根据不同业务的特点采用不同的实现方式，针对性地解决数据共享不充分、流程协同不灵活、操作整合不集中等各业务环节存在的具有行业特征的难点痛点问题。

3. 实践成效

通关协同服务已上线运行海运、空运、陆运、加工贸易、数据订阅等服务功能，通过数据流转共享、业务流程优化提高企业用户办理业务的便利性，助力通关效率提升。

（二）深圳—新加坡智慧城市合作电子贸易项目

按照贸易便利化、自由化发展要求，以深圳“单一窗口”为载体，主动对接国际高水平经贸规则，适应全球经贸规则重构趋势，支撑国际合作及外贸新业态创新发展。

1. 主要做法

在无纸化跨境贸易方面，以信用证及T/T项下跨境结算为应用场景开展试点，通过深新双方进出口企业、银行、船公司、区块链网络平台TradeTrust以及深圳“单一窗口”等多方参与，推动所有必要文件的提交及转让均可通过电子形式接收处理，分阶段实现贸易单据的无纸化，便利深新商业机构之间开展跨境贸易。

在贸易融资方面，以新加坡采购商采购深圳优质供应商的产品或服务，通过中国出口信用保险公司、深新相关银行提供保障及融资服务，实现先服务后付款为应用场景，由信用保险机构、银行和技术服务机构等多方参与，通过使用实际采购数据进行贸易数据验真，提供出口信用保险和融资服务。

2. 创新点

通过深新在跨境贸易无纸化和融资领域的合作试点，积极研究数字贸易发展新模式，探索制定贸易发展新规则，以信息技术赋能加深电子贸易连通程度。

3. 实践成效

为企业快捷获得金融机构提供的数字保险和融资服务以及金融机构快速核实业务资料提供极大的便利，促进深新企业加深合作，推动提升深新两地贸易便利化水平，共同拓展“一带一路”市场。

（三）出口信用保险

疫情防控期间，为落实国家防疫惠企系列措施，助力中小微企业渡过疫情难关，根据《深圳市关于促进经济稳定增长努力实现2020年目标的若干措施》（深发改〔2020〕234号），深圳市商务局制定了中小微外贸企业大统保政策，为深圳市2019年出口额800万美元（含）以下企业提供政策性金融支持。深圳“单一窗口”在各级政府部门和中国信保深圳分公司的大力支持下，完成相关系统的研发上线和惠企政策在深圳的宣传推广工作。

1. 主要做法

依托深圳“单一窗口”全渠道及用户资源，落实深圳市外贸企业出口信用保险统保政策；联合中国信保公司制订合作方案，共同搭建线上服务体系，为企业提供线上投保、索赔、融资、风险信息推送和调取资信报告、咨询等服务。

2. 创新点

深圳“单一窗口”与中国信保公司通力合作，为小微企业提供“无接触”“在线办”的政策性信用保险服务，企业免费领取出口信用保险保单，在线完成保单领取、理赔申请；上线配套融资服务——“信保贴心贷”融资产品，保障企业出口利益的同时为企业提供融资贷款服务，缓解企业资金压力。

3. 实践成效

截至 2020 年年底，共有 10730 家企业通过深圳“单一窗口”成功领取出口信用保单并已生效；共有近 30 家企业通过保单成功实现融资，有效帮助企业解决融资难题；中国信保公司向投保企业免费提供资信报告 206 份，为深圳出口企业筑起第一道“防火墙”。

（四）辅助防疫管理

为贯彻落实国家、省、市关于疫情防控常态化、精准化的工作要求，严格落实目的地货主单位疫情防控主体责任，加强深港跨境货车司机在货物作业点作业期间的健康管理，深圳“单一窗口”利用自身平台优势，积极协助政府部门开展防疫工作。

1. 主要做法

开展防疫医疗物资出口统计数据处理分析及共享等工作。依托深圳“单一窗口”企业申报数据，梳理作业点相关货主单位名称、作业点地址、类型、责任人及联系方式等关键信息，建立工作台账；通过深圳“单一窗口”微信公众号、门户网站、客服微信群和 QQ 群等渠道，宣贯深港跨境货车司机健康管理及服务保障措施、粤康码通关凭证使用等防疫工作政策和工作要求。

2. 创新点

基于深圳“单一窗口”统计分析深圳市陆运口岸从香港入境货车及有关货主单位相关数据，建立动态监测机制，排查深港陆运跨境货物通关线索。

3. 实践成效

截至 2020 年年底，通过梳理深圳“单一窗口”申报数据作为线索，组织各区多轮地毯式排查，对作业点实施台账纳管，共计排查确认全市货物作业点共 2371 个；利用深圳“单一窗口”短信及客服平台对全市货主单位法人及作业点负责人累计发送跨境货车司机健康管理提醒信息共

26650次，对280家货主单位法人进行电话督导，提醒督促各作业点单位严格落实省、市各项疫情防控要求。

四、大事记

3月25日

深圳市口岸办党组成员、二级巡视员廖茂雄调研深圳“单一窗口”建设工作。

3月30日

深圳“单一窗口”携手交通银行成功上线贸易融资产品——进口汇出款融资应用。

4月10日

广东省发展改革委、省情调查研究中心、暨南大学法学院调研组一行调研深圳“单一窗口”建设情况。

4月15日

深圳“单一窗口”联合华侨永亨银行（中国）、联易融国际有限公司推出“单一窗口”跨境购付款业务。

4月28日

深圳“单一窗口”与交通银行深圳分行合作首单线上融资产品——出口发票融资业务。

7月20日

深圳“单一窗口”联合交通银行深圳分行上线“信保贴心贷”应用。

8月6日

国务院发展研究中心、上海财经大学自由贸易区研究院调研组一行调研深圳“单一窗口”建设情况。

8月6日

深圳市商务局局长王有明调研深圳“单一窗口”建设工作。

中国国际贸易
单一窗口
年鉴

法规文件篇

FAGUI WENJIAN PIAN

2021

国务院办公厅转发国家发展改革委交通运输部关于进一步降低物流成本实施意见的通知

国办发〔2020〕10号

各省、自治区、直辖市人民政府，国务院各部委、各直属机构：

国家发展改革委、交通运输部《关于进一步降低物流成本的实施意见》已经国务院同意，现转发给你们，请认真贯彻执行。

国务院办公厅

2020年5月20日

（此件公开发布）

关于进一步降低物流成本的实施意见

国家发展改革委　交通运输部

物流是畅通国民经济循环的重要环节。近年来，物流降本增效积极推进，社会物流成本水平保持稳步下降，但部分领域物流成本高、效率低等问题仍然突出，特别是受新冠肺炎疫情影响，社会物流成本出现阶段性上升，难以适应建设现代化经济体系、推动高质量发展的要求。为贯彻落实党中央、国务院关于统筹疫情防控和经济社会发展的决策部署，进一步降低物流成本、提升物流效率，加快恢复生产生活秩序，现提出以下意见。

一、深化关键环节改革，降低物流制度成本

（一）完善证照和许可办理程序。加快运输领域资质证照电子化，推动线上办理签注。优化大件运输跨省并联许可服务，进一步提高审批效率。（交通运输部负责）

（二）科学推进治理车辆超限超载。深入推进治超联合执法常态化、制度化，细化执法流程，严格执行全国统一的治超执法标准。分车型、分阶段有序开展治理货运车辆非法改装工作，逐步淘汰各种不合规车型。组织开展常压液体危险货物罐车专项治理行动。（交通运输部、公安部、工业和信息化部、市场监管总局按职责分工负责）

（三）维护道路货运市场正常秩序。建立严厉打击高速公路、国省道车匪路霸的常态化工作机制，畅通投诉举报渠道，重点规范车辆通行、停车服务、道路救援等领域市场秩序。（公安部、交通运输部、国家发展改革委、市场监管总局、省级人民政府按职责分工负责）

（四）优化城市配送车辆通行停靠管理。持续推进城市绿色货运配送示范工程。完善以综合

物流中心、公共配送中心、末端配送网点为支撑的三级配送网络，合理设置城市配送车辆停靠装卸相关设施。鼓励发展共同配送、统一配送、集中配送、分时配送等集约化配送。改进城市配送车辆通行管理工作，明确城市配送车辆的概念范围，放宽标准化轻微型配送车辆通行限制，对新能源城市配送车辆给予更多通行便利。（交通运输部、商务部、公安部按职责分工负责）研究将城市配送车辆停靠接卸场地建设纳入城市建设和建筑设计规范。（住房城乡建设部负责）

（五）推进通关便利化。推动港口、口岸等场所作业单证无纸化，压缩单证流转时间，提升货物进出港效率。依托国际贸易“单一窗口”，开展监管、查验指令信息与港口信息双向交互试点，提高进出口货物提离速度。持续推进进出口“提前申报”，优化“两步申报”通关模式。梳理海运、通关环节审批管理事项和监管证件，对不合理或不能适应监管需要的，按规定予以取消或退出口岸验核。（交通运输部、商务部、海关总署按职责分工负责）

（六）深化铁路市场化改革。选取铁路路网密集、货运需求量大、运输供求矛盾较突出的地区和部分重要铁路货运线路（含疏运体系）开展铁路市场化改革综合试点，通过引入市场竞争机制，开展投融资、规划建设、运营管理、绩效管理、运输组织等改革。持续完善铁路货物运输价格灵活调整机制，及时灵敏反映市场供求关系。进一步放宽市场准入，吸引社会资本参与铁路货运场站、仓储等物流设施建设和运营。（国家发展改革委、交通运输部、财政部、国家铁路局、中国国家铁路集团有限公司负责）

二、加强土地和资金保障，降低物流要素成本

（七）保障物流用地需求。对国家及有关部门、省（自治区、直辖市）确定的国家物流枢纽、铁路专用线、冷链物流设施等重大物流基础设施项目，在建设用地指标方面给予重点保障。支持利用铁路划拨用地等存量土地建设物流设施。指导地方按照有关规定利用集体经营性建设用地建设物流基础设施。（自然资源部、中国国家铁路集团有限公司、省级人民政府负责）

（八）完善物流用地考核。指导地方政府合理设置物流用地绩效考核指标。在符合规划、不改变用途的前提下，对提高自有工业用地或仓储用地利用率、容积率并用于仓储、分拨转运等物流设施建设的，不再增收土地价款。（自然资源部、省级人民政府负责）

（九）拓宽融资渠道。加大中央预算内投资、地方政府专项债券对国家物流枢纽、国家骨干冷链物流基地等重大物流基础设施建设的支持力度。引导银行业金融机构加强对物流企业融资支持，鼓励规范发展供应链金融，依托核心企业加强对上下游小微企业的金融服务。充分发挥全国中小企业融资综合信用服务平台作用，推广“信易贷”模式。落实授信尽职免责和差异化考核激励政策，明确尽职认定标准和免责条件。鼓励社会资本设立物流产业发展基金。（国家发展改革委、财政部、中国人民银行、中国银保监会、国家开发银行按职责分工负责）

（十）完善风险补偿分担机制。鼓励保险公司为物流企业获取信贷融资提供保证保险增信支持，加大政策性担保对物流企业的信贷担保支持力度。发挥商业保险优势，支持保险公司开发物流企业综合保险产品和物流新兴业态从业人员的意外、医疗保险产品。（中国银保监会负责）

三、深入落实减税降费措施，降低物流税费成本

（十一）落实物流领域税费优惠政策。落实好大宗商品仓储用地城镇土地使用税减半征收等物流减税降费政策。（财政部、税务总局负责）

（十二）降低公路通行成本。结合深化收费公路制度改革，全面推广高速公路差异化收费，引导拥堵路段、时段车辆科学分流，进一步提高通行效率。深化高速公路电子不停车快捷收费改革。加强取消高速公路省界收费站后的路网运行保障，确保不增加货车通行费总体负担。鼓励有条件的地方回购经营性普通收费公路收费权，对车辆实行免费通行。严格落实鲜活农产品运输“绿色通道”政策，切实降低冷鲜猪肉等鲜活农产品运输成本。（交通运输部、财政部、国家发展改革委、省级人民政府按职责分工负责）

（十三）降低铁路航空货运收费。精简铁路货运杂费项目，降低运杂费迟交金收费标准，严格落实取消货物运输变更手续费。（中国国家铁路集团有限公司负责）大力推行大宗货物“一口价”运输。严格落实铁路专用线领域收费目录清单和公示制度，对目录清单外的收费项目以及地方政府附加收费、专用线产权单位或经营单位收费等进行清理规范。制定铁路专用线服务价格行为规则，规范铁路专用线、自备车维修服务收费行为，进一步降低收费标准，严禁通过提高或变相提高其他收费的方式冲抵降费效果。（市场监管总局、国家铁路局、中国国家铁路集团有限公司按职责分工负责）推动中欧班列高质量发展，优化班列运输组织，加强资源整合，推进“中转集散”，规范不良竞争行为，进一步降低班列开行成本。（国家发展改革委、中国国家铁路集团有限公司、财政部按职责分工负责）将机场货站运抵费归并纳入货物处理费。（中国民航局、省级人民政府负责）

（十四）规范海运口岸收费。降低港口、检验检疫等收费。对海运口岸收费进行专项清理整顿，进一步精简合并收费项目，完善海运口岸收费目录清单并实行动态管理，确保清单外无收费项目。研究将港口设施保安费等并入港口作业包干费，降低部分政府定价的港口收费标准。依法规范港口企业和船公司收费行为。降低集装箱进出口常规收费水平。（国家发展改革委、财政部、交通运输部、海关总署、市场监管总局按职责分工负责）

（十五）加强物流领域收费行为监管。对实行政府定价或政府指导价的收费项目，及时降低偏高收费标准；对实行市场调节价的收费项目，研究建立收费行为规则和指南。严格执行收费项目和标准公示制度，对不按公示价格标准收费或随意增加收费项目等行为，加大查处力度。依法查处强制收费、只收费不服务、超标准收费等违规违法行为。（国家发展改革委、市场监管总局、交通运输部、海关总署、省级人民政府按职责分工负责）

四、加强信息开放共享，降低物流信息成本

（十六）推动物流信息开放共享。在确保信息安全前提下，交通运输、公安交管、铁路、港口、航空等单位要向社会开放与物流相关的公共信息。按照安全共享和对等互利的原则，推动铁路企业与港口、物流等企业信息系统对接，完善信息接口等标准，加强列车到发时刻等信息开放。研究建立全国多式联运公共信息系统，推行标准化数据接口和协议，更大程度实现数据信息共享。（交通运输部、公安部、工业和信息化部、国家铁路局、中国民航局、中国国家铁路集团有限公司按职责分工负责）

（十七）降低货车定位信息成本。对出厂前已安装卫星定位装置的货运车辆，任何单位不得要求重复加装卫星定位装置。规范货运车辆定位信息服务商收费行为，减轻货运车辆定位信息成本负担。（工业和信息化部、市场监管总局、交通运输部按职责分工负责）

五、推动物流设施高效衔接，降低物流联运成本

（十八）破除多式联运“中梗阻”。中央和地方财政加大对铁路专用线、多式联运场站等物流设施建设的资金支持力度，研究制定铁路专用线进港口设计规范，促进铁路专用线进港口、进大型工矿企业、进物流枢纽。持续推进长江航道整治工程和三峡翻坝综合转运体系建设，进一步提升长江等内河航运能力。加快推动大宗货物中长距离运输“公转铁”、“公转水”。（财政部、国家发展改革委、交通运输部、工业和信息化部、国家铁路局、中国国家铁路集团有限公司按职责分工负责）以多式联运示范工程为重点，推广应用多式联运运单，加快发展“一单制”联运服务。（交通运输部、国家发展改革委、国家铁路局、中国国家铁路集团有限公司负责）

（十九）完善物流标准规范体系。推广应用符合国家标准的货运车辆、内河船舶船型、标准化托盘和包装基础模数，带动上下游物流装载器具标准化。（工业和信息化部、商务部、交通运输部、市场监管总局按职责分工负责）加强与国际标准接轨，适应多式联运发展需求，推广应用内陆集装箱（系列 2），加强特定货类安全装载标准研究，减少重复掏箱装箱。（交通运输部、国家铁路局、工业和信息化部、公安部、中国国家铁路集团有限公司负责）

六、推动物流业提质增效，降低物流综合成本

（二十）推进物流基础设施网络建设。研究制定 2021—2025 年国家物流枢纽网络建设实施方案，整合优化存量物流基础设施资源，构建“通道+枢纽+网络”的物流运作体系，系统性降低全程运输、仓储等物流成本。（国家发展改革委、交通运输部负责）继续实施示范物流园区工程，示范带动骨干物流园区互联成网。（国家发展改革委、自然资源部负责）布局建设一批国家骨干冷链物流基地，有针对性补齐城乡冷链物流设施短板，整合冷链物流以及农产品生产、流通资源，提高冷链物流规模化、集约化、组织化、网络化水平，降低冷链物流成本。（国家发展改革委负责）加强县乡村共同配送基础设施建设，推广应用移动冷库等新型冷链物流设施设备。（商务部、国家发展改革委负责）加强应急物流体系建设，完善应急物流基础设施网络，整合储备、运输、配送等各类存量基础设施资源，加快补齐特定区域、特定领域应急物流基础设施短板，提高紧急情况下应急物流保障能力。（国家发展改革委、交通运输部、省级人民政府按职责分工负责）

（二十一）培育骨干物流企业。鼓励大型物流企业市场化兼并重组，提高综合服务能力和国际竞争力。培育具有较强实力的国际海运企业，推动构建与我国对外贸易规模相适应的国际航运网络。（国务院国资委、交通运输部按职责分工负责）严格落实网络货运平台运营相关法规和标准，促进公路货运新业态规范发展。鼓励物流企业向多式联运经营人、物流全链条服务商转型。（交通运输部、国家发展改革委按职责分工负责）

（二十二）提高现代供应链发展水平。深入推进供应链创新与应用试点，总结推广试点成功经验和模式，提高资金、存货周转效率，促进现代供应链与农业、工业、商贸流通业等融合创新。研究制定现代供应链发展战略，加快发展数字化、智能化、全球化的现代供应链。（国家发展改革委、商务部按职责分工负责）

（二十三）加快发展智慧物流。积极推进新一代国家交通控制网建设，加快货物管理、运输服务、场站设施等数字化升级。（交通运输部负责）推进新兴技术和智能化设备应用，提高仓储、运输、分拨配送等物流环节的自动化、智慧化水平。（国家发展改革委负责）

（二十四）积极发展绿色物流。深入推动货物包装和物流器具绿色化、减量化，鼓励企业研发使用可循环的绿色包装和可降解的绿色包材。加快推动建立托盘等标准化装载器具循环共用体系，减少企业重复投入。（商务部、交通运输部、市场监管总局、工业和信息化部、国家邮政局按职责分工负责）

各地区各部门要按照党中央、国务院决策部署，加强政策统筹协调，切实落实工作责任，结合本地区本部门实际认真组织实施。国家发展改革委要会同有关部门发挥全国现代物流工作部际联席会议作用，加强工作指导，及时总结推广降低物流成本典型经验做法，协调解决政策实施中存在的问题，确保各项政策措施落地见效。

国务院办公厅关于进一步优化营商环境更好服务市场主体的实施意见

国办发〔2020〕24 号

各省、自治区、直辖市人民政府，国务院各部委、各直属机构：

党中央、国务院高度重视深化“放管服”改革优化营商环境工作。近年来，我国营商环境明显改善，但仍存在一些短板和薄弱环节，特别是受新冠肺炎疫情等影响，企业困难凸显，亟需进一步聚焦市场主体关切，对标国际先进水平，既立足当前又着眼长远，更多采取改革的办法破解企业生产经营中的堵点痛点，强化为市场主体服务，加快打造市场化法治化国际化营商环境，这是做好“六稳”工作、落实“六保”任务的重要抓手。为持续深化“放管服”改革优化营商环境，更大激发市场活力，增强发展内生动力，经国务院同意，现提出以下意见。

一、持续提升投资建设便利度

（一）优化再造投资项目前期审批流程。从办成项目前期“一件事”出发，健全部门协同工作机制，加强项目立项与用地、规划等建设条件衔接，推动有条件的地方对项目可行性研究、用地预审、选址、环境影响评价、安全评价、水土保持评价、压覆重要矿产资源评估等事项，实行项目单位编报一套材料，政府部门统一受理、同步评估、同步审批、统一反馈，加快项目落地。优化全国投资项目在线审批监管平台审批流程，实现批复文件等在线打印。（国家发展改革委牵头，国务院相关部门及各地区按职责分工负责）

（二）进一步提升工程建设项目审批效率。全面推行工程建设项目分级分类管理，在确保安全前提下，对社会投资的小型低风险新建、改扩建项目，由政府部门发布统一的企业开工条件，企业取得用地、满足开工条件后作出相关承诺，政府部门直接发放相关证书，项目即可开工。加快推动工程建设项目全流程在线审批，推进工程建设项目审批管理系统与投资审批、规划、消防等管理系统数据实时共享，实现信息一次填报、材料一次上传、相关评审意见和审批结果即时推送。2020 年底前将工程建设项目审批涉及的行政许可、备案、评估评审、中介服务、市政公用服务等纳入线上平台，公开办理标准和费用。（住房城乡建设部牵头，国务院相关部门及各地区按职责分工负责）

（三）深入推进“多规合一”。抓紧统筹各类空间性规划，积极推进各类相关规划数据衔接或整合，推动尽快消除规划冲突和“矛盾图斑”。统一测绘技术标准和规则，在用地、规划、施工、验收、不动产登记等各阶段，实现测绘成果共享互认，避免重复测绘。（自然资源部牵头，住房城乡建设部等国务院相关部门及各地区按职责分工负责）

二、进一步简化企业生产经营审批和条件

（四）进一步降低市场准入门槛。围绕工程建设、教育、医疗、体育等领域，集中清理有关部

门和地方在市场准入方面对企业资质、资金、股比、人员、场所等设置的不合理条件，列出台账并逐项明确解决措施、责任主体和完成时限。研究对诊所设置、诊所执业实行备案管理，扩大医疗服务供给。对于海事劳工证书，推动由政府部门直接受理申请、开展检查和签发，不再要求企业为此接受船检机构检查，且不收取企业办证费用。通过在线审批等方式简化跨地区巡回演出审批程序。（国家发展改革委、教育部、住房城乡建设部、交通运输部、商务部、文化和旅游部、国家卫生健康委、体育总局等国务院相关部门及各地区按职责分工负责）

（五）精简优化工业产品生产流通等环节管理措施。2020 年底前将保留的重要工业产品生产许可证管理权限全部下放给省级人民政府市场监督管理部门。加强机动车生产、销售、登记、维修、保险、报废等信息的共享和应用，提升机动车流通透明度。督促地方取消对二手车经销企业登记注册地设置的不合理规定，简化二手车经销企业购入机动车交易登记手续。2020 年底前优化新能源汽车免征车辆购置税的车型目录和享受车船税减免优惠的车型目录发布程序，实现与道路机动车辆生产企业及产品公告“一次申报、一并审查、一批发布”，企业依据产品公告即可享受相关税收减免政策。（工业和信息化部、公安部、财政部、交通运输部、商务部、税务总局、市场监管总局、银保监会等国务院相关部门按职责分工负责）

（六）降低小微企业等经营成本。支持地方开展“一照多址”改革，简化企业设立分支机构的登记手续。在确保食品安全前提下，鼓励有条件的地方合理放宽对连锁便利店制售食品在食品处理区面积等方面的审批要求，探索将食品经营许可（仅销售预包装食品）改为备案，合理制定并公布商户牌匾、照明设施等标准。鼓励引导平台企业适当降低向小微商户收取的平台佣金等服务费用和条码支付、互联网支付等手续费，严禁平台企业滥用市场支配地位收取不公平的高价服务费。在保障劳动者职业健康前提下，对职业病危害一般的用人单位适当降低职业病危害因素检测频次。在工程建设、政府采购等领域，推行以保险、保函等替代现金缴纳涉企保证金，减轻企业现金流压力。（市场监管总局、中央网信办、工业和信息化部、财政部、住房城乡建设部、交通运输部、水利部、国家卫生健康委、人民银行、银保监会等相关部门及各地区按职责分工负责）

三、优化外贸外资企业经营环境

（七）进一步提高进出口通关效率。推行进出口货物“提前申报”，企业提前办理申报手续，海关在货物运抵海关监管作业场所后即办理货物查验、放行手续。优化进口“两步申报”通关模式，企业进行“概要申报”且海关完成风险排查处置后，即允许企业将货物提离。在符合条件的监管作业场所开展进口货物“船边直提”和出口货物“抵港直装”试点。推行查验作业全程监控和留痕，允许有条件的地方实行企业自主选择是否陪同查验，减轻企业负担。严禁口岸为压缩通关时间简单采取单日限流、控制报关等不合理措施。（海关总署牵头，国务院相关部门及各地区按职责分工负责）

（八）拓展国际贸易“单一窗口”功能。加快“单一窗口”功能由口岸通关执法向口岸物流、贸易服务等全链条拓展，实现港口、船代、理货等收费标准线上公开、在线查询。除涉密等特殊情况外，进出口环节涉及的监管证件原则上都应通过“单一窗口”一口受理，由相关部门在后台分别办理并实施监管，推动实现企业在线缴费、自主打印证件。（海关总署牵头，生态环境部、交通运输部、农业农村部、商务部、市场监管总局、国家药监局等国务院相关部门及各地区按职责分工负责）

（九）进一步减少外资外贸企业投资经营限制。支持外贸企业出口产品转内销，推行以外贸企业自我声明等方式替代相关国内认证，对已经取得相关国际认证且认证标准不低于国内标准的产品，允许外贸企业作出符合国内标准的书面承诺后直接上市销售，并加强事中事后监管。授权全国所有地级及以上城市开展外商投资企业注册登记。（商务部、市场监管总局等国务院相关部门及各地区按职责分工负责）

四、进一步降低就业创业门槛

（十）优化部分行业从业条件。推动取消除道路危险货物运输以外的道路货物运输驾驶员从业资格考试，并将相关考试培训内容纳入相应等级机动车驾驶证培训，驾驶员凭培训结业证书和机动车驾驶证申领道路货物运输驾驶员从业资格证。改革执业兽医资格考试制度，便利兽医相关专业高校在校生报名参加考试。加快推动劳动者入职体检结果互认，减轻求职者负担。（人力资源社会保障部、交通运输部、农业农村部等国务院相关部门及各地区按职责分工负责）

（十一）促进人才流动和灵活就业。2021 年 6 月底前实现专业技术人才职称信息跨地区在线核验，鼓励地区间职称互认。引导有需求的企业开展“共享用工”，通过用工余缺调剂提高人力资源配置效率。统一失业保险转移办理流程，简化失业保险申领程序。各地要落实属地管理责任，在保障安全卫生、不损害公共利益等条件下，坚持放管结合，合理设定流动摊贩经营场所。（人力资源社会保障部、市场监管总局、住房城乡建设部等国务院相关部门及各地区按职责分工负责）

（十二）完善对新业态的包容审慎监管。加快评估已出台的新业态准入和监管政策，坚决清理各类不合理管理措施。在保证医疗安全和质量前提下，进一步放宽互联网诊疗范围，将符合条件的互联网医疗服务纳入医保报销范围，制定公布全国统一的互联网医疗审批标准，加快创新型医疗器械审评审批并推进临床应用。统一智能网联汽车自动驾驶功能测试标准，推动实现封闭场地测试结果全国通用互认，督促封闭场地向社会公开测试服务项目及收费标准，简化测试通知书申领及异地换发手续，对测试通知书到期但车辆状态未改变的无需重复测试、直接延长期限。降低导航电子地图制作测绘资质申请条件，压减资质延续和信息变更的办理时间。（工业和信息化部、公安部、自然资源部、交通运输部、国家卫生健康委、国家医保局、国家药监局等国务院相关部门及各地区按职责分工负责）

（十三）增加新业态应用场景等供给。围绕城市治理、公共服务、政务服务等领域，鼓励地方通过搭建供需对接平台等为新技术、新产品提供更多应用场景。在条件成熟的特定路段及有需求的机场、港口、园区等区域探索开展智能网联汽车示范应用。建立健全政府及公共服务机构数据开放共享规则，推动公共交通、路政管理、医疗卫生、养老等公共服务领域和政府部门数据有序开放。（国家发展改革委牵头，中央网信办、工业和信息化部、公安部、民政部、住房城乡建设部、交通运输部、国家卫生健康委等相关部门及各地区按职责分工负责）

五、提升涉企服务质量和效率

（十四）推进企业开办经营便利化。全面推行企业开办全程网上办，提升企业名称自主申报系统核名智能化水平，在税务、人力资源社会保障、公积金、商业银行等服务领域加快实现电子营业执照、电子印章应用。放宽小微企业、个体工商户登记经营场所限制。探索推进“一业一证”改革，将一个行业准入涉及的多张许可证整合为一张许可证，实现“一证准营”、跨地互认通用。

梳理各类强制登报公告事项，研究推动予以取消或调整为网上免费公告。加快推进政务服务事项跨省通办。（市场监管总局、国务院办公厅、司法部、人力资源社会保障部、住房城乡建设部、人民银行、税务总局、银保监会、证监会等国务院相关部门及各地区按职责分工负责）

（十五）持续提升纳税服务水平。2020 年底前基本实现增值税专用发票电子化，主要涉税服务事项基本实现网上办理。简化增值税等税收优惠政策申报程序，原则上不再设置审批环节。强化税务、海关、人民银行等部门数据共享，加快出口退税进度，推行无纸化单证备案。（税务总局牵头，人民银行、海关总署等国务院相关部门按职责分工负责）

（十六）进一步提高商标注册效率。提高商标网上服务系统数据更新频率，提升系统智能检索功能，推动实现商标图形在线自动比对。进一步压缩商标异议、驳回复审的审查审理周期，及时反馈审查审理结果。2020 年底前将商标注册平均审查周期压缩至 4 个月以内。（国家知识产权局负责）

（十七）优化动产担保融资服务。鼓励引导商业银行支持中小企业以应收账款、生产设备、产品、车辆、船舶、知识产权等动产和权利进行担保融资。推动建立以担保人名称为索引的电子数据库，实现对担保品登记状态信息的在线查询、修改或撤销。（人民银行牵头，国家发展改革委、公安部、交通运输部、市场监管总局、银保监会、国家知识产权局等国务院相关部门按职责分工负责）

六、完善优化营商环境长效机制

（十八）建立健全政策评估制度。研究制定建立健全政策评估制度的指导意见，以政策效果评估为重点，建立对重大政策开展事前、事后评估的长效机制，推进政策评估工作制度化、规范化，使政策更加科学精准、务实管用。（国务院办公厅牵头，各地区、各部门负责）

（十九）建立常态化政企沟通联系机制。加强与企业和行业协会商会的常态化联系，完善企业服务体系，加快建立营商环境诉求受理和分级办理“一张网”，更多采取“企业点菜”方式推进“放管服”改革。加快推进政务服务热线整合，进一步规范政务服务热线受理、转办、督办、反馈、评价流程，及时回应企业和群众诉求。（国务院办公厅牵头，国务院相关部门和单位及各地区按职责分工负责）

（二十）抓好惠企政策兑现。各地要梳理公布惠企政策清单，根据企业所属行业、规模等主动精准推送政策，县级政府出台惠企措施时要公布相关负责人及联系方式，实行政策兑现“落实到人”。鼓励推行惠企政策“免申即享”，通过政府部门信息共享等方式，实现符合条件的企业免予申报、直接享受政策。对确需企业提出申请的惠企政策，要合理设置并公开申请条件，简化申报手续，加快实现一次申报、全程网办、快速兑现。（各地区、各部门负责）

各地区、各部门要认真贯彻落实本意见提出的各项任务和要求，围绕市场主体需求，研究推出更多务实管用的改革举措，相关落实情况年底前报国务院。有关改革事项涉及法律法规调整的，要按照重大改革于法有据的要求，抓紧推动相关法律法规的立改废释。国务院办公厅要加强对深化“放管服”改革和优化营商环境工作的业务指导，强化统筹协调和督促落实，确保改革措施落地见效。

国务院办公厅

2020 年 7 月 15 日

（此件公开发布）

国务院办公厅关于推进对外贸易创新发展的实施意见

国办发〔2020〕40号

各省、自治区、直辖市人民政府，国务院各部委、各直属机构：

对外贸易是我国开放型经济的重要组成部分和国民经济发展的重要推动力量。为深入贯彻党中央、国务院关于推进贸易高质量发展的决策部署，经国务院同意，现就推进对外贸易创新发展提出如下意见：

一、总体要求

以习近平新时代中国特色社会主义思想为指导，全面贯彻党的十九大和十九届二中、三中、四中、五中全会精神，坚持新发展理念，坚持以供给侧结构性改革为主线，坚定不移扩大对外开放，稳住外贸外资基本盘，稳定产业链供应链，进一步深化科技创新、制度创新、模式和业态创新。围绕构建以国内大循环为主体、国内国际双循环相互促进的新发展格局，加快推进国际市场布局、国内区域布局、经营主体、商品结构、贸易方式等“五个优化”和外贸转型升级基地、贸易促进平台、国际营销体系等“三项建设”，培育新形势下参与国际合作和竞争新优势，实现外贸创新发展。

二、创新开拓方式，优化国际市场布局

优化国际经贸环境。坚定维护以世界贸易组织为核心的多边贸易体制，坚决反对单边主义和保护主义，支持世界贸易组织必要改革，积极参与国际贸易规则制定。推动《区域全面经济伙伴关系协定》（RCEP）尽早签署。加快推进中日韩自由贸易协定、中国—海合会自由贸易协定谈判，积极商签更多高标准自由贸易协定和区域贸易协定。

推进贸易畅通工作机制建设。落实好已签署的共建“一带一路”合作文件，大力推动与重点市场国家特别是共建“一带一路”国家商建贸易畅通工作组、电子商务合作机制、贸易救济合作机制，推动解决双边贸易领域突出问题。

利用新技术新渠道开拓国际市场。充分运用第五代移动通信（5G）、虚拟现实（VR）、增强现实（AR）、大数据等现代信息技术，支持企业利用线上展会、电商平台等渠道开展线上推介、在线洽谈和线上签约等。推进展会模式创新，探索线上线下同步互动、有机融合的办展新模式。

提升公共服务水平。加大对重点市场宣传推介力度，及时发布政策和市场信息。加强国别贸易投资法律政策研究。建设跨境贸易投资综合法律支援平台。做好企业境外商务投诉服务。提升商事法律、标准体系建设等方面服务水平。

三、发挥比较优势，优化国内区域布局

提高东部地区贸易质量。加强京津冀协同发展，围绕雄安新区建设开放发展先行区的定位，全面对标国际高标准贸易规则。以长江三角洲区域一体化发展战略为依托，打造高水平开放平台。以上海自由贸易试验区临港新片区为载体，进一步提升浦东新区开放水平，打造更具国际竞争力的特殊经济功能区。以广州南沙、深圳前海、珠海横琴等重大合作平台为重点，加强贸易领域规则衔接、制度对接，推进粤港澳市场一体化发展。

提升中西部地区贸易占比。支持中西部地区深度融入共建“一带一路”大格局，构筑内陆地区效率高、成本低、服务优的国际贸易通道。加快边境经济合作区和跨境经济合作区建设，扩大与周边国家经贸往来。实施黄河流域生态保护和高质量发展战略，推动成渝地区双城经济圈建设，打造内陆开放战略高地。积极推进中西部地区承接产业转移示范区建设。培育和建设新一批加工贸易梯度转移重点承接地和示范地。

扩大东北地区对外开放。支持东北地区开展大宗资源性商品进出口贸易，探索设立大宗资源性商品交易平台。发挥装备制造业基础优势，积极参与承揽大型成套设备出口项目。落实好中俄远东合作规划，稳步推进能源资源、农林开发等领域合作项目，加强毗邻地区贸易和产业合作，发挥大图们倡议等合作机制作用，提升面向东北亚合作水平。

创新区域间外贸合作机制。以国家级新区、承接产业转移示范区为重点，建立产业转移承接结对合作机制。鼓励中西部和东北重点地区承接产业转移平台建设，完善基础设施，建设公共服务平台，提升承接产业转移能力。完善东中西加工贸易产业长效对接机制，深化中国加工贸易产品博览会等平台功能，加强投资信息共享，举办梯度转移对接交流活动。

四、加强分类指导，优化经营主体

培育具有全球竞争力的龙头企业。在通信、电力、工程机械、轨道交通等领域，以市场为导向，培育一批具有较强创新能力和国际竞争力的龙头企业。引导企业创新对外合作方式，优化资源、品牌和营销渠道。构建畅通的国际物流运输体系、资金结算支付体系和海外服务网络。

增强中小企业贸易竞争力。开展中小外贸企业成长行动计划。推进中小企业“抱团出海”行动。鼓励“专精特新”中小企业走国际化道路，在元器件、基础件、工具、模具、服装、鞋帽等行业，鼓励形成一批竞争力强的“小巨人”企业。

提升协同发展水平。发挥行业龙头企业引领作用，探索组建企业进出口联盟，促进中小企业深度融入供应链。支持龙头企业搭建资源和能力共享平台。引导企业与境外产业链上下游企业加强供需保障的互利合作。稳存量，促增量，充分发挥外资对外贸创新发展的带动作用。

主动服务企业。建立和完善重点外贸外资企业联系服务机制。发挥贸促机构、行业商协会作用，共同推动解决企业遇到的困难和问题。

五、创新要素投入，优化商品结构

保护和发展产业链供应链。保障在全球产业链中有重要影响的企业和关键产品生产出口，维护国际供应链稳定。拓展重点市场产业链供应链，实现物流、商流、资金流、信息流等互联互通。推进供应链数字化和智能化发展。搭建应急供应链综合保障平台。提升全球产业链供应链风险防

控能力。积极参与和推动国际产业链供应链保障合作。

推动产业转型升级。实施新一轮技术改造升级工程。开展先进制造业集群培育试点示范，创建一批国家制造业高质量发展试验区。加快推进战略性新兴产业集群建设。鼓励企业实施绿色化、智能化、服务化改造。提高农业产业竞争力，建设一批农产品贸易高质量发展基地。

优化出口产品结构。积极推动电力、轨道交通、通信设备、船舶及海洋工程、工程机械、航空航天等装备类大型成套设备开拓国际市场。提高生物技术、节能环保、新一代信息技术、新能源、机器人等新兴产业的国际竞争力。推动纺织、服装、箱包、鞋帽等劳动密集型产品高端化、精细化发展。提升农产品精深加工能力和特色发展水平，扩大高附加值农产品出口。

提高出口产品质量。加强全面质量管理，严把供应链质量关。加强质量安全风险预警和快速反应监管体系建设。建设一批重点出口产品质量检测公共服务平台。加快推进与重点出口市场认证证书和检测结果互认。鼓励企业使用国际标准和国外先进标准，充分利用国际认可的产品检测和认证体系，按照国际标准开展生产和质量检验。

优化进口结构。适时调整部分产品关税。发挥《鼓励进口技术和产品目录》引导作用，扩大先进技术、重要装备和关键零部件进口。支持能源资源产品进口。鼓励优质消费品进口。加强对外农业产业链供应链建设，增加国内紧缺和满足消费升级需求的农产品进口。扩大咨询、研发设计、节能环保、环境服务等知识技术密集型服务进口和旅游进口。

六、创新发展模式，优化贸易方式

做强一般贸易。扩大一般贸易规模，提升产品附加值，增强谈判、议价能力。鼓励企业加强研发、品牌培育、渠道建设，增强关键技术、核心零部件生产和供给能力。在有条件的地区、行业和企业建立品牌推广中心，鼓励形成区域性、行业性品牌。

提升加工贸易。加大对加工贸易转型升级示范区和试点城市的支持力度，培育认定新一批试点城市，支持探索创新发展新举措。提升加工贸易技术含量和附加值，延长产业链，由加工组装向技术、品牌、营销环节延伸。支持保税维修等新业态发展。动态调整加工贸易禁止类商品目录。

发展其他贸易。落实促进边境贸易创新发展政策，修订《边民互市贸易管理办法》。制订边民互市进口商品负面清单，开展边民互市进口商品落地加工试点。培育发展边境贸易商品市场和商贸中心。支持边境地区发展电子商务。探索发展新型贸易方式。支持在自由贸易港、自由贸易试验区探索促进新型国际贸易发展。

促进内外贸一体化。优化市场流通环境，便利企业统筹用好国际国内两个市场，降低出口产品内销成本。鼓励出口企业与国内大型商贸流通企业对接，多渠道搭建内销平台，扩大内外销产品“同线同标同质”实施范围。加强宣传推广和公共服务，推动内销规模化、品牌化。

七、创新运营方式，推进国家外贸转型升级基地建设

健全组织管理。依托各类产业集聚区，加快基地建设，做大做强主导产业链，完善配套支撑产业链，增强供给能力。建立多种形式的基地管理服务机构。

建设公共服务平台。依托研究院所、大专院校、贸促机构、行业商协会、专业服务机构和龙头企业，搭建研发、检测、营销、信息、物流等方面的公共服务平台。

八、创新服务模式，推进贸易促进平台建设

办好进博会、广交会等一批综合展会。对标国际一流展会，丰富完善中国国际进口博览会功能，着力提升国际化、专业化水平，增强吸引力和国际影响力，确保“越办越好”。研究推行中国进出口商品交易会线上线下融合办展新模式。拓展中国国际服务贸易交易会、中国国际高新技术成果交易会等展会功能。优化现有展会，培育若干知名度高、影响力大的国际展会。

培育进口贸易促进创新示范区。充分发挥示范区在促进进口、服务产业、提升消费等方面的示范引领作用。提升监管水平，加强服务创新。研究建立追踪问效、评估和退出机制。

九、创新服务渠道，推进国际营销体系建设

加快建立国际营销体系。鼓励企业以合作、自建等方式，完善营销和服务保障体系，开展仓储、展示、批发、销售、接单签约及售后服务。推进售后云服务模式和远端诊断、维修。重点推动汽车、机床等行业品牌企业建设国际营销服务网点。

推进国际营销公共平台建设。充分发挥平台带动和示范作用，助力企业开拓国际市场。研究建立评估及退出机制。建设国际营销公共服务平台网络，共享平台资源。

十、创新业态模式，培育外贸新动能

促进跨境电商等新业态发展。积极推进跨境电商综合试验区建设，不断探索好经验好做法，研究建立综合试验区评估考核机制。支持建设一批海外仓。扩大跨境电商零售进口试点。推广跨境电商应用，促进企业对企业（B2B）业务发展。研究筹建跨境电商行业联盟。推进市场采购贸易方式试点建设，总结经验并完善配套服务。促进外贸综合服务企业发展，研究完善配套监管政策。

积极推进二手车出口。建立健全二手车出口管理与促进体系，扩大二手车出口业务，完善质量检测标准，实行全国统一的出口检测规范。强化二手车境外售后服务体系建设，鼓励有条件的企业在重点市场建立公共备品备件库，提高售后服务质量。培育和支持二手车出口行业组织发展。

加快发展新兴服务贸易。加快发展对外文化贸易，加大对国家文化出口重点企业和重点项目的支持，加强国家文化出口基地建设。加快服务外包转型升级，开展服务外包示范城市动态调整，大力发展高端生产性服务外包。加强国家中医药服务出口基地建设，扩大中医药服务出口。

加快贸易数字化发展。大力发展数字贸易，推进国家数字服务出口基地建设，鼓励企业向数字服务和综合服务提供商转型。支持企业不断提升贸易数字化和智能化管理能力。建设贸易数字化公共服务平台，服务企业数字化转型。

十一、优化发展环境，完善保障体系

发挥自由贸易试验区、自由贸易港制度创新作用。扩大开放领域，推动外向型经济主体及业务在自由贸易试验区汇聚。推动出台海南自由贸易港法。以贸易自由化便利化为重点，突出制度集成创新，研究优化贸易方案，扎实推进海南自由贸易港建设，制定海南自由贸易港禁止、限制进出口的货物、物品清单，清单外货物、物品自由进出；出台海南自由贸易港跨境服务贸易负面清单，进一步规范影响服务贸易自由便利的国内规制，为适时向更大范围推广积累经验。

不断提升贸易便利化水平。进一步简化通关作业流程，精简单证及证明材料。创新海关核查模式，推进“网上核查”改革。进一步完善国际贸易“单一窗口”功能，推进全流程作业无纸化。建立更加集约、高效、运行通畅的船舶便利通关查验新模式，加快推进“单一窗口”功能覆盖海运和贸易全链条。

优化进出口管理和服务。完善大宗商品进出口管理。有序推动重点商品进出口管理体制改革。加强口岸收费管理，严格执行口岸收费目录清单制度，持续清理规范进出口环节涉企收费。降低港口收费，进一步减并港口收费项目，降低政府定价的港口经营服务性项目收费标准。积极推动扩大出口退税无纸化申报范围，持续加快出口退税办理进度。扩大贸易外汇收支便利化试点，便利跨境电商外汇结算。

强化政策支持。在符合世界贸易组织规则前提下，加大财政金融支持力度。用好外经贸发展专项资金，推动外贸稳中提质、创新发展。落实再贷款、再贴现等金融支持政策，加快贷款投放进度，引导金融机构增加外贸信贷投放，落实好贷款阶段性延期还本付息等政策，加大对中小微外贸企业支持。充分发挥进出口信贷和出口信用保险作用，进一步扩大出口信用保险覆盖面，根据市场化原则适度降低保险费率。

加强国际物流保障。确保国际海运保障有力，提升国际航空货运能力，促进国际道路货运便利化。提升中欧班列等货运通道能力，加强集结中心示范工程建设，以市场化为原则，鼓励运营企业完善境外物流网络，增强境外物流节点的联运、转运和集散能力，拓展回程货源，提高国际化运营竞争力。鼓励港航企业与铁路企业加强合作，积极发展集装箱铁水联运。

提升风险防范能力。统筹发展和安全，切实防范、规避重大风险。坚持底线思维，保障粮食、能源和资源安全。努力构建现代化出口管制体系。严格实施出口管制法。优化出口管制许可和执法体系，推动出口管制合规和国际合作体系建设。完善对外贸易调查制度，丰富调查工具。健全预警和法律服务机制，构建主体多元、形式多样的工作体系。健全贸易救济调查工作体系，提升运用规则的能力和水平。完善贸易摩擦应对机制，推动形成多主体协同应对的工作格局。研究设立贸易调整援助制度。

加强组织实施。加强党对外贸工作的全面领导。充分发挥国务院推进贸易高质量发展部际联席会议制度作用，整体推进外贸创新发展。商务部要会同有关部门加强协调指导，各地方要抓好贯彻落实。重大情况及时向党中央、国务院报告。

国务院办公厅
2020 年 10 月 25 日

（此件公开发布）

国务院关于做好自由贸易试验区第六批改革试点经验复制推广工作的通知

国函〔2020〕96号

各省、自治区、直辖市人民政府，国务院各部委、各直属机构：

建设自由贸易试验区（以下简称自贸试验区）是党中央、国务院在新时代推进改革开放的一项战略举措，肩负着为全面深化改革和扩大开放探索新途径、积累新经验的重大使命。按照党中央、国务院决策部署，自贸试验区所在地方和有关部门结合各自贸试验区功能定位和特色特点，全力推进制度创新实践，形成了自贸试验区第六批改革试点经验，将在全国范围内复制推广。现就有关事项通知如下：

一、复制推广的主要内容

（一）在全国范围内复制推广的改革事项

1. 投资管理领域："出版物发行业务许可与网络发行备案联办制度"、"绿色船舶修理企业规范管理"、"电力工程审批绿色通道"、"以三维地籍为核心的土地立体化管理模式"、"不动产登记业务便民模式"、"增值税小规模纳税人智能辅助申报服务"、"证照'一口受理、并联办理'审批服务模式"、"企业'套餐式'注销服务模式"、"医疗器械注册人委托生产模式"等9项。

2. 贸易便利化领域："'融资租赁+汽车出口'业务创新"、"飞机行业内加工贸易保税货物便捷调拨监管模式"、"跨境电商零售进口退货中心仓模式"、"进出口商品智慧申报导航服务"、"冰鲜水产品两段准入监管模式"、"货物贸易'一保多用'管理模式"、"边检行政许可网上办理"等7项。

3. 金融开放创新领域："保理公司接入央行企业征信系统"、"分布式共享模式实现'银政互通'"、"绿色债务融资工具创新"、"知识产权证券化"等4项。

4. 事中事后监管措施："'委托公证+政府询价+异地处置'财产执行云处置模式"、"多领域实施包容免罚清单模式"、"海关公证电子送达系统"、"商事主体信用修复制度"、"融资租赁公司风险防控大数据平台"、"大型机场运行协调新机制"等6项。

5. 人力资源领域："领事业务'一网通办'"、"直接采认台湾地区部分技能人员职业资格"、"航空维修产业职称评审"、"船员远程计算机终端考试"、"出入境人员综合服务'一站式'平台"等5项。

（二）在特定区域复制推广的改革事项

1. 在自贸试验区复制推广"建设项目水、电、气、暖现场一次联办模式"、"股权转让登记远程确认服务”、“野生动植物进出口行政许可审批事项改革”等3项。

2. 在二手车出口业务试点地区复制推广“二手车出口业务新模式”。

3. 在保税监管场所复制推广“保税航煤出口质量流量计计量新模式”。

4. 在成都铁路局局管范围内复制推广“空铁联运一单制货物运输模式”。

二、高度重视复制推广工作

各地区、各部门要以习近平新时代中国特色社会主义思想为指导，全面贯彻党的十九大和十九届二中、三中、四中全会精神，深刻认识复制推广自贸试验区改革试点经验的重大意义，将复制推广工作作为贯彻新发展理念、推动高质量发展、建设现代化经济体系的重要举措。要把复制推广第六批改革试点经验与巩固落实前五批经验结合起来，同一领域的要加强系统集成，不同领域的要强化协同高效，推动各方面制度更加成熟更加定型，把制度优势转化为治理效能，推进治理体系和治理能力现代化，进一步优化营商环境，激发市场活力，建设更高水平开放型经济新体制。

三、切实做好组织实施

各省（自治区、直辖市）人民政府要将自贸试验区改革试点经验复制推广工作列为本地区重点工作，加强组织领导，加大实施力度，确保复制推广工作顺利推进、取得实效。国务院各有关部门要结合工作职责，主动作为，指导完成复制推广工作。需报国务院批准的事项要按程序报批，需调整有关行政法规、国务院文件和部门规章规定的，要按法定程序办理。国务院自由贸易试验区工作部际联席会议办公室要开展成效评估，协调解决复制推广工作中的重点难点问题。复制推广工作中遇到的重大问题，要及时报告国务院。

附件：自由贸易试验区第六批改革试点经验复制推广工作任务分工表

国务院

2020年6月28日

（此件公开发布）

附件

自由贸易试验区第六批改革试点经验复制推广工作任务分工表

序号	改革事项	主要内容	负责单位	推广范围
1	出版物发行业务许可与网络发行备案联办制度	将出版物发行业务许可及从事网络发行备案申办流程由“串联”改为“并联”，企业一表填报申请、登记信息，一次性提交办理要件，并可在线补充报送信息。实行“宽进严管”、“靶向追踪”等事中事后协同监管机制，强化部门审批和监管信息共享。	中央宣传部	全国

续表1

序号	改革事项	主要内容	负责单位	推广范围
2	“委托公证+政府询价+异地处置”财产执行云处置模式	执行案件申请人可在异地委托财产所在地公证机关对财产实况进行取证后提交指定政府部门，由该部门委托第三方评估机构根据有关财产的公证文书及视频资料直接进行批量式书面审查评估，并向法院出具价格认定书，将此作为网上拍卖的底价依据。待网上拍卖成功后，通过人民法院执行指挥管理平台，委托异地法院完成财产的解封、解押、过户等交付手续。	最高人民法院	全国
3	领事业务“一网通办”	全面整合领事业务信息系统，将APEC商务旅行卡、外国人来华邀请和领事认证三个业务系统整合至一个平台，并与外交部业务系统跨层级共享信息，实现全流程互联网不见面审批。	外交部	全国
4	绿色船舶修理企业规范管理	鼓励相关行业组织促进船舶修理企业绿色发展，在生产基本条件、质量管理、资源综合利用、安全生产、职业健康、环境保护、监督管理等方面明确统一标准，引导企业规范发展，加强行业自律。	工业和信息化部、交通运输部	全国
5	电力工程审批绿色通道	建立完善电力工程并联审批制度规范，实行公安（交警）、自然资源、市政、绿化等相关部门“一站式”联合审批，快速受理审批10千伏及以下电力管线的规划、挖掘、占路等行政许可，统一送达许可证书。	公安部、自然资源部、住房城乡建设部、国家林草局	全国
6	多领域实施包容免罚清单模式	对市场主体符合首次违法、非主观故意并及时纠正、违法行为轻微、没有造成危害后果的行政违法行为，制定并发布多个领域的包容免罚清单，明确免除罚款的行政处罚。在规定期限内，动态调整免罚清单。对未在规定期限内整改或整改不到位的市场主体，行政监管部门可以依据行政处罚法等予以处罚。	司法部	全国
7	直接采认台湾地区部分技能人员职业资格	持有台湾地区“劳动力发展署技能检定中心”核发的中餐烹调、西餐烹调、美容、女子美发等职业甲、乙、丙级技术士证书，可直接采认为大陆相对应的职业资格。	人力资源社会保障部、中央台办	全国
8	航空维修产业职称评审	由航空维修企业对申报人的工作实绩和相关信息进行前置评价和审核把关，作为后续职称评审工作的重要参考依据。结合航空维修产业特点，建立专门评委会，对参评人员进行综合评审，开辟航空维修企业职工参与职称评审快捷通道。	人力资源社会保障部	全国
9	以三维地籍为核心的土地立体化管理模式	建立三维地籍管理系统，将三维地籍管理理念和技术方法纳入土地管理、开发建设和运营管理全过程，在土地立体化管理制度、政策、技术标准、信息平台、数据库等方面进行探索，以三维方式设定立体建设用地使用权。	自然资源部	全国

续表2

序号	改革事项	主要内容	负责单位	推广范围
10	不动产登记业务便民模式	实行不动产登记“一证一码”，手机扫描不动产权证二维码可查询证书附图、限制状态等信息。个人用户可使用手机应用程序等，实现名下不动产登记信息查询、办理进度查询、费用缴纳等。	自然资源部	全国
11	建设项目水、电、气、暖现场一次联办模式	改革建设项目水、电、气、暖服务申报模式，由向相关市政公用基础设施单位“多家申报”，改为向政务服务中心“一家申报”。在项目现场实施受理、核查、反馈“一站式”联合办理，提供“一对一”精准服务。精简申报材料，明确时限节点，梳理办理流程，压缩办理时限。	住房城乡建设部	自贸试验区
12	船员远程计算机终端考试	按照统一规范要求，在船员考试业务量较多或偏远地区建立远程考场，供船员通过计算机终端参加远程理论考试。船员可根据需求预约远程考试，自主选择证书领取方式（自取或邮寄）。	交通运输部	全国
13	空铁联运一单制货物运输模式	推动航空运输企业和铁路运输企业作为合作承运人与货运客户签订“空铁联运单”，共同负责全程运输，分别承担相应运程责任。承运人收揽货物后，通过铁路或航空将货物运至中转站，进行“班机+班列”的衔接转运，完成下一运程。	交通运输部、中国民航局、中国国家铁路集团有限公司	成都铁路局局管范围内
14	“融资租赁+汽车出口”业务创新	支持以融资租赁方式开展汽车出口业务，在商务部汽车出口许可证申请系统中增设相应贸易方式选项，并按照企业实际需求采用合适的许可证签发方式，便利企业回款。	商务部、银保监会	全国
15	二手车出口业务新模式	建立二手车出口服务和监管信息化平台，实现车辆全流程信息来源可溯、去向可查、责任可究。优化通关流程和物流流程，鼓励企业提前申报。将出口许可证管理由“一车一证”改为“一批一证”，推进通关便利化。	商务部、公安部、海关总署	二手车出口业务试点地区
16	保理公司接入央行企业征信系统	对成立时间超过一年、经地方金融监督管理局推荐、通过中国人民银行派出机构审查的商业保理法人企业，以专线直接接入和互联网平台方式接入央行企业征信系统。	人民银行、银保监会	全国
17	分布式共享模式实现“银政互通”	通过规范数据接口实现银行与相关政府部门专线联通，拓展基于银政信息实时共享的服务项目，实现抵押登记、抵押注销等业务的高效办理。	人民银行、自然资源部、银保监会	全国

续表3

序号	改革事项	主要内容	负责单位	推广范围
18	绿色债务融资工具创新	在银行间市场交易商协会和地方金融监督管理局的合作框架下，地方金融监督管理局、主承销商及发债主体建立专业指导、整体联动的长效工作机制。建立主承销商长效沟通机制，推动金融机构加大债券承销工作力度，重点服务绿色债券发行。加强已发债券事后监督管理，联合金融机构加强债券市场风险监测，防控信用风险，维护市场稳定。加强绿色债券存续期管理，规范募集资金使用，确保投向节能环保、污染防治、资源节约与循环利用等专项领域。	人民银行	全国
19	飞机行业内加工贸易保税货物便捷调拨监管模式	推行便捷监管模式，允许飞机行业对未经加工的保税料件以“余料结转”的方式在集团内不同企业、不同加工贸易手（账）册间自行调拨。实施“电子底账+企业自核”监管模式，根据飞机行业特点，强化企业申报责任，在海关评估企业诚信守法程度后实施企业自核自管和“主料工作法”。	海关总署、商务部	全国
20	跨境电商零售进口退货中心仓模式	在海关特殊监管区域内设置跨境电商零售进口退货中心仓，将区外的分拣、退货流程转移至区内，实行退货中心仓场所硬件设施监管，海关对电商企业相关设施实地验核后准予备案，划定跨境电商退货车辆出入区指定路线。实行退货包裹出入区监管，实施卡口管理、物流监控管理、仓内卸货管理、复运出区管理。实行合格包裹上架监管，加强单证审核和查验管理。	海关总署、商务部	全国
21	海关公证电子送达系统	对不能当场作出行政处罚决定的海关案件，指引当事人快速完成电子送达地址信息采集。结案后，海关可通过海关公证电子送达平台或其他电子送达方式，将《处罚告知单》与《处罚决定书》等法律文书送达当事人，并全程电子存证。	海关总署、司法部	全国
22	出入境人员综合服务“一站式”平台	强化海关、移民、外事、科技等涉外部门协同，优化流程，为出入境人员证件办理、业务预约、在线申报等提供“一站式”综合服务平台。全面推进“一网通办”，提供邀请外国人来华、出入境体检、外国人工作证办理、居留证件查询、随行子女入学等政务办理功能，并为来华境外人员及中国公民提供疫苗预约和订制旅游等服务，实现政务、综合服务“一口通办”。	海关总署、国家移民局、外交部、科技部、国务院港澳办	全国
23	进出口商品智慧申报导航服务	使用大数据、人工智能领域新技术手段，建立智能申报导航数据库集群，在“单一窗口”申报端为企业纳税申报提供全面即时准确的个性化智能导航服务。导航服务过程中不涉及企业具体申报信息，确保数据使用安全。	海关总署	全国

续表4

序号	改革事项	主要内容	负责单位	推广范围
24	冰鲜水产品两段准入监管模式	对海关一般信用及以上的冰鲜水产品进口企业实施“附条件提离”，企业出具书面承诺，海关抽样后口岸放行，利用检测绿色通道实施“合格入市”，企业无需等待检测结果即可向销售商配送，但不得上市销售。检测结果异常，主动召回；检测合格，立即上市。海关定期开展监控计划和食品安全管理核查，企业定期提交配送销售管理证明资料，海关抽查“附条件提离”落实情况，强化入市前风险监管。	海关总署	全国
25	货物贸易“一保多用”管理模式	整合进口货物风险类、税款类担保的管理流程和模式，构建以企业为单元的海关担保信息化管理模式，实现企业一份担保文本在不同业务领域、不同业务现场、不同担保事项间通用，担保额度自动核扣、返还以及担保风险智能防控，进一步降低企业资金成本，提升海关担保业务管理效能。	海关总署	全国
26	保税航煤出口质量流量计计量新模式	保税航煤出口计量方式由岸罐计重变更为质量流量计计量。将成品航煤通过专用管道输入机场出口监管罐后，再转至保税罐，实现出口检验工作与保税货物重量鉴定合二为一。	海关总署	保税监管场所
27	增值税小规模纳税人智能辅助申报服务	通过电子税务局向企业推送预申报数据，智能辅助增值税小规模纳税人便捷申报。	税务总局	全国
28	证照“一口受理、并联办理”审批服务模式	将企业设立联合审批涉及的市场监管、税务、公安、社保等多个部门的受理窗口整合为一个窗口，变“多头受理”为“一口受理”。企业按一份清单要求交齐材料即可申请营业执照和相关许可，实现“最多跑一次”。	市场监管总局	全国
29	企业“套餐式”注销服务模式	地方根据权限范围确定企业联合注销营业执照和许可证的清单，在国家企业信用信息公示系统等企业信息公示平台设置“套餐式”注销服务专区，实行“一窗受理、内部流转、并联审批”，企业经营范围涉及前置审批事项、终止有关业务需经批准的，可多项同步注销。	市场监管总局	全国
30	商事主体信用修复制度	企业自被列入严重违法失信企业名单之日满 3 年，未再发生相关情形的，可通过国家企业信用信息公示系统发布其信用修复公告，公告期 30 日。登记机关将信用修复情况作为商事主体从严重违法失信企业名单移出的重要条件。	市场监管总局	全国
31	股权转让登记远程确认服务	服务对象可依托企业登记信息远程核实系统，经人脸识别技术核准，并通过视频进行基本信息查询及意思表示确认后，依法办理股权转让登记。	市场监管总局	自贸试验区

续表5

序号	改革事项	主要内容	负责单位	推广范围
32	融资租赁公司风险防控大数据平台	对申请设立融资租赁公司的，利用大数据平台信息与所提交材料进行比对，识别评估风险，将异常情况转至相关部门认定、处理。对已设立的融资租赁公司，通过平台定期对接监管、公检法及互联网等信息，进行风险动态评估监测。将通过平台对比、分析形成的需重点关注企业名单，及时与相关部门共享，以采取针对性措施。	银保监会	全国
33	边检行政许可网上办理	设立边检行政许可网上办理窗口，实现上下外国船舶许可、搭靠外轮许可的在线申请、审批、签发。个人和企业用户可通过互联网客户端等渠道，申请办理人员登轮、船舶搭靠等边检许可证件。	国家移民局	全国
34	野生动植物进出口行政许可审批事项改革	将国家林草局实施的野生动植物行政许可审批事项、国家濒危物种进出口管理办公室实施的允许进出口证明书行政许可事项委托自贸试验区所在地的省级林草主管部门和国家濒管办办事处办理，优化审批流程，压缩审批时限。	国家林草局	自贸试验区
35	大型机场运行协调新机制	建立以机场运管委为组织机构、联合运控中心为运行载体、机场协同决策（A—CDM）系统为平台支撑的协同运行体系，实现从管理框架向管理体系的转变，提升大型机场整体运行协调能力。	中国民航局	全国
36	医疗器械注册人委托生产模式	医疗器械注册人除自行生产产品外，可委托具备相应生产条件的企业生产产品。	国家药监局	全国
37	知识产权证券化	依托上海、深圳证券交易所构建知识产权证券化交易体系。根据知识产权数量、公司资产规模、利润水平、行业领先度等因素选取标的企业。对基础资产现金流的质量、稳定性、权属状况严格把关，试行将知识产权相关债权资产实现真实出售。	国家知识产权局、证监会、银保监会、国家版权局	全国

发展改革委　财政部　交通运输部　商务部　国资委　海关总署　市场监管总局关于印发《清理规范海运口岸收费行动方案》的通知

发改价格规〔2020〕1235 号

各省、自治区、直辖市发展改革委、财政厅（局）、交通运输厅（局、委）、商务厅（局、委）、国资委、口岸管理办公室、市场监管局，海关总署广东分署、各直属海关：

为贯彻党中央、国务院决策部署，清理规范海运口岸收费，优化营商环境，减轻进出口企业负担，促进贸易便利化，我们研究制定了《清理规范海运口岸收费行动方案》，现印送你们，请遵照执行。

发展改革委财政部
交通运输部商务部
国资委海关总署
市场监管总局
2020 年 7 月 29 日

附件

清理规范海运口岸收费行动方案

为贯彻党中央、国务院决策部署，规范降低海运口岸收费，优化海运口岸营商环境，减轻海运各环节费用负担，促进贸易便利化，制定本方案。

一、总体要求

（一）行动目标

以习近平新时代中国特色社会主义思想为指导，全面贯彻党的十九大和十九届二中、三中、四中全会精神，落实党中央、国务院关于优化口岸营商环境的要求，进一步规范海运口岸收费，促进贸易便利化。到 2022 年，科学规范透明的收费机制基本形成，口岸服务效能进一步提升，营商环境明显改善，进出口合规成本明显降低。

（二）基本原则

一是市场导向。充分发挥市场在资源配置中决定性作用，区分竞争与非竞争领域、政府与市场边界，明确政府、企业的权利义务，打破垄断引入竞争，理顺价费关系，加大市场监管力度，维护市场正常秩序。坚决清理不符合市场公平竞争原则的行为和收费。

二是突出重点。坚持问题导向，紧紧抓住海运口岸收费方面存在的突出问题，聚焦重点环节和难点堵点，区分不同特点和情况，精准发力，有针对性地采取措施，务求实效。

三是综合施策。坚持标本兼治，既要理清规范海运口岸全链条、各环节收费项目和标准，也要推动收费相关体制机制改革。推进海运口岸贸易电子化、信息化、智能化和平台互联互通，促进口岸服务效能提升，以增效促降本。

二、主要任务

（一）进一步完善港口收费政策。落实将货物港务费、港口设施保安费收费标准降低 20%延长至 2020 年 12 月 31 日政策。（交通运输部、发展改革委负责；完成时限：2020 年底前）进一步减并港口收费项目，研究将港口设施保安费并入港口作业包干费。定向降低沿海港口引航费标准，进一步扩大船方自主决定是否使用拖轮的船舶范围。研究推进货物港务费改革。根据形势变化，修订《港口收费计费办法》。（交通运输部、发展改革委负责；完成时限：2021 年底前）落实将进出口货物港口建设费免征期限延长至 2020 年 12 月 31 日政策，研究明确 2020 年港口建设费征收期满后相关政策。（财政部、交通运输部负责；完成时限：2020 年底前）

（二）建立海运口岸收费成本监审调查制度。对实行政府定价的收费项目，建立成本监审制度，全面及时开展成本监审，将成本监审结果作为调整价格的重要依据。（发展改革委、交通运输部负责；完成时限：持续推进）对实行市场调节价的收费项目，必要时开展成本调查，为合理制定相关政策、规范市场行为提供依据。（发展改革委会同相关部门负责；完成时限：持续推进）

（三）规范引导船公司收费行为。发挥大型国有海运企业引领作用和行业组织自律作用，推动船公司合理调整海运收费结构，规范简化收费项目，取消不合理附加费，严格执行运价备案制度。（交通运输部、市场监管总局按职责分工负责，发展改革委、国资委参与；完成时限：2021 年底前）鼓励我国海运企业通过上下游融合发展和联盟等方式，壮大国际物流业务，引入竞争实现运输成本降低。（交通运输部会同相关部门负责；完成时限：持续推进）

（四）加强船代、货代收费监管。规范船代、货代收费名称和服务内容，推动精简收费项目，进一步规范船代、货代明码标价行为。（交通运输部、商务部、市场监管总局、发展改革委按职责分工负责；完成时限：持续推进）

（五）规范港外堆场收费。加强对港外堆场收费行为指导规范。推动堆场规范洗修箱、二次吊箱等作业标准及收费行为，加强监督检查，依法打击违法违规收费行为。（市场监管总局、交通运输部、发展改革委按职责分工负责；完成时限：2021 年底前）

（六）完善收费目录清单制度。进一步强化收费目录清单制度，对现有清单全面梳理规范、动态调整，做到清单与实际相符、清单外无收费。（相关省、自治区、直辖市人民政府负责；完成时限：持续推进）探索建立依托国际贸易“单一窗口”的全国性海运口岸收费及服务信息发布平台，集中公示各海运口岸各环节收费及服务信息，便于货主进行比较选择和社会监管。（海关总署、发展改革委、市场监管总局、交通运输部、商务部按职责分工负责，相关省、自治区、直辖市人民政府参与；完成时限：持续推进）

（七）进一步深化放管服改革。全面梳理各部门在海运口岸通关环节设立的管理审批事项，进一步取消不合理或与发展形势不相适应的事项。鼓励理货、拖轮、委托检验等市场经营主体进入，促进市场公平竞争。降低海运口岸检验检疫环节收费。对属于政府职责范围且适合通过市场化方式提供的服务事项，推进政府购买服务。（交通运输部、海关总署、财政部按职责分工负责；完成时限：2021 年底前）压缩海运口岸进口、出口边境和单证合规时间，提高通关效率。继续推动港口、海关、铁路、民航、银行、保险等信息平台与国际贸易“单一窗口”信息平台互联互通、相互融合，实现信息共享和联合监管，提升进出口贸易数字化水平和智能化管理能力。（海关总署、交通运输部负责，相关部门参与；完成时限：持续推进）

（八）加强监督检查。持续加强海运口岸收费监管，保持高压态势，依法查处强制服务并收费，明码标价不规范等违规收费行为。重点查处港口、检验检疫环节不落实优惠减免政策行为。（市场监管总局牵头，交通运输部、海关总署、发展改革委、商务部参与；完成时限：持续推进）

（九）开展简化收费模式试点。选择部分规模较大的港口开展试点工作，整合海运口岸相关单位资源，清理简化收费项目，探索为货主提供一站式缴费服务，并逐步推广。（发展改革委牵头，交通运输部、海关总署、财政部、商务部、市场监管总局，以及相关省、自治区、直辖市人民政府参与；完成时限：持续推进）

三、工作要求

（一）加强组织领导。各部门、各地区要提高认识，高度重视清理规范海运口岸收费工作，组织专门力量推进相关工作，统筹部署行动，加强协作，上下联动，形成工作合力。

（二）压实工作责任。各部门、各地区要对照本行动方案主要任务分工和时限安排，制定具体方案，压实责任，确保任务落地，取得实效。相关企业要切实承担应有责任义务，积极发挥带头引领作用。相关行业组织要依法加强行业自律。

（三）做好宣传引导。通过多种渠道、多种方式广泛宣传清理规范海运口岸收费工作的重要意义，及时将清理规范工作进展、取得成效向社会宣传。加强各海运口岸交流，相互借鉴学习。及时通报政策贯彻实施中问题和负面典型，加强整改；对情节严重、性质恶劣的典型案例予以曝光。

税务总局　发展改革委　公安部　司法部　财政部　人力资源社会保障部　住房城乡建设部　商务部　人民银行　海关总署　医保局　档案局　密码局　关于推进纳税缴费便利化改革优化税收营商环境若干措施的通知

税总发〔2020〕48号

各省、自治区、直辖市人民政府，国务院有关部门：

为贯彻党中央、国务院决策部署，深化“放管服”改革、优化营商环境，认真落实《优化营商环境条例》、《国务院办公厅关于进一步优化营商环境更好服务市场主体的实施意见》要求，经国务院同意，现就进一步推进纳税缴费便利化改革、持续提升为市场主体服务水平、加快打造市场化法治化国际化税收营商环境有关事项通知如下：

一、持续推进减税降费政策直达快享

（一）优化政策落实工作机制。融合运用网络、热线、政务服务场所等线上线下渠道，综合采取“云讲堂”、在线答疑、现场培训、编发指引、定点推送等方式，及时发布税费优惠政策，不断加大辅导解读力度，确保政策广为周知、易懂能会。着力打造“网上有专栏、线上有专席、场点有专窗、事项有专办、全程有专督”的政策落实保障体系，确保各项减税降费政策不折不扣落实到位。（人力资源社会保障部、税务总局、医保局按职责分工负责）

（二）充分发挥大数据作用确保政策应享尽享。深化大数据分析和应用，主动甄别符合享受优惠政策条件的纳税人缴费人，精准推送税费政策信息，帮助纳税人缴费人充分适用优惠政策。运用税费大数据监测减税降费政策落实情况，及时扫描分析应享未享和违规享受的疑点信息，让符合条件的纳税人缴费人应享尽享，对违规享受的及时提示纠正和处理。（人力资源社会保障部、税务总局、医保局按职责分工负责）

（三）压缩优惠办理手续确保流程简明易行好操作。优化纳税人缴费人享受税费优惠方式，加大部门协同和信息共享，除依法需要核准或办理备案的事项外，推行“自行判别、申报享受、资料留存备查”的办理方式，进一步提升纳税人缴费人享受政策红利和服务便利的获得感。（人力资源社会保障部、税务总局、医保局按职责分工负责）

（四）提高增值税留抵退税政策落实效率。依托电子税务局，拓展纳税人网上申请和办理增值税留抵退税业务渠道，提高退税效率。财政部门加强统筹，及时保障退库资金到位。财政、税务和国库部门密切合作，畅通电子退税渠道，确保符合条件的纳税人及时获得退税款。（财政部、

人民银行、税务总局按职责分工负责）

（五）加快出口业务各环节事项办理速度。优化“单一窗口”出口退税申报功能。推行无纸化单证备案。进一步简化结关、收汇手续。商务、人民银行、海关、税务等部门强化协作配合，扩大数据共享范围，加大宣传辅导力度，帮助出口企业加快全环节各事项办理速度、压缩单证收集整理时间，提升出口退税整体效率。税务部门办理正常出口退税业务的平均时间确保不超过 8 个工作日，并进一步压缩 A 级纳税人办理时限。（商务部、人民银行、海关总署、税务总局按职责分工负责）

二、不断提升纳税缴费事项办理便利度

（六）拓展税费综合申报范围。在进一步落实城镇土地使用税、房产税合并申报的基础上，加快推进增值税、消费税同城市维护建设税等附加税费合并申报及财产行为税一体化纳税申报，进一步简并申报次数，减轻纳税缴费负担。（税务总局负责）

（七）压减纳税缴费时间和纳税次数。对标国际先进水平，进一步优化纳税缴费流程、精简申报资料，试行税务证明事项告知承诺制，进一步减少证明材料。2020 年年底前，纳税缴费时间压减至 120 小时以内；2022 年年底前，纳税缴费时间压减至 100 小时以内，纳税次数进一步压减，促进营商环境持续改善。（税务总局牵头，人力资源社会保障部、住房城乡建设部按职责分工负责）

（八）大力推进税费事项网上办掌上办。进一步巩固拓展“非接触式”办税缴费服务。2020 年年底前，实现主要涉税服务事项网上办理；2021 年年底前，除个别特殊、复杂事项外，基本实现企业办税缴费事项可网上办理，个人办税缴费事项可掌上办理。（人力资源社会保障部、住房城乡建设部、税务总局、医保局按职责分工负责）

（九）推进纳税缴费便利化创新试点。充分发挥税收服务作用，在支持京津冀协同发展、长江经济带发展、长三角一体化发展、粤港澳大湾区建设、黄河流域生态保护和高质量发展以及海南自由贸易港、成渝地区双城经济圈建设等国家发展重大战略中，积极推进纳税缴费便利化改革创新试点，探索可复制、可推广经验，完善税费服务体系。（税务总局牵头，人力资源社会保障部、医保局按职责分工负责）

三、稳步推进发票电子化改革促进办税提速增效降负

（十）分步实施发票电子化改革。在实现增值税普通发票电子化的基础上，2020 年选择部分地区新办纳税人开展增值税专用发票电子化改革试点，年底前基本实现新办纳税人增值税专用发票电子化。2021 年年底前，力争建成全国统一的电子发票服务平台和税务网络可信身份系统，建立与发票电子化相匹配的管理服务模式，增进市场主体发票使用便利，进一步降低制度性交易成本，推进智慧税务建设。（税务总局牵头，发展改革委、公安部、财政部、密码局按职责分工负责）

（十一）推进电子发票应用的社会化协同。税务部门公开电子发票数据规范和技术标准，加快推动国家标准制定。财政、档案等部门积极推进会计凭证电子化入账、报销、归档工作，推动电子发票与财政支付、单位财务核算等系统衔接，引导市场主体和社会中介服务机构提升财务管理和会计档案管理电子化水平。加快修订《中华人民共和国发票管理办法》等法规制度，

加强电子发票推行应用的法律支撑。（税务总局、财政部、档案局、密码局、司法部按职责分工负责）

四、优化税务执法方式维护市场主体合法权益

（十二）严格规范公正文明执法。坚持依法依规征税收费，坚决防止和制止收过头税费。全面深入推行行政执法公示、执法全过程记录、重大执法决定法制审核制度，坚决防止粗放式、选择性、一刀切的随意执法。健全完善税务机关权责清单，实施税务行政执法案例指导制度，持续规范行政处罚裁量基准，加快推进简易处罚事项网上办理，进一步推行重大税务案件审理说明理由制度试点。强化税务执法内部控制和监督，全面推进内控机制信息化建设，规范执法行为，减少执法风险。加强税费政策法规库建设，通过税务网站集中统一对外公布并动态更新，增强税务执法依据的确定性、稳定性和透明度，持续打造公正公平的法治化税收营商环境。（税务总局负责）

（十三）强化分类精准管理。不断完善税收大数据和风险管理机制，健全税务管理体系。积极构建动态“信用+风险”新型管理方式，实时分析识别纳税人行为和特征，实现“无风险不打扰、低风险预提醒、中高风险严监控”。对逃避税问题多发的重点行业、重点领域，加强税收风险防控。加强税务、公安、人民银行、海关等部门的密切协作，严格依法查处利用“假企业”、“假出口”、“假申报”等手段虚开骗税行为，规范税收秩序，促进公平竞争，努力做到对市场主体干扰最小化、监管效能最大化。（税务总局牵头，公安部、人民银行、海关总署按职责分工负责）

（十四）健全完善纳税信用管理制度。依法依规深化守信激励和失信惩戒，促进社会信用体系建设。坚持依法依规和包容审慎监管原则，进一步落实好纳税信用评价级别修复相关规定，引导纳税人及时、主动纠正失信行为，提高诚信纳税意识。加强重大税收违法失信案件信息和当事人名单动态管理，为当事人提供提前撤出名单的信用修复途径，引导市场主体规范健康发展。（税务总局负责）

五、强化跟踪问效确保各项措施落实落细

（十五）加强评价考核。坚持以纳税人缴费人感受为导向，评价和改进纳税缴费便利化各项工作。认真开展政务服务“好差评”，实现政务服务事项、评价对象、服务渠道全覆盖，确保每项差评反映的问题能够及时整改，全面提升政务服务能力和水平，不断增强市场主体的获得感、满意度。（发展改革委、人力资源社会保障部、住房城乡建设部、税务总局、医保局按职责分工负责）

（十六）加大监督力度。统筹运用多种监督方式和资源，加强对税费优惠政策以及纳税缴费便利化措施落实情况的监督检查，对落实不力的严肃追责问责。充分发挥明察暗访、“四不两直”督查的作用，促进问题早发现早整改。加强政策措施运行情况的评估，健全政策出台、落实、评估、改进的闭环机制，完善全链条管理，为政策措施直达基层、直接惠及市场主体疏堵消障、加力提效。（人力资源社会保障部、税务总局、医保局按职责分工负责）

各地区各有关部门要加强统筹协调、凝聚工作合力，抓紧研究落实本通知各项任务的具体方案，结合实际细化责任分工和步骤安排，确保各项措施及时落地见效。各级税务机关要积极会同相关部门，围绕纳税人缴费人需求，研究推出更多务实管用的创新举措，不断优化税收营商环境，

持续提升服务市场主体水平，持续提高服务“六稳”、“六保”工作质效。

税务总局　发展改革委
公安部　司法部
财政部　人力资源社会保障部
住房城乡建设部　商务部
人民银行　海关总署
医保局　档案局
密码局
2020 年 9 月 28 日

海关总署关于开展跨境电子商务企业对企业出口监管试点的公告

海关总署公告2020年第75号

为贯彻落实党中央国务院关于加快跨境电子商务（以下简称“跨境电商”）新业态发展的部署要求，充分发挥跨境电商稳外贸保就业等积极作用，进一步促进跨境电商健康快速发展，现就跨境电商企业对企业出口（以下简称“跨境电商B2B出口”）试点有关监管事宜公告如下：

一、适用范围

（一）境内企业通过跨境电商平台与境外企业达成交易后，通过跨境物流将货物直接出口送达境外企业（以下简称“跨境电商B2B直接出口”）；或境内企业将出口货物通过跨境物流送达海外仓，通过跨境电商平台实现交易后从海外仓送达购买者（以下简称“跨境电商出口海外仓”）；并根据海关要求传输相关电子数据的，按照本公告接受海关监管。

二、增列海关监管方式代码

（二）增列海关监管方式代码“9710”，全称“跨境电子商务企业对企业直接出口”，简称“跨境电商B2B直接出口”，适用于跨境电商B2B直接出口的货物。

（三）增列海关监管方式代码“9810”，全称“跨境电子商务出口海外仓”，简称“跨境电商出口海外仓”，适用于跨境电商出口海外仓的货物。

三、企业管理

（四）跨境电商企业、跨境电商平台企业、物流企业等参与跨境电商B2B出口业务的境内企业，应当依据海关报关单位注册登记管理有关规定，向所在地海关办理注册登记。

开展出口海外仓业务的跨境电商企业，还应当在海关开展出口海外仓业务模式备案。

四、通关管理

（五）跨境电商企业或其委托的代理报关企业、境内跨境电商平台企业、物流企业应当通过国际贸易“单一窗口”或“互联网+海关”向海关提交申报数据、传输电子信息，并对数据真实性承担相应法律责任。

（六）跨境电商B2B出口货物应当符合检验检疫相关规定。

（七）海关实施查验时，跨境电商企业或其代理人、监管作业场所经营人应当按照有关规定配合海关查验。海关按规定实施查验，对跨境电商B2B出口货物可优先安排查验。

（八）跨境电商B2B出口货物适用全国通关一体化，也可采用“跨境电商”模式进行转关。

五、其他事项

（九）本公告有关用语的含义：

“跨境电商 B2B 出口”是指境内企业通过跨境物流将货物运送至境外企业或海外仓，并通过跨境电商平台完成交易的贸易形式。

“跨境电商平台”是指为交易双方提供网页空间、虚拟经营场所、交易规则、信息发布等服务，设立供交易双方独立开展交易活动的信息网络系统。包括自营平台和第三方平台，境内平台和境外平台。

（十）在北京海关、天津海关、南京海关、杭州海关、宁波海关、厦门海关、郑州海关、广州海关、深圳海关、黄埔海关开展跨境电商 B2B 出口监管试点。根据试点情况及时在全国海关复制推广。

（十一）本公告自 2020 年 7 月 1 日起施行，未尽事宜按海关有关规定办理。

特此公告。

海关总署

2020 年 6 月 12 日